发明汉字的人，创造了中国文化的基调：万物成文，天人合一（蒋勋作）

传说仓颉造字的时候，因为捕捉到天地间的大神秘，所以天雨粟，鬼夜哭（仓颉像）

诸子辉煌，中国文化原创型人杰
（孔子、孟子、老子、庄子、墨子、荀子）

孔夫子想为世界做些事

老子却说没事也很好

孟子呼唤大丈夫

庄子梦里变蝴蝶

屈原殉国作水魂
（朱乃正《国魂》）

司马迁站在中国文化的源头，代表先贤们发言："小子何敢让焉!"

曹操在烽火狼烟的间隙，窥见星汉灿烂
（范增《步出夏门行》）

古典的中国

汉语生空

魏晋风流，人间曾有妙人在。一个人性觉醒的时代，一群自由活泼的心灵（汉画像砖）
（中国最早的不合作者的群体竹林七贤：嵇康、阮籍、山涛、王戎、阮咸、刘伶、向秀）

王羲之将汉字的美在日常生活中流通　　陶渊明的背影隐没在菊　　中国有了一个大唐，民族的呼吸也变得舒畅
（王羲之像）（快雪时晴帖）　　　　　花丛中（明 陈老莲作）　　（唐 韩滉《文苑图》）

人世间的一切，都被诗人的眼光柔情抚摸，一个连　诗歌民间化，进入寻常百姓家　李白斗酒诗百篇
忧伤也可以美丽的时代（宋马远《山径春行图册》）（唐代农家陶罐上也有题诗）　（宋梁楷《李白
　　　　　　　　　　　　　　　　　　　　　　　　　　　　　　　　　　行吟图》）

秋风一吹，　　　　　　味摩诘之诗，诗中有画；　　白居易写的诗，
杜甫的胡须就落了　　观摩诘之画，画中有诗。　　邻居老太太都能听懂
（姚有多作）　　　　（王维《雪溪图》）

游方和尚王梵志行
吟天下，以诗传道
（清刻笔筒）

唐代诗僧寒山把诗句发表在幽谷峭壁
（明刻版画寒山、拾得像）

文盲慧能造就中国禅
（惠能和尚肉身）

禅宗拓展了中国人
的心灵空间

朗朗乾坤，有一团正气
充斥其间，那就是书生
意气（欧阳修像）

苦难岁月，有一种不被打败的人生，
那就是书生性情（苏东坡像）

汉语星空

古典的中国

司马光以史为鉴

黄庭坚风流犹拍古人肩

李清照有暗香盈袖

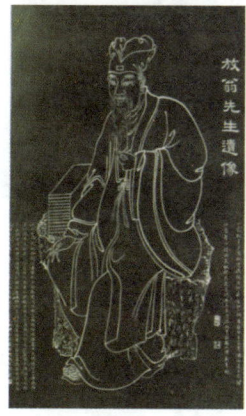

一树梅花一放翁（陆游）

辛弃疾醉里挑灯看剑
（孙敬会作）

文天祥留取丹心照汗青

厄运的牙齿，磕断于一粒
小小的铜豌豆（关汉卿）

在苍茫的天空下，还有一个广大的民间，平民书生呵护着文化的种子倔强存活（上排：施耐庵、罗贯中、李贽、徐渭、汤显祖像；下排：袁宏道、王思任、张岱、蒲松龄、曹雪芹像）

市民、市故、世俗情浓
（《水浒传》梁山好汉民间社火脸谱、《金瓶梅》插图、民间白话小说《三言二拍》）

真情、真性、求得真我
（《红楼梦·宝黛读西厢》
《红楼梦怡红夜宴图》十二金钗行酒令
《西厢记》梳篦，当代民间工艺）

汉语生空

古典的中国

敬　启

　　严凌君先生主编的"青春读书课"系列丛书，立意高远，贴近青少年阅读心理，选文题材广泛，内容丰富。在编辑过程中，我们按照现代出版规范对选文进行了统一处理，对部分选文做了删减，力求提供一套符合现代文字规范的青少年读物，以帮助读者建立对纯洁汉语的认知与体悟。敬请作者、译者见谅。

　　另外，我们已经联系到部分选文的作者和译者，他们同意将作品列入"青春读书课"系列丛书出版，但由于作者面广，仍有部分作者和译者无法取得联系。请作者和译者看到本系列丛书后尽快与我们联系，以便奉寄样书和稿酬。

　　诚致谢意!

联系人：蒋鸿雁
电话：0755-83460371
Email：984213171@qq.com

海天出版社

青春读书课·珍藏本　第四卷

成长教育系列读本

严凌君　主编/导读

古典的中国

民间人性生活读本　［下］

海天出版社（中国·深圳）

图书在版编目(CIP)数据

青春读书课．古典的中国．下/ 严凌君主编、导
读.—深圳:海天出版社，2018.1 (2019.10重印)
ISBN 978-7-5507-2183-8

Ⅰ．①青… Ⅱ．①严… Ⅲ．①阅读课－中学－课外读
物 Ⅳ．①G634.333

中国版本图书馆CIP数据核字(2017)第269127号

青春读书课．古典的中国．下

QINGCHUNDUSHUKE. GUDIAN DE ZHONGGUO. XIA

出 品 人　聂雄前
责任编辑　蒋鸿雁　谢　芳
责任技编　梁立新
责任校对　陈　嫣
书籍设计　韩湛宁
插页设计　李晓光

出版发行　海天出版社
地　　址　深圳市彩田南路海天综合大厦（518033）
网　　址　www.htph.com.cn
订购电话　0755-83460293（批发）　83460397（邮购）
排版制作　深圳市思成致远创意文化有限公司 Tel：0755-82537697
印　　刷　深圳市华信图文印务有限公司
开　　本　787mm×1092mm　1/16
印　　张　22.25
字　　数　400千
版　　次　2018年1月第1版
印　　次　2019年10月第3次
定　　价　32.00元

目 录

上编
天地立诗心

下编
汉语的星空

天地立诗心

有一种美丽的生活，
叫做诗意的生活；
有一种美丽的心灵，
就是为天地立诗心。

古典的中国 （下） 上编

CLASSICAL CHINA

【明】王思任

《游唤》序①

　　世界三大：天大、地大、人大。在大天大地之间，人，是造化最眷顾的生物，这是人类共同的自我感觉。但从这个起点开始，东西方文化出现分野：西方认为，人是上帝派到世间管理万物的，所以人要做的事情就是征服、利用、改造自然。中国人要谦逊得多，认为人生天地间，是和自然万物和谐相处的。所以，中国人对自然抱一种欣赏的态度，奇山丽水只做画看，万类霜天顺其自然。在生活方式上，我们创造了"家园"的概念，有家必有园。乡村人家前有庭院，后有菜园，屋舍四周就是田园；城里人家在家中布置小园林，大户人家家家有个后花园。在理想人格的追求上，人们也以自然物种为榜样：君子如莲，出污泥而不染；隐士如菊，在竹篱茅舍间独抱幽香；松竹梅岁寒三友，象征倔强不屈的人品。历朝历代那么多读书人叫嚷嚷要做隐士，除了仕途失意之外，还有一个重要的理由，他们想离开城市——人迹混杂之地，想逃离官场——人心险恶之地，回归没有心机、纯净自在的大自然。因此，就连中国的乌托邦理想国都安放在"桃花源"。人与自然的和谐相依，就是中国人追求的"天人合一"的美妙境界。

　　王思任对城里人充满怜悯：人有双眼，除了呆看日升月落，不会看别的；人有双脚，除了逛逛大街，不敢走向更大的世界。"瓦一压，而人之识低；城一规，而人之魄窄。"琐琐碎碎地活着，像蜜蜂和蚂蚁一般。无论世人还是贤者，都不免痴聋哑瞎呆，辜负了天地造人的初衷。于是，他疾声呼唤大家走出书斋，走出城市，投身大自然的怀抱，"洗尽尘土肠胃"。青鞋布袜走天下的徐霞客，就是一个好榜样。明代小品文大师张岱评论此文"笔悍而胆怒，眼怒而舌尖"。

　　王思任（1575～1646），字季重，号谑庵，山阴（今浙江绍兴）人。明代作家，文风新奇尖锐，著有《王季重十种》《百家论钞》等。

---

①《游唤》：王思任所作浙江天台、雁荡诸山水名胜游记集。

天地定位，山泽通气①，事毕矣。而又必生人，以充塞往来其间，则人也者，大天、大地、大山、大水之所托以恒不朽者也。人有两目，不第谓其昼视日，夜视月也；又赋之两足，亦不第欲其走街衢田陌，上长安道已也②。瓦一压，而人之识低；城一规，而人之魄狭③。天之下，三山六水，土处一焉。一土之中，蠕蠕攘动，以尽其疆场，是恶能破蜂之房，而出蚁之穴耶④？

远古之时，天地开辟，天高地卑之位已定。山川河流之气息相通，造物主创造宇宙大功告成。而后又要创造人类，让他们充斥往来天地山川河流之间，那么人类便是伟大的天地、山水永恒不衰的依托。人有两只眼睛，它不只是用来白天看太阳、夜晚看月亮的；造物者还赋予人两只脚，也不仅仅是要人用它来遛大街、走田埂、奔走在求功名的京城大道的。压在一个屋顶之下，人的见识就低；受一座城的圈定，人的思想就狭窄。天底下，三成山六成水而平地只占一成，在这一成平地上，人像蜂蚁一样，扰攘骚动，受全活动在狭小天地里，这样又怎能打破"蜂房"、冲出"蚁穴"的局限呢？

台荡诸山，乃吾乡几案间物⑤。今年始得看尽。归以语人，疑信相半，彼其眼足在胸中自立一隔扇耳⑥。司马子长聪明绝世，犹曰无昆仑；刘梦得初见太华，以为奇尽，后识九子，而悔其言之失⑦。贤者如此，是安可以责蠕蠕攘动之百姓乎？

天台、雁荡各山，本是我家乡在案几间就能看到的景物，可是，时到今日我才得以全游。游山回来把所见告诉乡人，他们却半信半疑，因为他们狭窄的眼界，所到的极小的范围，使得他们在心里给自己设置了一道与外界阻隔的屏障。司马迁聪明绝世，尚且在说世上没有昆仑山；刘禹锡初见西岳华山，以为奇到不会有奇景超过它，后来见到九华山，才后悔前言有失。贤智之人尚且如此，这怎能责怪如蜂蚁蠕动扰攘的普通人呢？

---

① "天地"二句：见《易·说卦》。位：指天高地卑的位置。山泽通气：谓山水气息相通。

② 不第：不仅，不但。赋：赋予，给予。长安道：京城繁华的大道。已：而已。也指学子进京赶考求取功名的路。

③ 瓦：指房屋建筑。规：圈定。

④ 蠕蠕（rú）：昆虫爬行的样子。攘动：骚动，乱动。恶（wū）：疑问代词。如何，怎么。

⑤ 台荡：天台山与雁荡山。几案：指桌子、台案。形容近在眼前。

⑥ 隔扇：屏障。

⑦ 司马子长：司马迁，字子长。刘梦得：唐代诗人刘禹锡，字梦得。太华：指西岳华山。九子：即九华山，此山奇秀，峰峦异状，其数有九，故名九子山。而悔其言之失：刘禹锡乐府诗《九华山》引："昔予仰太华，以为此外无奇，爱女几、荆山，以为此外无秀。及今见九华，始悼前言之容易也。惜其地偏且远，不为世所称，故歌以大之。"

夫天地之精华，未生贤者，先生山水。故其造名山大川也，英思巧韵，不知费几炉冶，而但为野仙山鬼、蛟龙虎豹之所啸据。或不平而争之，非樵牧，则缁黄耳①。而所谓贤者，方如儿女守闺阃②，不敢空阔一步，是蜂蚁也，尚不若鱼鸟，不几于负天地之生，而羞山川之好耶？

天地的精华，在未造就贤人之前，就先创造了山山水水。所以在它创造名山大川时，其匠心独运，不知经过了多少锤炼，可是创造出的这些灵山异水，只是被野仙山鬼、蛟龙虎豹呼朋引伴啸聚占领。或者因为占有不均而相互争夺，除此而外，不是樵夫牧人砍伐放牧，就是和尚道士谈禅诵经。而所谓的贤人，却正如小孩一样守着狭小深闭的家，不敢多向外界迈一步，这样蜂蚁之人，连鱼鸟都比不上，岂不是辜负天地生育的大德，而要在大好河山面前感到羞愧吗？

病老将至，炳烛犹迟③。郗诜言④，山行一度，洗尽五年尘土肠胃。吾欲七千由旬中贤者共识其大⑤，无被尘土竟埋其眼足也。作《游唤》。

——《王季重十种》

将到病老之年，秉烛而游尚觉已晚。郗诜说：游了一趟山，把历年来积满肠胃的俗尘洗涤净尽。我希望普天下的德才之士共同领略山河的无限，不要被尘俗完全封埋了眼，绊住了脚，所以写下这篇《游唤》。

---

① 缁黄：缁衣（黑衣）黄冠，指和尚、道士。

② 闺阃：指狭小深闭的家室。闺，内室。阃，门槛。

③ 炳烛：点燃蜡烛，把黑夜当成白天及时行乐。今作"秉烛"。

④ 郗诜：即郗诜，西晋人。《昨非庵日纂》卷十九："郗诜数月山行，喜闻樵语牧唱，曰：'洗尽五年尘土肠胃。'欣然依骖临水，久之乃去。"

⑤ 由旬：梵语，古印度计算距离的单位，以帝王一日行军之路程为一由旬。七千由旬，谓路途远，地域广。

【明】张岱

湖心亭看雪①

在中国画中，人总是屈居于自然的一角，山大人小，谦逊之极。这是古人认定的人在自然中的位置。张岱的《湖心亭看雪》，就是一幅这样的中国画。文中量词的运用特别体现出这种神韵：上下一白、长堤一痕、湖心亭一点、舟中人两三粒。人在自然中谦逊却不渺小。大雪遮蔽大地，但一点活泼生气，却在亭中炉火、热酒、三二痴人游客之中缓缓呈现。美景当前，人们除了细细享受它，干什么都显得唐突。

张岱（1597~1679），字宗子、石公，号陶庵、蝶庵居士，山阴（今浙江绍兴）人。明末清初小品文大师，著有《陶庵梦忆》《西湖梦寻》等。

崇祯五年十二月②，余住西湖。大雪三日，湖上人鸟声俱绝。是日，更定矣，余拏一小舟，拥毳衣炉火③，独往湖心亭看雪。雾凇沆砀④，天与云与山与水，上下一白。湖上影子，惟长堤一痕，湖心亭一点，与余舟一芥⑤，舟中人两三粒而已。

明崇祯五年十二月，我住在西湖。大雪下了三天，西湖之上人声鸟迹全无。这一天，天黑时分，我乘一叶扁舟，穿着皮衣，拥着小火炉，独自到湖心亭去看雪。满眼雾凇，迷迷蒙蒙。天是白的，云是白的，上上下下白茫茫一片。湖上的影子，只有长堤一线，湖心的凉亭一点，和我的小船一叶，船中像米粒一样的两三人罢了。

---

① 湖心亭：在杭州西湖，旧为湖心寺，后毁。明朝嘉靖中，知府孙孟寻遗迹，建亭其上。万历年间，司礼监孙隆改为清喜阁，金碧辉煌，规模壮丽，游人望之，如海市蜃楼。

② 崇祯五年：公元1632年。崇祯，明思宗朱由检的年号。

③ 更定：晚上七八点钟，开始打鼓报初更。入更后，叫做更定。拏（ná）：牵引，此指划船乘船。毳（cuì）衣：细毛皮衣。鸟兽细毛称毳。

④ 雾凇：雾气遇大寒而结成的冰晶，常见挂于树上，通称"树挂"。沆砀（hàng dàng）：迷迷蒙蒙，白茫茫一片。

⑤ 长堤：西湖有苏堤与白堤，此指苏堤。苏轼在杭州时，"请浚西湖，聚葑泥，筑长堤，自南之北，横截湖中，遂名苏公堤"（《西湖梦寻·苏公堤》）。"长堤"正指苏堤。芥：小草。此处指小草般的小船。

到亭上，有两人铺毡对坐，一童子烧酒，炉正沸。见余大喜，曰："湖中焉得更有此人！"拉余同饮。余强饮三大白而别[1]。问其姓氏，是金陵人，客此[2]。及下船，舟子喃喃曰："莫说相公痴[3]，更有痴似相公者！"

——《西湖梦寻》

到了湖心亭上，见两人铺着毡子对面而坐，一个家童热着酒，炉上的酒正在沸腾。他们见到我很惊喜，说："湖中怎么还有一位这样的人！"拉着我一起饮酒。我勉力喝了三大杯而告别。问他们姓氏，原来是金陵人，客居于此。等下了船，船夫喃喃地说："不要说相公您痴，还有比您更痴的人哩。"

① 大白：大酒杯。

② 金陵：今江苏南京。客此：在此客居。

③ 舟子：船夫。喃喃：自言自语。相公：旧时对上层男士的敬称。

【明】袁宏道

雨后游六桥记①

李白的口号："清风朗月不用一钱买。"（《襄阳歌》）让人很动心啊。只是，现代的旅游，清风明月要花高价买了。先不说出远门旅游，身边的清风明月总是有的，而且所费不多，关键看你是否有心了。像时任吴县县令的袁宏道，一阵春雨，就把他的心浇湿了，惶惶然邀友去西湖边，"与桃花作别"。花开花落山色里，人歌人笑水声中。人的心思可以细腻到这步田地，人与自然是可以这样相互感应的。

袁宏道（1568～1610），字中郎、无学，号石公。公安（今属湖北）人。明代作家，文风新丽自然。与兄宗道、弟中道并称"三袁"，开创了文坛"公安派"。

寒食后雨②，余曰此雨为西湖洗红③，当急与桃花作别，勿滞也。午霁，偕诸友至第三桥。落花积地寸馀，游人少，翻以为快④。忽骑者白纨而过，光晃衣，鲜丽倍常，诸友白其内者皆去表⑤。少倦，卧地上饮，以面受花，多者浮⑥，少者歌，以为乐。偶艇子出花间，呼之，乃寺僧载茶来者。各啜一

寒食节后，下了一场雨，我说这场雨是专门为西湖冲刷春色的，应该赶紧向桃花告个别，不容再磨磨蹭蹭了。中午，雨过天晴。我邀了几位朋友来到了第三桥，看到满地都是落花，已积有一寸多厚。游人稀少，我反而感到十分畅快。忽然，有一位穿着白绸衫的人骑着马跑过，天光映照着他的白色绸衫，光鲜艳丽，远超平常，看得我目眩。于是凡穿了白衬衫的朋友都脱去了外衣，露出白色的内

---

① 六桥：西湖苏堤六桥依次名为映波、锁澜、望山、压堤、东浦、跨虹。

② 寒食：节令名，清明前一天。相传春秋晋人介之推辅助晋文公重耳争夺王位，后隐居山中，晋文公烧山逼他出来做官，介之推坚持不出，抱树被烧死。晋文公为悼念他，禁止在介之推死日生火煮食，只吃冷食，后成习俗。所以叫寒食节。

③ 红：指花。

④ 翻：反而。

⑤ 白其内：内穿白色衬衣。去表：脱去外衣。

⑥ 浮：罚人饮酒。

杯①，荡舟浩歌而返②。

——《袁宏道集笺校》

衣。过了一会儿，我们都有点疲倦，于是大家就往地下一卧，躺着喝酒，各自用脸承接落下的桃花，谁脸上接的落花多，就让他喝酒，谁接的少，就让他唱歌，大家用这个规则欢娱取乐。忽然有一只小艇从花丛中驶出，我们把小艇招呼过来，原来艇上的是给游人送茶的寺僧。我们每人都喝了一杯茶，就划着船，放声地唱着歌回家了。

① 啜（chuò）：喝，饮。

② 浩歌：大声歌唱。

中国风景 人生天地间

010

【宋】辛弃疾

贺新郎①·甚矣吾衰矣

  人与自然如果以朋友的态度相对，算不算人的自作多情？飘逸的李白，对自然偏偏多情。自然万物在他心中，就像家中的亲人、身边的好友，亲昵无间。他《独坐敬亭山》："众鸟高飞尽，孤云独去闲。相看两不厌，只有敬亭山。"鸟儿们成群结队飞入蓝天，白云形单影只悠然踱远。只有我和你敬亭山，我们凝眸相视，谁也不厌弃谁。辛弃疾与李白一样脾性，看他醉后倔劲："昨夜松边醉倒，问松我醉何如？只疑松动要来扶，以手推松曰去。"（《西江月·遣兴》）

  辛弃疾（1140～1207）是个难得的文武全才，字幼安，号稼轩，历城（今山东济南）人。出生时，山东已是金兵占领区。二十二岁的辛弃疾组织了两千余人的抗金义军，曾飞骑闯入金营，活捉叛将，后聚集义军万余人投归南宋。南归后做过地方官，坚决主张抗金，但遭到主和派的持久打压。从四十二岁起，赋闲二十年之久。他英雄暮年，闲居无聊，给园中每一个小景点写一首词，词句却大有作为："我见青山多妩媚，料青山、见我应如是。"简直和李白一样的口气，但因为经历不同，李白风神潇洒，辛弃疾却有着从困境中崛起的旷达。他并没有因为英雄失意而自我厌弃，他依然有足够的心力自我欣赏："恨古人、不见我狂耳。"这样的人物，青山能不青眼看他？

  辛弃疾是南宋词坛豪放派大师，与北宋苏轼双峰并峙，人称"苏辛"，有《稼轩长短句》。

  邑中园亭，仆皆为赋此词②。一日，独坐停云，水声山色，竞来相娱③。意溪山欲援例者，遂作数语，庶几仿佛渊明思亲友之意云④。

---

  ① 贺新郎：词牌名，始见苏轼词。因词中有"桐阴转午，晚凉新浴"句。后来"凉"字误作"郎"字。全词一百一十六字，上阕五十七字，下阕五十九字。

  ② 邑中：指江西铅山县，词人归隐此地。仆：第一人称谦称，作者自指。此词：即此调《贺新郎》。词人给自家园林的每一个景点都赋有一首《贺新郎》。

  ③ 停云：园中景点。晋·陶渊明《停云》诗，序中说："停云，思亲友也。"以此意名景物。竞来相娱，争着来讨我欢心。

  ④ 援例：引用例子，按以往的惯例。句意：考虑到那些山山水水想要习惯性地成为我的笔底景观，就写了这首词，大约相似于陶渊明写《停云》诗表达思念亲友的意思。

甚矣吾衰矣①。恨平生、交游零落,只今馀几②!白发空垂三千丈,一笑人间万事。问何物、能令公喜③?我见青山多妩媚,料青山、见我应如是④。情与貌,略相似⑤。

一尊搔首东窗里。想渊明、《停云》诗就,此时风味⑥。江左沉酣求名者,岂识浊醪妙理⑦。回首叫、云飞风起⑧。不恨古人吾不见,恨古人、不见吾狂耳⑨。知我者,二三子⑩。

---

① 甚矣吾衰矣:我衰老得多么厉害呀!语出《论语·述而》"甚矣吾衰也"。

② 交游:朋友。一生知交都不在身边或不在人世。

③ 白发空垂三千丈:唐·李白《秋浦歌》有"白发三千丈,缘愁似个长"句,形容忧愁使白发生长。能令公喜:晋大司马恒温喜爱王恂、郗超,《世说新语·宠礼》载他们"能令公喜,能令公怒"。这里的"公"是指恒温,词中的"公"是作者自指。这几句是说,词人空垂白发,对人间万事早已看破,只是一笑之而已,有什么事情能使我欢喜呢?

④ "我见"以下几句:我见到青山妩媚可爱,青山见到我也一定有同样感觉。

⑤ 情与貌,略相似:我与青山在性情面貌上大致相似。貌似:肃穆、沉寂;情似:多情、妩媚。

⑥ 遥想陶渊明写作《停云》诗时的情景。陶诗云:"静寄东轩,春醪独抚。良朋悠邈,搔首延伫。"意为久候朋友不至,独饮解忧。

⑦ 江左:江东。沉酣:醉酒。求名者:东晋偏安江左,许多名士以醉酒作为求取清名的手段。岂识浊醪(láo)妙理:是说这些人哪里真正懂得酒的妙处。

⑧ 回首叫、云飞风起:表白自己的酒后狂态,与江左名士好名玩玄不同,长啸一声,风云变色,点明自己为国效力的激情,在酒后越发强烈。

⑨ 不遗憾我见不到古人,遗憾的是古人见不到我的狂态。

⑩ 二三子:诸位,几个人。《论语·阳货》:"子曰:二三子,偃(子游)之言是也。"相识满天下,知音能几人?何况知交多零落。照应开篇惆怅意。

【唐】王维

诗画绝句四首①

在王维的山水诗前面加上"诗画"二字，本出苏轼的经典评价："味摩诘之诗，诗中有画；观摩诘之画，画中有诗。""诗画"，不是意义的相加，而是意义的乘积：山水本来如画，是平面感觉，好像欲言又止；"画面"中有诗意，就把欲说还休的一点儿意思说破了，给人的感觉顿时立体了，活了。他的山水诗，熔铸了音乐、绘画、文字的美，用朴素的语言，深入幽雅的意境，散发清淡的韵味。王维对佛教兴趣浓厚，山水诗企及禅宗的悟境。人在山水之中，不是强加进去的外物，不是心不在焉的游客，而是大自然本身的组成部分，是最有灵性的那一部分——他见证了自然的灵性——诗句中的大自然全有了"人性"；也显示了人可以达到的灵境——拥有一颗自然之心。这就是天人合一吧？

王维（701~761），字摩诘，祖籍太原，开元九年（721）进士。任太乐丞，后转尚书右丞，世称"王右丞"。工诗善画，精通音乐，打通画、乐、诗的疆界，互为融合，登上中国山水诗的巅峰。

鸟鸣涧②

人闲桂花落，夜静春山空。
月出惊山鸟，时鸣春涧中③。

---

① 大标题为编者所拟。

② "人闲"的时候才能体悟到"夜静"的妙处，感官特别敏感，容易发现与享受安宁的禅境。心境安适，眼中笔底的景物也就新意别出，大自然更愿意给一个淡然的心灵奉献别样的风姿，这里所选的四首小诗都具有别样的情味。

③ 山中月出，突然露面，特别明亮，以致惊动了山鸟。这是美丽的错觉。

鹿 柴①

空山不见人，但闻人语响。
返景入深林②，复照青苔上③。

竹里馆

独坐幽篁里，弹琴复长啸④。
深林人不知，明月来相照。

山 中

荆溪白石出⑤，天寒红叶稀。
山路元无雨，空翠湿人衣⑥。

---

① 柴，音zhài，通"寨"，栅栏，篱落。"鹿柴"与"竹里馆"都是辋川别墅胜景之一。

② 返景：夕阳反照的光。景，同"影"。

③ 空山人语，反衬了山林的幽静，青苔光影，更烘托深林的幽暗，但幽静中有声响，幽暗中有亮点。

④ 幽篁：幽深的竹林。长啸：清越悠长的口哨声，古代隐士常好此道。

⑤ 荆溪：本名长水，源出自陕西蓝田西北。

⑥ 元：原。白石在碧水，红叶点山川，这些跳动的色彩一下子就使视境豁亮，而后两句又以"空翠"这种大块色调一笔染过，"湿"字使读者眼中顿时出现空灵的淡色和淡色中的几块亮点，这就是中国水墨画般的色彩效果。

【隋】无名氏

送别诗^①

折杨柳　借问行人归不归

014

　　柳树，或许是最让中国人动情的树。早春的新芽，像小鸟的眼睛；新生的嫩叶，像婴儿的手指；长成的细叶，像美人的眉毛；飘飞的柳絮，惹人轻烟愁绪；柔韧的枝条，在风中轻摇，像欲送还留的招手。柳，谐音"留"。三千年前，中国古人已经为之动情，《采薇》里面有四句被后人评为《诗经》中最美的诗句，就是与柳树有关："昔我往矣，杨柳依依；今我来思，雨雪霏霏。"寄托在柳树上的深情，由此延绵不绝。北朝民歌《折杨柳歌辞》："上马不捉鞭，反折杨柳枝。蹀坐吹长笛，愁杀行客儿。"折柳送别成为民间习俗，折柳，就是留客、惜别的意思。柳树，从此担当了中国人送别时美丽的信物。隋唐折柳，蔚为大观，成为送别的固定仪式。长安城外，灞桥边上，是唐人习惯的送别之地，那里的柳树似乎是专为人折送而生。不直接说折柳的诗也忍不住暗示一句"客舍青青柳色新"（王维），见到柳树，就想到离别，两者之间的联系已经无法割断，成为送别时主客双方共有的条件反射。"扬子江头杨柳春，杨花愁杀渡江人"（郑谷）。或许因为柳枝折得太多，以致妓女也以柳自喻："莫攀我，攀我太心偏。我是曲江临池柳，者人折了那人攀，恩爱一时间。"（唐敦煌曲子词《望江南》）宋人也感慨："长亭路，年来岁去，应折柔条过千尺。"（宋·周邦彦《兰陵王·柳》）翻看杨柳的形象谱系，浏览一个意象的演变史，深感古人的柔情千缕，尤在杨柳岸依依招摇。

　　　　杨柳青青著地垂，杨花漫漫搅天飞^②。
　　　　柳条折尽花飞尽^③，借问行人归不归^④？

---

　　① 《四库全书·古诗记》卷一百三十九收此诗，注引崔琼《东虚记》："此诗作于大业末年，实指炀帝巡游无度，缙绅瘁悦已甚，下逮间阎，而佞人曲子播弄威福欺君。上以取荣贵，上二句尽之，又谓民财穷窘，至是方有《五子之歌》之忧而望有返国也。"

　　② 漫漫：无边无际的样子。搅天飞：满天乱飞。此句暗喻浪游天涯而不归者。

　　③ 柳条折尽：指古时折柳赠别之俗。花飞尽：作为诗歌意象，"花"可以做多种喻义理解：春光易逝，容颜易老，相思凋零等等。

　　④ 借问：请问，敬辞。行人：外出的游子。

【宋】吴文英

唐多令·何处合成愁

心上秋意、风中芭蕉、明月楼台,处处笼罩离情别绪。一场风花雪月的故事已到尾声,佳人已去,词人却迟迟不肯开动回乡的客船。满腹愁绪无法排遣,却怪罪岸上垂柳,没有牵住佳人的裙带,却偏偏系牢我的客舟。

吴文英(约1212~1272),字君特,号梦窗、觉翁,四明(今浙江宁波市)人。平民书生,南宋重要词人,能自度新曲。有《梦窗集》。

何处合成愁,离人心上秋①。纵芭蕉、不雨也飕飕②。都道晚凉天气好,有明月,怕登楼③。

年事梦中休,花空烟水流④。燕辞归、客尚淹留⑤。垂柳不萦裙带住,漫长是,系行舟⑥。

---

① "何处"两句是一问两答。一是字形上的"心上秋"合一个"愁"字。一是离人的伤别悲秋合成愁。既新巧又浑成。

② 纵:即使。飕飕:风雨声。这句是说即便没有雨,芭蕉叶也发出瑟瑟秋声。

③ 词的上阕,以新意拆字开篇言离愁,再以风中芭蕉补秋意凄凉,后以秋高月明相诱惑,结果却是:不敢登高望远,怕看见离别的远景。

④ 岁月流逝,曾经的欢爱如美梦落花不可留。

⑤ 淹留:停留。三国·曹丕《燕歌行》:"群燕辞归雁南翔,念君客游思断肠。慊慊思归恋故乡,何为淹留寄他方。"这里是说燕已南归,而人仍滞留他乡。

⑥ 萦:缠绕。裙带:指女子。漫:徒然。恋人离别,垂柳不牵住裙带留下女子,却徒然想系住客船留住归客。词人归乡是肯定的,与女子分别是肯定的,但是,词人的情绪是否定的,所以词意是矛盾的,因纠结而美。

【宋】柳永

雨霖铃·寒蝉凄切

　　有情人忍痛离别，这一走山长水远。离别原本悲伤，更何况在多情人之间，又恰好是冷清清的秋天，偏又是人家团圆的中秋节。离别的环境、时间、神情、心情都说过了，杨柳该出场了。词人匠心独运，不落俗套，离别时已经跃跃欲试的杨柳，忍一忍，放到想象中离别之后独自一人怀念时出场："今宵酒醒何处？杨柳岸、晓风残月。"为淹没愁绪拼命喝酒，等到半夜醒来，客船漂流，离人远去，只有残月当头，照见依依杨柳。一腔离愁重被勾起，而且痛定思痛心更痛，愁后思愁人更愁。唉，又是柳树惹的祸。

　　柳永（987?~1055?），字耆卿，初名三变。排行第七，又称柳七。祖籍河东（今属山西），后移居崇安（今属福建）。北宋词人，婉约派大师。

　　寒蝉凄切，对长亭晚，骤雨初歇①。都门帐饮无绪，方留恋处，兰舟催发②。执手相看泪眼，竟无语凝噎③。念去去千里烟波，暮霭沉沉楚天阔④。

　　多情自古伤离别，更那堪冷落清秋节。今宵酒醒何处？杨柳岸、晓风残月⑤。此去经年，应是良辰好景虚设⑥。便纵有千种风情，更与何人说⑦？

---

　　① 寒蝉：蝉之一种，体形小，又名寒螀、寒蜩，入秋始鸣，直至深秋。《礼记·月令》："孟秋之月，寒蝉鸣。"凄切：凄恻而急促。骤雨：急雨。初歇：刚刚停止。长亭暮色，雨后蝉噪，渲染送别情景黯然，心绪缭乱。

　　② 都门：指宋都汴京（今河南省开封市）城郊。帐饮：设帐而饮，指送别酒。方：正当。有的选本无此字。兰舟：木兰树做的船。任昉《述异记》载有鲁班曾刻木兰为舟的传说，兰舟喻船的贵重华美，也是船的美称。

　　③ 凝噎：气结声阻，悲泣之状。可见是情人之间的离别。

　　④ 念：设想。去去：走了又走，不断远去之意。烟波：水面烟雾弥漫，喻远。暮霭：黄昏时的云气。楚天：战国时楚国占有南方，楚天泛指南方的天空，此句仍是喻远。

　　⑤ 设想别后种种光景，心思细密，缠绵悱恻，非多情人不道此婉约语。宋俞文豹《吹剑续录》记载，一位善歌的人说："柳郎中词，只合十七八女郎，执红牙板，歌'杨柳岸、晓风残月'。"

　　⑥ 经年：超过一年。有情人不在身边，春花秋月只是花月，纯属摆设，无法为我们的感情生活添色，辜负了好时光。

　　⑦ 风情：心思情态。这一别数百个日夜，该会有怎样的柔肠千转？可是我无人可诉说。

【唐】李白

送友人

"黯然销魂者，惟别而已矣"（南朝·江淹《别赋》）；"悲莫悲兮生别离，乐莫乐兮新相知"（《九歌·少司命》）。江淹和屈原的千古伤心之语，宣示着中国人重感情、怨别离的浓郁悲愁。这种情绪由于时代的强弱、个性的刚柔不同，表现也不一样。大唐盛世，诗人们普遍意气风发，天高任鸟飞，离别之作也一扫缠绵衰怨习气，如王勃的名句："海内存知己，天涯若比邻。"唐·高适《别董大》："莫愁前路无知己，天下谁人不识君。"唐人的博大胸襟和刚健气度，是以强盛的国力做背景的。其中，"知己"一词被反复提及，表明只要是英雄就会有用武之地的自信。李白送友人上战场，也只是用"浮云"、"落日"略表惜别之意，给人印象深刻的还是"挥手自兹去"的洒脱，"萧萧班马鸣"的悲壮。

李白（701~762），字太白，号青莲居士；祖籍陇西成纪（今甘肃秦安县），后迁居绵州昌隆（今四川江油）。中国"诗仙"。

> 青山横北郭，白水绕东城。
> 此地一为别，孤蓬万里征①。
> 浮云游子意，落日故人情②。
> 挥手自兹去，萧萧班马鸣③。

① 南朝·鲍明照《芜城赋》有"孤蓬自振"。蓬草遇风吹散，漂泊无定，是中国古代诗人常用来比喻远行者的意象。

② 浮云和孤蓬一样四处飘荡，《古诗十九首》有"浮云蔽白日，游子不顾返"句；陈后主《乐府诗》有"思君如落日，无有暂还时"句。浮云不定，说去者前程未卜；落日依依，言送者依依惜别。

③ 萧萧：马叫声，《诗经·小雅·车攻》中有"萧萧马鸣"。班马则离群之马，《左传》有"班马之声"句。杜预注："班，别也。"这句说分别时马也发出萧萧悲鸣。

【先秦】《诗经》

陟岵①

子曰："父母在，不远游，游必有方。"古人远游的目的，不外这些：征战、宦游、赴考、经商，纯粹的旅游很少。这样的出游必然让父母亲人牵挂，游子本人也不禁黯然神伤。《诗经》中的这位战士，在跋山涉水的军旅之中，登高必望乡，他思念亲人，却想象着亲人正在思念他，而且让想象"出了声"，根据家人的语言习惯，想象出亲人的叮嘱，父亲说：回来呀，别留在他乡。母亲说：回来呀，别抛下老娘。兄长说：回来呀，别死在他乡。征人望乡，想一次就少一次啊，说不定明天就捐躯沙场。即便生还故乡，谁知道父母是否已经忧伤而亡？

《诗经》是我国最早的一部诗歌总集，共收录周代诗歌305篇。原称"诗"或"诗三百"，汉代儒生始称《诗经》。分风雅颂三部分，其中十五"国风"是民歌，艺术成就最高。

陟彼岵兮②，	登上那草木青青的山啊，
瞻望父兮③。	遥望爹爹啊。
父曰："嗟！	爹慨叹："嗟！
予子行役，	我儿当差出门远行，
夙夜无已④。	早沾露水晚披星。
上慎旃哉⑤！	多保重啊多保重！
犹来无止⑥！"	树叶儿归根记在心！"

---

① 选自余冠英注译《诗经选》，人民文学出版社1979年版。

② 陟（zhì）：登。岵（hù）：有草木的山。

③ 瞻：向前看。以上二句叙行役者登高，遥望家人所在的方向。第二、三章仿此。

④ 夙（sù）：早，早晨。

⑤ "上"是"尚"的借字。"旃（zhān）"是"之焉"的合音。

⑥ "犹来"言还能够回家来。"无止"言别永留外乡。以上四句是行役者想象他的父亲在说。下二章仿此。

陟彼屺兮①，	登上那光秃秃的山顶啊，
瞻望母兮。	遥望亲娘啊。
母曰："嗟！	娘慨叹："嗟！
予季行役②，	小子当差奔走他乡，
夙夜无寐。	日日夜夜不挨床。
上慎旃哉！	多保重啊多保重！
犹来无弃③！"	千万别丢了你的娘！"
陟彼冈兮，	登上那高高的山冈啊，
瞻望兄兮。	遥望我哥在哪方啊。
兄曰："嗟！	哥慨叹："嗟！
予弟行役，	我弟当差东奔西走，
夙夜必偕④。	日日夜夜不能休。
上慎旃哉，	多保重啊多保重！
犹来无死！"	别落得他乡埋骨头！"

---

① 屺：无草木的山。

② 季：少子。

③ 弃：指弃家不归。

④ 偕：俱，共同。"夙夜必偕"是说兼早与晚。

【汉】民歌

悲　歌

出门方知在家好。一旦脱离习惯的生活方式，就有些淡淡的伤感。宋代一位没有留下名字的游子这样说："年年社日停针线，怎忍见，双飞燕。今日江城春已半，一身犹在，乱山深处，寂寞溪桥畔。春衫著破谁针线？点点行行泪痕满。落日解鞍芳草岸。花无人戴，酒无人劝，醉也无人管。"（无名氏《青玉案》）这位有点娇气啊。而另一位汉代的游子，语言非常生动，大约是读书人，而且长期在外，已经有了一点化解乡思的绝招：想家的时候，就唱唱伤感的歌，来宣泄自己想哭的冲动；登高的时候，面朝故乡的方向遥望，就当作回家一趟……因为思念的东西太多，思念太深长，心思已经无从说起，只觉得柔肠千转，悲情回环往复，一遍又一遍。

悲歌可以当泣[①]，远望可以当归。

思念故乡，郁郁累累[②]。

欲归家无人，欲渡河无船。

心思不能言，肠中车轮转[③]。

---

① 当：当作。即"晚食以当肉，安步以当车"的当，正因为"远望"当不了归，"可以"才见出沉痛。

② 郁郁累累：怀乡的情绪重重积累。

③ 难言的悲感回环在心里，好像车轮来回滚动。这是极好的比喻，不但"转"字关合自然，同时能传达痛楚之深切清晰。

【南朝·宋】刘义庆

秋风起，思莼鲈①

游子的心是脆弱而敏感的，不经意间，寻常风物偏动人。春天花开，乡思也发芽了："入春才七日，离家已二年。人归落雁后，思发在花前。"（隋·薛道衡《人日思归》）一声鸟鸣，游子心惊："万里风烟异，一鸟忽相惊。那能对远客，还作故乡声！"（南朝·韦鼎《长安听百舌》）游子的心牵着故乡，但最思念故乡的恐怕是游子的胃呢。吹嘘故乡，是游子的通病，吹嘘的内容，总是少不了家乡的菜谱。看两位西晋名士如何斗嘴：北方人王济在席上摆了几大盆羊奶酪，对南方人陆机说："你们江南有什么比得上这个？"陆机回答："我们家乡有千里莼菜羹，只是还没有放食盐豆豉罢了！"（"有千里莼羹，但未下盐豉耳"，事见《世说新语·言语第二》）

文中人物张翰，字季鹰，吴县（今江苏苏州）人，西晋文学家。性格放纵不拘，时人比之为阮籍，号"江东步兵"。这天，秋风一起，他的胃就想家了。于是辞官不做，掉头就回家乡了。

刘义庆（403～444），彭城（今江苏徐州市）人，南朝·宋王室后裔，文学家。撰有《世说新语》，是展示古代文人风采的大观园。

张季鹰辟齐王东曹掾②，在洛，见秋风起，因思吴中菰菜羹鲈鱼脍③，曰："人生贵得适意尔，何能羁宦数千里以要名爵？"遂命驾便归④。俄而齐王败，时人皆谓为见机⑤。

——《世说新语·识鉴第七》

晋吴中人张翰被大司马齐王冏征召到京城洛阳任东曹掾官职。一天，他见到刮起了秋风，于是就想起了家乡吴中的菰菜、莼羹和鲈鱼脍，说："人生最可贵的就是活得遂心顺意，怎能被官职捆住手脚，羁留在离家几千里的地方求取功名利禄呢？"于是让车夫驾起车回家。不久，齐王失败了，当时的人都说张翰是因为看清了齐王失败的兆头才辞官回家的。

---

① 标题为编者所拟。《晋书·张翰传》："翰因见秋风起，乃思吴中菰菜、莼羹、鲈鱼脍。"

② 齐王：指司马冏，西晋年间诸侯王之一。东曹掾：大司马府属官。

③ 吴中：指吴郡（今江苏）地区。菰菜羹：吴中菜羹，很有名。菰，茭白。鲈鱼脍：吴中名菜。脍：细切的肉。

④ 羁宦：旅居为官。要（yāo）：求取。命驾：命令御者驾驭车马。

⑤ 俄而：不久。见机：看到事物的苗头。机，事物变化的征兆、迹象。

【宋】蒋捷

贺新郎·兵后寓吴①

有一种游子最伤心——在国破家亡之时，四处逃避战乱的人。词人蒋捷，在元兵过江，南宋即将覆亡之时，避乱苏州一带。一介书生，形单影只，包袱里一副笔砚，就是糊口的本领。曾经有过的温暖家居生活，被铁蹄踏碎。有家难回，人不如乌鸦，黄昏可以归巢。用枯荷包着冷饭，一山一村地乱走。想为老翁写牛经换饭，老翁一声不吭，只是摇摇手。人都不知死活，要养牛的学问何用？蒋捷本是进士出身，他的逃难，是不愿仕元，也是一种忠贞。

蒋捷（约1244～约1310），字胜欲，号竹山，阳羡（今江苏宜兴）人。南宋咸淳十年（1274）中进士，南宋覆亡后，退隐江湖，栖息于太湖中竹山岛，过着飘零凄苦的生活，有《竹山词》。

深阁帘垂绣。记人家、软语灯边，笑涡红透②。万叠城头哀怨角，吹落霜花满袖③。影厮伴、东奔西走④。望断乡关知何处，羡寒鸦、到著黄昏后，一点点，归杨柳⑤。

相看只有山如旧。叹浮云、本是无心，也成苍狗⑥。明日枯荷包冷饭，又过前头小阜⑦。趁未发、且尝村酒。醉探枵囊毛锥在，问邻翁、要写牛经否⑧。翁不应，但摇手。

---

① 兵后寓吴：元军过江，东南被扰，作者避乱苏州一带。

② 帘垂绣：即绣帘垂，绣帘低垂之意。软语：轻声细语。涡：酒窝。开篇是作者对兵乱前美满家居生活的回忆，接下来回到现实，情势急转直下。

③ 万叠：乐曲演奏一遍称一叠，"万叠"形容反复次数之多。城头不断传来哀怨的号角声，说明战事惨烈。吹落霜花满袖，不是写实而是写意，象征内心悲苦。

④ 影厮伴：形容孤身一人，只有影子相伴。

⑤ 羡慕寒鸦晚来还有杨柳枝可栖，而战乱流民无家可归。

⑥ 青山依旧，大地永恒，怎忍看天地易色，时局变换。可叹百姓流亡，如浮云苍狗，仓皇狼狈。

⑦ 小阜：小土山。作者为避兵祸，颠沛流离。由风中浮云的比喻，落实到自己的实况。

⑧ 枵囊：空囊。毛锥：毛笔。牛经：饲养牛的书籍。囊中空空，只有毛笔还在，想为农家抄写牛经以换饭吃。

【唐】王昌龄

芙蓉楼送辛渐①

　　游子在外的一点消息，传到故乡，总是会放大数倍。王昌龄贬官江宁（今南京）丞，在镇江芙蓉楼送别回乡（洛阳）的友人，慎重地请他给父老乡亲带一句话：我还是那个大家认识的王昌龄，请各位放心，我没有做对不起家国的事，我的心就像一片冰心放在玉壶中，清白、透明、纯洁。

　　王昌龄（698~757），字少伯，京兆（今陕西西安）人，一说山西太原人。开元十五年（727）进士。在安史之乱中被杀。曾有盛唐诗坛"诗家夫子"的称誉，他和李白的七言绝句并推为"神品"。

　　　　寒雨连江夜入吴，平明送客楚山孤②。
　　　　洛阳亲友如相问，一片冰心在玉壶③。

---

　　① 芙蓉楼：遗址在今江苏镇江西北角。辛渐：人名，具体不详。

　　② 吴、楚：春秋时长江下游属吴，诗中指润州（今江苏镇江市）；长江上游属楚，诗中指江北地区。平明：天亮时。昨夜寒雨洒江天，诗人陪伴友人（辛渐）来到润州。次日清晨，送他渡江北上，转赴洛阳。

　　③ 冰心：比喻心地纯洁。玉壶：冰在玉壶之中更显清白晶莹、纯洁干净，进一步比喻志行品格的高洁。

【清】蒋士铨

岁暮到家^①

　　回家了，终于回家了。游子的心情却微妙得很。"岭外音书断，经冬复历春。近乡情更怯，不敢问来人。"（唐·宋之问《渡汉江》）出发时，"慈母手中线，游子身上衣。临行密密缝，意恐迟迟归。"（唐·孟郊《游子吟》）游子身上暖，慈母心中寒啊；回家了，"见面怜清瘦，呼儿问苦辛。低回愧人子，不敢叹风尘。"全是家常，全是琐屑，这些琐屑的家常，就是最朴素、最深厚的亲情。游子回家，报喜不报忧，已成国人习俗。儿行千里母担忧，再大的苦难也该一肩挑、一口咽，岂能说与亲人听，让他们倍加担心？

　　蒋士铨（1725～1785），字心馀，号清容、藏园。铅山（今属江西）人。乾隆二十二年（1757）进士。清代作家，有《忠雅堂集》。

　　　　　　爱子心无尽，归家喜及辰^②。
　　　　　　寒衣针线密，家信墨痕新，
　　　　　　见面怜清瘦，呼儿问苦辛。
　　　　　　低回愧人子^③，不敢叹风尘^④。

---

① 岁暮：年底。

② 及辰：及时，指年底赶到，与家人团聚过年。

③ 低回：垂首答复。愧人子：惭愧自己做儿子的没有尽到侍奉、抚慰亲长的责任。

④ 不敢感叹出家在外时的风尘之苦，怕母亲听了伤心。本诗作于乾隆十一年（1746）岁末作者回家之后，描写母子相见的动人一刻。前六句从母亲着笔，嘘寒问暖，末二句自写心曲，委婉深沉。

【宋】辛弃疾

水龙吟·登建康赏心亭①

　　离家外出的人是游子,心无所依的人呢? 人云:我心安处即故乡。离家的人总有回家的希望;将一颗心到处放牧的人,哪里是他的家乡? 天下所有心无所依的人,其实都是"游子",而且是最寂寞、最痛苦、最无奈的游子。念念不忘"醉里挑灯看剑,梦回吹角连营,八百里分麾下炙,五十弦翻塞外声,沙场秋点兵"(《破阵子》)的辛弃疾,山河破碎是一层愁、壮志难酬是一层愁,有家难回是一层愁,廉颇老矣是一层愁,一颗心,如何装得下这许多愁? 拍遍栏杆,望断落日,家园还在落日之外。吴钩看了,英雄老了,游子哭了。

　　楚天千里清秋,水随天去秋无际。遥岑远目,献愁供恨,玉簪螺髻②。落日楼头,断鸿声里,江南游子③。把吴钩看了,栏杆拍遍,无人会,登临意④。

　　休说鲈鱼堪脍,尽西风,季鹰归未⑤? 求田问舍,怕应羞见,刘郎才气⑥。可惜流年,忧愁风雨,树犹如此⑦。倩何人唤取,红巾翠袖,揾英雄泪⑧!

---

　　① 建康:南京市的旧称。赏心亭:在建康水西门。

　　② 遥岑(cén):远山、远目:远眺。玉簪螺髻:形容远山的形状如女子头上的发髻和玉簪。远眺群峰,如雍容华贵的女子不堪忍受屈辱,满目愁与恨。

　　③ 断鸿声里:在失群孤雁的鸣叫声里。三层凄苦,层层递进:楼头日落,喻江山沦亡;孤雁失群,喻自身无用武之地;江南游子,喻有家(作者老家山东,已被金兵占领)难回。

　　④ 吴钩:宝刀。古时吴地产宝刀。会:理解。看吴钩,思壮志;拍遍栏杆,徒唤奈何;无人会,知音无觅。

　　⑤ 脍:切薄肉片做脍。季鹰:西晋张翰字季鹰,为官洛阳时见秋风吹起,思念起吴中故乡的菰菜、莼羹、鲈鱼脍,便弃官归去,以后称归隐为"莼鲈之思"。这里意为国难当头,有家难归。

　　⑥ 求田问舍:买房置地,这是三国时刘备责备许汜的话,说他不能忧国忘家,只顾自己求田问舍。刘郎:指刘备,有自喻之意。打小算盘的家伙,不敢面对刘备那样有雄心壮志之士。

　　⑦ 流年:流逝的光阴。树犹如此:东晋桓温北征,见到昔年所种的柳树,粗已十围,叹道"木犹如此,人何以堪。"作者为虚度年华无所作为而怅恨。

　　⑧ 倩(qiàn):请。红巾翠袖:女子的装饰,这里指红粉知己。揾:擦拭。如此时代,英雄气不得不短,儿女情自然而长。钢铁硬汉,也渴望藏进女性的温柔之中。

【元】马致远

天净沙·秋思

请看一出纪录电影短片——

中景：薄暮时分，一株苍老的树，枯藤缠绕，几只乌鸦"哇哇"啼唤着归巢。

音响蒙太奇：鸦鸣声变为流水声。镜头摇向一条小溪，溪上一座拱形小桥。

全景：桥头连接一条细长而荒凉的乡路，远远望去，路的尽头隐隐约约有村庄。（画面越来越开阔、空旷，突然缩小——）

近景：一个憔悴的旅人骑着一匹瘦弱的老马走上桥头，萧瑟秋风掀动他的一头乱发（旅人在如此凄清的景色中出场，暗示心情的悲凉）。

远景：夕阳即将滑下山坡，它的余晖给大地涂上一层寂寞的橘红。

拉（镜头由近到远）：旅人孤独地走着，渐渐消失在越来越浓重的暮霭之中……（淡出——画面由明变暗）

这就是马致远的著名小令，人称"秋思之祖"的《天净沙·秋思》所呈现的画面。前面十个名词就是十种景物，是一连串精致的空镜头组合，一个比一个凄切，渲染出浓郁的伤感气氛，展示了一个感伤的旅人形象。虽然情景历历在目，内容却被虚化。一首小曲，却似乎放得下每一个游子的忧伤，成为千古游子的绝唱。那个独行天涯的人，是有所求的人；有所求的人，是永远的旅人，永远的跋涉者，永远的游子。而游子吟，也成为人生永恒的主题。

马致远（约1250~1321），号东篱，大都（今北京）人。平民书生。元代杂剧四大家之一，散曲创作为元代之冠，明人称他为"曲状元"。

枯藤老树昏鸦①，小桥流水人家，古道西风瘦马②。夕阳西下，断肠人在天涯③。

---

① 昏鸦：暮鸦，黄昏归巢之鸦。

② 小桥流水人家：江南一带的居民环境，暖山软水，温馨可人。古道：古老的驿路。唐·李白《忆秦城》："乐游原上清秋节，咸阳古道音尘绝。"宋·张炎《念奴娇》："老柳官河，斜阳古道，风定波犹直。"

③ 断肠人：指漂泊天涯、饱尝羁旅之苦、思乡之苦的游子。此作者自谓。昏鸦归巢，人家炊烟袅袅，万物皆有归依，唯有游子天涯孤旅，而此时，连太阳也要沉落山后，像一声深长的叹息。嘚嘚的马蹄声，将游子送入孤寂的黑夜。

【东晋】王羲之

杂 帖（2则）

　　鸿是天鹅，雁是大雁，古人两者并举，如"鸿雁于飞，肃肃其羽"（《小雅·鸿雁之什》），今人所说的鸿雁就专指大雁。鸿雁是中国家鹅的祖先，冬候鸟，春夏之间繁殖于内蒙古和黑龙江流域，秋季南迁鄱阳湖，飞行排成人字形，雁鸣为升调的拖长音。古人将鸿雁做了书信的代称，大约因为它是"知时鸟"，守信用，古人用它作为礼品，也是取信于人的意思。而"信"，本来就是有来有往，有信用，说真话，抒真情的形式。鸿雁书来，见书如晤面，书写的风致、文字的清雅、心情的深婉，全在一纸信笺里面。说说写字，古人所谓书法，大多是日常使用的，随手信笔，就是书法。不像后人，专门写什么"书法作品"，不是为了交流，成了展览品。今人沿袭将鸿雁看做为传书之鸟，只是，手书退一步是电邮，电邮退一步是电话，电话退一步是一声轻飘飘的"谢谢"，我们已经不会写"信"，也忘却了一种传递深情的方式了。如果连"谢谢"也退却之后，我们无言，感情交流缺席，人心空堂任风吹。回头看看王羲之他们的便笺，那样的诗文简帛，无不纸短情长，真情真意，这样的鸿雁书才值得一寄啊。送别宴上，不小心就喝醉了，醒来时朋友已去，追补一封信，表示牵念之意；下雨天，自己身体不适，想到朋友在这种天气是否无恙，寥寥数字寄上，无限友情其中。"云中谁寄锦书来？雁字回时，月满西楼。"（宋·李清照《一剪梅》）"雁来音信无凭，路遥归梦难成。"（五代·李煜《清平乐》）如今的人们，干巴说事的来信，例行公事的问候，就像商人的合同往来，不"信"也罢。

　　王羲之（303～361），字逸少，琅玡临沂人（今属山东）。官至右军将军，会稽内史，后世称"王右军"。以书法名世，人称"书圣"。

一

甲夜[①]，羲之顿首：向遂大醉，乃不忆与足下别时，至家乃

天黑时分，羲之叩首拜上：前时，一下就喝醉了，竟记不起和你分手时的情景，到家

---

　　① 甲夜：初更时分。

解。寻忆乖离，其为叹恨，言何能喻。聚散人理之常，亦复何云。唯愿足下保爱为上，以俟后期。故旨遣此信，期取足下过江问[1]。临纸情塞。王羲之顿首。

酒醉才醒，继而忆起离别，感慨良多，却无从说起。聚散本是人情之常理，又有什么可说？最为重要的只是希望您保重自珍，以等待将来相会。特别发此信的意图，是期待得到您过江后的音讯。面对信笺，情感抑塞。王羲之叩首敬上。

二

雨寒，卿各佳不[2]？诸患无赖[3]，力书[4]，不一一。羲之问。

——《全晋文》

下雨天寒，各位还好吧？百病缠身无可奈何，勉力写成此信，具体情形一一讲述。羲之存问。

---

① 过江问：过江后的音讯。

② 佳不：即佳否。

③ 无赖：无可奈何。

④ 力书：勉力写成此信。

【南朝·梁】刘峻

送橘启①

送人一筐新鲜的橘子,附上一封华丽的信,先用西王母的青鸟所食之果,把调子定高,再极言橘子的色香味诸般之美,然后列举几种吃法。赠人橘子,自己先口水津津了。不知接受礼物的友人,是觉得橘美,还是信美?任何美食不过口腹之乐,俗得认真,就是对生命的热情。加上这样的一封书信,大俗化作大雅,相当于一份享受生活的宣言了:可口可乐。

刘峻(463~521),字孝标。平原(今属山东)人。南朝齐梁间学者、文学家。

南中橙甘,青鸟所食②。始霜之旦,采之风味照座③,劈之香雾噗人④。皮薄而味珍,脉不粘肤,食不留滓,甘逾萍实,冷亚冰壶⑤。可以熏神,可以芼鲜,可以渍蜜⑥。毡乡之果⑦,宁有此耶?

——《梁文纪》

南方的橘子很甜,是王母娘娘的青鸟的食物。进入霜季,清早摘来放在席间,满堂生辉,把它瓣开,喷出香雾沁人心脾。橘皮很薄,橘味很纯,橘瓣上的丝络不粘皮,吃在口中不留残渣,它的甘甜超过苹果,清凉仅次盛冰的玉壶。可用它爽心提神,可以采来尝鲜,可以浸皮制成蜜饯。北方少数民族地区的水果,难道会有这么好的吗?

---

① 启:书信。

② 南中:泛指长江以南地区,指橘产于南方。橙即柚。古人常将"橘""柚"并称,以为是同一种水果。青鸟是传说中的神鸟。此处以橘为神鸟所食来夸示橘的珍贵美味。

③ 始霜之旦:开始下霜的早晨。指橘的采摘季节。风味照座:意谓这种富有地方色彩的果品置之室中,使满堂生辉。

④ 噗(xùn):含在口中而喷出。

⑤ 脉:橘络。肤:橘瓣的表皮。萍实:"萍"通"苹",苹实即苹果。冰壶:盛冰的玉壶。鲍照《白头吟》:"直如朱丝绳,清如玉壶冰。"形容橘味甘甜清凉,沁人心脾。

⑥ 熏神:指橘的清香令人神清气爽,心旷神怡。芼(mào)鲜:采来尝鲜。芼,拔取(菜草)。渍(zì)蜜:浸制加工成蜜饯。

⑦ 毡乡:指我国北方少数民族所居之地。毡:此处指毡制帐篷。

【唐】颜真卿

与李太保乞米帖①

颜真卿（709~785），唐京兆万年（今西安）人。开元进士，做过平原太守，世称颜平原。安史之乱，颜抗贼有功，入京历任吏部尚书、刑部尚书、太子太师，封鲁郡开国公，故又称颜鲁公。德宗时李希烈叛，七十六岁的颜真卿去劝降，被缢杀。他的正楷书法端庄雄伟，有阳刚气势，行书道劲舒和，自成一格，人称"颜体"。李光弼是唐代大将，平定安史之乱的功臣。写这封信时，颜真卿的身份是刑部尚书，他竟然穷得家中没米下锅，请求朋友兼同僚李光弼给一点米，让全家活命。如果不是颜真卿本人的墨迹尚在，后人如何相信有这等事？

拙于生事，举家食粥来已数月。今又罄竭②，只益忧煎，辄恃深情，故令投告。惠及少米，实济艰勤③，仍恕干烦也！真卿状。

——《颜鲁公文集》

由于我不善于谋生，全家已喝了几个月的粥了。现在粥也没得吃了，只是更加忧愁煎熬。于是就依仗着我们的深情厚谊，特向你诉说告贷。请多少给我一点米，来解决我的艰辛困苦，打扰了，请原谅！真卿写。

---

① 李太保：即李光弼（708~764），营州柳城（今辽宁朝阳）人。唐代大将。

② 罄（qìng）竭：尽了、光了。

③ 实：虚词。

【明】徐渭

答张太史①

下雪的时候，有人送来一坛酒、一件裘皮大衣，正是雪中送炭。受礼之人回信答谢，在情理之中。但仔细读读，这份感谢信的语气不对，说什么酒喝了不能破开肚子还原，只好还你酒坛；衣服穿过之后，天气好转就奉还。最后一句："风在戴老爷家过夏，在我家过冬。"讽刺的意思出来了。原来，送礼之人张元忭是作者老同学的儿子，潦倒的作者只是张的文书。辈分高，地位低，作者称他"老爷"，这就不是礼节，而是以恭敬为尖刻了。写这么"不近人情"的信事出有因：徐下狱时，张曾援救他出狱，所以六旬老翁徐渭愿意为他处理文书，两人同修过《会稽县志》。但张中了状元之后，居然要用礼法来约束徐渭。两人做人的观点不合，故事中人的情谊破裂，碍于情面，才有这封曲折拒情的信。

徐渭（1521~1593），初字文清，改字文长，号山阴布衣、青藤老人等。山阴（今浙江绍兴）人。明代杰出的文学家、艺术家，在书画、诗文、戏曲等领域均能独树一帜，后人列为中国古代十大名画家之一。徐渭自评云："吾书第一、诗二、文三、画四。"

仆领赐至矣②。晨雪，酒与裘，对证药也③。酒无破肚脏，罄当归瓮④；羔半臂，非褐夫常服⑤，寒退，拟晒以归。西兴脚子云⑥："风在戴老爷家过夏，我家过冬。"一笑⑦。

——《徐渭集》

我已收到你的礼物，受惠极深。早晨下了雪，所赠的酒和裘衣，恰是对症（冷）良药。酒喝了，不可能打开肚皮退还，喝完我会把坛子还你，羔皮背心，不是穷人常穿的，冬寒一过，打算晒一晒再奉还。西兴一带的脚夫说："风在戴老爷家过夏，到我家来过冬。"权作一笑。

① 张太史：即张元忭（biàn），翰林编修。"太史"是明人对翰林文官的美称。张的曾孙，是明末著名小品作家张岱。

② 仆领赐至：我十分领受赐赠之情。万历八年（1580），年届六旬的徐渭，在接受张处理文书要求的同时，也接受了张所送的皮衣和酒。

③ 对证药也：是对症的药。证，通"症"。指下雪的早晨又饥又寒的困苦。

④ 酒无破肚脏（zàng）：酒喝肚里，不能破肚倒内脏。罄当归瓮：酒喝完了，应当把酒瓮归还原主。瓮（wèng），一种陶器，口小腹大。

⑤ 羔半臂：羊皮制的短袖外套。褐夫：穿粗布衣的穷人。褐（hè），粗布衣服。

⑥ 西兴脚子：西兴一带的挑夫。西兴，杭州地名。

⑦ 一笑：请一笑了之。

【东晋】谢安

与支遁书

谢安（320~385），字安石，陈郡阳夏（今河南太康）人。东晋名士，后为名臣。支遁（314~366），字道林，东晋高僧。谢安出仕之前，与王羲之、支道林等名士名僧交游甚欢。美景当前，要有可人同赏；人生快意，在与友人分享。你不来东山，这里显得过于安静了。

思君日积，计辰倾迟①，知欲还剡自治，甚以怅然。人生如寄耳，顷风流得意之事②，殆为都尽。终日戚戚，触事惆怅，唯迟君来，以晤言消之，一日当千载耳。此多山县闲静，差可养疾③。事不异剡，而医药不同。必思此缘，副其积想也④。

——《全晋文》

对您的思念与日俱增，我时时刻刻都在盼望您的到来。得知您想要自己回到剡溪去调养，因而感到十分惆怅。人生像过客，寄寓在天地之间，从前游乐的那种潇洒快意，现在几乎荡然无存。整日都是忧愁悲哀，感事伤怀，只希望您能来此，见见面叙叙旧，用以消除我的烦忧，哪怕只能如此开心地过一天，真是胜过苦度千年。我这里是多山之县，非常悠闲宁静，是个比较适合养病的地方，来到这里养病，回剡溪也是养病，只不过是两地的医与药有所区别。请您务必顾念我们的缘分，来满足我长期以来的愿望。

① 计辰倾迟：数着日子盼望。迟，希望。
② 人生如寄：人生短促，犹如暂时寄居于世间。顷风流得意之事：从前才华横溢无拘无束自己都觉得称心如意的事情。
③ 差可养疾：比较适合养病。差，较，稍微。
④ 副其积想：能和我积蓄已久的想法相符。副，相称，符合。

【唐】李商隐

夜雨寄北①

收信的人，无论是妻子还是友人或恋人，在诗人心中，都该是知音一级的人。这么亲密的约会，这么动人的期待，收信人真有福了。听诗人悄声细语：你问起归家的日期，我说不准是哪个日子。旅途上的秋水池塘里，每一夜都涨一层秋雨。等着哪一天吧，我俩聚首西窗下，你一边轻轻剪着烛花，我一边悄悄告诉你，在巴山夜雨的客舍里，我对你的全部柔情蜜意。

李商隐（约812~858），字义山，号玉溪生。怀州河内（今河南沁阳）人。开成二年（837）进士。晚唐著名诗人，与杜牧并称"小李杜"。

君问归期未有期，巴山夜雨涨秋池②。
何当共剪西窗烛，却话巴山夜雨时③。

---

① 这首诗是李商隐大中五年（851）冬到九年（855）冬留滞巴蜀时寄怀长安友人所作。
② 借用萧瑟凄凉之景，表达彻夜无眠的羁旅之苦、相思之情。
③ 为了摆脱相思之苦，诗人设想异日相聚的欢乐情景。可见思乡怀人心情之切。

【唐】陈玉兰

寄外征衣①

以诗代信，是中国人才有的豪奢之举。中国格律诗的发明，使得诗歌普及民间，这种简短精巧的诗歌形式，便于流传和学习，广大民众有机会将诗歌作为学习文化的入门课和必修课。加上诗赋取士的科举制度推波助澜，全国儿童的启蒙教育就是诗，这样的高起点教育与世绝伦。这是中国人独有的幸福，只要接受初等教育，一生就能享受并有资格参与传播一种精致高贵的文化、建设一种内心丰盈的生活。寻常白话怎样也达不到这么深情的倾诉和问候："西风吹妾妾忧夫"、"寒到君边衣到无？"更别提现在的网络流行语了——交流的方便并没有带来交流的深度。

陈玉兰，晚唐诗人王驾之妻，生平不详。

夫戍边关妾在吴，西风吹妾妾忧夫②。
一行书信千行泪，寒到君边衣到无③？

---

① 这首诗，一题为《寄夫》，表达闺妇思念征夫的感情。

② 戍：守卫。边关：边疆、关隘。妾：古代妇女自称的谦词。吴：地名，在今苏州一带，亦可泛指江浙一带。西风：秋风。

③ 寒风吹起，即想到添加冬衣，而且早已寄送，衣中还夹着这样一封诗信，中国古代知识女性，可以有如此款款深情。

【宋】黄庭坚

寄黄几复①

　　朋友之间互通音问，自然要有些情调，要可堪回味。天各一方，寄上一首感慨良多的诗章，可以让朋友温暖许多天吧？所谓"海内存知己，天涯若比邻"，这样的诗束，定能给朋友增添巨大的心力。诗中有五处用典，化用经传散文入诗，是最有书生气息的"江西诗派"惯用诗法。饱学之士，张嘴落笔，难免不咬文嚼字，如果对方也是饱学之士，就能得到味有同嗜之快。力求在文雅的语境中对话，正是"江西诗派"不俗的追求。

　　黄庭坚（1045～1105），字鲁直，号山谷道人，世称"黄山谷"。分宁（今江西修水）人。北宋诗人，开创了江西诗派。与苏轼并称"苏黄"。他兼擅行、草书，是"宋四家"之一。有《山谷集》。

> 我居北海君南海②，寄雁传书谢不能③。
> 桃李春风一杯酒，江湖夜雨十年灯④。
> 持家但有四壁立⑤，治病不蕲三折肱⑥。
> 想得读书头已白，隔溪猿哭瘴溪藤⑦。

---

　　① 黄几复：名介，南昌人，与诗人为同乡好友，熙宁九年（1076）同学究出身，时任四会（今属广东）县令。

　　② 作者自注："几复在广州四会，予在德州德平镇（今山东德州市东），皆海滨也。"此句化用《左传·僖公四年》"君处北海，寡人处南海"句意，点出两地远隔，不能相见。

　　③ 古代有雁足传书和雁南飞不过衡阳回雁峰的传说，更不用说飞到岭南了。寄：托。谢不能：想托雁传书带信，雁却歉言不能。

　　④ 上句说昔日在桃李春风中开怀畅饮，何等欢快；下句写一别十年，寄迹江湖，夜雨孤灯，倍感凄凉。这两句是意从境出的名句。

　　⑤ 持家：保持家业。但：只。四壁立：《史记·司马相如列传》有"家居徒四壁立"句，意即家中一无所有，后便以"家徒壁立"形容家境贫穷。

　　⑥ 蕲，通"祈"，求。三折肱：《左传·定公十年》："三折肱，知为良医。"意谓一个人多次折断了胳膊，就可以成为治疗骨折的好医生。后便用以比喻阅历多，经验就丰富。这里以治病比喻政治，说黄几复谙练世故，富有才能，办事求实，不图"良医"虚名，能够把政事办好。

　　⑦ 瘴溪：旧指岭南有瘴气的溪水，与韩愈诗中的"好收吾骨瘴江边"的瘴江义同。句意：想象中黄几复已经满头白发，每天以读书排遣郁闷寂寞，只听到溪对面藤树上悲切的猿声和他的读书声互相应和。

【战国】列子

伯牙鼓琴

俞伯牙弹一手好琴，钟子期有一副善解人意的耳朵，两厢合拍，留下"高山流水遇知音"的千古佳话。音乐（不是歌曲）并不表达具体的意思，钟子期能听出"琴心"，可见重要的不是有一副"音乐的耳朵"（音乐素养），而是心心相印。人生最大的寂寞就是对牛弹琴，把一腔心音洒向空气。因而，在这个意义上，没有钟子期，就没有俞伯牙。那天在泰山脚下避雨撞见钟子期，应该是俞伯牙一生中最幸福的邂逅了。两人的身份悬殊，弹琴者是朝廷大夫，是省长部长一级的高干；听琴、解琴者不过是上山砍柴的一个樵夫。樵夫敢说，有胆；大夫首肯，有量。没有阶层等级，只有肝胆相照。故事还有结局，据《韩诗外传》："钟子期死，伯牙擗琴绝弦，终身不复鼓之。以为在者，无足为之鼓琴也。"子期一死，世上就没有一个人配听伯牙琴了，这就是"俞伯牙摔琴谢知音"，弦断有谁听？后人被这个故事触动，心心念念也要"高山流水觅知音"，只是常常忘了，古人对朋友是很挑剔的，不是知音不为友，从不降格以求。

列子，名御寇，早期道家代表人物之一。战国时期郑国人，活动时期约于战国早中期，处在孔子与庄子之间。著作辑为《列子》。

伯牙善鼓琴，钟子期善听①。伯牙鼓琴，志在登高山，钟子期曰："善哉，峨峨兮若泰山②。"志在流水，钟子期曰："善哉，洋洋兮若江河③。"伯牙所念，钟子期必得之。伯牙游于泰山之阴，卒逢暴雨，止于岩下，心悲，乃援琴而鼓

俞伯牙善于弹琴，钟子期善于听琴辨音。俞伯牙弹琴时他的心思在登上高山，钟子期说："太好了，巍峨高耸呀像泰山。"过了一会儿他的心思在流水，钟子期："好呀，浩浩荡荡好像江河。"不论伯牙心里想着什么，钟子期一定能会意得到。伯牙游览到泰山的北面，突然遇到了大雨，阻滞在山岩下，心中悲

① 伯牙：原姓俞，名端，字伯牙，春秋时楚国人，相传琴艺高超。鼓：弹奏。钟子期：春秋时楚国汉上樵夫，精通音律。

② 志：想，心意。峨（é）峨：山高高的样子。

③ 洋洋：水势盛大的样子。

之①。初为霖雨之操，更造崩山之音，曲每奏，钟子期辄穷其趣②。伯牙乃舍琴而叹曰："善哉，善哉，子之听夫志，想象犹吾心也③，吾于何逃声哉④?"

——《列子·汤问》

苦，于是拿过琴来弹奏。开始弹的是久雨不晴的琴曲，又模仿出山崩的声音。每当奏起一首琴曲，钟子期都能完全明白他的心情。伯牙放下琴感叹地说："好呀，好呀，你听的是我的心声，你想象的情景就是我所想的情景。我的琴声被你听得明明白白，我在哪里可以隐藏我的心声呢?"

---

① 阴：阴面，山的北面。卒（cù）：通"猝"，突然，忽然。援：引，拿过来。

② 霖雨之操：大雨的琴曲。操，琴曲。霖，长久降雨。曲每奏：每逢奏起一支琴曲。穷其趣：完全理解他的心情。

③ 舍，放下。子之听夫志，想象犹吾心也：你听琴心，所想象的就像我所想的。夫，语气助词。

④ 吾于何逃声哉：我在哪里隐藏我的声音呢? 意思是我一弹琴你就知道我想的是什么。

【战国】庄子

郢人斫垩①

　　敢在人鼻尖上削白粉，艺高人胆大；敢让人在鼻尖上玩大斧，郢人的胆魄不逊于匠石的技艺。高于两人的技艺与胆魄的，是彼此的绝对信任。庄子与惠子是一对聪明冤家，在辩驳问难中获得活趣，如今惠子死了，庄子的聪明无从施展，就像郢人已逝，匠人的大斧就失去神功。"打铁硬汉"嵇康送哥哥入军，一边"目送飞鸿，手挥五弦"，一边感慨："郢人逝矣，谁与尽言？"没有"对手"的寂寞，叫人遗世而独立。

　　庄子（约前369～前286），名周，战国时期宋国蒙（今河南商丘）人，是继老子之后，道家学派的代表人物，并称"老庄"。著作辑为《庄子》。

　　庄子送葬，过惠子之墓②，顾谓从者曰："郢人垩漫其鼻端，若蝇翼，使匠石斫之③。匠石运斤成风，听而斫之，尽垩而鼻不伤，郢人立不失容④。宋元君闻之，召匠石曰：'尝试为寡人为之。'匠石曰：'臣则尝能斫之。虽然，臣之质死久矣⑤。'自夫子之死也，吾无以为质矣，吾无与言之矣。"

——《庄子·杂篇·徐无鬼》

　　庄子送葬经过惠子的坟墓，他回过头来对跟随的人说："有位郢都人，他的鼻尖抹上了一小点白垩，像苍蝇翅膀那么薄。他叫石匠用斧子给他把白垩砍掉。石匠抡起斧子呼呼生风，郢都人任凭他砍，鼻尖上的白垩一下就被削得干干净净，可鼻尖却没受伤。郢都人站着面不改色。宋元君听说这件事，召来石匠说：'你试着给我砍砍。'石匠说：'我是曾经能斫鼻尖之垩，虽然如此，我的对手已死了很久了。'自从惠子死后，再也没有什么人可以做我的对手了，我再也找不到对谈的人了。"

---

　　① 标题为编者所拟。

　　② 惠子：惠施，战国宋人，名家代表人物之一。

　　③ 郢人：郢地人。郢（yǐng），战国时楚国首都，在今湖北江陵北。垩（è）：一种白色的土，白垩。匠石：做石的匠人。斫（zhuó）：用刀斧砍。

　　④ 斤：斧头。听：听任。不失容：面不改色。

　　⑤ 质：对手、搭档。

【汉】司马迁

管鲍之交①

　　管仲（？～前645），春秋初齐国政治家。名夷吾，字仲，颍上（今属安徽）人。齐桓公时任用为卿，尊称"仲父"。在他的治理下，齐国称霸诸侯。孔子说："管仲相桓公，霸诸侯，一匡天下，民于今受其赐。微管仲，吾其披发左衽矣。"没有管仲，孔子还是一个"野人"，可见优秀的政治家对国家的影响深远。诸葛亮隐居隆中的时候，也经常自比管乐（管仲、乐毅），管仲成为有志于天下者的榜样。他的名言"仓廪实而知礼节，衣食足而知荣辱"，至今仍是指导我们经济改革的一个准则。管仲找到适合自己的位置之前，表现一直很差劲：做生意分钱，他多拿；为人出谋划策，反而拖累别人；多次做官被赶走；多次打仗当逃兵，宁愿当俘虏也不肯战死沙场。这些，被他的好友鲍叔牙一一看在眼里，却不放在心上，反而每次都为他找到常人难以理解的理由，后来又向齐桓公推荐管仲为相。但管仲病重时，齐桓公想在其身后任用鲍叔牙为相。管仲却说：鲍叔牙是君子，但不可以做相，因为他善恶过于分明，鲍见人之一恶，终身不忘。管仲忠于国家，不私其友。这就是历来为人称道的"管鲍之交"，宽容大度、公私分明的君子之交。

　　司马迁（约前145～前87），字子长，西汉史学家、文学家。有《史记》传世。

　　管仲曰："吾始困时，尝与鲍叔贾②，分财利多自与，鲍叔不以我为贪，知我贫也。吾尝为鲍叔谋事而更穷困，鲍叔不以我为愚，知时有利不利也。吾尝三仕三见逐于君，鲍叔不以我为不肖③，知我

　　管仲说："当初我穷困的时候，曾和鲍叔合伙做生意，分财货利润时，总是给我自己多分，鲍叔不认为我贪财，他理解我贫穷。我曾经替鲍叔谋划事情反而弄巧成拙，鲍叔不认为我愚蠢，他理解我谋事的时机不利。我曾经几次出仕做官几次被国君赶走，鲍叔不

---

① 标题为编者所拟。

② 贾：做生意。

③ 不肖：不成器，不才。

不遭时也。吾尝三战三走，鲍叔不以我为怯，知我有老母也。公子纠败[1]，召忽死之，吾幽囚受辱，鲍叔不以我为无耻，知我不羞小节而耻功名不显于天下也。生我者父母，知我者鲍子也。"

——《史记·管晏列传》

认为我不成器，他理解我未遇明君。我曾经几次参加作战，几次都逃跑了，鲍叔不认为我贪生怕死，他理解我有老母在堂。公子纠失败了，召忽以死相殉，我被拘押受辱，没有殉主而死，鲍叔不认为我没有廉耻，他理解我不以小节为羞而认为功名不显扬于天下为耻。生养我的人是父母，理解我的人是鲍叔啊。"

伯牙琴 嘤其鸣矣，求其友声

---

[1] 春秋齐国公子纠与公子小白争夺王位，公子小白胜，即位，为齐桓公。管仲与召忽同事公子纠，纠败，召忽死；管仲被囚；后鲍叔把管仲推荐给齐桓公，做了齐相。

【南朝·宋】刘义庆

生死之交①

荀巨伯去探望生病的朋友，却陷入乱军之中，全城的人能跑的都跑光了，他却留了下来，甚至愿意一命换一命，让生病的朋友活下来。对朋友的道义难道比自己的生命更重要吗？我们的古人真是这样想、这样做的。或许，他们不像现代人，把每一个见过一面、交换过名片的人都叫做朋友。因为挑剔，朋友少，所以特别珍惜。故事中的"胡贼"也很有意思，竟然说："我辈无义之人，而入有义之国。"撤兵了。他们真懂得尊重"道义"之人。在这里，荀巨伯的道义力量，胜过了一支军队。

荀巨伯远看友人疾②，值胡贼攻郡③，友人语巨伯曰："吾今死矣，子可去。"巨伯曰："远来相视④，子令吾去，败义以求生，岂荀巨伯所行邪！"贼既至，谓巨伯曰："大军至，一郡尽空，汝何男子，而敢独止？"巨伯曰："友人有疾，不忍委之⑤，宁以我身代友人命。"贼相谓曰："我辈无义之人，而入有义之国。"遂班军而还⑥，一郡并获全。

——《世说新语·德行第一》

荀巨伯远道探望病友，正赶上胡兵攻打朋友所住的郡城。朋友对荀巨伯说："我今天死定了，你快点跑掉。"巨伯说："我远道而来看你，你让我跑掉，毁掉朋友间的义气而求得生存，我岂是这种人？"胡兵到来，对巨伯说："大军到来，全城的人都逃空了，你是什么人，敢不逃走？"巨伯说："朋友有病，不忍心丢下他，我愿用我的性命换朋友一命。"胡兵相互嘀咕说："我们这一些不讲道义的人，进入了有道义的国家。"于是班师，全郡百姓都得以保全。

① 标题为编者所拟。
② 荀巨伯：生活在汉桓帝时代，颍川人。远看：远道探望。看：拜访、看望。
③ 值：遇上，碰上。胡贼：胡人。胡：指古代中国北方少数民族。郡：指郡城。
④ 相视：看望你。"相"表示动作偏指一方。
⑤ 委之：抛弃他。
⑥ 班军：退兵。班，调回或调动（军队）。

【南朝·宋】范晔

素车白马①

    同学之间一个两年的约定，又在千里之遥的聚会（想想古人的交通条件），悔约的理由似乎会比赴约的理由多得多，但是范式还是赴约了。张劭把朋友分成两类：平时厮混在一起的，是"生友"；可以陪伴终生的，只有范式一人，是"死友"。一颗心是可以这样托付给另一颗心的。范式的"素车白马"，也成为友情的最高境界——"生死之交"的象征。

    范晔（398～445），字蔚宗，顺阳（今河南淅川）人，南朝史学家。有《后汉书》传世。

    范式字巨卿，山阳金乡人也②，一名氾。少游太学，为诸生，与汝南张劭为友。劭字元伯。二人并告归乡里。式谓元伯曰："后二年当还，将过拜尊亲，见孺子焉③。"乃共克期日④。后期方至，元伯具以白母，请设馔以候之。母曰："二年之别，千里结言，尔何相信之审邪⑤？"对曰："巨卿信士，必不乖违⑥。"母曰："若然，当为尔酝酒。"至其日，巨卿果到，升堂拜饮，尽欢而别。

    范式，字巨卿，河南山阳金乡人。他又名氾（sì），年少时在太学读书，成为一名太学生，他和河南汝南人张劭是朋友。张劭字元伯。两个人一起请假回家。归途中范式对元伯说："我再过两年应该返校，将要到你家拜访你的父母，看一看你的孩子。"于是两人就共同商定了日期。两年后，这个日期将到，元伯把详情告诉了母亲，请母亲备办酒食等待范式的到来。母亲说："你们俩分别了两年，地隔千里之远，虽分手时有约，你怎么就相信人家不是随口一说呢？"元伯回答说："范巨卿是个讲信用的人，一定不会违背当初之约的。"母亲说："如果这样，我一定给你酿酒。"到了约定的那天，范式果然就到了，到了上房拜见元伯的父母，并开怀畅饮，尽欢而别。

---

① 标题为编者所拟。
② 山阳：古代地名。故城在今河南修武县西北。
③ 尊亲：辈分高的亲属。这里指张元伯的父母。孺子：小孩子。
④ 克：限定，约定（时间）。
⑤ 审：一定，果然。例：审如其言。
⑥ 乖违：失误、违约。

式仕为郡功曹。后元伯寝疾笃①，同郡郅君章、殷子征晨夜省视之。元伯临尽，叹曰："恨不见吾死友！"子征曰："吾与君章尽心于子，是非死友，复欲谁求？"元伯曰："若二子者，吾生友耳。山阳范巨卿，所谓死友也。"寻而卒。式忽梦见元伯玄冕垂缨屦履而呼曰②："巨卿，吾以某日死，当以尔时葬③，永归黄泉。子未我忘，岂能相及？"式怳然觉寤④，悲叹泣下，具告太守，请往奔丧。太守虽心不信而重违其情，许之。式便服朋友之服⑤，投其葬日，驰往赴之。式未及到，而丧已发引，既至圹⑥，将窆，而柩不肯进。其母抚之曰："元伯，岂有望邪？"遂停柩，移时，乃见素车白马，号哭而来。其母望之曰："是必范巨卿也。"巨卿既至，叩丧言曰："行矣元伯，死生路异，永从此辞。"会葬者千人，咸为挥涕。式因执绋而引⑦，柩于是乃前。式遂留止冢次⑧，为修坟树，然后乃去。

——《后汉书·独行传·范式传》

范式当了郡功曹（官职）。后来张元伯患了重病，同郡的朋友郅君章、殷子征早晚间伺候他。元伯临终，叹息说："遗憾的是见不到我的死友了！"子征说："我和君章对你尽心尽意，我们不是你的死友，你还要找谁？"元伯说："像你们两位只能是我的生友。山阳范巨卿，才是我所说的死友。"不久就病终了。范式忽然在梦中见到元伯戴顶黑帽垂着帽缨拖着鞋子而呼喊他说："巨卿，我在某日死了，应该在某时下葬，永远命归黄泉，你若没有忘记我，难道不能赶在下葬前来看看我吗？"范式恍然梦醒，悲伤叹息流泪，把梦告诉了郡太守，请假去奔丧。虽然太守心里不信这梦是真，而又不忍再伤范式的心，就准假了。范式就穿上了给朋友送葬的丧服，在元伯下葬之日，驱车奔丧。还没等范式到达，就已经开始出殡了，到了墓穴，将要埋葬，而棺柩落不到墓穴中。元伯母亲抚摩着棺柩说："元伯，莫非你还有什么心愿未了吗？"于是在墓穴旁停棺等了好一会儿，只见远远有素车白马，一路号哭而来。元伯母亲望着说："这一定是范巨卿了。"巨卿到后，在棺前跪下磕头吊丧说："元伯呀，你可以走了，你我死生殊途，从此永诀了。"来参加葬礼的上千人，都为此感动得抹泪。范式于是牵起引棺柩的大绳，棺柩才向前移动。范式于是留在元伯墓地给他守墓，给他修坟种树。做完这些之后才离去。

① 寝疾笃：患重病。
② 屦履：拖着鞋子走路。
③ 尔时：某个时辰。
④ 岂能相及：难道不能赶得上。觉寤：睡醒。
⑤ 服朋友之服：穿给朋友送葬的丧服。
⑥ 圹（kuàng）：墓穴。窆（biǎn）：埋葬。
⑦ 执绋而引：拉着牵引灵柩的大绳。绋：大绳，指牵引棺材的大绳。
⑧ 冢次：坟地。

【宋】王辟之

惟君子有朋①

北宋名臣范仲淹被人陷害，朝中大臣居然争相引火上身，表示自己是跟范仲淹一边的，纷纷被贬官。当时29岁的欧阳修只是一个小文官（馆阁校勘），在朝中没有说话的份，他书生气发作，写信给有权说话而且是专管提意见的左司谏高若讷，指责他是"君子之贼（敌人）"，"罪在默默尔"（《与高司谏书》），结果自然是被贬官。该说话的时候不说话，沉默就是默许，这是"无言的罪过"，所谓"吾虽不杀伯仁，伯仁由我而死"（《晋书·周颛传》）。"朋党"，在历史上是个贬义词，指为私利而勾结在一起的宗派团体。欧阳修却说："君子以同道为朋，小人以同利为朋……小人无朋，惟君子则有之。"（《朋党论》）只有君子才有朋友，的确如此。古人有言："君子之交淡如水，小人之交甘如醴。"淡如水，肝胆相照；甘如醴，有甜头也。

王辟之（1031~？），字圣涂，临淄（今属山东）人。治平四年（1067）进士。宋代学者。任官有政绩，归隐还乡著《渑水燕谈录》。

景祐中，范文正公知开封府②，忠亮谠直③，言无回避，左右不便，因言公"离间大臣，自结朋党"。乃落天章阁待制④，黜知饶州。余靖安道上疏论救，以朋党坐贬⑤。尹洙师鲁言："靖与仲淹交浅，臣与仲淹义兼师友⑥，当从坐。"贬监郢州税。欧阳永叔贻书

宗仁宗景祐年间，文正公范仲淹做开封府知府。忠于职守、胸怀坦荡、言谈耿直。讲起话来，无所避讳，一些同僚感到于己不利，便说他"挑拨大臣间的关系，自己结党营私，拉帮结伙"。范仲淹于是被革去天章阁待制的职务，贬官做饶州知府。有一位名叫余靖（字安道）的官员向朝廷上奏疏救仲淹，朝廷以余靖是范仲淹朋党的罪名贬了他。尹洙

① 标题为编者所拟。
② 知开封府：做开封府行政长官。知：主管。
③ 忠亮谠（dǎng）直：忠诚不贰，正直直率。谠，正直。
④ 乃落天章阁待制：就革除了天章阁待制的官职。
⑤ 坐贬：犯罪贬官。
⑥ 义兼师友：兼有师生朋友的情谊。

伯牙琴 嘤其鸣矣，求其友声

责司谏高若讷不能辩其非辜[1]，若讷大怒，缴其书[2]，降授夷陵县令[3]。

——《渑水燕谈录》

（字师鲁）说："余靖和仲淹交情浅，我和仲淹兼有师友之谊，理当连坐。"于是尹洙被贬为郢州税史。欧阳修写信谴责高若讷没有申辩仲淹是无辜的，有失司谏之职，若纳大怒，把他的信上交给朝廷，朝廷把欧阳修贬为夷陵县令。

① 贻书：写信给。
② 缴其书：把他的信送交上级。
③ 夷陵：地名。在今湖北宜昌境内。

伯牙琴 嘤其鸣矣，求其友声

【东晋】陶渊明

移 居①

　　陶渊明隐居田园，躬耕自食，给人的错觉是，除了有时候缺酒馋得慌，其余一概自给自足。这首诗表明，光喝酒哪来的快乐，与素心人谈诗论文才有心智的快乐。即便是陶渊明，也是需要朋友的啊。

　　陶渊明（365～427），字元亮，又名潜字渊明。别号五柳先生，世号靖节先生。浔阳柴桑（今江西九江）人。东晋杰出的诗人、散文家。开创了"田园诗派"。

　　　　　　昔欲居南村，非为卜其宅②。
　　　　　　闻多素心人，乐与数晨夕③。
　　　　　　怀此颇有年，今日从兹役④。
　　　　　　弊庐何必广，取足蔽床席⑤。
　　　　　　邻曲时时来，抗言谈在昔⑥。
　　　　　　奇文共欣赏，疑义相与析⑦。

---

　　① 义熙四年（408）六月，陶渊明家中遭火灾，义熙七年（411）移居南村，此诗即写于此年，此首为《移居二首》的第一首，写良友过从谈学论艺之乐。

　　② 南村：在浔阳城边。卜其宅：即卜宅，用占卜的方式选择风水好的住宅。早就想居住在南村，移居的目的并非是为了选择吉宅。

　　③ 素心人：心地朴素的人。指作者的好友殷景仁、颜延之等，此时他们都住在南村。数晨夕：朝夕相处。数：计算。

　　④ 兹役：役指移居的事务。今日终于实现了多年来移居的心愿。

　　⑤ 简陋的屋宇不必求大，能足以遮盖床位就可以了。

　　⑥ 邻曲：邻居。抗言：对面交谈。在昔：古时谈古不论今，也是一种心理上的隐居。

　　⑦ 奇妙之文与朋友共同欣赏，遇有疑问互相分析、磋商。

【唐】元稹

得乐天书

唐朝诗人之间的友谊，留下许多佳话。或许是因为他们能写，都有诗为证。比如，柳宗元与刘禹锡，一对难兄难弟。他们是同年进士、官在同列、两次同被贬官。柳宗元诗云："二十年来万事同，今朝歧路忽西东。皇恩若许归田去，晚岁当为邻舍翁。"（《重别梦得》）这首诗写于两人第二次同被贬官的路上，当时，柳贬柳州（今属广西），刘贬播州（今贵州遵义），柳宗元为朋友忧虑："禹锡有母年高，今为郡蛮方，西南绝域，往复万里，如何与母偕行？如母子异方，便为永诀。吾与禹锡为执友，胡忍见其若是？"（《旧唐书·柳宗元传》）于是上奏皇帝，要求把柳州的位置给刘禹锡，自己前往播州。刘禹锡因此得以改贬连州（今广东）。四年后，刘母去世，刘禹锡扶灵柩回乡，路上听到柳宗元逝世的消息，于是停母柩前往料理柳的后事，收养了柳的一个儿子，后来还为柳编文集。

白居易与元稹，一对至交诗友。元稹离开京城，白居易的感觉是："相知岂在多，但问同不同。同心一人去，坐觉长安空。"（《别元九后咏所怀》）知音走了，整个长安城顿觉空虚。元稹《闻乐天授江州司马》："残灯无焰影幢幢，此夕闻君谪九江。垂死病中惊坐起，暗风吹雨入寒窗。"即便天各一方，他们也彼此牵挂，诗信不断，友情的温暖有时候的确会催人泪下。下面这首小诗，语句平易，却捕捉到人情的生动，以描摹表情变化活写出各人的不同的心态。

元稹（779~831），字微之，别字威明。河南洛阳人，北魏鲜卑族拓跋部后裔。与白居易同为中唐新乐府诗歌运动的积极倡导者，世称"元白"。

> 远信入门先有泪，妻惊女哭问何如①？
> 寻常不省曾如此，应是江州司马书②。

---

① 我捧着书信满面泪痕回家，妻子惊惶，女儿被吓哭了。白描开篇，情态活脱。

② 省：察觉，见。江州司马：元和十年（815），四十四岁的白居易因直言敢谏，被贬为江州（今江西九江）司马。这句是以妻子视角开口：除了老友白居易，不可能有别的原因让丈夫如此动情。

【清】袁枚

郑板桥的眼泪①

有一些人，即使无缘面晤，我们也会在心里认他做朋友的。读书知人，无论是古人还是外国人，时间和地域都不妨碍我们与某些人"神交"为友。这种单方面的交友，往往比现实中的朋友更为普遍和可靠。即使同处一个时代和地域，没有实际交往，也可以有一些念念不忘的人，占据你心灵的角落。比如杜甫对李白，两人实际交往并不密切，李白极少写赠杜甫的诗，但杜甫却写了数十首思念李白的诗。春天来了，他想李白："白也诗无敌，飘然思不群。"（《春日忆李白》）天气凉了，他念李白："凉风起天末，君子意如何？"（《天末怀李白》）白天想了，晚上还《梦李白》："落月满屋梁，犹疑照颜色。"李白因误入叛军被流放夜郎，他表态："世人皆欲杀，吾意独怜才。"（《不见》）这种一厢情愿的友情其实很高尚，他是为天下惜人才，是更广泛的"知音"。郑板桥的眼泪，就是为此而流。

袁枚（1716~1797），字子才，号简斋、随园老人，钱塘（今浙江杭州）人。清代作家。有《随园诗话》《子不语》等。

兴化郑板桥作宰山东②，与余从未识面，有误传余死者，板桥大哭，以足踢地。余闻而感焉。后廿年，与余相见于卢雅雨席间。板桥言："天下虽大，人才屈指不过数人。"余故赠诗云："闻死误抛千点泪，论才不觉九州宽。"板桥深于时文③，工画，诗非所长。佳句

江苏兴化人郑板桥在山东范县做县令，他和我从来没见过面，听到有人误传我死的消息，板桥悲恸得跺脚痛哭。我听说这件事，心中很感动。之后二十年，在卢雅雨的宴席上他和我见了面。板桥说："虽然天下很大，可要论人才只不过就那么几个人，屈指可数。"所以我特意赠他一首诗写道："闻死

① 标题为编者所拟。郑板桥：即郑燮，江苏兴化人，字克柔，号板桥，清代书画家、文学家。乾隆元年（1736）进士，曾任山东范县（今属河南）、潍县知县。

② 作宰：宰，泛指地方官吏，此指做县令。

③ 时文：科举应试之文，相对"古文"而言。欧阳修《苏氏文集序》："其后天子惠悟时文之弊，下诏书讽勉学以近古，由是其风渐息，而学者稍趋于古焉。"明清称八股文为时文。

伯牙琴 嘤其鸣矣，求其友声

云："月来满地水，云起一天山。"
"五更上马披风露，晓月随人出
树林。""奴藏去志神先沮①，鹤有
饥容羽不修。"皆可诵也。

——《随园诗话》

误抛千点泪，论才不觉九州宽。"板桥深通八
股文，工于绘画，作诗不是他所擅长的，但也
不乏佳句："月来满地水，云起一天山。""五
更上马披风霜，晓月随人出树林。""奴藏去
志神先沮，鹤有饥容羽不修。"这些句子都
值得诵读。

---

① 奴藏去志神先沮：奴仆心怀离去的想法，神情先就沮丧。

【宋】王观

卜算子·送鲍浩然之浙东①

　　每一个民族都会找一个地方安放自己的柔情吧？尤其是地域博大的国度。这个地方应该山清水秀，文化繁盛，人气旺盛，但又远离权力与是非，有些闲暇、安宁，允许人脱下官服、去掉面具，轻松享受生活的滋味。中国人，把这个地方选在江南。江南，是中国文化的后院，中华文明柔软的腹部，中国文人共同的家园。古人甚至这样界定好生活的标本：人生最大的梦想，就是"腰缠十万贯，骑鹤下扬州。"又有钱，又成仙，自然是个好梦。江南好，历来口耳相传，去过没去过的，都梦绕魂牵。"江南可采莲，莲叶何田田"（汉乐府《江南》）；"日出江花红胜火，春来江水绿如蓝。能不忆江南？"（唐·白居易《忆江南》）山温水暖，软语温存，和尚也动情呀："沾衣欲湿杏花雨，吹面不寒杨柳风"（宋·志南《绝句》）。风月无边，浪子更是如鱼得水："如今却忆江南乐，当时年少春衫薄。骑马倚斜桥，满楼红袖招。"（五代·韦庄《菩萨蛮》）南宋陈人杰引友人词："东南妩媚，雌了男儿。"烟雨江南，红了樱桃，绿了芭蕉，俏了女子，雌了男儿。天下家国，偶尔放一放，让人"雌"一下，也未尝不可呀。江南，享乐生活的理想之地，又是碰壁人间之后疗病舔伤的温情后院。"红豆生南国，春来发几枝。愿君多采撷，此物最相思。"（唐·王维《相思》）江南风物，江南人物，江南故事，能不让人相思？

　　北人往江南，总是有所期待。词人的广告又做得好，那个"眉眼盈盈处"，是春天常驻的地方。

　　王观（生卒未详），字通叟，如皋（今属江苏）人。宋仁宗嘉祐二年（1057）进士。词学柳永，风趣通俗。

---

① 鲍浩然：作者朋友。生平不详。之：往。浙东：浙江东南部，宋时设置浙东路。

水是眼波横，山是眉峰聚①。欲问行人去那边，眉眼盈盈处②。

才始送春归，又送君归去③。若到江南赶上春，千万和春住④。

---

① 用女子的眉眼比拟山水，眼横秋水，眉展春山，本是以山水形容美人，这里反用，更见灵动亲切。

② 那边：哪边。浙东山水佳丽之地。如同美人含情脉脉的样子。本句暗喻，神思飞扬。人去浙东，就如同赴美人之约。

③ 北方刚刚送走短暂的春天，现在又要为您送行。

④ 好在你要去的地方，春光旺盛，假如你赶上春天还未离开江南，千万好好享受一下那美人儿一般销魂的春色。词人惜春、爱春之情溢于言表。以春赠友，又是多么美丽的祝福。

江
南
好
游
人
只
合
江
南
老

052

【唐】韦庄

菩萨蛮①·人人尽说江南好

　　人人都说江南好，不是唯独我在为她做广告。江南游子，应该在那里慢慢变老。青天绿水，画船管弦，春雨潇潇，江南张开温情的怀抱，任你纵情欢娱，也抚慰你惬意安眠，你有梦也是彩色的。水村山郭酒旗飘飘，客舍青青新柳摇摇，那当垆卖酒的女子，十指纤纤，双腕如雪，那人儿啊，就像穿云破雾的新月，让你盼望着团团圆圆。青春好年华，只应该配着江南好风华。除非你自觉老丑，放在江南的美景中不够匹配，你不到这地步，千万别回家乡，否则，你会想念江南想断肠。

　　韦庄（836~910），字端己，长安杜陵（今陕西西安）人，韦应物四世孙，与温庭筠同为"花间派"重要词人。

　　人人尽说江南好，游人只合江南老②。春水碧于天，画船听雨眠③。
　　垆边人似月，皓腕凝霜雪④。未老莫还乡，还乡须断肠⑤。

---

　　① 菩萨蛮：唐教坊曲名。

　　② 只合：只应，只该。游客来到江南就该住下来，这里是值得享受人生、慢慢变老的地方。

　　③ "春水"句：写江南景色之美。"画船"句：写江南闲雅生活之美。

　　④ 垆边人：指卖酒的女子，垆：酒店里安放酒瓮的土台子。美人亮丽如明月，纤手白皙如霜雪。唐人酒家卖酒女子多为胡姬（西域女子），诗人们常常赞不绝口，比如李白："胡姬招素手，延客醉金樽。""胡姬貌如花，当垆笑春风。"

　　⑤ 须：应、一定。人老心淡，落叶归根。未老之前，离开这美丽的地方，定会让你思念断肠。

【宋】柳永

望海潮①·东南形胜

　　柳永一生中的大好年华，都在民间厮混，他强烈地热爱世俗生活，尽情享受着江南所有的温存和欢乐，并创作了大量的"俗词"，全都谱成了流行歌曲。他几乎成了北宋时期江南世俗生活的形象代言人。传说，这首《望海潮》，甚至产生了"国际影响"，生活在北方的游牧民族女真族的首领金国国主完颜亮，被"有三秋桂子，十里荷花"的美景触动，遂起饮马江南之志，结果，是他自己丧生江南。俗话中的"上有天堂，下有苏杭"广告，就是这样被柳永们推广开来的。当然，文化江南的概念不单指苏杭，应该包括长江中下游一带，长江以南的水乡田园、繁华市镇，那里的风物以及盛行的生活方式。

　　东南形胜，三吴都会，钱塘自古繁华②。烟柳画桥，风帘翠幕，参差十万人家③。云树绕堤沙，怒涛卷霜雪，天堑无涯④。市列珠玑，户盈罗绮，竞豪奢⑤。

　　重湖叠巘清嘉，有三秋桂子，十里荷花⑥。羌管弄晴，菱歌泛夜，嬉嬉

---

　　① 望海潮：此调前不经见，似为柳永创制。宋·罗大经《鹤林玉露》卷一："孙何帅钱塘，柳耆卿作《望海潮》同赠之。"孙何在宋真宗景德元年（1004）逝世，去世前任两浙转运使。此词写杭州湖山的优美和都市的繁荣，流播极广，据《鹤林玉露》《钱塘遗事》等书记载，金主完颜亮闻之欣慕，兴兵南犯。谢处厚有诗纪事，"谁把杭州曲子讴，荷花十里桂三秋。那知卉木无情物，牵动长江万里愁。"可见当时这首词影响之大。

　　② 东南形胜：指钱塘为东南地理形势优越之区。三吴：吴兴、吴郡、会稽称三吴（见《水经注·浙江水》），包括今苏州、吴兴、绍兴一带。钱塘：杭州的旧称，旧属吴郡。

　　③ 风帘：挡风的帘子。翠幕：翠色帷幕。参差：错落、密集。风物柔美，人口繁盛。宋代的杭州可能是世界上最繁华的城市之一。

　　④ 怒涛：指闻名天下的钱塘潮。苏轼赞叹："八月十八潮，壮观天下无。"天堑（qiàn）：天然的险阻，原指长江，这里代指钱塘江。

　　⑤ 珠玑：珍珠，不圆的称玑。罗绮：丝绸。

　　⑥ 重（chóng）湖：西湖以白堤为界，分里湖、外湖，故称重湖。叠巘（yǎn）：重叠的山峦。清嘉：秀美，秀丽。三秋：秋季的第三个月，即农历九月。桂子：桂花。

钓叟莲娃①。千骑拥高牙②，乘醉听箫鼓，吟赏烟霞。异日图将好景，归去凤池夸③。

江南好 游人只合江南老

---

① 羌管：即羌笛。宋·范仲淹《渔家傲》词："羌管悠悠霜满地。"羌笛：羌族发明的竹笛，音色清脆明亮。弄晴：在晴天笛声清亮。菱歌：采菱歌。嬉嬉：戏耍的样子。

② 千骑（jì）：形容长官出行时随从之众。骑，是一人一马的合称。高牙：原指军前旗，这里指长官出行的仪仗。

③ 异日：他日。图将：描画出来；将，语助词。凤池：朝廷的中书省，又称凤凰池，这里代指朝廷、京城。

【唐】孟棨

崔 护①

　　桃花如容柳如眉。花比美人，在世界各民族文学中概莫能外，中国人干脆把又美丽又聪明的女子叫做"解语花"。而在诸多以花喻人的例子中，桃花的名气最大。桃花，三月大地上的一抹口红，传播田野动情的消息；她的花色水红，如少女羞怯的微笑；她开放时一树灿烂不留余地，像初恋，把所有的真情一次性全部投入；春风中的她快活地炫耀着美色，无所顾忌地展览生命的艳丽，像青春本身一样奢华；然后，一阵轻雨就落英缤纷、落花流水，如同短暂的青春、飘逝的爱恋、如烟的美梦和不幸的命运。纯艳、奢华、清脆、凄美，桃花，就是如此令人爱，令人恋，令人怜。"桃之夭夭，灼灼其华。之子于归，宜其室家。"（《诗经·桃夭》）三千年前的古人，就已经在用一种怜惜的调子，一边赞美她耀眼的美丽，一边祝福她美人一生平安。而每一年桃花盛开，总是勾起妙龄女孩的一点春心："夭桃灼灼向窗前，十二阑干次第妍。昨夜雨声三四点，惜花人听未曾眠。"（明·储氏《戏赠小姑》）但让桃花超越众花，成为美人的第一象征，还需要一个契机。直到唐朝，诗人崔护来了，他仿佛注定成为桃花的知己，因为他带来一个艳遇故事，他一眼看出"人面桃花相映红"的美，并且成就了一桩情爱故事。

　　孟棨（生卒未详），字初中。唐僖宗乾符二年（875）进士。他的《本事诗》记录了许多诗歌故事。

　　博陵崔护，资质甚美，而孤洁寡合②，举进士第。清明日，独游都城南③，得居人庄。一亩之宫，

　　博陵人崔护，人长得很漂亮，而性情孤僻，清高洁净，很少和别人密切交往。参加科考，中了进士。清明节那一天，他独自到都

────────────

　　① 崔护：804年前后在世，字殷功，博陵人。贞元十二年（796）登进士第，终岭南节度使。崔护早年曾屡试不第，居京师游城南。与本文所说"举进士第"游城南，似有出入。或此篇所写为初及第后的事。

　　② 博陵：郡名，东汉本初元年置，治所在博陵。唐天宝至德时，曾改定州为博陵郡。博陵为崔氏郡望，博陵崔氏当时门第甚高。资质甚美：容貌十分漂亮。孤洁寡合：性格高雅孤僻，喜欢单独活动，不爱与人交往。

　　③ 都城南：指唐朝都城长安城南。

花木丛萃^①，寂若无人。扣门久之，有女子自门隙窥之，问曰："谁耶？"护以姓字对^②，曰："寻春独行，酒渴求饮。"女入，以杯水至。开门，设床命坐。独倚小桃斜柯伫立，而意属殊厚，妖姿媚态，绰有余妍^③。崔以言挑之^④，不对，彼此目注者久之。崔辞去，送至门，如不胜情而入^⑤。崔亦眷盼而归，尔后绝不复至。

及来岁清明日，忽思之，情不可抑，径往寻之。门院如故，而已扃锁之^⑥。崔因题诗于左扉曰："去年今日此门中，人面桃花相映红。人面不知何处去，桃花依旧笑春风。"

城南郊游玩，进入一个小村庄。村里有户人家，庭院有一亩大小，花草树木长得繁密茂盛。院中静悄悄的，好像没人在家。敲了一阵门，门开了个小缝，有一位姑娘从门缝中窥视他，问道："谁呀？"崔护把姓名告诉了她，并说："到郊外观赏春色，酒后口渴，想讨碗水喝。"姑娘进了屋，端出一杯水来。打开院门，搬把椅子让崔护坐下。自己倚着桃树的斜枝站立，似乎对崔护流露出多情的意思。姑娘姿态妖冶，容貌妩媚，美丽得难以想象。崔护用言语挑逗她，她也不搭腔，彼此用眼神交流了很久。崔护告辞了，她送崔护到门口，好像情不自禁似的走回院内，崔护也是恋恋不舍地离开。从那以后，崔护就没再到这里来。

又到了来年的清明节，崔护忽然想起了她，思念之情不可遏制，径直到南郊去寻访。庭院和去年一样，可是大门却上了锁。于是崔护就在左边的一扇门上写道："去年今日此门中，人面桃花相映红。人面不知何处去，桃花依旧笑春风。"

---

① 一亩之宫：面积一亩地那么大的一座宅院。宫：房屋总称。丛萃：茂密繁盛。萃（cuì）：草丛生状。

② 崔护把自己的姓名告诉了问话的人。

③ 意属殊厚：对他表示了特别深的情意。这是崔护的感觉。绰有余妍：这是说漂亮的程度，超过了人们的想象。绰：宽余。

④ 崔护用话挑逗她。

⑤ 好像控制不住自己的感情似的回去了。

⑥ 扃（jiōng）锁之：在外面把门锁上了。扃：从外面关门的闩或钩之类。

后数日，偶至都城南，复往寻之。闻其中有哭声，扣门问之。有老父出曰："君非崔护耶？"曰："是也。"又哭曰："君杀吾女！"崔惊怛①，莫知所答。父曰："吾女笄年知书，未适人②。自去年已来，常恍惚若有所失。比日③与之出，及归，见左扉有字。读之，入门而病，遂绝食数日而死。吾老矣，惟此一女，所以不嫁者，将求君子以托吾身。今不幸而殒，得非君杀之耶④？"又持崔大哭。崔亦感恸，请入哭之，尚俨然在床⑤。崔举其首枕其股⑥，哭而祝曰："某在斯！"须臾开目，半日复活，老父大喜，遂以女归之⑦。

——《本事诗》

清明节过后没几天，崔护偶然又到了城南，再去寻找她。听到院子里有哭声，敲开门，询问出了什么事情。有位老父出来说："莫非你是崔护吧？"崔护回答说："我是。"老父又哭着说："是你杀了我的女儿！"崔护又惊骇又悲痛，不知怎么回答。老父说："我的女儿正当及笄之年，知书达理，还没有许配人家。从去年以来，就经常恍恍惚惚，若有所失。前几天我和她出门，一回来，她见到左门扉有字，读了门上的字，进门就病了，于是米水不进，不几天就死了。我年老了，只有这一个女儿，至今还没许配人家，就是因为我想给他找个品行好的丈夫，日后我也好有个依靠，现在她不幸死了，岂不是你杀了她吗？"又抓着崔护大哭。崔护也深感悲痛，请求进去哭她一场。他一进屋就看到姑娘自然然地躺在床上，崔护把她的头抬起来，枕在自己的腿上，哭着祝祷说："我崔护就在这里！"过了一小会儿，姑娘居然苏醒过来了。老父喜出望外，于是就把姑娘嫁给了崔护。

---

① 惊怛（dá）：吃惊而忧伤悲痛。怛：忧伤悲苦。

② 笄（jī）年知书：及笄之年就读了不少书。笄：绾发的簪子。古时女子十五岁就要把头发绾起来表示成年，称为及笄之年。未适人：未嫁人，或未订婚。

③ 比（bì）日：前几天，表示距现在很近。比：邻近的意思。

④ 殒（yǔn）：死去。得非：难道。

⑤ 尚俨然在床：还仍然像平常一样自然地躺在床上。俨然：整齐庄严。此处是指保持平常样子。

⑥ 举其首枕其股：崔护把她的头抬起来，枕在自己的大腿上。

⑦ 遂以女归之：于是就把女儿嫁给他。

【宋】贺铸

青玉案①·凌波不过横塘路

人面桃
多情却被无情恼

058

现在，我们来说"邂逅的故事"。在闹市街头，惊鸿一瞥，一位美丽的女孩飘然而去。她没有在我的身边停留，我们像两条平行线，各自伸向自己的命运。不知道谁是那个幸福的人，可以与她相守晨昏，共度锦瑟年华？明月桥边，花开院落，朱门深锁，小窗幽处，定然是美人儿的家。可是如何寻找？只有春天知道。只要美人儿在的地方，一定有春光明媚。可是我无缘探访，只能在山坡上呆呆张望，她的背影消失在惆怅的黄昏，隐没在无梦的烟雨中。伤感的词句洒落在我的心上，牢记这次美丽的邂逅。剩下浓烈的倾情闲愁包裹着我，就像这眼前"一川烟草"，漫无边际；"满城风絮"，拂之不去；"梅子黄时雨"，绵绵不绝，铺天盖地。

贺铸（1052~1125），字方回，自号庆湖遗老，山阴（今浙江绍兴）人。长身耸目，面色铁青，人称"贺鬼头"。他因为这首词，获得一个雅号"贺梅子"。黄庭坚称赞他："解道江南断肠句，只今惟有贺方回。"

凌波不过横塘路，但目送、芳尘去②。锦瑟华年谁与度③？月桥花院，琐窗朱户，只有春知处④。

飞云冉冉蘅皋暮，彩笔新题断肠句⑤。若问闲情都几许⑥？一川烟草，满城风絮，梅子黄时雨⑦。

---

① 词调又名横塘路，因这首词中有"凌波不过横塘路"得名。

② 凌波：形容美人步履轻盈。语出三国·曹植《洛神赋》"凌波微步，罗袜生尘"。横塘：在苏州盘门之南十余里，贺铸在此建有房舍（见《中吴纪闻》卷三）。美人的凌波微步没有向横塘这边走来。芳尘：由"罗袜生尘"而来，指美人背影。

③ 锦瑟华年：语出唐·李商隐《无题》诗"锦瑟无端五十弦，一弦一柱思华年"，指的是青春年华。谁与度：即与谁共度，谁与这位美人共度锦瑟华年呢？

④ 月桥花院：月下的小桥，开满鲜花的院落。琐窗：雕花窗子。这三句是拟想美人居所，只有春光知道，或者说只有春光与美人做伴。

⑤ 冉冉：缓缓流动。蘅皋：长着杜蘅香草的水边高地。自言拿出全部灵感与才华，也只能写出令人肠断的伤心词句。彩笔：传说齐梁时江淹因得五色彩笔，诗多美句。

⑥ 闲情：闲愁，莫名的惆怅。都几许：有多少？

⑦ "一川"三句用三个排比句，以眼前景物，状写心中失落，类似李后主的"问君能有几多愁，恰似一江春水向东流"，但比李后主的句子内涵更为丰富，语句也更为奇崛工巧。

【宋】苏轼

蝶恋花·花褪残红青杏小

"杨柳青青江水平，闻郎江上唱歌声。东边日出西边雨，道是无晴却有晴。"（唐·刘禹锡《竹枝词》）那傻小子的歌声是向我表达情意吗？让我这爱意初萌的女孩儿，心思缭乱，就像这梅雨天气，阴晴不定。在刘禹锡的这首词里，一点情意似乎有迹可寻。而在苏轼这里，有点喜剧性的场面出现了：春天清明前后，江南人家有荡秋千的风俗。这天，一位书生经过一座高墙大院，听见院墙里面女子的嬉闹声，没来由地就被那清脆的笑声醉倒。于是，"墙外行人"停下脚步，沉迷于"墙里佳人笑"。可是，"笑渐不闻声渐悄"，佳人走了，书生还在墙外痴痴地站着，唉，"多情却被无情恼"！春天，真是惹人春情。然而，春梦一去了无痕，没有了对象，只剩美丽的哀愁。

苏轼（1037~1101），字子瞻，号东坡居士。眉山（今属四川）人，北宋中叶以后文坛领袖，诗、词、散文、书、画都称大家。父苏洵、弟苏辙皆以文章名世，世称"三苏"。

花褪残红青杏小①。燕子飞时，绿水人家绕。枝上柳绵吹又少②，天涯何处无芳草③。

墙里秋千墙外道④。墙外行人，墙里佳人笑。笑渐不闻声渐悄，多情却被无情恼⑤。

---

① 花褪（tuì）残红：红色的花瓣凋谢了。褪：减色，落。

② 柳绵：柳絮。

③ 天涯：天边。此句常为后人引用，比喻处处有可爱之人。

④ 秋千：一种运动和游戏的用具。道：大路。

⑤ 多情：指行人听到墙里女子的笑声，枉自多情。无情：墙里女子的嬉笑，出于无心。恼：引起的烦恼。魏庆之《诗人玉屑·词话》："盖行人多情，佳人无情耳。"

【宋】辛弃疾

青玉案·元夕①

人面桃 多情却被无情恼

060

正月十五闹元宵。元宵节，大约是中国人的狂欢节。花灯满街，焰火满天，车水马龙，游人如织，龙灯耍得星月失色，游人闹得市声鼎沸。来往女子头上插着雪柳，一路招摇，一路流香。"万人如海一身藏"，人堆里找人实在心焦，把脖子都要扭断了，突然回头：那心上人呵，早已聪明地守候在"灯火阑珊处"。那一回首的喜悦，让这个夜晚，增添了许多幸福。

东风夜放花千树，更吹落，星如雨②。宝马雕车香满路。凤箫声动，玉壶光转，一夜鱼龙舞③。

蛾儿雪柳黄金缕，笑语盈盈暗香去④。众里寻他千百度，蓦然回首，那人却在，灯火阑珊处⑤。

---

① 元夕：旧历正月十五为上元，上元之夜称元夕。

② 花千树：形容上元之夜花灯灿烂，品种繁多。更吹落，星如雨：形容焰火如同天上吹落的繁星和密雨。

③ 玉壶光转：玉壶指月亮，光转指月光移动，是说月亮渐渐西沉。鱼龙舞：指各种形状的灯队，如耍龙灯等，这里是形容元夜舞灯的热闹场面。

④ 蛾儿雪柳黄金缕：缠金线的蛾儿、雪柳是宋时妇女上元节的头饰。这里指盛妆的观灯妇女。暗香：指观灯的妇女身上的香气。

⑤ 蓦然：猛然、突然。阑珊：稀少、清冷。为什么"那人儿"要站在"灯火阑珊处"？远离人群，才更醒目；两人密约，更要避人耳目。

【宋】欧阳修

生查子①·去年元夜时

　　元宵节的夜晚，与情人相约。不要太晚，黄昏挨边，月亮刚刚挂上树梢正好；也不要往人堆里钻，就在河边第几棵柳树底下，享受两个人的热闹。去年我们如此相约，今年你却失约不来。只有我孤单地等在老地方，眼睁睁看着别人热闹。那一串凄凉的泪水，让这个元夜，传染了感伤。因为这样的故事，这样的习俗，后人将元宵节当做中国的情人节。

　　欧阳修（1007~1072），字永叔，号醉翁、六一居士，庐陵吉州（今江西吉安）人。北宋古文运动领袖，在散文、诗、词、史传及文艺理论诸多方面开宋朝一代风气之先。

　　去年元夜时，花市灯如昼②。月上柳梢头，人约黄昏后。
　　今年元夜时，月与灯依旧。不见去年人，泪满春衫袖③。

---

　　① 生查子：此词亦载宋·朱淑真《断肠集》，南宋曾慥所编《东府雅词》作欧阳修，当是。
　　② 元夜：旧历正月十五上元节（今元宵节）之夜。唐代即有于此夜观灯之习俗，故又称灯节。花市：火树银花的街市。
　　③ 泪满：一作"泪湿"。

【南朝】民歌

子夜歌（5首）

　　在南朝民歌中，有多组以"子夜"为题的流行歌曲。时人云："歌谣数百种，子夜最可怜。慷慨吐清音，明转出天然。"（《大子夜歌》）我们不妨把它当作是民间共同塑造了一位名叫"子夜"的江南女孩，她的形象是如此清丽动人，在北方民歌中难得一见。看她腻人的样子如何娇媚：洗了头却不梳头，偏要披散着长长的秀发，婉转缠绵在情郎的膝上（《子夜歌》）。再看她一年四季的心思如何婉转：春天来了，春花开了，春鸟唱了，女孩儿的春心荡漾了。可是，女孩的心思，不好直白呵，于是怪罪春风多情，竟然吹开了我的罗裙。夏天的夜晚，有情人相约缠绵，却又不能直说，托辞在月光底下采莲子，民歌中惯用的谐音之美在这里恰到好处：莲子，怜子，亲爱的你。秋天来了，花木飘零，我们的爱情能够长在吗？愿老天没有霜雪，我和你相爱千年。冬天的大地冰雪覆盖，我的心就像雪中青松，不惧酷寒，你的心会像我一样吗？（《子夜四时歌》）清人李渔曾以"态度"二字品评女子，以为媚态远胜姿色，以"子夜"为例，此言不虚。宋·郭茂倩编《乐府诗集》，保存了大量的南朝民歌。

子夜歌[1]

宿昔不梳头，丝发披两肩[2]。婉伸郎膝上，何处不可怜[3]？

子夜四时歌[4]

春　歌

春林花多媚，春鸟意多哀。春风复多情，吹我罗裳开。

---

　　[1] 子夜：相传为女子之名。《旧唐书·音乐志》："《子夜》，晋曲也。晋有女子夜，造此声，声过哀苦。"南朝的吴声歌曲中以《子夜歌》最著名，共四十二首，都是男女恋歌。

　　[2] 宿昔：昨夜。

　　[3] 婉伸：屈伸。歌中女子有一种自然清新的媚艳情态，为文人诗词所无。

　　[4] 《子夜四时歌》从《子夜歌》变化而来。《乐府诗集》载七十五首，包括晋、宋、齐辞。此选春、夏、秋、冬歌各一首。

夏 歌

朝登凉台上，夕宿兰池里。乘月采芙蓉，夜夜得莲子[①]。

秋 歌

伸头看桐树，桐花特可怜。愿天无霜雪，梧子解千年[②]。

冬 歌

渊冰厚三尺，素雪覆千里。我心如松柏，君情复何似？

---

① "夜夜"句双关意，"芙蓉"也就是"夫容"；"莲子"，隐"怜子"。芙蓉和莲是一物。

② 梧子：隐"吾子"。解：又谐音"结"，意为得。谐音双关，是民歌常用技法。

【南朝】民歌

西洲曲①

"莲子"的心情，相思的柔情。比相思之情更动人的，是那位歌中的女子，像清水中的莲花一样明媚。她的思念一点也不哀怨，而是清清爽爽，也如这清水莲。她懂得排遣一腔相思：折一枝梅花寄给"所欢"，一种相思，就成了两处闲愁；她"采莲南塘秋"，"低头弄莲子"的一刻是如何的娇羞？"莲子青如水"的视觉形象，又是爱心纯净的心理白描；她"仰首望飞鸿"、"望郎上青楼"，望不见怎么办？她还有绝招："南风吹我意，吹梦到西洲"。音节之美是本诗另一特色，本诗也是吴歌中最精致的代表作。

忆梅下西洲，折梅寄江北②。单衫杏子红，双鬓鸦雏色③。
西洲在何处？两桨桥头渡。日暮伯劳飞，风吹乌臼树④。
树下即门前，门中露翠钿⑤。开门郎不至，出门采红莲。
采莲南塘秋，莲花过人头⑥。低头弄莲子，莲子青如水⑦。
置莲怀袖中，莲心彻底红⑧。忆郎郎不至，仰首望飞鸿⑨。
鸿飞满西洲，望郎上青楼⑩。楼高望不见，尽日栏杆头。

清水莲 有美一人，在水一方

---

① 这首诗写一个女子对情郎的思和忆。开头说她忆起梅落西洲那可纪念的情景，便寄一枝梅花给现在在江北的情郎，来唤起他相同的记忆。随后便写她从春到秋，从早到晚的相思。诗中有许多词句表明季节，如"折梅"表早春，"单衫"表春夏之交，"采红莲"应在六月，"南塘秋"该是早秋（因为还有"莲花过人头"），"弄莲子"已到八月，"鸿飞满西洲"便是深秋景象。

② 下：落。落梅时节是本诗中男女共同纪念的时节。西洲，地名，未详所在。它是本篇中男女共同纪念的地方。

③ 红：一作"黄"。鸦雏，小鸦。鸦雏色，言其乌黑发亮。女子出场，一身春天的装束。

④ 伯劳：鸣禽，仲夏始鸣。

⑤ 翠钿：用翠玉做成或镶嵌的首饰。女子在闺中。

⑥ 花事旺盛，喻相思旺盛，爱意旺盛。

⑦ 莲子：谐音"怜子"。前一个"莲子"指心爱的人，亲爱的你。后一个"莲子"指自己爱心纯净、明明白白。

⑧ 莲心：隐"怜心"，就是相爱之心。彻底红：红得通透底里。这一句意思双关。

⑨ 望飞鸿：盼望书信的意思。古人有鸿雁传书的传说。

⑩ 青楼：涂饰青漆的楼，指显贵之家，和后代以青楼为妓院的意思不同。

栏杆十二曲，垂手明如玉①。卷帘天自高，海水摇空绿②。

海水梦悠悠，君愁我亦愁③。南风知我意，吹梦到西洲④。

065

---

① 女子凭栏远眺，特写手指如玉，细节动人，让人爱怜。

② "卷帘"二句：秋夜的一片蓝天像大海。风吹帘动，隔帘见天便觉似海水荡漾。一说内地人有呼江为海者，"海水"即指江水。暗喻相思悠悠长弥漫。

③ 悠悠：渺远。天海寥廓无边，所以说它"悠悠"，天海的"悠悠"正如梦中的"悠悠"。君：指在江北的情郎。

④ 折枝之后，采莲之后，登楼之后，还是无法解脱相思饥渴，然后突发奇想，祈愿梦中会情郎。

【战国】屈原

山 鬼①

"蒹葭苍苍，白露为霜。所谓伊人，在水一方。溯洄从之，道阻且长。溯游从之，宛在水中央……"（《诗经·蒹葭》）美人与水似乎是天生的伴侣，浣纱的西施、采莲的女子、长安水边多丽人、十里秦淮胭脂堆等等。或许，水的清柔之美能够衬托出女孩之美：灵动、清美、妖娆、入画，态度难言。更深一层，因为想象和思念中的美才是最美的（所谓"距离美"），思而不得，或许更觉得美了。所以，历代文人骚客共同营造了一种"在水一方"的美女形象，她们总是生活在别处，令人可望而不可即；总是带着神秘气息，令人心神荡漾；她们甚至不生活在人间，而是巫山神女、湘夫人、洛神、狐妖、山鬼……如仙如妖，一种特别的中国女性审美。

因而，"山鬼"，说的就不是某种山中的女鬼，作者不过是把一个美人放在山中，让她既有美人的常态，又有山精妖怪之类的鬼媚之气，这样的"山鬼"形象，就比一般的美人更撩人想象。山鬼的装束和装备是一大奇观：树叶为衣，身上挂满藤蔓，就像是伊甸园中的夏娃；坐骑是赤豹，高挑着桂花旗，又像一位原始时代的女战士。她的表情是妖媚的：含情视人，露齿而笑；她的情感却与寻常女子无异：想念一位公子，心中徒自烦恼。诗中设置的思念的情景之美，却是后人难以企及的：登山瞭望，饮泉思人，云雨雷电，风萧猿鸣……意象新鲜，介于仙境与俗界之间。最后，是那个永恒张望的形象："若有人兮山之阿"，这样的"山鬼"，凡人一见，岂能轻易忘怀？

屈原（约前339～前278），战国时期的楚国秭归（今属湖北）人，中国第一位作品有署名的著名诗人，"楚辞"的创造者和代表作者。

若有人兮山之阿②，　　　　　好像有人啊在山中，
被薜荔兮带女罗③。　　　　　满身披薜荔啊腰间挂女萝。

---

① 选自萧兵译注《楚辞全译》，江苏古籍出版社1998年版。

② 若有人：仿佛一个人影似的。山之阿（ē）：山中深曲的地方。

③ 被（pī）：披。薜荔、女罗：都是藤科植物，古人以为香草。这里的山鬼似乎还用叶藤蔽体，有如草裙，具有野性之美。

既含睇兮又宜笑①。	含情凝视啊露齿笑，
子慕予兮善窈窕②。	你爱我啊俊俏又苗条。
乘赤豹兮从文狸③，	骑着赤豹啊跟着花狸，
辛夷车兮结桂旗④。	辛夷满车啊高挑桂花旗。
被石兰兮带杜衡⑤，	披着石兰啊拴杜衡，
折芳馨兮遗所思⑥。	折一棵芝草啊赠所思。
余处幽篁兮终不见天⑦，	我在幽深的竹林啊望不见天，
路险难兮独后来。	山路险难啊步难前。
表独立兮山之上⑧，	孤孤单单啊山头立，
云容容兮而在下。	迷迷蒙蒙啊云脚底。
杳冥冥兮羌昼晦⑨，	杳杳冥冥白天黑啊，
东风飘兮神灵雨⑩！	东风刮吧神降雨！
留灵修兮憺忘归⑪，	唤回灵修吧让他忘归又欢喜，
岁既晏兮孰华予⑫？	年华迟暮啊谁还我花季？
采三秀兮於山间⑬，	采灵芝啊山石间，
石磊磊兮葛蔓蔓。	磕磕绊绊啊葛藤满。
怨公子兮怅忘归，	怨恨你啊难过却忘归，
君思我兮不得闲。	想念我啊偏说不得闲。
山中人兮芳杜若，	山中人啊美美餐杜若，
饮石泉兮荫松柏，	渴饮山泉啊荫蔽有松柏，

① 含睇(dì)：眉目含着深情，如白居易所说"含情凝睇"。宜笑：笑得自然而优美。
② 窈窕：不但有苗条之意，还指体态秀美，风致自然。
③ 文狸：有花纹的狸猫，或说即凶猛的山猫。
④ 辛夷：香草，装饰神车。桂旗：旗上缀着桂的花、叶，或以桂木为旗杆。
⑤ 石兰：或指山兰，跟杜衡同是香草。
⑥ 芳馨：指花或香草。遗(wèi)：赠。所思：指山鬼的情人，就是下文的公子、灵修。
⑦ 幽篁：幽深的竹丛，映衬失恋山鬼心情的黯然，跟"杳冥冥兮羌昼晦"相应。
⑧ 表：突出。
⑨ 羌：发语词。
⑩ 神灵雨：应作"神零雨"，就是《诗经》"零雨其濛"的零雨。
⑪ 灵修：本是较高级的巫官，见于《离骚》，这里指担任神职、善与神鬼打交道的公子，即山鬼之所思。憺(dàn)：安心，安然，此谓入迷。
⑫ 晏(yàn)：迟、晚。华予：宾语前置，指给我青春年华。
⑬ 三秀：指灵芝草。据说一年开三次花，是山鬼精魂所化。

君思我兮然疑作①！

公子想我啊又疑虑多！

雷填填兮雨冥冥②，
猿啾啾兮狖夜鸣③。
风飒飒兮木萧萧，
思公子兮徒离忧④！

雷声隆隆啊雨冥冥，
猿猴啾啾啊夜哀鸣。
树叶飒飒啊风萧萧，
思念公子啊空自添烦恼！

① 疑作：疑虑发生而未解。可能因山鬼偶现原形吓跑了情人，使他又眷恋又疑惧。
② 填填：象声词，拟指雷声。
③ 狖（yòu）：长尾猿。
④ 徒离忧：白白地遭到忧愁。离：通罹（lí），遭受。

【清】蒲松龄

婴 宁

蒲松龄大概觉得现实中的女子被封建礼教压制得失去活性，所以在他的《聊斋》中不厌其烦地一再描写"狐仙女鬼"，表达他心目中理想的女性形象。这些狐妖是如此可爱，常常在书生夜读的时候出现，红袖添香也行，油盐柴米也行，调笑嬉闹也行，她们从不烦人，反而时时解危济困。这样的女子，不止是蒲松龄，恐怕还是古代书生集体的梦中情人。或者说，《聊斋》中的狐仙世界，就是古代书生的"情爱桃花源"。《婴宁》的故事，除去女鬼化狐的背景，完全可以当作一个人间故事看。婴宁，就像一个普通的山野少女，混蒙未开，直言无忌，尤其是"狂而不损其媚"的嫣然憨笑，更是她的"招牌表情"。故事的结局是：王子服与婴宁喜结连理，一年后生一子，见人就笑，"大有母风"。作者满怀深情地感慨："我婴宁殆隐于笑者矣。窃闻山中有草，名'笑矣乎'，嗅之则笑不可止。房中植此一种，则合欢、忘忧并无颜色矣；若解语花，正嫌其作态耳。"本文有删节。

蒲松龄（1640～1715），字留仙、剑臣，号柳泉居士，世称聊斋先生。淄川（今山东淄博）人。平民书生，穷其一生创作《聊斋志异》，创造了一个奇异的鬼狐世界。

王子服，莒之罗店人。早孤。绝惠。十四入泮①。母最爱之，寻常不令游郊野。聘萧氏，未嫁而夭，故求凰未就也②。会上元，有舅氏子吴生，邀同眺瞩，方至村外，舅家有仆来，招吴去。生见游女如云，乘兴独遨。有女郎携婢，拈梅

王子服，是莒县罗店人。幼年丧父，聪明绝顶，十四岁就考入县学。他的母亲最喜爱他，平时不让他到郊野游玩。曾和萧家女子订婚，还没嫁过来就夭亡了，所以妻子还没有找成。赶上正月十五上元节，舅表兄吴生，邀他一同观灯游览。刚走出村，舅家的仆人来了，把吴生招呼走了。王子服见节日里出村

① 入泮：旧时科举，学童考入县学为生员，叫入泮。

② 聘：指订婚。封建风俗，订婚时男家要向女家送聘礼，后来就以"聘"代指订婚。夭：早死。求凰：指求妻。故事传说：汉代司马相如作《琴歌》挑动卓文君，歌中有"凤兮凤兮归故乡，遨游四海求其凰"的句子。

花一枝，容华绝代，笑容可掬①。生注目不移，竟忘顾忌。女过去数武②，顾婢曰："个儿郎目灼灼似贼！"遗花地上，笑语自去。生拾花怅然，神魂丧失，怏怏遂返。

至家，藏花枕底，垂头而睡，不语亦不食。母忧之。醮禳，益剧，肌革锐减③。医师诊视，投剂发表④，忽忽若迷。母抚问所由，嘿然不答。适吴生来，嘱密诘之。吴至榻前，生见之泪下。吴就榻慰解，渐致研诘。生具吐其实，且求谋画。吴笑曰："君意亦复痴。此愿有何难遂？当代访之。徒步于野，必非世家。如其未字⑤，事固谐矣；不然，拼以重赂，计必允遂。但得痊瘳⑥，成事在我。"生闻之，不觉解颐。吴出告母，物色女子居里，而探访既穷，并无踪绪。母大忧，无所为计。然自吴去后，颜顿开，食亦略进。数日，吴复来。生问所谋。吴绐之曰⑦："已得之矣！我以为谁何人，乃我姑氏女，即君

游玩的女子多极了，于是乘着游兴独自乱逛。只见一位年轻女子带着一位丫鬟，手里拈着一支梅花，容颜美丽世间难寻，满脸笑盈盈的。王子服目不转睛地盯着她，竟然顾不得男女之大妨。这女子从王子服面前走过去几步，回头对丫鬟说："那个小子的目光灼灼像个贼！"把花弃掷在地上，且笑且说径自走开了。王子服捡起梅花看着消逝的背影怅然若失，不知为什么就神魂颠倒、恍恍惚惚，心中怏怏不快而回家了。

到了家，把梅花藏在枕下，埋头便睡，不言语也不吃饭。这可愁坏了母亲，请道士设坛祈祷禳灾，情况更加不好，身体很快地消瘦。请来医生诊治，下药发散。只是恍恍惚惚、昏昏沉沉。母亲抚慰究问原因，他不回答，只是唉声叹气。正好舅家表兄又来了，母亲嘱托他暗中刺探病因。表兄来到床前，王子服见了他就落下眼泪。表兄挨近床边宽慰劝解，一点点地盘问起病因来。王子服毫无保留倾吐自己的真实心思，并求表兄出主意。表兄笑着说："你的心思如此痴迷。这个心愿有什么难以实现？我代你去寻访她。看她在郊野之中徒步游览，一定不是世代官宦之家。如果她未许人，这事好办；如果她已经许了人，我们多给彩礼，估计也一定应允。只要你能病愈，办成此事包在我老兄身上。"王子服听了表兄一番话，不禁眉开眼笑。吴生出来告诉了姑妈，然后就去寻访女子家住所，可是探访遍了，也没有踪影。母亲忧心如焚，想不出办法

---

① 笑容可掬：形容满脸的笑容，好像可以用手捧着一样。掬：捧。

② 数武："半步叫做"武"，"数武"就是几步的意思。

③ 肌革锐减：指身体大大地消瘦。

④ 发表：中医认为，有些病潜伏在人体里面，要用药把它发散表托出来，这种治疗的方法叫做"发表"。例如风寒病需要服药出汗，就是"发表"的方法之一。

⑤ 字：女子许嫁。

⑥ 痊瘳（chōu）：病愈。

⑦ 绐（dài）：欺哄。

姨妹行，今尚待聘。虽内戚有昏因之嫌[1]，实告之，无不谐者。"生喜溢眉宇。问："居何里？"吴诡曰："西南山中，去此可三十余里。"生又付嘱再四，吴锐身自任而去。生由此饮食渐加，日就平复。探视枕底，花虽枯，未便雕落，凝思把玩，如见其人。怪吴不至，折柬招之[2]。吴支托不肯赴召。生恚怒，悒悒不欢[3]。母虑其复病，急为议姻。略与商榷，辄摇首不愿。惟日盼吴。吴迄无耗，益怨恨之。转思三十里非遥，何必仰息他人[4]？怀梅袖中，负气自往[5]，而家人不知也。

伶仃独步，无可问程，但望南山行去。约三十余里，乱山合沓，空翠爽肌，寂无人行，止有鸟道。遥望谷底丛花乱树中，隐隐有小里落。下山入村，见舍宇无多，皆茅屋，而意甚修雅[6]。北向一家，

来。可是王子服自从表兄走了以后，脸上立刻显出喜悦的样子，饭也能吃下一点。过几天，表兄又来了。王子服问事情办得如何。表兄哄骗他说："已经寻到了！我还当是谁家的姑娘哩，竟然是我姑家的女孩，就是你姨妹。现在正等人家求婚。虽然与母家的亲戚结成婚姻按礼俗有些嫌碍，但如实告诉他们缘由，没有不成之理。"王子服听了眉开眼笑，就问表兄："他家住哪村？"表兄欺骗他说："在西南山中，离这大概有三十里路。"王子服又叮嘱再三，表兄慷慨答应承担重托就走了。王子服从此饮食渐渐增加，一天天康复起来。看看枕底的梅花，虽然已干枯了，但并没有凋零，专心一意的想着，在手中抚弄着，又好像见到了那天那个人。心下抱怨表兄已过多日不来，就裁纸写信招呼他来。表兄支吾推托不肯来。王子服气愤发怒，心里抑郁不乐。母亲担忧他旧病复发，赶紧给他商定婚事。但刚刚一跟他提起，他就摇头不愿意。只是一天天盼望表兄的到来，表兄到底还是杳无音信，王子服对他更加怨怼。又一转念：三十里路也不算远，为什么不自己去寻访，偏要依靠别人？于是把梅花装在袖筒中，一赌气就自己上路了，而他家的人都不知道。

一个人孤孤单单地举步前进，也无人可问路，只管向南山走去。大约走了三十多里，乱山纷沓聚合，空蒙翠绿，肌肤为之清爽，寂寥无行人，仅仅有鸟兽踪迹。远远望去山谷深处丛花乱树中，隐约有一小村。下了山进入村庄，只见房宇不多，都是茅草苫顶的小屋，

---

[1] 内戚：母系的亲戚。下文"内亲"，义同。

[2] 折柬：裁纸写信。

[3] 悒悒：忧闷不乐的样子。

[4] 仰息他人：倚赖别人。就是"仰人鼻息"的意思。

[5] 负气：赌气，闹意气。

[6] 意：这里指房屋建筑及其自然环境所表现出来的一种意境风格。修雅：整齐幽雅。下文"间以修竹"，"修"是长的意思。

门前皆丝柳，墙内桃杏尤繁，间以修竹，野鸟格磔其中①。意其园亭，不敢遽入。回顾对户，有巨石滑洁，因据坐少憩。俄闻墙内有女子长呼："小荣！"其声娇细。方伫听间，一女郎由东而西，执杏花一朵，俯首自簪；举头见生，遂不复簪，含笑拈花而入。审视之，即上元途中所遇也。心骤喜，但念无以阶进②。欲呼姨氏，顾从无还往，惧有讹误。门内无人可问，坐卧徘徊，自朝至于日昃，盈盈望断③，并忘饥渴。

时见女子露半面来窥，似讶其不去者。忽一老媪扶杖出，顾生曰："何处郎君，闻自辰刻便来，以至于今。意将何为？得勿饥耶？"生急起揖之，答云："将以盼亲。"媪聋聩不闻。又大言之。乃问："贵戚何姓？"生不能答。媪笑曰："奇哉！姓名尚自不知，何亲可探？我视郎君，亦书痴耳。不如从我来，啖以粗粝。家有短榻可卧。待明朝归，询知姓氏，再来探访不晚也。"生方腹馁思啖，又从此渐近丽人，大喜，从媪入。见门内白石砌路，夹道红花片片堕阶上；曲

而意境风格整洁幽雅。有一家房门向北，门前都是垂柳，院墙内桃花杏花特别繁茂，桃树杏树之间偶有高高翠竹夹杂，野鸟在其中鸣叫欢唱，思量那是人家的园圃亭阁，不敢贸然走进。回头看见正对门口有一块石头，又光滑又干净，于是靠着它坐下稍微休息一下。一小会儿，听见墙内有一位女子长声呼唤："小荣！"那声音尖细娇滴。正在伫立聆听之间，一个年轻女子从东边走来，手拿一朵杏花，低头往自己鬓上插，抬头见到王子服，于是就不再插，含着娇羞的笑容，手指捏着花朵走进院内。仔细看，这年轻女子正是正月十五那日在路上遇见的那个女孩。王子服心中骤然狂喜，只是没想到合适理由作为进门的借口，想要呼喊姨妈，但从无来往，生怕弄错了。门口又不见一个人影，无可询问之人，急得坐卧不安，不停地来回踱步，从早晨到日偏西，盼望的双眼极力窥望，但一个人也没看到，连饥饿也都丢在脑后。

这时，看到那位女孩从门边露出半张脸偷看，好像是奇怪他为什么老是不离开。忽然一位老妇人拄着拐杖出来，看着王子服说："你是哪来的小伙儿，听说你早晨八九点钟就来了，一直到现在，你想做什么？莫不是饿了吧？"王子服急忙起身向老妇人作揖，回答说："我是想来看亲戚。"老妇人耳聋听不见，王子服又大声说了一遍。于是老妇人问："你的亲戚姓什么？"王子服却答不出。老妇人笑说："奇怪！亲戚的名字你尚且不知道，有什么亲戚可探？我看你这小伙子，也是个书呆子。不如跟我来，给你一碗粗饭吃，家里有张小床可以躺一躺。等到明天早晨回家，问清亲戚姓什么，再来探访也不迟。"王子服才感肚饿，又想到可以借此机会去接近那漂亮的姑娘，

① 间（jiàn）：夹杂的意思。格磔（zhé）：形容鸟鸣的声音。
② 阶进：就是通过一层层关系、找出一层层理由而进去的意思。
③ 日昃（zè）：太阳过午的时候。盈盈：对于包含有轻倩、流动的美的形容。这里形容盼望着的眼睛。

折而西，又启一关，豆棚花架满庭中。肃客入舍①，粉壁光明如镜；窗外海棠枝朵，探入室中；裀籍几榻②，罔不洁泽。甫坐，即有人自窗外隐约相窥。媪唤："小荣，可速作黍！"外有婢子，嗷声而应③。坐次④，具展亲阀⑤。媪曰："郎君外祖，莫姓吴否？"曰："然。"媪惊曰："是吾甥也！尊堂⑥，我妹子。年来以家窭贫⑦，又无三尺男，遂至音问梗塞。甥长成如许，尚不相识。"生曰："此来即为姨也，匆遽遂忘姓氏。"媪曰："老身秦姓，并无诞育；弱息仅存⑧，亦为庶产⑨。渠母改醮，遗我鞠养⑩。颇亦不钝，但少教训，嬉不知愁。少顷，使来拜识。"未几，婢子具饭，雏尾盈握⑪。媪劝餐已，婢来敛具。媪曰："唤宁姑来。"婢应去。

良久，闻户外隐有笑声。媪又唤曰："婴宁！汝姨兄在此。"户外嗤嗤笑不已。婢推之以入，犹掩

心里好生欢喜，就跟着老妇人进入院中。只见院门之内白石铺路，路两旁红花片拍落在阶石上，拐了个弯向西，又打开一道门，豆棚花架满庭院。老妇人请客进屋，只见粉墙光亮如镜，窗外海棠枝头的花朵伸进屋中，垫褥坐席几案小榻，无不光洁润泽。刚刚坐定，就隐约有人从窗外偷看。老妇人召唤："小荣，快一点做饭！"窗外有一个小丫鬟高声地应答。席间，主客双方各自详细聊开了亲族门第。老妇人问："你的外祖，是不是姓吴？"王子服回答说："是。"老妇人吃惊地说："你是我的外甥呀，你的母亲是我的妹妹。多年来因为我家里贫穷，又没一个男孩，于是就中断了音讯。外甥长成了这么大个人，还不曾认识。"王子服说："我这次就是为探望姨妈而来的，来得匆忙，就忘了姓氏。"老妇人说："我姓秦，也不曾生育，只有一个女儿，还是妾养的。她的妈妈改嫁了，留下给我抚养。也很不愚钝，只是缺少家教，就爱嬉闹不知愁，过一会儿，让她来拜识你这个表兄。"不一会儿，丫鬟准备好了饭，肥鸡硕鸭摆上桌来。老妇人劝饭，吃完饭后，丫鬟来收拾碗碟。老妇人说："召唤宁姑来。"丫鬟应声而去。

好一阵工夫，听得门外隐隐传来笑声。老妇人召唤说："婴宁！你的姨兄在这儿。"门外咔咔笑个不停。丫鬟把婴宁推进屋，她

---

① 肃客入舍：引导客人进屋。肃：进，引导。

② 裀籍：垫褥，坐席。

③ 嗷(jiào)声：高响的答应声音。

④ 次：指某一事件正在进行的时候。这里的"坐次"，犹如说坐着的时候。后文各篇中的"言次"、"饮次"，犹如说话的时候、吃酒的时候。有时也指处所，如说"身次"、"旅次"，犹如说在船上的时候、在旅途的时候。

⑤ 展：展开，指各个人说起。阀：世家门第。

⑥ 尊堂：对人母亲的敬称。

⑦ 窭(jù)贫：贫困。

⑧ 息：自己生的儿女。这里的"弱息"指女儿。

⑨ 庶产：妾生的。

⑩ 改醮(jiào)：改嫁。醮，女子再嫁。鞠(jū)养：抚养。

⑪ 雏尾盈握：肥鸡肥鸭之类。

其口，笑不可遏。媪瞋目曰①："有客在，咤咤叱叱②，是何景象！"女忍笑而立。生揖之。媪曰："此王郎，汝姨子。一家尚不相识，可笑人也。"生问："妹子年几何矣？"媪未能解。生又言之。女复笑不可仰视。媪谓生曰："我言少教诲，此可见矣。年已十六，呆痴裁如婴儿③。"生曰："小于甥一岁。"曰："阿甥已十七矣，得非庚午属马者耶？"生首应之。又问："甥妇阿谁？"答云："无之。"曰："如甥才貌，何十七岁犹未聘？婴宁亦无姑家④，极相匹敌，惜有内亲之嫌。"生无语，目注婴宁，不遑他瞬。婢向女小语云："目灼灼贼腔未改。"女又大笑，顾婢曰："视碧桃开未？"遽起，以袖掩口，细碎连步而出。至门外，笑声始纵。媪亦起，唤婢襆被⑤，为生安置。曰："阿甥来不易，宜留三五日，迟迟送汝归。如嫌幽闷，舍后有小园，可供消遣。有书可读。"

次日，至舍后，果有园半亩，细草铺毡，杨花糁径⑥。有草舍三楹，花木四合其所。穿花小步，闻树头苏苏有声，仰视，则婴宁在上，见生来，狂笑欲堕。生曰："勿

还在掩着口笑，这笑就是遏制不住。老人瞪眼说："有客人在，你这么嘁嘁喳喳笑，成何体统！"婴宁强忍住笑而站住。王子服向她致礼拱手。老妇人说："这就是王郎，你姨的儿子，本是一家人还互不相识，真是让人笑话。"王子服问："妹妹多少岁啦？"老妇人未能听懂他的意思。王子服又问了一遍，婴宁又笑得直不起腰来。老妇人对王子服说："我说她缺少家教，从她这个样子可以看出来了吧。都十六岁了，痴痴呆呆仅像个婴儿。"王子服说："比我小一岁。"老妇人又说："外甥已经十七岁了，莫不是庚午年属马的？"王子服点头答应。老妇人又问："你媳妇是谁？"回答说："没有。"老妇人说："像外甥才学品貌，为什么十七岁了还不曾婚聘？婴宁也没婆家，你们俩倒极其相当，可惜有内亲的嫌妨。"王子服没说话，目不转睛地看着婴宁，顾不得向别处瞟一眼。丫鬟向婴宁嘀咕一句："眼光火辣辣地贼相不改。"婴宁又要大笑。回头对丫鬟说："去看看碧桃开花了没有。"急忙起身，用袖子遮嘴，踏着碎步赶紧跑出去了。跑出房门，笑声才迸发出来。老妇人也起身，召唤丫鬟收拾被褥，给王子服安置住下，说："外甥来一次不容易，应多住个三五天，慢慢再送你回家。如果你嫌憋闷，房后有小园，可以供你消遣。那儿有书可以阅读。"

次日，王子服到了房后，果然有半亩园地，细细的青草如同铺毡，杨花落在泥土小路上。有草房三间，周围尽是花木。在花丛小径间漫步徐行，听到树梢上苏苏的声音，抬头一看，就见婴宁在树上，她看到王子服来，

① 瞋（chēn）目：怒目，瞪着眼睛。
② 咤咤叱叱：形容笑声。
③ 裁：通"才"，副词，仅仅。
④ 姑家：婆家。
⑤ 襆（fú）：用包袱收裹（衣被）。
⑥ 糁（sǎn）：原是把米和在羹汤里叫做"糁"。这里"杨花糁径"，是借以形容杨花粘在泥土的路上。

尔！堕矣！"女且下且笑，不能自止。方将及地，失手而堕，笑乃止。生扶之，阴捼其腕①。女笑又作，倚树不能行，良久乃罢。生俟其笑歇，乃出袖中花示之。女接之，曰："枯矣！何留之？"曰："此上元妹子所遗，故存之。"问："存之何意？"曰："以示相爱不忘也。自上元相遇，凝思成疾，自分化为异物②，不图得见颜色，幸垂怜悯！"女曰："此大细事！至戚何所靳惜③。待兄行时，园中花，当唤老奴来，折一巨捆负送之。"生曰："妹子痴耶？""何便是痴？"曰："我非爱花，爱拈花之人耳。"女曰："葭莩之情④，爱何待言。"生曰："我所谓爱，非瓜葛之爱，乃夫妻之爱。"女曰："有以异乎？"曰："夜共枕席耳。"女俯思良久，曰："我不惯与生人睡！"语未已，婢潜至。生惶恐，遁去。

少时，会母所。母问："何往？"女答以："园中共话。"媪曰："饭熟已久，有何长言，周遮乃尔⑤？"女曰："大哥欲我共寝。"言未已，生大窘，急目瞪之。女微笑而止。幸媪不闻，犹絮絮究

狂笑不止，险些坠下树来。王子服说："不要这样，摔下来啦。"婴宁边笑边下，不能自控，刚要到地面了，失手摔倒在地上，笑声才停。王子服扶起她，暗中捏她的手腕。婴宁笑声又起，靠在树干上走不了路，过了好长时间才止住笑声。王子服等她笑停，就从袖中拿出梅花给她看。婴宁接过梅花说："枯萎了，还留它干什么？"王子服说："这是上元节时你扔掉的，所以我保存了它。"婴宁问："你保存它是什么意思？"回答说："用以表示我爱你，不忘你。自上元节相遇后，由于过分思念染成了病，自己估计活不成了，没想到又见到美丽的你，希望你可怜可怜我这份痴情！"婴宁说："这是什么大不了的事，我们是至亲，又有什么可吝啬的！等你走时，可以召唤老奴来，把园中的花，折一大捆背着送给你。"王子服说："小妹你傻呀！"婴宁说："我怎么傻了？"王子服说："我不是爱花，爱的是拿花的人呵。"婴宁说："我们不过是从无往来的亲戚，有什么爱可言。"王子服说："我所说的爱，不是亲戚关系的爱，而是夫妻的爱。"婴宁说："两者有什么区别吗？"王子服回答说："夫妻之爱夜晚同床共枕。"婴宁低下头深思一会儿，说："我不习惯和陌生人睡！"话没说完，丫鬟偷偷地来到身边。王子服惶恐，逃开了。

过一会儿，在母亲的屋子里相会。母亲问："去哪儿啦？"婴宁说："在园中闲聊。"老妇人说："饭早熟了，有什么长话这样啰嗦？"婴宁说："表兄想和我一起睡觉。"语音未落，王子服窘迫得无地自容，急用眼瞪婴宁。婴宁微笑而没把话说到底。幸好老妇

① 捼(zùn)：按，捏。
② 异物：指死亡的人。
③ 靳(jìn)惜：吝惜。
④ 葭(jiā)莩(fú)：芦苇里面的白膜，比喻关系疏远的亲戚。
⑤ 周遮：形容话多。

诘①。生急以他词掩之。因小语责女。女曰："适此语不应说耶？"生曰："此背人语。"女曰："背他人，岂得背老母？且寝处亦常事，何讳之？"生恨其痴，无术可以悟之。

食方竟，家中人捉双卫来寻生②。先是，母待生久不归，始疑。村中搜觅几遍，竟无踪兆。因往询吴。吴忆曩言，因教于西南山村行觅。凡历数村，始至于此。生出门，适相值。便入告媪，且请偕女同归。媪喜曰："我有志，匪伊朝夕③，但残躯不能远涉。得甥携妹子去，识认阿姨，大好！"呼："婴宁！"宁笑至。媪曰："有何喜，笑辄不辍？若不笑，当为全人。"因怒之以目。乃曰："大哥欲同汝去。可便装束。"又饷家人酒食，始送之出。曰："姨家田产丰裕，能养冗人④。到彼且勿归，小学诗礼，亦好事翁姑。即烦阿姨为汝择一良匹。"二人遂发。至山坳回顾，犹依稀见媪倚门北望也。

人听不见，还絮絮叨叨地追问他们在园中说什么。王子服急忙别的话掩饰，并小声责怪婴宁。婴宁说："刚才的话不该说吗？"王子服说："这是背着人说的话。"婴宁说："背着别人可以，难道能背着老妈？再说一起睡一起待也是平常的事，瞒什么呢？"王子服既遗憾她的不开窍，又没办法让她明白。

饭刚吃完，家里人牵着两头驴来找王子服。在此之前，母亲等王子服久久不回家，开始疑惑。几乎搜遍了全村，竟然无影无声。就去询问吴生，吴生想起前时和王子服说的话，于是让他们到西南山村去找。连连找了几个村，才找到这里。王子服出门，正好和家里人相遇。就进屋告诉老妇人并请求带婴宁同归。老妇人高兴地说："我有这个愿望，已不是一朝一夕了，只是我老了不能出远门跋涉。外甥若能带妹子去认姨娘，太好啦！"婴宁笑着来到跟前。老妇人说："你有什么喜事，一笑就停不住？如果你不笑，就是个完美的人啦。"于是又怒目瞪她。接着说："大哥想和你一起回家，你可以马上就去梳洗打扮。"又用酒食款待王子服的家人，才送他们出门。说："姨家田地多，能养活吃闲饭的人。到了那里你就不要回来了，稍微学点诗礼，也好侍奉公婆。就烦你姨给你选一个好女婿。"王子服、婴宁二人于是出发上路。到山腰回头一看，还仿佛能见到老妇人倚门向北而望呢！

---

① 絮絮：形容接连不断地说话，含有唠叨、啰唆的意思。

② 捉：牵着，牵引。卫：驴的别名。

③ 匪伊朝夕：不止一朝一夕。

④ 冗(rǒng)：多余的。

【先秦】《诗经》

子 衿①

　　《诗经》三百首，开篇就是求偶之歌，而重点又落在相思上面："关关雎鸠，在河之洲。窈窕淑女，君子好逑。参差荇菜，左右流之。窈窕淑女，寤寐求之。求之不得，寤寐思服。优哉游哉，辗转反侧。"（《关雎》）这一番"辗转反侧"，千百年来，不知磨损了人间多少枕席？这首《子衿》，没那么沉重，却有点俏皮可爱。一个穿着青布衣裳的青年，是少女的心上人，她思念他的时候，不说思念他的眉眼怀抱，偏说是他青青的衣领，牵动着少女的芳心。这一点含蓄，就有些悠悠不尽的特别味道。（后人把这种用局部指代全体的修辞法，称为借代。）然后是少女的嗔怪：我没去找你，难道你不会找我？撒娇归撒娇，情人还是没来，少女只好在城楼徘徊，时不时一声长叹："一日不见，如三月兮！"在别的诗篇里，更夸张为"一日三秋"。这种"爱而不见"的幽会，在明代吴歌中变得更为曲折多姿："约郎约到月上时，看看等到月蹉西。不知奴处山低月出早，还是郎处山高月出迟？"

青青子衿②，	青青的是你的长领襟，
悠悠我心③。	悠悠的是想念你的心。
纵我不往，	纵然我不曾去找你，
子宁不嗣音④？	难道你从此断音讯？
青青子佩⑤，	青青的是你佩玉带，
悠悠我思。	心悠悠是我把相思害。
纵我不往，	纵然我不曾去找你，

---

　　① 选自余冠英注译《诗经选》，人民文学出版社1979年版。这首诗写一个女子在城门楼台等候情人，久等不见，心急不安。

　　② 子：诗中女子指称她的情人。衿（jīn）：衣领。

　　③ 悠悠：指忧思绵绵。

　　④ 宁不：为何不？嗣：寄。音：指信息。这两句是说，纵然我不曾会你，难道你就这样断绝音信了吗？

　　⑤ 佩：指佩玉的绶带。

子宁不来?

难道你不能自己来?

挑兮达兮^①，
在城阙兮^②。
一日不见，
如三月兮!

走去走来多少趟啊，
在这高城望楼上啊。
一天不见哥的面，
好像三个月那么长啊!

---

① 挑、达：走来走去的样子。
② 城阙：城门两边的楼台。

【宋】李之仪

卜算子·我住长江头

一条长江,两头相思,这"思"可扯得真长、也真新鲜。相思和水扯在一起,本来就令人遐思,更何况扯上的是长江。爱意绵长,难得一见的遗憾和遥遥无期的等待同样长,只好相思了,相思满长江。

李之仪(1038~1117)是山东人,却把一肚子相思洒在长江,这种相思的能力也超强。词的后面也许并没有故事,作者只是借长江解说一般的相思而已。或许,这样更好。

我住长江头,君住长江尾①。日日思君不见君,共饮长江水。

此水几时休,此恨何时已②,只愿君心似我心,定不负相思意。

① 头:源头,上游。尾:下游。
② 休:停止。已:结束。恨:遗憾。

【南唐】李煜

清平乐·别来春半

　　写离愁别绪，两个鲜活比喻被李煜信手拈来："砌下落梅如雪乱，拂了一身还满。"愁绪仿佛与词人作对，赶也赶不走；"离恨恰如春草，更行更远还生。"离人越远，离恨越生得疯狂，融入寸接天涯千里万里的春草。词句一波三折的音节，仿佛离人一步一个远去的足音，最后清晰的足音消融于漫无边际的旷野，一个原本理由清晰的离愁也扩大到无垠，成为不可名状的浩瀚愁怨。

　　李煜（937～978），南唐后主。初名从嘉，字重光，号钟隐。他精于书画，谙于音律，词为五代之冠，集"花间派"之大成，开"婉约派"之先河。

　　别来春半，触目愁肠断①。砌下落梅如雪乱，拂了一身还满②。
　　雁来音信无凭，路遥归梦难成③。离恨恰如春草，更行更远还生④。

---

① 自从告别故国，如今已是仲春时节。眼前的春光越明媚，心中的愁绪越强烈。
② 砌：台阶。以落梅喻愁。
③ 雁来音信无凭：古代有鸿雁传书的故事，以雁为带来书信的使者。但大雁没有为我带来故国的消息。
④ 以"春草"喻恨，无尽的遗憾，无尽的春草。

【宋】李清照

一剪梅①·红藕香残玉簟秋

相思也可以温柔点，两情相悦就苦得美丽新鲜。词的结句"用浅俗之语，发清新之思"，为人叹赏。此前宋·范仲淹有句："都来此事，眉间心上，无计相回避。"（《御街行》）此后宋人无名氏有句："惜分长怕君先去，直待醉时休。今宵眼底，明朝心上，后日眉头。"（《眼儿媚》）说的都是相思在人身上周转，各有千秋。

李清照（1084～1151），号易安居士，齐州章丘（今属山东）人。宋词婉约派大师。

红藕香残玉簟秋②。轻解罗裳，独上兰舟。云中谁寄锦书来③，雁字回时④，月满西楼。

花自飘零水自流。一种相思，两处闲愁⑤。此情无计可消除，才下眉头，却上心头⑥。

---

① 这首词因有"红藕香残玉簟秋"句，又名《玉簟秋》。

② 玉簟（diàn）：光滑如玉的席子。细节入笔，从红藕花的凋落和凉席生出的轻寒上感觉到了秋意。

③ 锦书：书信。《晋书·窦滔妻苏氏传》载苏若兰织锦成回文诗，称锦书，后世用以称书信。

④ 雁字：雁飞成行，或排"一"字，或成"人"字，称为"雁字"。古人相信大雁可以捎递书信。大雁飞过，锦书不来，月照楼台，相思无处隐藏。

⑤ 花谢水流是自然规律，非人力可强扭，是无可奈何的事。而满怀的相思，也是无可奈何的事。

⑥ 为了掩饰相思，故意舒展眉头，表情安详。谁知相思钻进心里，更加沉重。唉，相思，真是一件无可救药的事。

【宋】晏幾道

临江仙·梦后楼台高锁

　　有些感情经历只有在回忆中才能照亮生命，如果是梦中回忆，说明那段经历已经深入你的潜意识。当年微雨落花中独立的人儿，如今在思念的明月光下越发清晰动人，衣着、琴声、欢爱，历历在目。酒醒后梦断高楼，一切已经不可重复，当年的明月还照着当年的楼台，当年的人儿已经不再回来。

　　晏幾道（约1030～约1106），字叔原，号小山，临川（今江西抚州）人。晏殊第七子。父子词人，合称"二晏"或"大小晏"。

　　梦后楼台高锁，酒醒帘幕低垂①。去年春恨却来时②。落花人独立，微雨燕双飞③。

　　记得小蘋初见④，两重心字罗衣⑤。琵琶弦上说相思。当时明月在，曾照彩云归⑥。

---

　　①"梦后"、"酒醒"互文，梦觉酒醒后只见楼空帘垂，景况凄凉，说明梦中酒醉时所历，皆是虚幻。

　　②却来：再来。去年的春愁情恨再一次袭上心头。

　　③花落春残，情断人孤；落花中独立的人儿，憔悴如残花，凄凉如残春。微雨绵绵，惆怅如丝扯不断；燕子双飞在天，失恋情人在地；去年欢爱在眼前，今年孤单到何年？"落花"两句一向被推崇为"不可有二"的词中名句。这两句全袭五代·翁宏《春残》诗："又是春残也，如何出翠帏。落花人独立，微雨燕双飞。寓目魂将断，经年梦亦非。那堪向愁夕，萧飒暮蝉辉。"这里借用来，恰到好处，比原诗更见出色。

　　④小蘋：歌女名，亦写作小蘋。作者《小山词·自序》："始时沈十二廉叔、陈十君龙家，有莲、鸿、蘋、云，品清讴娱客。每得一解，即以草授诸儿。吾三人持酒听之，为一笑乐。莲、鸿、蘋、云四人名字在《小山词》中屡屡提及。

　　⑤罗衣上织有重叠的心字图纹，宋代纺织品有亮地提花工艺。此句寓意双重：一指"心"字状女子衣领；二喻心隔罗衣两重，你我情意不得沟通。

　　⑥彩云：喻小蘋。唐·李白《宫中行乐词》"只愁歌舞散，化作彩云飞。"唐·白居易《简简吟》"大都好物不坚牢，彩云易散琉璃脆"都有留恋追怀意。月光下看不出彩云，此句物理上不通，诗意上可解：彩云喻美人，明月光中的美人，更添朦胧神秘美感。把这些精美的物象强行搁在一堆，是一种反常识的思维，是用情深刻导致强烈失落后的幻觉。后世以《彩云追月》谱曲者，或者明白词人的这种用心？

【明、清】民歌

卖相思（2首）

　　民歌中的情绪总是出人意料。其一，如果相思能够出卖，那些被相思所苦的人们，岂不是要发大财？其二，把相思出卖给人，是为了解脱自己，一旦自己无须相思了，那爱情就会变成现实。想得真美！其三，"这相思，卖与那有情的人儿把相思害。"无论是单相思、双相思、糊涂的相思，都要找到合适的买主，让天下人都做了有情人。这真是一桩利人又利己的买卖，人世间又苦又甜的相思呀，就像传染病一样，一代一代往下传。

　　相思铺，这几日翻腾重盖。大门外，挂一面卖相思的牌。有几等相思卖与人害①：单相思背地里想，双相思两下里挨。鹘突的相思也②，还得鹘突人来买。

——明·冯梦龙《挂枝儿·想部》

　　从今不把相思害，猛然害起相思来。怕相思，偏偏入了相思寨。无奈何，手提花篮把相思卖，大街过去，小巷出来。叫了一声"卖相思"，谁来把俺的相思买？这相思，卖与那有情的人儿把相思害。

——清·华广生《白雪遗音·马头调》

心上田 手提花篮把相思卖

083

---

　　① 卖几种不同的相思，让买的人害相思病。

　　② 鹘突（hú tū）：即糊涂。

【汉】无名氏

古诗·行行重行行①

　　有一些等待是遥遥无期的，如果打仗，或许已经捐躯沙场；如果经商，或许破产回不了家乡；如果赴考，或许落榜羞于归来；如果宦游，或许已经明月别枝、另结新欢。古代婺源有座"堆婆坟"，坟里埋着一个心酸的故事：一位女子，用全部积蓄，修了一条驿道，筑了一座凉亭，日日在亭中免费为来往客商、书生、挑夫供茶，据说是用这种方式守候常年经商在外的丈夫归来。或许，哪一天，丈夫就会出现在这条自己修筑的驿道上，平安归来。一生的等待，小媳妇熬成老太婆，也不知是否等到了丈夫的归来。死后，来往客商，无论是否受过她的茶水之恩，都给她的坟上添一块石头，以表敬意，"堆婆坟"由此而来。这种守候的深情，要比"黄丝带"的故事更为感人吧。"行行重行行，与君生别离。"你走得越远，我变得越瘦。马儿鸟儿都依恋故土，游子却不肯回来。想你想得人老得快，不如不再想了，多吃两碗饭。可是，吃饱了饭，没事干，相思又要到心头来。

行行重行行，与君生别离②。

相去万余里，各在天一涯③。

道路阻且长，会面安可知？

胡马依北风，越鸟巢南枝④。

相去日已远，衣带日已缓⑤。

---

　　① 汉诗中有一批流传到梁、陈时代，不但"不知作者"或作者"疑不能明"，而且题目也失传了（其中有些是乐府歌辞，但篇题已失），对于这些诗，编辑者便一概题为"古诗"，《文选》卷二十九所录的《古诗十九首》就是这样。这些诗是汉诗中的珍品。

　　② 重行行：走个不停。离人的脚步渐行渐远，喻示守候者的思念越来越强。开篇有声有色，不同凡响。

　　③ 天一涯：天的一边。

　　④ 胡：古称北狄为"胡"，北狄就是汉朝的匈奴，在汉的北方。依：依恋。越：和"胡"相对，应是指越族，就是"百越"的"越"，其地最南为交址。以上二句说北地所产的马依恋北风，南方所产的鸟巢于南枝，比喻不忘本。暗示物尚有情，何况于人？

　　⑤ 已：同"以"。"日已远"就是一天比一天远了。缓：宽松。衣带日缓，表示人一天比一天瘦。这两句套用汉乐府《古歌》"离家日趋远，衣带日趋缓"旧句。

心上田 手提花篮把相思卖

浮云蔽白日，游子不顾返①。
思君令人老，岁月忽已晚②。
弃捐勿复道，努力加餐饭③。

① 浮云蔽白日：比喻游子的心易受蒙蔽，亦喻自己的心茫然。顾：念。
② 岁月忽已晚：指秋冬之季一年又将尽的时候。
③ 捐：弃。年复一年，相思复相思。暂且把这份痴情搁下，勉强咽下几口饭，然后，再有力气把相思害。

【宋】秦观

鹊桥仙①·纤云弄巧

　　古人常有朋友之间潇洒别离的诗篇，但是恋人、夫妻之间的别离，能以乐观的态度对待的，却不多见。秦观的《鹊桥仙》是个特例。作者替牛郎织女当解人，想说的必定是自己对感情生活的一种特殊看法：耳鬓厮磨的朝夕相处，未必比得上一年一度鹊桥会，"金风玉露一相逢，便胜却人间无数。"言下之意，相爱的质量胜过相爱的数量。"两情若是久长时，又岂在朝朝暮暮？"秦观似乎直接启发了"现代爱情观"呢。

　　秦观（1049~1100），字少游、太虚，号淮海居士，高邮（今属江苏）人。文辞为苏轼所赏识，是"苏门四学士"之一。

　　纤云弄巧②，飞星传恨③，银汉迢迢暗度④。金风玉露一相逢，便胜却人间无数⑤。

　　柔情似水，佳期如梦，忍顾鹊桥归路⑥。两情若是久长时，又岂在朝朝暮暮⑦。

①　鹊桥仙：调见宋·欧阳修《六一词》，有"鹊迎桥路接天津"句，调名取此。民间有七月七日之夜喜鹊搭桥、牛郎与织女渡过银河相会的传说。

②　纤云弄巧：纤细的云缕织成巧妙的图案。旧历七月七日之夜民间有"乞巧"风俗，参见本书"一勾新月女儿节"章。

③　飞星传恨：飞星即流星。流星划过银河，传达被银河隔阻的牛郎、织女双星别离之恨。

④　银汉：即银河。暗渡：指牛郎星、织女星过桥相会。开篇寥寥数字，即渲染出一场梦幻仙境，起笔不凡。

⑤　金风：秋风。玉露：晶莹的露珠。双星每年只在七夕之夜相会一次，但他们相逢时的幸福胜过了无数世俗的团聚。

⑥　忍顾：不忍回顾。

⑦　朝朝暮暮：日夜相聚，朝夕相处。结句惊世骇俗，恐怕在当时是一种新鲜的爱情宣言。

【明】民歌

泥人儿

古今中外所有关于男女结合的诗歌意象，我以为属"泥人儿"最绝。一对相爱的男女生活在一起，不是1+1那么泾渭分明的汇合，不是大陆漂移的简单撞击重合，也不是日月辉映那么清高得不可捉摸，更不是拆下一根肋骨那么笨拙……这些都有局部的理趣，但是拥有全面理趣的，还属"泥人儿"。生理与精神，俗与雅，都被这两团重新糅合的泥巴涵盖了。那种化身为对方的献身的热忱，那种彼此渗透的溺爱，那种因为结合而诞生两个新我的喜悦，都落在这空前绝后的小小的"泥人儿"身上。它是匹夫匹妇，又是神仙眷属；它是日常的玩具，又是中国的民俗，绝对的中国式的爱情。明代民间文学大师冯梦龙曾说："但有假诗文，无假山歌，则以山歌不与诗文争名，故不屑假。……借男女之真情，发名教之伪药。"明人卓珂月推许民歌为"我明一绝"。的确，民歌的泼辣往往反衬出文人艳词的苍白。这首民歌还有另一个版本，可以对读："傻俊角，我的哥，和块黄泥捏咱两个。捏一个儿你，捏一个儿我，捏得来一似活托，捏得来同床上歇卧。将泥人儿摔碎，着水儿重和过。再捏一个你，再捏一个我，哥哥身上也有妹妹，妹妹身上也有哥哥。"（明·无名氏《锁南枝》）

泥人儿，好一似①咱两个：捻一个你，塑一个我，看两下里如何？将它来揉和了重新做，重捻一个你，重塑一个我。我身上有你也，你身上有了我②。

——明·冯梦龙《挂枝儿·欢部》

① 好一似：就好像。
② "我身上"二句：另作"我泥里有你也，你泥里有了我"，也别具情致。

【先秦】《诗经》

将仲子^①

　　三千年前一名少女的娓娓情话，让我们听见了。墙头马上后花园，常常是上演爱情故事的场所。那可能是个月黑风高的晚上，院墙上趴着情郎小二哥，院墙下是惊惶不安的女主角。少女大约还未到出嫁的年纪，或许，又因为家教严厉，少女没有外出的自由。于是，小二哥才那么情急，要爬树翻墙，幽会心上人。少女呢，虽然一味地劝说小二哥不要跳进院里，却也不忘记插上几句爱心表白，目的不只是安抚情郎，实在也是有所期待的意思。又想吃热豆腐，又怕烫了嘴，就是这种情形罢。现代陕西民歌《走西口》，情绪变得明朗了，既缠绵又热烈，恐怕是《将仲子》的后续故事。

将仲子兮^②，	求求你小二哥呀，
无踰我里^③，	别爬我家大门楼呀，
无折我树杞^④。	别弄折了杞树头呀。
岂敢爱之^⑤，	树倒不算什么，
畏我父母。	爹妈见了可要吼呀。
仲可怀也，	小二哥，你的心思我也有呀，
父母之言亦可畏也。	只怕爹娘骂得凶呀。
将仲子兮，	求求你小二哥呀，
无踰我墙，	别把我家墙头爬呀，
无折我树桑。	别弄折了桑树桠呀。
岂敢爱之，	树倒不算什么，

泥人儿 女曰鸡鸣

---

① 选自余冠英注译《诗经选》，人民文学出版社1979年版。

② 将（qiāng）：请。仲子：男子的表字。

③ 里：古人五家为邻，五邻为里。里外有墙，踰里：越过里墙。

④ 树杞：就是杞树。踰墙就不免攀缘墙边的树，树枝攀折了留下痕迹，踰墙的事也就瞒不了人。所以请仲子勿折树杞，也就是请他勿踰里的意思。下二章仿此。

⑤ 爱：吝惜。之：指杞树。

畏我诸兄。	哥哥们见了要发话呀。
仲可怀也,	小二哥,哪天不在心上挂呀,
诸兄之言亦可畏也。	哥哥言语我害怕呀。
将仲子兮,	求求你小二哥呀,
无踰我园①,	别向我家后园跳呀,
无折我树檀②。	别弄折了檀树条呀。
岂敢爱之,	树倒不算什么,
畏人之多言。	人家见了要耻笑呀。
仲可怀也,	小二哥,不是不肯和你好呀,
人之多言亦可畏也。	闲言闲语受不了呀。

---

① 园:种果木菜蔬的地方有围墙者为园。"踰园"也就是踰墙。

② 檀:树名。

【宋】周邦彦

少年游·并刀如水

如水刀、如雪盐、如玉手、如蜜橙；暖烘烘锦帐、袅袅升香烟、清悠悠笙箫、情幽幽轻问……布成一个逃无可逃的温柔乡。与《将仲子》恰成对比——场面：一个是暗夜墙头，一个是温暖香闺。人物，一个是乡野少女，情窦初开；一个是大家闺秀，风雅蕴藉。情势：一个是欲迎还拒，犹抱琵琶；一个是诱敌深入，开门揖盗。恋爱中人的情景，真是千姿百态。

这首词大约太香艳了，当时就有人为它编了一个背景故事：话说京师名妓李师师，与才子周邦彦交往甚密。一天，一样才子风流的"道君皇帝"宋徽宗，也来会李师师，来不及回避的周邦彦只好躲到床底下。道君带来江南新贡的新橙，与师师共尝，一场亲密情事，被周邦彦听在耳中，写在纸上。——如果真是如此，词就变味了。

周邦彦（1056～1121），字美成，号清真居士，钱塘（今浙江杭州）人。官至太学正等。精通音律，自创新词调，词律细密，词风和雅，为格律派词的创始人。有《清真词》。

并刀如水，吴盐胜雪，纤手破新橙①。锦幄初温，兽烟不断，相对坐调笙②。

低声问："向谁行宿③？城上已三更。马滑霜浓，不如休去，直是少人行④。"

---

① 并刀：唐代并（bīng）州（今山西省境内）制造的刀剪，以锋利闻名。吴盐：唐肃宗时于两淮煮盐，以洁白闻名，后世称淮盐为吴盐。此处是以吴盐来中和橙之酸味。

② 锦幄（wò）：锦缎做的帷帐。兽烟：指兽形香炉中冒起的香烟。调笙：吹笙。笙，一种簧管乐器。《诗经·小雅·鹿鸣》："我有嘉宾，鼓瑟吹笙。"

③ 向谁行宿：到哪里去过夜？

④ 直是：真的，真是。

泥人儿 女曰鸡鸣

【唐】朱庆馀

闺意献张水部①

　　洞房花烛夜之后，新娘要起来正式拜见公婆，开始新的人生。一个细节，传达出新娘的娇羞与忐忑不安：我的眉毛画得是否又时髦又合乎规矩呢？词人作词的原意是投石问路，求人赏识。因为模拟生动，就成为新婚生活的现实写照。

　　朱庆馀（生卒未详），名可久。越州（今浙江绍兴）人，唐宝历二年（826）进士。

洞房昨夜停红烛②，
待晓堂前拜舅姑③。
妆罢低声问夫婿，
画眉深浅入时无④？

————

　　① 题一作《近试上张籍水部》。张水部是张籍，唐代凡参加进士考试者大多要把自己的作品投献给朝中名士，希望获得赏识，以影响主考官的决定，叫做"行卷"。张籍读此诗后大为赞赏，写诗回赠："越女新妆出镜新，自知明艳更沉吟。齐纨未足时人贵，一曲菱歌值万金"，从此朱庆馀名声大振。

　　② 停：放置。

　　③ 舅姑：公婆。

　　④ 入时无：是否又时髦又合乎规矩？

【唐】王建

新嫁娘词

　　新娘子嫁到夫家，作为这个家中的新人，不免小心翼翼。婚后三天，新娘子要下厨显显手艺，讨得一家欢喜，最要紧的当然是婆婆了。聪明的新娘采用了曲径通幽的做法："未谙姑食性，先遣小姑尝。"这样灵巧贤惠的女子，一定有幸福的日子在等着她。

　　王建（约767~约831），字仲初，颍川（今河南许昌）人。中唐诗人，与张籍齐名。

三日入厨下^①，
洗手作羹汤。
未谙姑食性^②，
先遣小姑尝^③。

泥人儿　女曰鸡鸣

---

① 厨下：厨房。古代风俗，婚后三天叫"过三朝"，新娘子要下厨做菜，是表示她此后将会侍奉公婆的仪式。

② 姑：婆婆。食性：口味。

③ 先争取"小姑"做了内应，讨得婆婆的欢心就容易了。

【先秦】《诗经》

鸡 鸣①

　　人间的一天，总是从鸡鸣声中开始，首先醒来的又总是女子。"女曰鸡鸣，士曰昧旦。子兴视夜，明星有烂。"（《诗经·郑风·女曰鸡鸣》）黎明时分，鸡鸣声里，人家床头的对话，总是余味无穷。妻子深情款款地报晓，把鸡鸣声体贴地传到丈夫耳边；丈夫呢，一味地赖床，还狡辩：不是鸡叫是苍蝇闹，不是天亮是明月光。只有幸福的人，才有赖床的权力呀。夫妻两人的深厚真情毕露无遗，才有"甘与子同梦"的亲昵愿望。南朝民歌《西乌夜飞》这样说："日从东方出，团团鸡子黄。夫妇恩情重，怜欢故在旁。"两相厮守的日子，过得心里踏实。而作为妻子，就是在这些琐琐碎碎的关怀中默默表达着爱意。早上，一而再、再而三地唤人起床；而夜深时分，是否又要一而再、再而三地唤人上床？"夜深衣薄露华凝，屡欲催眠恐未应。恰有天风解人意，窗前吹灭读书灯。"（清·席佩兰《夏夜示外》）看来，直说不如默祷有效，是吗？

"鸡既鸣矣，　　　　　　　　　"听见鸡叫唤啦，
朝既盈矣②。"　　　　　　　　朝里人该满啦。"
"匪鸡则鸣③，　　　　　　　　"不是鸡儿叫，
苍蝇之声。"　　　　　　　　　那是苍蝇闹。"

"东方明矣，　　　　　　　　　"瞅见东方亮啦，
朝既昌矣④。"　　　　　　　　人儿该满堂啦。"
"匪东方则明，　　　　　　　　"不是东方亮，
月出之光⑤。"　　　　　　　　那是明月光。"

---

① 选自余冠英注译《诗经选》，人民文学出版社1979年版。

② 朝：朝堂，君臣聚会的地方。既盈：人已满。此二句为妻催促丈夫起身赴朝会，告诉他时已不早。

③ 则：犹"之"。此二句是夫答妻之辞。

④ 昌：盛。言人多。此二句为妻告夫。

⑤ 此二句夫答妻。言时候还早。

"虫飞薨薨①，　　　　　　　"苍蝇嗡嗡招瞌睡儿，
甘与子同梦②，　　　　　　　我愿和你多躺会儿。
会且归矣③，　　　　　　　　可是会都要散啦。
无庶予子憎④！"　　　　　　别叫人骂你懒汉啦。"

① 薨薨：飞虫声，似即指"苍蝇之声"。

② 甘：乐。同梦：犹言共寝。

③ 会：指朝会。且归：是说参加朝会者将散朝回家。这和"既盈"、"既昌"都是故甚其词以引起对方的紧张。

④ 庶：庶几。无庶是庶无的倒文。予：与。憎：言见憎于人。末章四句是妻对夫说：在这催眠的虫声中，我也愿意你和我再睡一会儿，不过人家都要散朝了，还是早些去罢，别惹得人家对你憎恶。（或以上二句属夫，下二句属妻，亦通。）

【宋】苏轼

洞仙歌①

　　女曰鸡鸣是农耕时代的家庭生活画面，有没有城市家庭生活的记录呢？别忘记，宋代以前的中国，城市化程度可是世界第一。看苏轼怎样说：半夜三更，一点明月在水晶帘上窥视，看什么呢？帘内有人无眠。虽然是酷热的夏天，幸好小楼在湖边，夜风吹来荷花的清香，眠床上的女子，鬓发虽有些散乱，但是"冰肌玉骨，自清凉无汗"。这样的夜晚不愿轻易交给睡眠，于是双双携手，无言看天，两心默契，空气也有点甜。想到秋风吹过时节，天气就凉爽了，但转念一想，眼前甜蜜的情景，会不会也被似水流年暗中偷换？扯到这些男女私情，连旷达的东坡也不好意思直白，拉一个什么"眉山老尼"来做挡箭牌，老尼姑唱什么"洞仙歌"？也没想到有欲盖弥彰这回事。

　　余七岁时，见眉山老尼，姓朱，忘其名，年九十岁。自言：尝随其师入蜀主孟昶宫中。一日大热，蜀主与花蕊夫人夜纳凉摩诃池上，作一词。朱具能记之。今四十年，朱已死久矣，人无知此词者，但记其首两句。暇时寻味，岂《洞仙歌令》乎？乃为足之云②。

　　冰肌玉骨，自清凉无汗③。水殿风来暗香满④。绣帘开、一点明月窥人，人未寝，欹枕钗横鬓乱⑤。

---

　　① 洞仙歌：唐教坊曲名，又名洞仙歌令。

　　② 孟昶：五代时后蜀的后主，在位三十一年（934～965），降宋改封秦国公。长于文学和音乐，有词流传。花蕊夫人：孟昶的妃子，姓徐，别名花蕊夫人。摩诃池：成都后蜀宣华苑中的大池。摩诃是梵语，有广大无边、美不胜收的意思。因为词意涉嫌香艳，所以煞费苦心编了这么一个段子，难为东坡了。

　　③ 冰肌玉骨：形容肌肤清润晶莹。身体无汗，是古人对女性的一种审美观。

　　④ 水殿：临水的殿宇。暗香：这里指荷花的香气。唐·王昌龄《西宫夜怨》："芙蓉不及美人妆，水殿风来珠翠香"。

　　⑤ "绣帘"下转写明月，"钗横鬓乱"皆是明月窥见，暗示刚刚有过男欢女爱。

起来携素手①，庭户无声，时见疏星渡河汉②。试问夜如何，夜已三更，金波淡，玉绳低转③。但屈指、西风几时来④，又不道，流年暗中偷换⑤。

① 素手：女子洁白的手。

② 疏星：流星。河汉：银河。

③ 金波：月光。玉绳：星名，在北斗第五玉衡星的北面。低转：位置下降移动，言夜已深。

④ 屈指：屈指计算时日。西风：秋风。这是因暑热纳凉水殿，转而计算秋风之来。

⑤ 不道：不觉。流年：流水年华。幸福的人最怕时间过得快。

【宋】陆游

钗头凤①·红酥手

《太平广记》说：四川有一种手指头大的小鸟，羽毛五色，冠如凤凰，专吃桐花。野生的桐花鸟经过驯养，可以乖巧地站在女子的钗头上，在酒席间一直不飞，这或许就是词牌《钗头凤》的由来。宋人无名氏有句："可怜孤似钗头凤"，凤凰分飞，"钗头凤"又有了孤单失伴的意思。陆游与表妹唐婉的感情悲剧已经变成凄楚的传说：唐婉是陆游舅舅的女儿，本来伉俪情深的一对，被陆母拆散。别后十年，春游沈园（在今浙江绍兴）时，两人偶遇，当时两人已经各自成家，心中爱意却未灭，唐婉遣人送酒肴致意。陆游怅然之余，长久压抑的情意开始决堤，当即在沈园的墙壁上题下这首《钗头凤》，这样的举动，有向世界公开宣诉之意。事后，唐婉和答了一首《钗头凤》，不久抑郁而终。这个感情的伤口，陆游一生也没有愈合。写《钗头凤》时是三十一岁，七十五岁时，又写了《沈园》二首："城上斜阳画角哀，沈园非复旧池台。伤心桥下春波绿，曾是惊鸿照影来。""梦断香消四十年，沈园柳老不吹绵。此身行作稽山土，犹吊遗踪一泫然。"

陆游（1125~1210），字务观，号放翁，越州山阴（今浙江绍兴）人，南宋诗人。

红酥手，黄縢酒，满城春色宫墙柳②。东风恶③，欢情薄，一怀愁绪，几年离索④。错，错，错！

---

① 钗头凤：又名折红英。

② 酥：形容皮肤滋润细腻。黄縢（téng）酒：即黄封酒。当时官酿的酒以黄纸封口。縢，一作"藤"。开篇抚今追昔，表现夫妻和谐美满生活的一个场面：妻子劝酒，共赏春色。

③ 东风：这里喻指破坏了作者爱情生活的人，即作者的母亲，不敢言明。

④ 离索："离群索居"的略语，这里指离散。写夫妻被迫离异后的寂寞和痛苦。

春如旧，人空瘦。泪痕红浥鲛绡透①。桃花落，闲池阁②。山盟虽在，锦书难托③。莫，莫，莫④！

———————

① 红：指泪水浸胭脂而染红。浥（yì）：沾湿。鲛绡：神话中的人鱼（鲛人）所织的纱绢，这里指手帕。别后十年，偶然重逢，春色依旧，但人已憔悴，只见前妻面容消瘦，眼泪湿透了绢帕。

② 这两句写重逢时所看到的景色：桃花凋谢、园林冷落。反映了作者凄凉的心情。

③ 山盟：指坚定不移的爱情盟约。古人盟约，多指山河为誓。锦书：前秦窦滔妻苏氏曾织锦为回文诗赠其夫，后人遂以锦书指夫妻间表达爱情的书信。双方既已另行婚嫁，为礼法所限，虽然爱情依旧，已难以用书信表达了。

④ 莫，莫，莫：罢，罢的意思。唐·司空图《耐辱居士歌》："休休休，莫莫莫。"错字三叠，恨天命不公，却无力回天；莫字三叠，劝自己放下，却无心放下。

【宋】唐婉

钗头凤·世情薄

　　一段情事，两人书写，构成双璧。陆词还有一丝回忆的温馨以及纸上的反抗，唐婉作为最弱势的一方，只有一味地凄苦。陆游：整个事件是一个巨大的"错"；有情难诉，有泪自咽，反复劝说自己"罢了、罢了"。唐婉：雨打花落，有苦"难"言；积思成病，怕人询问，只能"瞒，瞒，瞒"。两首词的叠字对应出现，就像两个伤心人在对面长叹，一声比一声凄凉、悲哀，让千百年后的读者眼湿心酸。

　　唐婉，生卒年月不详。字蕙仙，灵秀能文，陆唐二人青梅竹马，婚后感情甚笃，因不被陆母喜欢，被迫离婚去家。后陆游另娶王氏为妻，唐婉嫁给了同郡士人赵士程，结果四人都不快乐。

　　世情薄①，人情恶。雨送黄昏花易落。晓风干，泪痕残。欲笺心事，独语斜阑②。难，难，难！

　　人成各，今非昨③。病魂常似秋千索④。角声寒，夜阑珊⑤。怕人寻问，咽泪装欢⑥。瞒，瞒，瞒⑦！

---

① 薄：不厚道，冷酷。

② 笺：表露，倾吐。想剖白心事，又无人可以谈心，只好斜倚阑干，自言自语。

③ 两人已各自分飞，如今的处境与从前大不相同。

④ 病魂：痛苦的心灵。这句形容自己心神恍惚，动荡不安。比喻准确有力。

⑤ 角：号角。寒：指凄凉。阑珊：将尽。

⑥ 咽（yàn）：吞。

⑦ 难字三叠，满腹委屈无人说，满心伤痛不可说，有口难言做人难；瞒字三叠，人生险恶，了无生趣，却要强作欢颜，心病要瞒，思念要瞒，悲伤要瞒，瞒它个天聋地哑。

【唐】陈玄祐

离魂记

倩女离魂，唐人的想象真是太大胆了。民间相信人的灵魂不灭、身体只是灵魂的寄宿之处的观念，只是给这则故事垫了一块基石，作者却在这上面建筑了一座金碧辉煌的海市蜃楼。身心可以分离，人就有了绝对的自由。外界的束缚只能羁押一个臭皮囊，灵魂却可以随意出走。身心可以分开，也不妨碍它们重新组合。灵魂所在的地方，就自然拥有了身体，一个人因此可以生活在别处。作者敢于这样魔幻思维，基于一个信念：相信爱的力量。本文有删节。

陈玄祐，唐代宗大历（766～779）时人，事迹不详。

天授三年，清河张镒，因官，家于衡州①。性简静，寡知友。无子，有女二人。其长早亡，幼女倩娘，端妍绝伦。

镒外甥太原王宙，幼聪悟，美容范②。镒常器重，每曰："他时当以倩娘妻之。"后各长成，宙与倩娘常私感想于寤寐③，家人莫知其状。后有宾僚之选者求之，镒许焉。女闻而郁抑，宙亦深恚恨④。

武则天天授三年，河北清河郡张镒，因为做官，把家安置在湖南衡阳。他性情淡泊娴静，很少知心朋友。膝下无子，有两个女儿。其中大女儿早死去了，小女儿叫倩娘，端庄美丽无与伦比。

张镒的外甥太原人王宙，幼小时就聪明，长得英俊，品行端正。张镒一向都很器重他，常常说："以后一定要把倩娘嫁与王宙为妻子。"以后各自长大成人，王宙和倩娘暗地里无日无夜地相互思念，经常相会在梦中，家里没人知道他们相思的苦状。后来张镒的一位将去吏部应选的幕僚向张镒求婚，张镒把倩娘应许了他。倩娘听到这个消息心中郁闷不欢，王宙也深深地愤怨遗憾。

---

① 天授：周武则天年号（690～692）。清河：郡名，亦称贝州。今河北清河之西。家于衡州：安家在衡州。衡州，即衡阳郡。今湖南衡阳。

② 太原：唐府名，也称并州。治所在今山西太原西南晋源镇。美容范：仪容品行都好。

③ 私感想于寤寐：私下醒时梦中都在思念。寤：醒。寐：睡，指睡梦。寤寐，即白天黑夜。

④ 宾僚之选者：幕僚中将要去吏部应选的人。恚（huì）恨：怨恨，恼恨。

托以当调，请赴京。止之不可，遂厚遣之。宙阴恨悲恸，决别上船①。

日暮，至山郭数里。夜方半，宙不寐，忽闻岸上有一人，行声甚速，须臾至船。问之，乃倩娘，徒行跣足而至②。宙惊喜发狂，执手问其从来。泣曰："君厚意如此，寝梦相感。今将夺我此志，又知君深情不易，思将杀身奉报，是以亡命来奔③。"宙非意所望，欣跃特甚，遂匿倩娘于船，连夜遁去。倍道兼行④，数月至蜀。凡五年，生两子。与镒绝信。其妻常思父母，涕泣言曰："吾曩日不能相负，弃大义而来奔君，向今五年，恩慈间阻⑤。覆载之下，胡颜独存也⑥？"宙哀之，曰："将归，无苦。"遂俱归衡州。

既至，宙独身先至镒家，首谢其事⑦。镒曰："倩娘病在闺中数年，何其诡说也？"宙曰："见在舟中。"镒大惊，促使人验之，果见

王宙假托要应考，请求到京城去，家人阻止不住他，于是给他厚厚地打点，打发他启程。王宙心中暗自悲伤，和家人告别上了船。

傍晚，到距山数里的地方靠岸停泊，到了半夜，王宙还是睡不着，忽然听到岸上有一个人的脚步声飞快地向他走来，很快就到船上。王宙问是谁，原来是倩娘，光着脚徒步跑来。王宙惊喜得发狂，拉着她的手问她从哪里来。倩娘哭着说："你对我情意如此深厚，我在梦中都感念你的真情。现在父亲强迫我改变初衷，把我许给他人，我又深知你对我的深情不会改变，我想拼一死来报答你，所以我逃出来和你相会。"王宙大喜过望，欢欣雀跃得无法形容。于是就把倩娘藏匿在船上，连夜逃离。加快速度，一天走两天的路程，经几个月的行程到蜀地。五年过去，生了两个儿子，和张镒音讯断绝。王宙之妻倩娘总是在想念父母，鼻涕一把，眼泪一把地对王宙说："从前，我不能辜负你的爱恋，抛弃人伦大义来与你私奔，到现在五年了，与父母阻隔不能相见，有什么颜面在天地之间独自活下去？"王宙为此感到悲哀，说："我们这就回去，不要苦恼。"于是一起回到了衡阳。

到衡阳后，王宙一人先到了舅舅张镒家中，讲述了和倩娘私奔的原委，并致歉意。张镒说："倩娘在闺中卧病了数年，你怎么说得这么诡诞怪异呀？"王宙说："倩娘现在就

---

① 托：推托，假托。决别：难以再见的告别。决，同"诀"。

② 徒行跣（xiǎn）足：光着脚步行。跣：光着（脚）。

③ 夺我此志：逼迫我改变初衷。不易：不改变。亡命来奔：私自逃来相结合。奔：古代男女未经礼聘私下结合叫"奔"，一般指女子主动投奔男子。

④ 倍道兼行：加倍快速地赶路。兼行：一天走两天的路程。

⑤ 恩慈间（jiàn）阻：与父母隔绝不能相见。恩慈：指父母。

⑥ 覆载之下：生活于天地之间。覆载：天覆地载，指天地。胡颜独存：有何脸面独自活下去。胡：何。

⑦ 首谢：陈述过失而道歉。

钗头凤 天若有情天亦老

倩娘在船中，颜色怡畅，讯使者曰："大人安否？"家人异之，疾走报镒。室中女闻，喜而起，饰妆更衣，笑而不语，出与相迎，翕然而合为一体①，其衣裳皆重。其家以事不正，秘之。惟亲戚间有潜知之者。

后四十年间，夫妻皆丧，二男并孝廉擢第，至丞尉②。

——《太平广记》

在船里。"张镒十分惊讶，赶紧派人查验，果然见倩娘在船里。气色欢欣舒畅，倩娘询问："我的父母安康吧？"家人觉得十分奇怪，赶紧跑去报告张镒。闺房中卧病的倩娘听到家人的报告，欢欢喜喜地起身，梳妆打扮换新衣，笑而不语，走出闺房迎接下船来的倩娘，一下子两个倩娘相遇就合二为一了。而新生的倩娘上衣下裳都是双重的。因为事出诡异，倩娘家隐秘此事。只是有的亲戚暗中知晓。

四十年之后，王宙倩娘都死去了，两个儿子都以孝廉的资格考取了进士。官至县丞县尉。

① 翕（xī）然：合在一起的样子。

② 孝廉擢（zhuó）第：以孝廉的资格，考取了明经或进士科。孝廉：泛指州郡荐举应考的人。擢：提拔，这里有考取、升入的意思。丞尉：县丞、县尉。前者协助县令处理政务，后者负责治安、捉拿盗贼。

【清】黄钧宰

心 画①

心心相"印"、刻骨"铭"心、"镂"心刻骨，这些人们熟悉的形象化词语，一旦变成了故事中的形象，会让人特别的震惊，被一种熟悉的陌生感所震慑。一颗心能够真的"镌刻"下一幅画面，一幅山水人物画，画中人眉目清晰。把这颗心"切"成片（大胆！），居然片片都有同样的一幅画！这不是在讲故事，简直是在写诗呢。这样诗意的故事，自然和爱情有关。这样奇异的爱情故事，难怪让人感慨："天若有情天亦老"！

黄钧宰（1826~1876），原名振钧，字宰平、仲衡，号天河生。山阳（今江苏淮安）人。晚清文学家，撰有《金壶七墨》等。

浙东女子某氏，父贾苏州，侨寓于南濠②，女所居楼故临河。有楚州生者，因事赴苏，泊舟楼下者十八日。一日晨起，女自搴帘倾盆水③，猝然见生，不自觉其盆之失于手也。自是卷帘凭窗，作书刺绣，默默然朝暮相对。然意态闲静，绝不如世俗目成眉语者所为④。

生之友蒋君者，距女家不过数武，乘间语生曰⑤："名节事大，勿妄想也。"遂移泊于胥门。

浙东有个女子，父亲在苏州做生意，举家移居住在苏州南濠，这位女孩所住的楼房恰好临河。有一位楚州的书生，有事到苏州，他的船在楼下河里停泊了十八天。一天早晨起来，女孩撩起窗帘泼洗脸水，忽然见到了这位楚州书生，不知不觉脸盆从手中滑落。从此她总是卷起帘子靠着窗，或写字或绣花，一声不响地和楚州书生朝夕相对。不过她的心思神态十分悠闲平静，绝对不像世俗中挤眉弄眼挑逗调情那种女子的所作所为。

楚州书生的朋友蒋君，和女孩子家隔不了几步，找机会对楚州书生说："名节的事很重要，可别胡思乱想。"于是楚州书生把船移

---

① 标题为编者所拟。
② 寓：在外乡居住。
③ 搴（qiān）帘：揭起窗帘。搴：提、揭。
④ 目成眉语：暗以眉目传情。
⑤ 数武：几步。武：步，古时以六尺为步，半步为武。乘间：趁机会。

钗头凤 天若有情天亦老

104

庚申之乱，南濠市廛化为焦土^①，女及母妹焚焉。贫民多于瓦砾河渠中淘取器物，藉为度日计。或检一物，大如拳，下圆上锐，非木非石，中软而外坚，反复视之不识也。适有军士二人至，曰："我为辨认。"举刀剖之，划然两半，而文理分明。谛视之^②，垂柳数株，中有小楼，楼下系一舟，一少年伏窗而眺，眉目如绘。众皆诧异。再剖之，片片皆然。

会蒋君过其地，索而观之，绝似楚州生状，栩栩然若生，呼之欲出。乃携一片归而玩之。久之恍然曰："吾得之矣！此必某女子心也。"乃秘其事，缄以小盒而密寄于生。生得书，悲感不已。焚香奉^③盒，拜而启之，则只存一汪碧血而已。

——《金壶逸墨》卷二

泊在胥门。

庚申年间，苏州发生一次大乱，南濠的街市店铺化成一片焦土，那女孩和母亲、妹妹都被烧死。有些贫民到碎砖烂瓦及河渠中淘取器物，借此维生度日。有个人捡得了一个东西，有拳头大小，下圆上尖，不是木质的，也不是石质的，内里柔软，外部坚硬，反复地看，也认不出是什么东西。恰好有两位兵士来到跟前，说："我替你辨认。"举起刀切作两半，而剖面上的纹理很清晰。仔细地看，有几株垂柳，垂柳间有一栋小楼，楼下系着一只小船，有一位年轻的书生伏在船窗上张望，秀眉俊眼像画的一样。围观的人很惊奇。再切，片片都是这样。

恰好蒋君经过这里，拿过来看，觉得船窗上的人非常像他的朋友楚州书生，栩栩如生，呼之欲出。于是带了一片回家把玩。过了一段时间，他恍然大悟叫道："我明白了！这一定是邻家那个姑娘的心。"于是隐秘其事，用一个小木盒子把那片心装上封起，悄悄地寄给他的朋友楚州书生。书生收到蒋君的信，感动悲伤不止。点燃香烛，捧着盒子，拜后打开，却只见一汪碧血罢了。

---

① 庚申：庚申年（1850），清咸丰十年。市廛：商店集中的地方。

② 谛视：仔细看。

③ 奉：通"捧"。

【宋】苏轼

江城子·记梦

苏轼与妻子王弗是一对佳偶。据苏轼《亡妻王氏墓志铭》：王弗十六岁出嫁，侍奉公婆，恭谨庄肃；苏轼读书，她静立一旁，苏忘记的地方，她却能记住；宦游他乡，相濡以沫，不时叮嘱丈夫处处小心；凡客人来，她特别留心观察，事后判断各人的特点，无不言中。比如："某人也，言辄持两端，惟子意之所向，子何用与是人言？"一眼看出其人的圆滑；再如：有来客急于与苏轼亲近，她认为"恐不能久。其与人锐，其去人也必速"。如此洞察人情世故，弥补了苏轼的粗疏放达，减少了人际麻烦和宦海风波，也颇值得后人借鉴。遗憾的是，这样一位贤妻，只活了二十七岁。在她离去后十年，苏轼仍然梦见她，当即写下这首情深意长的词。

乙卯正月二十日夜记梦①

十年生死两茫茫，不思量，自难忘②。千里孤坟，无处话凄凉③。纵使相逢应不识，尘满面，鬓如霜④。

夜来幽梦忽还乡，小轩窗，正梳妆⑤。相顾无言，惟有泪千行。料得年年肠断处，明月夜，短松岗⑥。

---

① 乙卯：宋神宗熙宁八年（1075）。这年苏轼四十岁，在密州（今山东诸城）知府任上。

② 十年生死：词人之妻王弗死于治平二年（1065）五月，距写这首词时正好十年。思量：思念。

③ 千里孤坟：《亡妻王氏墓志铭》："赵郡苏轼之妻王氏卒于京师……葬于眉之东北彭山县安镇乡可龙里先君夫人墓之西北。"苏轼写此词时在山东密州任上，距四川眉州故里墓葬何止千里之遥。

④ 自己十年奔波，风尘满面，容颜衰老，即使妻子复生再见，也认不出分别十年的丈夫了。这是设想妻子眼中的自己。

⑤ 梦中还乡情景，见妻子临窗梳妆。这是梦中的鲜活柔美的妻子。

⑥ 短松岗：妻子的葬地。这是现实中的天人远隔的妻子。词中视角互换，正是心情缭乱而爱意深沉的表现。

【金】元好问

迈陂塘①·问世间情是何物

"问世间情是何物，直教生死相许？"那只殉情的大雁自己不知道，那个猎雁的人心硬不知道，作者心软多情，买雁而葬，作词而记，却也说不知道。天地间有情的人儿，扪心自问吧。

元好问（1190~1257），字裕之，号遗山，忻州（今属山西）人，鲜卑族。金朝杰出的文学家、史学家。编有金诗总集《中州集》、金词总集《中州乐府》，金代杂闻集录《续夷坚志》。撰有《遗山集》。

泰和五年乙丑岁②，赴试并州③，道逢捕雁者云：今日获一雁，杀之矣。其脱网者悲鸣不能去，竟自投于地而死。予因买得之，葬之汾水之上，累石为识，号曰雁丘。时同行者多为赋诗，予亦有《雁丘词》。旧所作无宫商④，今改定之。

问世间情是何物，直教生死相许⑤？天南地北双飞客，老翅几回寒暑⑥。欢乐趣，离别苦，就中更有痴儿女⑦。君应有语，渺万里层云，千山暮雪，只影向谁去⑧？

横汾路，寂寞当年箫鼓，荒烟依旧平楚⑨。招魂楚些何嗟及，山鬼

---

① 迈陂（bēi）塘：又叫摸鱼儿。

② 泰和：金章宗年号，"泰和五年乙丑岁"是公历1205年。这年作者16岁。

③ 并州：今山西太原。

④ 宫商：指词的乐律。

⑤ 直教：竟是的意思。相许：相谢、相报答的意思。千古浩叹，激情开篇。

⑥ 双飞客：指词序中所叙被捕杀和殉情的双雁。几回寒暑：寒来暑往，几多岁月。上句写相随地域之广阔，下句写相随日月之长久。

⑦ 就中：其中。痴儿女：爱情专一的痴情儿女，这里是把雁拟人化。

⑧ 拟想殉情之雁的话，意为万里云程茫茫，千山积雪笼罩一片暮色，形单影只的我又向哪里去呢？

⑨ 用雁丘今日的荒寂，对比汉武帝当年泛舟汾河作《秋风辞》"泛楼船兮济汾河，横中流兮扬素波，箫鼓鸣兮发棹歌"时的繁华。平楚：丛木叫楚，这里指远林。世事浮华，烟消云散，多情故事，谁人记取？

暗啼风雨①。天也妒②,未信与,莺儿燕子俱黄土③。千秋万古,为留待骚人,狂歌痛饮,来访雁丘处④。

---

① "招魂"二句用《楚辞·招魂》《九歌·山鬼》篇名,表现祭奠双雁亡魂的黯然凄楚。楚些(suò):《招魂》篇中多用"些"字收尾。些(suò)作句末语气词,只见于《楚辞》。"楚些"常用作楚辞的代称。

② 天也妒:意为上天也嫉妒双雁的坚贞爱情。

③ 相信双雁不会与寻常莺莺燕燕一样化归黄土,为人遗忘。

④ 词人珍爱这份深情,所以少年之作还要回味改稿,还要呼吁后世文人讴歌,还是期待人间常有真情。

【宋】汪藻

即 事

　　人家庭院多植芭蕉，白居易云："隔窗知夜雨，芭蕉先有声。"芭蕉与人伴生一处，似乎知冷知热。民间有"火烧芭蕉心不死"之说，她又是一种易生易感的生灵。明人夏寅《芭蕉美人》："晓妆才罢思徘徊，罗袜轻移步绿苔。试向芭蕉问春信，一缄芳札为谁开？"当代海南情歌《情似芭蕉》："阿哥阿妹情意长，好像芭蕉一条根；阿哥好比芭蕉叶，阿妹就像芭蕉心。"芭蕉"有心"，所以特别引人注目。宋代哲学家张载《咏芭蕉》："芭蕉心尽展新枝，新卷新心暗已随。愿学新心养新德，旋随新叶起新知"。芭蕉成了不断展新心、求新知的形象。在汪藻这里，"西窗一雨无人见，展尽芭蕉数尺心。"芭蕉就代替了诗人一颗易感的心，在夜雨中潜滋暗长，可惜无人知晓。

　　汪藻（1079～1154），字彦章，饶州德兴（今属江西德兴）人，宋代诗人，有《浮溪集》。

> 燕子将雏语夏深①，
> 绿槐庭院不多阴。
> 西窗一雨无人见，
> 展尽芭蕉数尺心②。

---

① 将雏：带着小鸟。夏深：即"深夏"。

② 雨中芭蕉，寂寞伸展，像一颗孤独易感之心。

【唐】李商隐

宿骆氏亭寄怀崔雍崔衮①

一切景语皆情语,诗中的景物都是诗人感情的表现形象。人说心死如"止水"或"古井无波",诗人翻出新意,说是"枯荷"。即便历尽劫波,吾心如枯荷,仍然可以"留得枯荷听雨声",任世间喧嚣,我心依旧、无所畏惧。另一种理解是:"枯荷"虽死,雨点打在上面,却唤醒了一线生机。

竹坞无尘水槛清,
相思迢递隔重城②。
秋阴不散霜飞晚,
留得枯荷听雨声③。

① 骆氏亭在长安。崔雍、崔衮的父亲崔戎对李商隐有知遇之恩。
② 竹坞:长着竹丛的水边高地。水槛:临水的栏杆。迢递:思绪渺远。隔重城:指李商隐与二崔相隔长安城。
③ 植物望秋凋零,我的生命历尽劫波,形如枯荷,但即便是枯荷,也无惧风雨,甘愿承受命运的打击。

【宋】蒋捷

虞美人·听雨

在中国，听雨成了一门学问。对自然之音的喜爱，让人们琢磨出种种听雨的技巧，把雨声放到各种背景中欣赏：檐下雨、阶前雨、梅子雨、杏花雨、梨花雨、梧桐雨、荷花雨、莲叶雨、芭蕉雨……越听越精细，越是别有情趣。蒋捷的体验推到极致，雨声充满了一生。青春欢娱的时光，歌楼雨声，温暖如歌；壮年漂泊四方，国破家亡，雨打客舟，凄凉如孤雁哀鸣；如今老了，人在寺庙中寄居，万物无情，不再感动，任他雨敲空阶，就像听和尚敲木鱼，每一声都是空、空、空……

少年听雨歌楼上，红烛昏罗帐①。壮年听雨客舟中，江阔云低、断雁叫西风②。

而今听雨僧庐下，鬓已星星也③。悲欢离合总无情，一任阶前、点滴到天明④。

---

① 昏：字面上指昏暗，喻指沉醉欢床。

② 断雁：孤雁、失群的大雁。叫西风：在秋风中悲鸣。

③ 僧庐：僧舍。鬓已星星：两鬓斑白。

④ 历经沧桑之后，心灵披上盔甲，不再为世事多情善感。

【东晋】陶渊明

饮 酒

是否可以有一种这样的生活：居住在人群之中，却听不见闹市的喧嚣。沿着家园的篱笆栽满菊花，把人我分隔，我可以带霜采菊花，趁热喝米酒。从茅屋的檐角望去就是青山，黄昏时飞倦的鸟儿成群结队归巢，隐没在青山之中。像鸟儿一样自由自在地生活，那种快乐和幸福简直不可言告。你怀疑这种生活是可能的吗？你问我怎样做到的？告诉你一个秘诀：只要你的心是自由的，环境就束缚不了你。你的心在远方，拥有一个博大的精神世界，何愁你身体待着的地方不够广阔？陶渊明告知世人一种遗世独立的生存方式，并亲身实践证明它的可行性。他特别选择了菊花作为隐士生活的配件，从此菊花流芳千古。东篱菊，既是分隔尘世的屏障，又是自我形象的投射。

陶渊明（365~427），一名潜，字元亮，世号靖节先生。浔阳柴桑（今江西九江）人。他数度辞官归隐，最后一次是四十一岁出任彭泽令，任职八十余天，逢郡派督邮来县巡视，县吏告诉他"应束带见之"，渊明说："我岂能为五斗米，折腰向乡小儿！"当天便解绶辞官回乡。此后一直过着隐居田园的清苦生活。钟嵘《诗品》称誉他为"古今隐逸诗人之宗"。

> 结庐在人境，而无车马喧①。
> 问君何能尔，心远地自偏②。
> 采菊东篱下，悠然见南山。
> 山气日夕佳，飞鸟相与还③。
> 此中有真意，欲辨已忘言④。

---

① 结庐：居住。人境：人聚居的地方。车马喧：指世俗之音的吵闹。

② 尔：这样。心远：心中另有一番脱俗之境。地自偏：所待的地方自然变得僻静。

③ 日夕：近黄昏的时候。相与：结伴。

④ 用《庄子》语。《庄子·外物》："言者所以在意也，得意而忘言。"当需"心远"，才能领悟自然之妙，个中真意，想要辨析，却不可言说，也无待言说。

【宋】李清照

醉花阴·薄雾浓云愁永昼

自陶渊明之后，菊花成为文人雅士的宠物。人们尊重这种傲霜耐寒的植物，尤其喜爱陶渊明投射在它身上的光环，菊花成为清新脱俗的象征。要不流于俗，未必要归隐山野田园，不是"心远地自偏"吗？住在哪儿都可以有这么心灵自由的一跳。所以，生活在京城贵族之家的女词人李清照，也有个别号"易安居士"。在百无聊赖的重阳节，她尽情将菊花消受了一番：庭院中自然是遍栽菊花，在菊花丛中饮酒，景象已经不俗。又是惹人惆怅的黄昏，酒香盈唇，花香袭人，这次第，岂一个雅字了得？别人见了销魂，自己也产生幻觉：化身为一枝菊花，清瘦高贵，楚楚可人。追求生活的精致优雅，是心灵不粗鄙的表征，自恋自爱之后，才有心力欣赏和热爱这个世界。据《琅嬛记》记载，李清照的丈夫赵明诚被这首词迷倒了，想要超过她，三天三夜废寝忘食，写了十五首《醉花阴》，和这一首混杂在一起，给朋友陆德夫鉴赏。陆赏玩再三，评说："只有莫道不销魂三句绝佳"。诗有别才，词有别肠，岂是人人道得？

薄雾浓云愁永昼，瑞脑销金兽①。佳节又重阳，玉枕纱厨，半夜凉初透②。

东篱把酒黄昏后，有暗香盈袖③。莫道不消魂④，帘卷西风，人比黄花瘦⑤。

---

① 永昼：漫长的白天。是说各种各样浓浓淡淡的愁，缠绕了一整天。瑞脑：即龙脑，一种名贵的香料。销：指香烟燃烧。金兽：兽形铜香炉。居室焚香，是一种雅致的生活情调。

② 重阳：农历九月初九是重阳节，民间传统此为登高和赏菊时节。闲笔交代重阳天气，下面谈到菊花就自然了。玉枕：夏令用的凉枕。纱厨：木格为框，蒙以轻纱，中置床榻，夏令可用来避蚊蝇。

③ 东篱：指菊花圃。晋·陶渊明《饮酒》诗"采菊东篱下"。暗香：指菊花的幽香。重阳是佳节，黄昏是闲逸良辰，菊自然清淡，酒定然清醇，以此为舞台，安放一位高雅佳人，花香酒香词香，天地也销魂。

④ 销魂：语出南朝·江淹《别赋》："黯然销魂者，惟别而已矣。"形容神思恍惚、心醉情迷的状态。

⑤ 黄花：菊花的别称。帘子被秋风卷起，帘中人比菊花还要清瘦雅洁。世人将美人比菊花，是取其貌美；词人自比菊花，是取其神韵。"瘦"字清丽，所谓"人淡如菊"，是一种洁净的华贵，心灵的华贵。

【唐】黄巢

题菊花

只要是卓尔不群的人，都忍不住佩菊示人。草莽英雄黄巢，也钟情于菊花，以表现他与现实世界为敌的勇气，可是他的着眼点与士人不同，他觉得菊花太清苦、太寂寞了，在秋天的冷风中摇曳，连蝴蝶也不来采蜜。如果哪天我做了司春之神，我要让它和桃花一样，享受春天。这样怜香的温情，似乎有点野蛮。黄巢还有另一首《不第后赋菊》："待到秋来九月八，我花开后百花杀。冲天香阵透长安，满城尽带黄金甲。"这已经有点像起义军的军歌了。

黄巢（？～884），唐末农民起义领袖，曹州冤句（今山东菏泽）人。举进士不第，公元875年率众在曹州起义，称冲天大将军，881年攻破长安，建立农民政权，国号大齐。但最终于884年兵败自杀。民间传说他做了和尚，并有《自题像》传世："记得当年草上飞，铁衣著尽著僧衣。天津桥上无人识，独倚栏干看落晖。"

飒飒西风满院栽①，
蕊寒香冷蝶难来②。
他年我若为青帝③，
报与桃花一处开④。

① 飒（sà）飒：秋风声，有凄凉之意。
② 蕊：花心。菊花在秋风中绽放，所以"蕊寒香冷"。
③ 青帝：春神。
④ 报：告诉。我要命令菊花，要让它和桃花一起在春天里开放。

【宋】林逋

山园小梅

梅花是中国土产，生长于长江流域及西南地区。从商代至今近四千年，梅开中华。梅花是二十四番花信之首，"万花敢向雪中出，一树独先天下春。"（元·杨维桢）被誉为花魁。松、竹、梅并称"岁寒三友"，梅、兰、竹、菊并称"四君子"。最迟在南北朝时期，人们就有折梅赠友的美丽风俗。南朝宋人陆凯曾经从江南寄梅花一枝到长安，给朋友范晔，有诗为证："折花逢驿使，寄与陇头人。江南无所有，聊赠一枝春。"（南朝·陆凯《赠范晔诗》）"驿寄梅花"成为典故。国人在梅花身上寄托了太多的深情，认为"此花不与群花比"（李清照），欣赏它斗雪吐艳，凌寒留香的形象，称颂它铁骨冰心的气节："村前深雪里，昨夜一枝开。"（齐己）"遥知不是雪，为有暗香来。"（王安石）"梅须逊雪三分白，雪却输梅一段香 。"（卢梅坡）"雪满山中高士卧，月明林下美人来。"（高启）"不要人夸好颜色，只留清气满乾坤。"（王冕）后来，梅花从山中移植家园，成为立在人们身边的孤傲生命。王维就曾经这样询问家乡来人："君自故乡来，应知故乡事。来日绮窗前，寒梅著花未？"

北宋初年名士林逋（967~1028），用"行为艺术"赋予梅花别样的风致。林逋字君复，钱塘（今浙江杭州）人，人称和靖先生。生性恬淡，无意功名，隐居于西湖孤山。因为爱梅成痴，在住处遍种梅树，在梅树下放养白鹤，一生未娶，留下"梅妻鹤子"的佳话。梅花从此多事，又成了隐逸高士的象征符号。世人感慨："不受尘埃半点侵，竹篱茅舍自甘心。只因误识林和靖，惹得诗人说到今。"（宋·王琪《梅》）不过，林逋是真爱梅花的，他的这首诗也广受赞赏，有梅花绝唱的意思。"疏影"一联将梅花置于水边月下，衬出孤傲雅洁的神韵。不过，这两句诗点化自南唐人江为的诗句："竹影横斜水清浅，桂香浮动月黄昏。"

众芳摇落独暄妍①，占尽风情向小园②。

疏影横斜水清浅③，暗香浮动月黄昏④。

霜禽欲下先偷眼⑤，粉蝶如知合断魂⑥。

幸有微吟可相狎⑦，不须檀板共金樽⑧。

---

① 众芳：指百花。摇落：零落。暄妍（xuān yán）：明媚鲜丽。

② 小园里的美好风光都被它占尽了。风情：风光。

③ 稀疏的梅影横斜地倒映在清浅的池水里。写梅的姿态。

④ 梅花的清幽香气在黄昏的月色中飘浮散发出来。写梅花的香味。

⑤ 霜禽：白色的禽鸟，此指白鹤。霜：喻白色。偷眼：偷看。

⑥ 粉蝶：白色的蝴蝶。合：应当。断魂：销魂，这里有快活、神往的意思。

⑦ 微吟：轻声地吟诵诗句。相狎（xiá）：相亲相近。描写风来梅动，俯仰生姿，簌簌有声，有如轻轻地吟诵。

⑧ 檀板：檀木拍板，歌唱或演奏音乐时打拍子用，这里借指歌唱。金樽：贵重的酒杯，这里借指饮酒。檀板金樽，这里比喻世俗喜爱的声色宴饮。

【宋】陆游

卜算子·咏梅

陆游是个梅痴，写过不少咏梅的诗词。在《梅花绝句》中这样表态："闻道梅花坼（裂开）晓风，雪堆遍满四山中。何方可化身千亿，一树梅前一放翁。"他如果有孙悟空的本领，不放过欣赏每一株梅花的野心就可以实现了。这首《卜算子》中的梅花，就是诗人的自我写照，上阕说人生处境的恶劣，下阕是抱香独守的内心直白。

驿外断桥边，寂寞开无主①。已是黄昏独自愁，更著风和雨②。
无意苦争春，一任群芳妒③。零落成泥碾作尘，只有香如故④。

傲雪梅　几生修得到梅花

116

---

① 驿外：驿站外面。寂寞开无主：指野梅无人照料，也无人欣赏。
② 著：这里是遭到的意思。
③ 苦：竭力。一任：听凭、任凭。群芳：指百花。妒：指百花争奇斗艳。
④ 碾：滚压，这里指被车轮滚过。香如故：芬芳依旧。落花成泥，本性不改。

【宋】姜夔

暗香^①·旧时月色

在姜夔笔下，梅花有了香艳的形象。1191年的冬天，雪满江南，流落江湖的凄苦才子姜夔，去拜访退居苏州的诗人朋友范成大。姜夔自度新曲，创作了《暗香》《疏影》两首新词，范成大立即让乐工歌伎演练。两人饮酒赏歌，度过了一个友情融融的寒冬。两首词的词题取自林逋《山园小梅》中的名联，《疏影》一首，完全把梅花当作美人咏叹；《暗香》则多了些自伤怀抱的曲折深情——话说当年，月下梅边，曾与玉人折梅吹笛。如今人老心淡，已经写不动艳词丽句，而梅花却依旧多情，将一阵阵冷香送入我的酒杯。大雪茫茫，铺天盖地，玉人不知何处去，纵有梅枝在手，不知何人堪寄？曾记得携手快游，西湖碧波，孤山梅林，仿佛神仙中人。到如今，风起花落，片片心事凋零，一缕香魂，何时是归期？

姜夔（约1155～约1221），字尧章，号白石道人，饶州鄱阳（今江西波阳县）人。平民书生，与当代名人杨万里、范成大、辛弃疾等都有交游。书法、音乐、诗词俱工，词尤负盛名。词风清劲骚雅，空灵高旷，自成一家。宋人张炎评说："姜白石词如野云孤飞，去留无迹。"（《词源》）有《白石词》传世。《暗香》《疏影》还有后续故事：话说范石湖对此二词把玩不已，慨然以家中善歌的侍女小红相赠。白石有《过垂虹》一诗记录此事："自作新词韵最娇，小红低唱我吹箫。曲终过尽松陵路，回首烟波十四桥。"

辛亥之冬^②，予载雪诣石湖^③。止既月^④，授简索句^⑤，且征新声^⑥。作此两

① 暗香：姜夔的自度曲。
② 辛亥：宋光宗绍熙二年（1191）。
③ 载雪：冒雪。石湖：范成大晚年退居苏州石湖，自号石湖居士。
④ 止既月：住了一个月。
⑤ 授简：送纸。索句：求诗词。
⑥ 新声：创制新腔。

曲，石湖把玩不已①，使工伎隶习之②，音节谐婉，乃名之曰《暗香》《疏影》③。

旧时月色，算几番照我，梅边吹笛④。唤起玉人，不管清寒与攀摘⑤。何逊而今渐老，都忘却、春风词笔⑥。但怪得、竹外疏花，香冷入瑶席⑦。

江国⑧，正寂寂，叹寄与路遥⑨，夜雪初积。翠尊易泣，红萼无言耿相忆⑩。长记曾携手处，千树压、西湖寒碧⑪。又片片、吹尽也，几时见得⑫。

———————

① 把玩：欣赏、吟味。

② 工伎：乐工和歌伎。隶习：练习。

③ 暗香疏影：语出宋·林逋《山园小梅》"疏影横斜水清浅，暗香浮动月黄昏。"以后常用作描写梅花。

④ 回忆从月色中展开：月光下看清梅，如雪中赏冰，梅让月光有了可触摸的玉骨，月给枝树披上浮动的白衣。而笛声响起，一切都生动起来。

⑤ 笛声唤醒了多情的美人，如玉纤手，共摘寒梅。冬天月色原本清寒，因为浪漫爱意而流动着温暖。

⑥ 何逊：南朝梁代诗人，曾官扬州法曹，有《咏早梅》诗。这里以何逊比况自己，说自己年纪渐老，才华消失，诗兴大不如前。

⑦ 怪得：奇怪、奇异。竹外疏花：竹林外稀疏的几枝梅花。瑶席：指范成大盛美的酒席。此句承上面的意思：我已经老了，才华也消失了，可奇怪的是，竹林外的梅花仍然把它的冷香送入我的酒席。我本无心，可梅花不放过我，偏要我动心动笔。

⑧ 江国：水乡。

⑨ 寄与路遥：暗用南朝陆凯自江南折梅寄赠给范晔的故事，表示对所思之人的怀念。

⑩ 翠尊：翠色酒杯。红萼：红梅。耿相忆：耿然于心，不能忘怀。美酒可以融化心事，催人动情；红梅虽然无言，却艳艳灼目，逗人回忆。

⑪ 千树：指梅林。西湖孤山上多植梅。曾记得与恋人携手徜徉在西湖红梅碧水间，又回到往日情事上。

⑫ 又片片、吹尽也：写梅花之落，也是对自己爱情生活不幸的叹息。几时见得：几时可以重见？

【清】林佩环

赠 外①

　　既然男性诗人开始说梅花如美人了（在中国，不知有哪一种花逃得过被比作美人的宿命？），那么，女性诗人将自己比作梅花有何不可？既然李清照可以自恋成"人比黄花瘦"，林佩环为了爱人为什么不可以"不辞清瘦似梅花"？作者认为，有幸成为人间才子的妻子，是前世修来的福分，乃福慧双修，值得像元稹和苏东坡的妻子一样，甘愿过清贫的生活，"自拔金钗付酒家"也在所不惜，于是，将自己爱成一枝清瘦的梅花。这样痴的爱法，对才子这样的倾心，或许也是中国的特产？

　　林佩环，生卒不详。字韵征，顺天宛平（今北京西城）人。她的丈夫张问陶（1764~1814），诗书画皆有盛名，张有《七夕忆内》云："人间风露遥相忆，天上星河共此情。"可见伉俪情深。

爱君笔底有烟霞②，

自拔金钗付酒家③。

修到人间才子妇④，

不辞清瘦似梅花⑤。

---

① 外：指丈夫。古以外子、内人对应夫妻，有男主外、女主内之意。

② 烟霞：喻文采绚丽。

③ 自拔金钗：唐·元稹《遣悲怀》有"泥他沽酒拔金钗"，金钗换酒表示妻子贤惠、夫妇和谐相得。

④ 修到人间才子归：从宋代诗人谢枋得《武夷山中》"几生修得到梅花"句意化出。

⑤ 不辞：不推辞，心甘情愿。

【宋】谢枋得

武夷山中①

　　谢枋得与文天祥、陆秀夫是同科进士，在大厦将倾、独木难支的危难时局中，也曾奋力一搏，以江东提刑、江西招谕使知信州，力拒元将吕师夔（诗人早年好友、已投降元军）的围攻。信州失陷后入建宁唐石山，变姓名，卖卜建阳市。宋亡，避居闽中武夷山中。本诗就写于此时。面前青山，脚下野溪，骤雨初歇，天地寂寥，诗人独立苍茫。万物宁静，心绪难安，国已不存家何在？连梦都不知道落脚何方。急风暴雨般的抗战生活已经结束，此身何往，此心何托？一个人要经过几辈子的修为，要历经多少劫波，才能像一树梅花，遗世独立，却不失孤傲高洁？

　　谢枋得（1226～1289），字君直，号叠山，信州弋阳（今江西弋阳）人。南宋爱国诗人。宋亡后，他避居武夷山中的日子并不长，新一代权贵多次将他推荐给元朝廷，均坚辞不就。后福建官员强行把他拘捕押送至元大都，谢枋得一路绝食，直至身亡。

> 十年无梦得还家②，
> 独立青峰野水涯。
> 天地寂寥山雨歇③，
> 几生修得到梅花④？

傲雪梅 几生修得到梅花

---

① 武夷山：在福建崇安西南，群峰林立，溪流回湍，风景秀丽。

② 谢枋得家在江西弋阳，离他最后抗击元兵驻守的信州（今上饶）不远。信州失守时，谢枋得孤身逃窜，家小都被元兵掳去，下落不明，家乡也被元人蹂躏。

③ 写眼前情境，隐喻抗元失败后烽烟散尽，救国无望，以及避隐生活的孤寂。

④ 几生：几辈子，活多少次。一个人要经历几辈子的修炼，才能轮回转世，投胎化身为一树梅花？

【元】倪瓒

怀 归①

　　游子归来乎?"行不得也哥哥"(鹧鸪声)!前路多虎狼呵,"不如归去"(杜鹃声)!长期飘泊在外的游子,听不得鹧鸪和杜鹃之类的鸟鸣,它们都带着家乡的口音,反反复复说一句:"不如归去"!"不如归去"!不是古人耳朵尖,能听懂鸟语,而是古人都有一颗易感的心呵。

　　倪瓒(1306~1374),字元镇、玄瑛,号云林子、幻霞子、荆蛮民、净名居士、沧浪漫士、倪迁、懒瓒等。无锡(今属江苏)人。后人将其与黄公望、吴镇、王蒙合称为画坛"元四家"。

　　　　久客怀归思惘然,松间茅屋女萝牵②。
　　　　三杯桃李春风酒,一榻菰蒲夜雨船③。
　　　　鸿迹偶曾留雪渚④,鹤情原只在芝田⑤。
　　　　他乡未若还乡乐,绿树年年叫杜鹃⑥。

---

　　① 倪瓒生于富贵之家,却甘愿做个流浪艺人,不隐不仕,漂泊江湖,时间一长,难免"怀归"。
　　② 惘然:失意的样子。茅屋女萝牵:用唐·杜甫《佳人》"牵萝补茅屋"句意。由于不理家业,家境衰落,这里描写家园之简朴,寄托自己的情思,而且也表达了对妻子品格的赞美。
　　③ 仿宋·黄庭坚《寄黄几复》"桃李春风一杯酒,江湖夜雨十年灯"二句。前一句回忆过去,写自己在春光明媚的时候,与家人举杯畅饮的乐事。后一句写自己现在的情形,夜雨中,独自一人在长满菰蒲的水泽边的船上过夜。菰(gū)、蒲:生长在河边、陂泽中的植物。
　　④ 宋·苏轼《和子由渑池怀旧》:"人生到处知何似,应似飞鸿踏雪泥。泥上偶然留指爪,鸿飞那复计东西。"这里化用苏轼的诗句,说自己在外边漂泊,好像是鸿雁在沙洲雪地上偶然留下的足迹,表明不愿在外久留。
　　⑤ 芝田:仙人种芝草的地方。南朝·鲍照《舞鹤赋》:"朝戏于芝田,夕饮乎瑶池。"比喻自己留恋家乡之意。
　　⑥ 杜鹃:鸟名,其啼声如人语"不如归去",故杜鹃又名催归。

【宋】文天祥

金陵驿①

　　家破，是大悲痛；国亡，是巨大的悲痛。树木被连根拔起的感觉。相传，古代四川的开国君主是古蜀望帝，名杜宇，他流亡在外，化为杜鹃。每年农历三月，杜鹃就开始啼叫，日夜不停，直到嘴里出血，才肯停止。杜鹃的叫声是"不如归去"，所以这种鸟又叫"催归"。北宋诗人王令有句："子规夜半犹啼血，不信东风唤不回。"（《送春》）文天祥被俘北去，已是"有心杀贼，无力回天"，"东风"是唤不回了，他也压根没想过要活着回来，但他还是要回到故国的，不过是"化作啼鹃带血归"！

　　文天祥（1236~1283），初名云孙，字天祥，改字宋瑞，又字履善，号文山。吉州庐陵（今江西吉安）人。南宋杰出的民族英雄和爱国诗人。事迹详见本书"文心侠骨"章。

草合离宫转夕晖②，孤云飘泊复何依③？
山河风景原无异④，城郭人民半已非⑤。
满地芦花和我老，旧家燕子傍谁飞⑥？
从今别却江南路，化作啼鹃带血归⑦。

---

　　① 金陵：今江苏南京，宋名建康。祥兴二年（1279），文天祥从广东被押往燕京，六月十二日到达建康，羁留达两月之久，这首诗是离开建康时所写。

　　② 离宫：正式宫殿以外的宫室，古代皇帝出巡休息的地方。以荒草、夕阳寄托亡国之痛。荒草用《诗·王风·黍离》典，叹故国衰亡、宫室宗庙长满禾草。

　　③ 化用陶渊明《咏贫士》"万族各有托，孤云独无依"句，既写眼前，又以"孤云"自喻，表明自己漂泊天涯，国亡家破，无所依傍。

　　④ 《世说新语·言语》载，晋南渡后，士大夫碰上好天，常在新亭（在南京城外）聚会。有次周颛叹息说："风景不殊，正自有河山之异！"众人相视流泪。

　　⑤ 《搜神后记》载，汉丁令威弃家学道，后化鹤归辽，停华表柱上，人逐之，鹤在空中说："有鸟有鸟丁令威，去家千年今始归，城郭犹是人民非。"江山易主，物是人非。

　　⑥ 用唐·刘禹锡《金陵五题·乌衣巷》"旧时王谢堂前燕，飞入寻常百姓家"句。

　　⑦ 用蜀望帝化杜鹃泣尽啼血的典故。

【宋】辛弃疾

贺新郎·绿树听鹈鴂

一整个春天，只听见鹈鴂、鹧鸪、杜鹃的哀啼此起彼伏，直到把春天给叫没了。可是鸟儿们叫得再凄苦，也说不出人间的别离痛苦。昭君出塞，永别了故乡；皇后失宠出宫，永别了爱情和幸福；小妾被扫地出门，诀别了锦绣前程；将军陷敌手，永别了名誉、亲友和故国家园；刺客悲歌赴死，用个人的生命赌博祖国的命运。鸟儿们如果知道，人世间还有这样的离愁别恨，真要声声啼血，肝胆俱裂。他们每一个的离别，都失去了自己最珍贵的；他们仿佛被命运抛弃，虽然活着，却在向世界告别。而我呢？"却将万字平戎策，换得东家种树书。"（《鹧鸪天》）我被迫向自己的雄心壮志告别，向自己生活的希望告别，天地间，还有谁能与我共醉？只有头上明月。

别茂嘉十二弟。鹈鴂、杜鹃实两种，见《离骚补注》①。

绿树听鹈鴂，更那堪、鹧鸪声住，杜鹃声切②。啼到春归无寻处，苦恨芳菲都歇③。算未抵、人间离别④。马上琵琶关塞黑⑤，更长门翠辇辞金阙⑥。看燕燕，送归妾⑦。

将军百战身名裂⑧。向河梁、回头万里，故人长绝⑨。易水萧萧西风

---

① 茂嘉十二弟：辛弃疾的族弟。《离骚补注》：宋·洪兴祖著。

② 鹈鴂（tí jué）：古书上指像杜鹃的一种鸟。《楚辞·离骚》："恐鹈鴂之先鸣兮，使夫百草为之不芳。"据说这种鸟叫声凄切，使百草为之减色。鹧鸪：鸟名。古人认为它的鸣叫声如"行不得也哥哥"。杜鹃：鸟名，一名子规。古人认为它的鸣叫声如"不如归去"。

③ 芳菲：百花。鸟鸣开篇，鹈鴂、鹧鸪、杜鹃三种鸟，凄切的啼声此起彼伏，一直叫到春天逝去，百花凋残。

④ 未抵：抵不上，未及。承上句意，说这些都比不上人间离别之苦。

⑤ 马上琵琶：汉昭君出塞和亲时，仿效汉公主远嫁乌孙时旧事，在马上奏琵琶，以慰对故乡的思念。

⑥ 长门：长门宫，为汉武帝的陈皇后失宠后所居。翠辇：翠羽装饰的宫车。金阙：宫殿。这里指后妃失宠，被迫离开皇帝。

⑦ 看燕燕，送归妾：《诗经·邶风》有《燕燕》诗，据说是卫庄公妾戴妫不得已被送回娘家时，庄公夫人庄姜为她所写。

⑧ 将军：指汉武帝时著名边将李陵。身名裂：李陵身经百战，立有殊勋，但最后投降匈奴，以致身败名裂。

⑨ 河梁：河上的桥梁。汉·李陵《与苏武诗》有"携手上河梁"之句，后人常以河梁为送别之地。故人：指苏武。苏武出使西域，被匈奴扣押十九年，降将李陵与苏武是故交。苏武归汉时，李陵置酒相送。

冷，满座衣冠似雪。正壮士、悲歌未彻①。啼鸟还知如许恨，料不啼清泪
长啼血②。谁共我，醉明月③？

---

① 易水：在河北省易县。燕太子丹遣刺客荆轲刺秦王，在易水边相送，知其一去不返，大家都穿丧服送行。壮士：指荆轲。悲歌未彻，荆轲临行时高歌"风萧萧兮易水寒，壮士一去兮不复还"。

② 啼鸟：照应起句，意为鸟如果也知道上述诸多离别之苦，料想它啼泣出的就不止是清泪而是鲜血了。

③ 喜欢用典，是辛词的一个特点。本词几乎句句用典，而且是多个同类型的典故排列下去，却不显得重复啰嗦，奥妙在于，用典由浅入深，由轻到重，文气一以贯之，越来越饱满。如开篇三种鸟鸣，鹈鴂声悲，鹧鸪唤归，杜鹃泣血，用情逐渐深沉；再如篇中多个离别的典故排列顺序：由女子、个人之悲到将士、家国之痛，悲痛不断扩大。词的结句落笔在自己身上，正是有的放矢，前面所有典故都不是无痛呻吟，而成了自己痛苦的佐证。

【唐】杜甫

月 夜

　　你是否注意到，中国人对月亮的感情绝对超过太阳？古代文学作品中，对太阳的颂歌都不太出名。《尚书大传·虞夏传》中，有一首《卿云歌》："卿云烂兮，糺缦缦兮，日月光华，旦复旦兮。"算是著名的了，因为它是复旦大学校名的出处，又一度是"中华民国"的国歌。但这里日月对举，咏叹生命的更新，并没有专颂太阳。从文化源头追索，对太阳的不好的想象反倒出名，比如：太阳酷烈，让土地干旱草木枯死，产生后羿射日的神话。中国有记载的第一个朝代是夏朝，夏朝的最后一个君主桀，是一名暴君，他狂妄地自比为太阳："天之有日，犹吾之有民也。日亡，则吾亦亡矣。"老百姓就传唱这样的歌谣："时日曷丧？予及汝偕亡！"（《尚书·汤誓》）——太阳何时衰亡呵，我愿和你一起灭亡。一个凡人自诩为太阳，老百姓并不买账。你可以说，古人不懂得万物生长靠太阳的科学知识，又比较情绪化，结果中国文化中有些缺乏阳刚之气。但是，古人对日月的感情选择，一代代约定俗成，冷落了太阳，热衷于月亮，不是一句"中国文化是一种阴柔文化"就可以打发的。要解释清楚中国人对日月的感情偏向，留待学者们去辩驳问难吧。我们不妨从一个平易的生活常识的角度来理解它。

　　白天是人们劳动的时间，只顾得"锄禾日当午，汗滴禾下土"，哪来的诗情画意？那些田园诗也是不下田的文人们的闲话。晚上，人们闲下来了，可以喝酒聊天，谈情说爱，生活的滋味才慢慢呈现。劳动是辛苦的，尤其是农耕时代，劳动只是生存的痛苦前提，享乐才是生活的第一需要。而月亮，它见证了人们享受生活的全过程。每当夜幕低垂，朗月高悬，人们就开始多愁善感，人间变得多情起来，就是嫦娥也会耐不住寂寞："嫦娥应悔偷灵药，碧海青天夜夜心。"（李商隐）相对于人间的多情生活，即便在月宫做仙也是不合算的。"月儿弯弯照九州，几家欢乐几家愁。"（宋代民歌）"今夜月明人尽望，不知秋思落谁家？"（王建）和平慈祥的月光底下，人心柔软缠绵，最适合做的事情莫过于怀人了。如果是在战乱之中，家人又失散异处，月亮就更让人倾情——就像杜甫这样，在安史之乱中，家人失散于鄜州，自身却被叛军捉到长安，生死未卜，夜深难眠，怀人之心自然寄托于天上明月。而在另一边，妻子一定也在抬头望月，月光清冷会使她着凉吗？等着我吧，等到团聚的那一天，同一轮明月会将我们两人的泪痕照干。无边的暗夜，月亮是唯一的明眼，孤悬天边，它是值得信赖的。

杜甫（712~770）字子美，号少陵野老。巩县（今属河南）人。因曾居长安城南少陵，任职检校工部员外郎，后世称之杜少陵、杜工部。中国"诗圣"。

今夜鄜州月，闺中只独看①。
遥怜小儿女，未解忆长安②。
香雾云鬟湿，清辉玉臂寒③。
何时倚虚幌，双照泪痕干④。

---

① 鄜（fū）州：在今陕西富县，杜甫的家眷在那里暂住。开篇采用独特视角，不说自己"独看"思家，而想象妻子"独看"思我。是移情妙法。

② 第二句进一层，想到儿女尚小，不解思人，还不会为父母分忧。这是"借叶衬花"之法。解忆者唯独妻子，下文自然落笔写妻。

③ 夜雾濡湿了头发，发香弥漫在雾中；月光映照着玉臂，因长久伫立而生寒意。

④ 虚幌：轻而透明的帷幔。双照：指月光照在两个人脸上，与上文"独看"相映。想象团聚的喜悦。王嗣奭说"'何时'应'今夜'，'虚幌'应'闺中'，'双照'应'独看'"，可见杜甫构思之"细"。

【唐】张九龄

望月怀远①

大海托举出一轮明月，人间共享万缕清光。这夜晚实在太长啊，把有情人的相思扯得更长。熄灭红烛任它银辉满室，披衣出户由它凉露沾襟。多想握一掌月光赠送给你，可惜手掌把不住月光，就像我的思念无法送达你的心中。只好回去睡了，只望能够见你在梦乡。张九龄还有另一首写月亮的名篇，《赋得自君之出矣》："自君之出矣，不复理残机。思君如满月，夜夜减清辉。"

张九龄（678~740），字子寿。韶州曲江（今广东韶关）人。唐开元时期有名的宰相，诗人。

海上生明月，天涯共此时②。
情人怨遥夜，竟夕起相思③。
灭烛怜光满，披衣觉露滋④。
不堪盈手赠，还寝梦佳期⑤。

---

① 怀远：思念远方的亲人。

② 天上一轮明月，人间万户同辉。明月柔光，消除了时空的差异，更接近了心灵的距离，尤其在有特别意义的时刻——"此时"，应该是指"七夕"——中国的情人节。

③ 情人：泛指天下有情人，也可指自己的心上人。遥夜：长夜。竟夕：终夜。

④ 怜：爱。露滋：露沾湿衣物，暗示已到夜深时分。

⑤ 化用晋·陆机《拟明月何皎皎》"照之有余辉，揽之不盈手"诗意。

【清】纳兰性德

蝶恋花·辛苦最怜天上月

　　月亮圆缺，人间伤别。每月月圆只有一天，其他日子夜夜不团圆。这不是无病呻吟，中国古人天生一种悲剧意识，感慨花无百日红，月不天天圆，因而倍加惜花爱月。何况，作者真的心怀"大病"——爱妻早逝，作者念念不舍，"一片伤心画不成"，却写了多首一往情深的怀人词。本篇这两句也是情到深处出奇语，可以千古流传了："若似月轮终皎洁，不辞冰雪为卿热。"如果月亮能够团团圆圆光辉不灭，我甘愿为你暖热寒冰积雪，让你起死回生。恨只恨人有生死离别，到如今人天相隔，一生情爱，皆成虚话。

　　纳兰性德（1655~1685），字容若，号楞伽山人。满洲正黄旗人，大学士明珠的长子，生长在北京。康熙十五年（1676）进士。去世时年仅三十一岁。被评为清初第一词人。顾贞观说："容若词一种凄惋处，令人不忍卒读。"陈维崧说："哀感顽艳，得南唐二主之遗。"他"自伤多情"，表现对世间一切美好的事物、美好的感情的追求和珍惜，最令人瞩目的是写给早逝的爱妻卢氏的悼亡词。有词集《饮水词》。

　　辛苦最怜天上月，一昔如环，昔昔都成玦①。若似月轮终皎洁，不辞冰雪为卿热②。

　　无那尘缘容易绝，燕子依然，软踏帘钩说③。唱罢秋坟愁未歇④，春丛认取双栖蝶⑤。

---

① 昔：同"夕"。环：圆形玉器，此喻圆月。玦（jué）：半环形玉器，比喻不圆之月。

② "不辞"句：谓思念、情爱的热度可以融化冰雪。

③ 无那：无奈。燕子入户本是家居吉祥之兆。但燕子向丧妻之人呢喃，无疑更令人感伤。

④ "唱罢"句：化用唐·李贺《秋来》句意"秋坟鬼唱鲍家诗，恨血千年土中碧"。鲍家诗，南朝鲍照所作的挽诗。

⑤ 双栖蝶：化用梁山伯与祝英台同葬而化为双蝶的传说。不能同死，但死后可同穴，希望来生化作双飞蝶。

【宋】苏轼

水调歌头①·明月几时有

　　东坡的思维到底旷达，何况又在大醉之后，他"把酒问青天"，想知道另一个世界是什么情景，居然就腋下生风，"我欲乘风归去"，翩翩作仙人舞。想想天宫可能过于凉快，思绪又回到人间。想起亲密的知己兄弟苏辙，这样的月光，这样的醉意，只有知己可堪分享，可惜知己不在身边。乐观的东坡吐出两句让后世读者备受鼓舞的话：只要我们活得够长，纵使千里万里，也能共享一轮明月光。

　　丙辰中秋，欢饮达旦，大醉，作此篇。兼怀子由②。

　　明月几时有，把酒问青天③。不知天上宫阙，今夕是何年④。我欲乘风归去，又恐琼楼玉宇，高处不胜寒⑤。起舞弄清影，何似在人间⑥。

　　转朱阁，低绮户，照无眠⑦。不应有恨，何事长向别时圆⑧。人有悲

---

　　① 水调歌头：《乐苑》："旧说水调、河传，隋炀帝幸江都时所制，曲成奏之，声韵怨切。"《词谱》："水调乃唐人大曲，凡大典有歌头，此必裁截其歌头，另倚新声也。"

　　② 丙辰：宋神宗熙宁九年（1076），这时苏轼在密州（今属山东）。子由：苏轼弟苏辙，字子由，时在齐州（今山东济南），已七年不见。

　　③ 首两句倒装，意为手持酒杯问青天，明月是从什么时候有的？倒装比顺叙更有意味。这两句脱胎于李白《把酒问月》"青天有月来几时，我欲停杯一问之"。想查问月亮的家谱，显然跳出了尘世的日常的正常之思维，是童心好奇，也是酒精作怪令思维跳跃，还因为今天的月亮太可爱了，忍不住以询问表示惊叹。

　　④ 天上宫阙：指月亮。宫阙是宫门两侧的楼观。今夕是何年：语出《诗经》"今夕何夕"，以后的诗歌常有类似的句子，那意思不是忘记了今天是什么日子，而是惊喜赞叹的表示。

　　⑤ 我想要乘风到月府里看看，又怕月宫里的琼楼玉宇太高了，受不了那里的寒冷。"怕冷"的感觉很人性化，一下拉近了人与月宫的距离，好像真的可以上去似的。"琼"是美玉，"琼楼"喻楼台之华贵。"不胜寒"用前朝唐明皇的中秋典故，《明皇杂录》记八月十五夜，术士叶法善邀明皇游月宫，叶嘱明皇穿皮衣，至月宫，果然寒冷难支。"不胜"是禁受不住的意思。

　　⑥ 唐·李白《月下独酌》有"我歌月徘徊，我舞影零乱"句。东坡月下醉舞，身在人间，心里感觉似在仙境。这是美妙的醉汉意识：人在尘世间，偶尔也可享受仙境。

　　⑦ "转"、"低"表示月光在千家万户的房屋间移动。"照无眠"是说月光普照、抚慰天下失眠的人。

　　⑧ "不应有恨"指月亮本无情。"何事长向别时圆"语出宋·石延年（曼卿）"月如无恨月常圆"句（司马光《温公诗话》）。月亮不应该有人间的愁和恨，为什么总是在人们离别的时候圆呢？多情的东坡，"发现"（赋予）了月亮多情的品质。

欢离合，月有阴晴圆缺，此事古难全①。但愿人长久，千里共婵娟②。

---

① 写天上人间之缺憾，富有哲理意味。完全是清醒人语，话说到此，东坡的酒意差不多消了。

② 婵娟：美女的称谓，这里指月亮。"但愿人长久"祝愿亲人长寿，"千里共婵娟"是共享同一轮明月。

【唐】张若虚

春江花月夜①

　　明月心，悲悯心。它引动乡思："露从今夜白，月是故乡明。"（杜甫）它安慰游子："春风又绿江南岸，明月何时照我还？"（王安石）它传送友情："我寄愁心与明月，随风直到夜郎西。"（李白）它见证爱情："当时明月在，曾照彩云归。"（晏几道）中国的月亮一片冰心，却从不冷眼瞧人，它似乎柔肠千转，如同大慈大悲的观世音。因而，中国诗人对月亮的每一次倾心动情，都仿佛回归慈母的怀抱一般自然安和。张若虚的《春江花月夜》，就把这种情感倾向挥发到极致，成为咏月的绝唱。开篇八句，大气磅礴，将春、江、花、月、夜紧急集合，每一个都是良辰、美景，非常奢侈地铺排开来，来一次美的大展。如此繁多的美景，让敏感的读者顿时晕眩——真美呀，请停留一下吧！可是诗人没有停笔，反而一鼓作气推出八句直接咏月、问月的天籁之音。在春江花月夜之中，月才是主角，它君临万物，光照大地，它比人类生活的一切都更为久远永恒，它见证了人间生活的来龙去脉，它是人类的守护神。请问呵，世上什么人第一次看见月亮？月亮又从什么时候第一次照见人影？人类代谢，江月不变，也不知江上明月在等待什么人，只看见长江流水不舍昼夜滔滔东去……问天问月浩瀚无解的宇宙意识，哀而不伤天籁明媚的青春疑惑，让人开眼动心，仿佛第一次用这么新鲜的目光来注视这么古老的月亮。接下来的二十句，占了全诗一半多篇幅，说的是一个似乎老套的爱情故事：明月楼头，有人相思。游子何在，明月可知？我们不要责怪作者没有进一步作天文学或哲学的追思，作者不过是个特别多情的诗人，又可能正值青春期，在如此明朗的月光底下，想点柔情蜜意的事情是再自然不过的，况且，作者并没有将这样的爱情故事落实在自己身上，他巧妙地设计了这样一个典型的爱情场景，让每一个青春敏感的读者把自己的心事套进去，任你自导自演好了。

---

　　① "春江花月夜"，是乐府歌曲名，属于"清商曲·吴声歌"。《旧唐书·音乐志》说创始于陈后主。诗人只是借"春江花月夜"五字的意境来写自己的人生感慨。这首诗以"江"、"花"、"月"为咏叹对象，写诗人春夜中对宇宙与人生的伤感之情。闻一多先生说它的宁静爽朗中有强烈的宇宙意识，是"诗中的诗，顶峰上的顶峰，从这边回头一望，连刘希夷都是过程了，不用说卢照邻和他配角骆宾王，更是过程的过程"（《闻一多全集》三《宫体诗的自赎》）。

张若虚（生卒未详），江苏扬州人，唐玄宗开元初年与贺知章、包融、张旭并称"吴中四士"。只存诗两首，仅凭这首《春江花月夜》就足以令其不朽。

春江潮水连海平，海上明月共潮生。
滟滟随波千万里，何处春江无月明①。
江流宛转绕芳甸，月照花林皆似霰②。
空里流霜不觉飞，汀上白沙看不见③。
江天一色无纤尘，皎皎空中孤月轮。
江畔何人初见月？江月何年初照人？
人生代代无穷已，江月年年只相似。
不知江月照何人，但见长江送流水④。
白云一片去悠悠，青枫浦上不胜愁。
谁家今夜扁舟子？何处相思明月楼？
可怜楼上月裴回，应照离人妆镜台⑤。
玉户帘中卷不去，捣衣砧上拂还来⑥。
此时相望不相闻，愿逐月华流照君⑦。
鸿雁长飞光不度，鱼龙潜跃水成文⑧。
昨夜闲潭梦落花，可怜春半不还家⑨。
江水流春去欲尽，江潭落月复西斜⑩。
斜月沉沉藏海雾，碣石潇湘无限路⑪。
不知乘月几人归，落月摇情满江树⑫。

---

① 滟滟：波光粼粼的样子。明月在潮水中跳跃而出，又化身千万，投身大地江河。开篇雄浑，大气磅礴。

② 芳甸：鲜花盛开的平野。霰（xiàn）：雪珠。朗月之下，花明如雪。

③ 月光像空中飞霜一样流动，洒在汀洲白沙上看也看不见。开篇至此，依次点出"春江花月夜"。

④ 一连串天真的追问是如此动人，把人的思绪一下子从大地拉升到太空，从当下牵引到远古，将渺小的人生纳入到宇宙洪流中，成为让人激动而又伤感的千古名句。

⑤ 裴回：徘徊。三国·曹植《七哀诗》："明月照高楼，流光正徘徊。"

⑥ 离愁像月光一样在门帘上隔不断也卷不起，在捣衣砧上拂也拂不去。写愁绪缠人，无法排遣。

⑦ 良辰美景，最易相思。诗人不说自己想佳人，却揣想有个佳人在盼游子，这是自汉乐府与《古诗十九首》以来的惯用伎俩。

⑧ 鸿雁飞得再远也飞不出月光，鱼龙跳得再欢也跳不出水光。喻指相思的心被囚禁在朗朗月色之中。

⑨ 用落花指春天将逝，喻久别青春将不再。

⑩ 江水流走了春天，而我守候的心只能寂寞地夜夜沉入深潭。

⑪ 碣石：山名，在河北；潇湘，水名，在湖南；这里用碣石、潇湘相距万里再一次伤感人相去之远。

⑫ 朗月照亮游子回家的路，不知踏上归程的人中是否有你？西斜的明月把我的思念洒满江边的花树。明明灭灭地招摇着，是我盼归的手势。

【北魏】杨衒之

刘白堕酿酒①

中国是个酿酒大国。酒让性情温和的国人平添一份豪情，给辛劳的日子注入一丝安慰与活力。自从曹操的广告诗一出来，"何以解忧? 唯有杜康。"酒似乎成了解除忧愁的特效药，以至于数百年之后李白质疑道: "举杯浇愁愁更愁。"酒不是药，愁也无药可医，但这并不影响酒的神效。瞧，杨衒之告诉你，北魏的洛阳城外，一位叫刘白堕的酿酒师，他酿的酒可以捉贼呢。

杨衒之（生卒未详），北平（今河北）人。北魏散文家。著《洛阳伽蓝记》，是与《水经注》《齐民要术》齐名的北魏三部杰作之一。它以洛阳佛寺四十年的兴废为题，再现了一个历史时期的一个王朝、一座京城，乃至一种宗教的演变过程。

市西有退酤、治觞二里②。里内之人多酝酒为业。河东人刘白堕善能酿酒。夏季六月，时暑赫羲③，以罂贮酒，曝于日中，经一旬，其酒不动，饮之香美而醉，经月不醒。京师朝贵多出郡登藩，远相饷馈，逾于千里。以其远至，号曰"鹤觞"，亦名"骑驴酒"。永熙年中④，南青州刺史毛鸿宾赍酒之藩⑤，逢路贼，盗饮之即醉，皆被

洛阳市的西边有退酤、治觞二乡，乡里的许多人都以酿酒为业。河东人刘白堕最善于酿酒。夏季六月，特别暑热，他用小口大肚的罐子盛酒，在日头底下曝晒十天，不移动位置，饮了那酒，口味香美醉人，沉醉一月不醒。京城朝廷中的达官贵人有许多经过本郡到偏远的边陲，往往不辞千里之遥用这种酒馈赠或犒赏，因为这酒是从遥远的洛阳运来的，所以叫它"鹤觞"，也叫"骑驴酒"。在永熙年间，南青州刺史毛鸿宾带着这种酒去馈

---

① 标题为编者所拟。

② 退酤、治觞: 洛阳市西两个乡的乡名。

③ 赫羲: 极其炎热的样子。

④ 永熙: 北魏孝武帝年号（532~534）。

⑤ 南青州: 原为东徐州，魏孝文帝太和二十二年（498）改，在今山东沂水县一带。赍酒之藩: 把酒送给藩镇。赍（jī）: 送。

擒获，因复名"擒奸酒"。游侠①语曰："不畏张弓拔刀，惟畏白堕春醪。"②

——《洛阳伽蓝记·法云寺》

赠藩镇，半途遇到劫道贼，强盗饮了这种酒就醉倒了，都被活捉，因而又给它命名"擒奸酒"。那些游侠说："不怕拉弓拔刀，只怕刘白堕的春酒。"

---

① 游侠：本指好交游，轻生死，重信义，能救人于急难的人。此处指游手好闲、不务正业的人。

② 春醪（láo）：酒名。醪：醇酒。

【东晋】干宝

千日酒①

东晋的干宝，专门搜集神奇的故事。他说有一种酒，小饮一杯可以沉醉三年，叫"千日酒"。科学家不是一直琢磨着要让人冬眠以延年益寿吗？不妨试试"千日酒"？一旦决定最近三年不想清醒地活着，就来一杯，三年后再醒来，重新做人。简便易行，可重复使用，这样一来，人生会多么自由，社会也会有趣许多吧？

干宝，字令升，新蔡（今属河南）人。生活于东晋初年，所撰《搜神记》是中国古代志怪玄幻巨著。

狄希，中山人也。能造千日酒，饮之千日醉。时有州人姓刘，名玄石，好饮酒，往求之。希曰："我酒发来未定，不敢饮君。"石曰："纵未熟，且与一杯，得否？"希闻此语，不免饮之。复索曰："美哉，可更与之。"希曰："且归，别日当来，只此一杯，可眠千日也。"石别，似有怍色②。至家醉死，家人不之疑，哭而葬之。

经三年，希曰："玄石必应酒醒，宜往问之。"既往石家，语曰："石在家否？"家人皆怪之，曰："玄石亡来，服以阕矣③。"希惊曰："酒之美矣，而致醉眠千日，

狄希，中山人。能酿造"千日酒"，喝了一醉千日。当时州里有一叫刘玄石的，喜欢饮酒，去讨这种酒喝。狄希说："我的酒还没发酵好，不敢给你喝。"玄石说："即使没酿熟，也姑且给我一杯，可以吗？"狄希听这话，没法不给他喝。喝完又要，说："醇美啊，能再给我一杯吗？"狄希说："暂且回家吧，以后再来，就这么一杯，可以睡上一千天。"玄石告别，面带惭怍之色。到家后醉死了，家中的人毫不怀疑他真死了，哭着安葬了他。

三年后，狄希说："玄石一定该酒醒了，应该去问候他一下。"于是就去玄石家，说："玄石在家吗？"家里的人很怪讶，说："玄石死亡以来，服丧期都已结束了。"狄希吃惊地说："我的酒太好了，能使他醉眠千天，今

---

① 标题为编者所拟。

② 怍色：改变脸色，惭愧。

③ 服以阕（què）矣：服丧期已经终了。古代服丧以三年为期。阕，终了。服丧满期叫服阕。

今合醒矣。"乃命其家人，凿冢破棺看之[1]。冢上汗气彻天，遂命发冢，方见张目开口，引声而言曰："快哉！醉我也！"因问希曰："尔作何物也，令我一杯大醉，今日方醒？日高几许？"墓上人皆笑之。被石酒气冲入鼻中，亦各醉卧三月。

——《搜神记》

天该醒了。"就让他的家人凿墓开棺看看。坟上的汗气热腾腾地冲天而起，于是就让打开坟墓。这时，正见刘玄石睁开眼睛，张大嘴巴，扯着嗓子喊道："好痛快，把我弄醉了！"于是问狄希说："你做的是什么东西，让我喝了一杯就大醉，今儿才醒？日头有多高啦？"来坟地的人都笑起来。这些人一张嘴笑，被刘玄石酒气冲到鼻孔里，也都各个醉倒睡了三个月。

---

[1] 凿冢：打开坟墓。

【清】袁枚

鬼差贪酒

这是一篇志怪小说。按古代迷信说法，人死之时，有鬼来拘人魂魄。假如，这个鬼（也是人死后变的）生前好酒，是个酒鬼，那么，事情可能就有转机。故事把酒鬼大大地羞辱了一番。人一旦成了酒鬼，连鬼差使也做不好，何况人事？不过，因为美酒神力，连鬼也动心，才成全了人间好事，人们也会原谅这样有人味的酒鬼吧？

袁枚（1716～1797），字子才，号简斋，别号随园老人，钱塘（今杭州）人。乾隆四年（1739）进士，入翰林散馆，因满文考试成绩不佳，出为县令。33岁辞官，卜居南京小仓山，散淡度日。清代中叶诗人、文学家、美食家。他的《子不语》是一部乡野神怪故事集。

杭州袁观澜，年四十未婚。邻人女有色，袁慕之，两情属矣①。女之父嫌袁贫，拒之。女思慕成瘵②，卒。袁愈悲悼，月夜无以自解，持酒尊独酌③。见墙角有蓬首人，手持绳，若有所牵，睨而微笑④。袁疑为邻之差役，招曰："公欲饮乎？"其人点头。斟一杯与之，嗅而不饮。曰："嫌寒乎？"其人再点头。热一杯奉之，亦嗅而不饮，然屡嗅则面渐赤，口大张不能复合。袁以酒浇入其口，每酒一

杭州的袁观澜，四十岁尚未结婚。邻家女儿有些姿色，袁观澜爱慕她，两人相互钟情。女子老爸嫌袁观澜穷，拒绝袁的求婚。女子得了相思病，死了。袁观澜更加悲愤伤悼。在月明之夜无法自我排解，端起酒杯来自酌自饮。看见在墙角有一个头发蓬乱的人，手中拿一条绳子，好像牵着什么，斜着眼，面露微笑。袁观澜疑心是邻家的仆人，招呼他说："您也想喝酒吗？"那头发蓬乱的人点了点头。斟了一杯酒给他，他只闻一闻并不喝，袁观澜说："嫌酒凉吗？"那人又点点头。热了一杯酒给他，也是只闻不喝，可是闻

---

① 有色：指女子有姿色，漂亮。两情属矣：两人相互钟情。

② 瘵（zhài）：病。

③ 尊，通"樽"，酒器。

④ 蓬首人：头发蓬乱的人。若有所牵：好像牵着什么。睨：斜视。

滴，则面一缩，尽一壶而身面俱小若婴儿然，痴迷不动。牵其绳所缚者，邻氏女也。袁大喜，具酒罂，取蓬首人投而封之，画八卦镇厌之[1]。解女子缚，与入室为夫妇。夜有形交接，昼则闻声而已。逾年，女子喜告曰："吾可以生矣。且为君作美妻矣！明日，某村女气数已尽，吾借其尸可活。君以为功，兼可得资财作奁费[2]。"袁翌日往访某村，果有女气绝方殓[3]，父母号哭。袁呼曰："许为吾妻，吾有药能使还魂！"其家大喜，许之。袁附女耳低语片时，女即跃起。合村惊以为神。遂为合卺[4]。所记忆皆非本家之事。逾年，渐能晓悉，貌较美于前女。

——《子不语》

了多次他的脸就红了，口张很大不能再合拢。袁观澜把酒浇进他嘴里，每滴入他口中一滴酒，他的脸就一收缩，滴干了一壶酒，他的身体和面庞都缩小得像个婴儿，痴迷地呆立不动。拉动它所牵的绳子，那端捆绑的居然是邻家女子。袁观澜喜出望外，备好一个酒坛子，把头发蓬乱的人投入其中，再密封起来，画了八卦符镇住他。解开捆女子的绳索，跟她进屋做了夫妻。在夜里接触，女子是有形可感之人，白天就只能听见她的说话声罢了。过了一年，女子兴高采烈地对袁观澜说："我可以转生了，并且将做你美丽的妻子！明天，某村有一女子命数已尽，我借她的尸身可以复活，你把此事做好，还可以得一些资财为我做嫁妆。"第二天，袁观澜去某村寻访，果然有一个女子断气正要入殓，父母哭天号地。袁观澜说："如果将她给我做妻子，我有药能让她死而复生。"女子全家大喜过望，答应了他。袁观澜附在女子耳边嘀咕了一阵，女子就跃身而起。全村的人都十分吃惊，把袁观澜当做神仙。于是袁观澜和那女子成婚。这女子所能记忆的都不是自家的事。又过了一年，渐渐才能知晓自家之事，复活后的女子容貌比原先那女子更为美丽。

---

[1] 具酒罂（yīng）：备好酒坛子。罂，盛酒的陶器。投而封之：投进瓶中封起来。镇厌：镇压。厌，通"压"。

[2] 君以为功：您把她（邻女）救活，立下一份功劳。奁费：嫁妆。

[3] 翌日：第二天。殓：把死人装进棺材。

[4] 合卺（jǐn）：成婚。卺，古时婚礼上用的酒器。把一个瓠瓜剖成两个瓢，新郎新娘各拿一个，用来饮酒，是旧时成婚时的一种仪式。

【清】梁章钜

女儿酒^①

  这是中国最美丽的风俗之一：绍兴人在生儿女时，酿酒埋藏，给女儿酿的叫"女儿红"，给儿子酿的叫"状元红"。待女儿出嫁或儿子中榜时才掘出饮用，请客庆贺。这样的酒自然是上好的美酒，这样深情的祝福或许是天下父母共有的，这样长久期待的仪式却是人间罕见的。女儿红，那是对小女儿的无限爱怜、对未来幸福的深长祈祷；状元红，那是输送给男儿的一腔热血，是酿造一个书生的锦绣前程。这真是最美好的民间颜色，最正宗的中国滋味。绍兴黄酒，装入彩绘雕花的坛里，又叫花雕，色如琥珀，醇厚甘鲜，距今已有两千四百多年的历史，积淀了悠久的中国民俗文化内蕴。大禹治水借过它的力，西施媚吴借过它的美，嵇康锻铁借过它的劲，王羲之、徐渭的笔墨间流淌着它的灵动与豪情，陆游、鲁迅的诗文中奔涌着它的血性与激情……

  为亲情慈爱所酿造的女儿红，一旦变为盈利的商品，酒的品质也随之改变。清人梁章钜已经说起作伪者，于今尤烈，地下作坊流出"女儿红"，用自制白酒勾兑香精色素自来水……要酿造并保存一个梦想，真不容易。为今人后世，保留一点国粹，保留一点美好的民族记忆吧。

  梁章钜（1775～1849），字闳中，晚号退庵，福建长乐人。清代文学家。喜作笔记小说，著有《楹联丛话》《浪迹丛谈》等。

  山阴会稽之间，水最宜酒，易地则不能为良。故他府皆有绍兴人如法制酿，而水既不同，味即远逊^②。即绍兴本地，佳酒亦不易得。惟所贩愈远则愈佳。盖^③非致佳者亦不能行远。

  浙江绍兴一带，水质淳美，最适合酿酒，换个地方就酿不出这样好的酒。所以其他地方尽管都有绍兴人用同样方法造酒，可是既然水质不同，酒味都远远逊色。即使在绍兴本地，好酒也不容易买到。好酒都贩卖到远处，越远的就越好。大概不是极好的酒也难以销行到远方的缘故吧。

---

① 标题为编者所拟。

② 远逊：差得远。

③ 盖：大概，推度之辞。

最佳者名女儿酒。相传富家养女，初弥月①，即开酿数坛，直至此女出门，即以此酒陪嫁。则至近亦十许年。其坛率以彩绘，名曰"花雕"。近作伪者多，竟有用花坛装凡酒以欺人者。凡辨酒之法，坛以轻为贵。盖酒愈陈则愈缩敛，甚有缩至半坛者。从坛旁以椎敲之，真者其声必清越，伪者其声必不扬。甚有以小锥刺坛，斛出好酒②，而以水灌还之者，视其外依然花雕，而一文不值矣。

——《浪迹续谈》卷四

最好的酒叫"女儿酒"。相传富贵人家生女儿，刚满月，就着手酿制好几坛酒，一直保存到女儿出嫁时，就用这几坛酒陪嫁。那么时间最短也是十几年喽。那酒坛都用彩绘装饰，称作"花雕"。近年来弄虚作假的多，竟然有用彩绘的坛盛装普通的酒来骗人的。一般鉴别酒的方法，是以坛轻为好。大概因为储藏时间越久，则酒越浓缩，甚至有缩到半坛的。用锤子在坛边上敲，真花雕声音一定清脆激扬，假的声音一定不清脆。甚至有用小锥子刺破坛子，滤出好酒，再把水灌入坛子做假酒的，看它的外表，仍然是花雕，而实际一文不值了。

---

① 弥：满。

② 斛（jū）：舀取。

【唐】白居易

问刘十九^①

　　酒是沟通友情的媒介。你看，天寒地冻人寂寞，白居易用一首亲切的小诗引诱朋友前来喝酒：我这儿有新酿的好酒，绿泱泱的酒面上浮着如蚁的米糟；还有红泥小火炉，可以燃起暖和的炭火。天色晚了，雪意正浓。老朋友，想不想过来，喝一杯热酒？

　　白居易（772~846），字乐天，号香山居士、醉吟先生。原籍山西太原，祖上迁下邽（今陕西渭南）。提出"文章合为时而著"、"诗歌合为事而作"的主张，是中唐新乐府诗歌运动的主要倡导人。现存诗三千余首，数量为唐人第一。有《白氏长庆集》。

绿蚁新醅酒^②，红泥小火炉^③。
晚来天欲雪，能饮一杯无^④？

----

　　① 这首诗是作者任江州司马时所作。约写于元和十一年（816）或十二年（817）。刘十九即刘轲，曾隐居庐山，是白居易在江州结识的朋友。

　　② 家酿的米酒，未经过滤时，面上浮有米糟，略带淡绿色。新醅（pēi）酒：未经过滤的新酒。

　　③ 红泥：红色的泥土，有黏性，可以砌火炉。

　　④ 无：此作疑问词，相当于现代汉语的"吗"。广告要做得好，语言要动人。普通米酒，加上"新"和"绿蚁"，如在眼前馋人；寻常火炉，点明"红泥"，暖意升腾；夜色天天有，今天"天欲雪"，让人更渴酒；最后，款款一问，谁还坐得住？

【唐】李白

将进酒①

　　好友相对，痛饮狂歌，也是人生一乐，所谓"酒逢知己千杯少"。这首诗应该是李白即席吟诵所得，大家酒兴正浓，估计已经喝了不少，他要劝朋友们尽情狂欢，因而，一张嘴就是酒水滔滔："君不见黄河之水天上来，奔流到海不复回"。由杯中酒想到黄河水，自然是酒精的作用。紧接着一句"高堂明镜悲白发"，你才明白，黄河里流的不是酒，而是时光，是宿命。人生易老天难老，与其哀痛，不如"一饮三百杯"，"人生得意须尽欢，莫使金樽空对月。"然后是一大堆劝酒的话：富贵不足取，圣贤本寂寞，自古以来，只有爱喝酒的人青史留名。那刘伶抱着酒壶出游，让仆人扛着锄头在后面跟着，吩咐："死便埋我。"那阮籍酒后驾车，直走到穷途末路，嚎啕大哭。那曹植被哥哥曹丕猜忌，饮酒佯狂。陶渊明呢，夫子自道："千秋万岁后，谁知荣与辱。但恨在世时，饮酒不得足。"（《拟挽歌》）哪一个不是正经功名一点没有，偏是借酒出名？所以，喝吧，别说没钱呵，"五花马，千金裘，呼儿将出换美酒。"——注意，这马呀、裘呀，包括儿呀，好像都是"主人"家的，而李白是客人。叫主人变卖家产换酒喝恐怕不是诗人本色，那么，还是理解为李白为了尽欢，情愿把自己的"随身财产"变卖精光，以图一醉。这样的客人多有趣，这"醉"却有点蹊跷，"但愿长醉不愿醒"，为的是"与尔同销万古愁"。自古以来直到未来，人生总是充满忧愁，但不要因此而失去积极的精神。朋友呦，只有超越忧愁，才能生存。看来，李白是要以美酒对抗时光，对抗宿命，对抗人间的不公，有点类似贝多芬"扼住命运的咽喉"的意思。"天生我材必有用，千金散尽还复来。"生命与金钱相较，金钱算得了什么！我是因了天的意志才降生到这个世界上的，我岂能虚度此生！真不知这是解忧酒还是断肠酒，诗人与酒，从此脱不了干系，悲哀与麻醉、绝望与希望、悲观与乐观、放弃与超越，这种种激越的情绪，都搅拌在诗与酒里。李白，到底是诗人，不是酒鬼。这一纸酒气淋漓的诗笺，却让后世许多好酒与不好酒的人闻之辄醉。

---

① 将（qiāng）进酒：请喝酒之意，相当于"祝酒歌"。

君不见，黄河之水天上来，

奔流到海不复回。

君不见，高堂明镜悲白发，

朝如青丝暮成雪①。

人生得意须尽欢，莫使金樽空对月②。

天生我材必有用，千金散尽还复来。

烹羊宰牛且为乐，会须一饮三百杯③。

岑夫子，丹邱生④，将进酒，君莫停。

与君歌一曲，请君为我倾耳听⑤：

钟鼎玉帛岂足贵⑥，但愿长醉不愿醒。

古来圣贤皆寂寞，惟有饮者留其名。

陈王昔时宴平乐，斗酒十千恣欢谑⑦。

主人何为言少钱，径须沽取对君酌。

五花马，千金裘⑧，

呼儿将出换美酒，与尔同销万古愁⑨。

解忧酒 人生得意须尽欢

143

① 开篇陈述两个事实：黄河水入海不复回，人生易老难再少。然后，可以悲哀，可以慷慨，李白选择了后者。

② 这两句写出李白一生情怀，也传达了盛世大唐诗人的集体价值取向：人生要尽才使气，一意孤行发挥有限的生命的最大价值。饮酒、任侠、好道、追仙、入朝、归山皆是意气人生的琐碎细节，读者不可以管窥豹，以偏概全。

③ 会须：会当。三百杯：夸张之辞。

④ 岑夫子：即岑勋，南阳人，是慕名来求见李白的新友。丹邱生：即元丹邱，是李白少年时相交的老友、道士。

⑤ 酒桌上的外交辞令花样百出，而李白技高一筹：他豪爽、博闻、酒量好，还且歌且吟，一首劝酒歌，本身是佳酿。

⑥ 一作"钟鼓馔玉不足贵"。钟鼎：古代贵族进食要鸣奏钟磬之乐，用鼎盛食物，这里泛指功名。玉帛：美玉与丝绸，这里泛指财富。

⑦ 陈王：曹植曾封为陈王。平乐：观名，三国·曹植《名都篇》有"归来宴平乐，美酒斗十千"的句子。十千：一斗酒值十千钱，这是夸张的说法，形容酒好而贵。

⑧ 唐开元、天宝之际，凡名贵的马都将鬃毛剪成花瓣形，三瓣称三花，五瓣称五花。五花马、千金裘就是说名贵的马和皮衣。

⑨ 万古愁：即前面所说"朝如青丝暮如雪"的生命忧患，也就是唐·李白在《拟古》诗中一再写到的"天地一逆旅，同悲万古尘"和"长绳难系日，自古共悲辛"。人生有限而追求无限，李白当然明白美酒并不能消解这"万古愁"，却通篇在劝酒、颂酒，其实是将饮酒当做了一种行为艺术，借以宣泄生命的浩大追求。

【清】福格

茶①

茶，是中国对人类软饮料的伟大贡献之一。今天世界的软饮料市场，中国人发明的茶、阿拉伯人发明的咖啡、美国人发明的可乐，三分天下。其中只有茶，不仅有益，而且有礼、有艺、有道。

一般认为，"茶之为饮，发乎神农氏。"（陆羽《茶经》）中国远古出了个敢尝百草的神农，才会从百草中挑出这种可以解毒的植物。而饮茶由药用转变为饮料，是一大跨越。据晋·常璩《华阳国志·巴志》载：周武王姬发于公元前1115年联合四川各民族伐纣之后，巴蜀所产茶叶已列为贡品。西汉时，有了专门的茶叶市场，茶叶已经作为商品流通。烹茶一般都要加入芝麻、食盐、瓜仁、桃仁等佐料。到了唐代，饮茶成为民间日常生活习俗。陆羽始提出煮茶不加佐料，谓之见"真茶"，喝出茶的真香味。当时的饮茶方法是把鲜叶蒸熟后，经捣碎做成饼，再用绳子串起来烘干，叫"茶饼"。喝茶时，将茶饼碾成碎末，放锅里煮滚，让茶叶渗透再喝。士大夫们还将茶饼作为珍贵的礼物馈赠。宋人发明了"斗茶"（分茶、茶百戏）的游戏，品茶与下围棋、写草书一样成了一门流行艺术：先把饼茶碾成细末，放入烫好的茶盏，再注入沸水调制成茶膏，然后用特制的茶筅（形似小扫把的工具），边转动茶盏，边搅动茶汤，使盏中泛起汤花，用茶作画——欣赏各种变化无穷的图案，比较茶汤的色、香、味，最后再品尝汤花，俱佳者获胜。明代时茶叶的品饮法，改煎饮为开水冲饮，开千古茗饮之宗。"早晨开门七件事，柴米油盐酱醋茶"，家家如此，茶寮遍及中华，茶被誉为"国饮"。随后中国茶传遍世界，英国人形成了喝早茶、下午茶的时尚习俗，人们把茶当做"健康之液，灵魂之饮"。在法国人眼里，茶是"最温柔、最浪漫、最富有诗意的饮品"。在日本，茶不仅被视为是"万病之药"、"原子时代的饮料"，而且使饮茶从日常生活的需要，升华为一种优雅的文化艺能——茶道，保存并发扬了中国古代茶道的精髓。全球华人最醇的生活，即在于"茶"。

福格（1796? ~1870? ），姓冯，字申之。汉军正黄旗人，撰有笔记《听雨丛

---

① 标题为编者所拟。

谈》。本文记述了一些茶的掌故，其中说到古人以茶作为聘礼、金人七品以上官员家里才允许喝茶等等，属于珍闻。

六经无"茶"字①，茗饮自唐而始，前未之见也。或引《三国志·韦曜传》言："曜不能饮，赐茶（荈）以当酒②。"又似自三国始也。今婚礼行聘，以茶叶为币，满汉之俗皆然，且非正室不用。近日八旗纳聘，虽不用茶，而必曰"下茶"③，存其名也。上自朝廷燕享④，下至接见宾客，皆先之以茶，品在酒醴之上。古人龙团、凤团，必曰烹、曰煮、曰煎、曰焙⑤，今之熬茶是也。今官家燕享及各国通商，仍尚苦茗茶、团茶饼，犹存古人煮茗之意。至于用沸汤瀹芽茶⑥，一浸即饮，取其香郁为美，清冽为甘，则不知始于何时。宋宣仁太后诏免龙团而进叶茶⑦，应是芽茶之始。今京师人又喜以兰蕙、茉莉、玫瑰薰袭成芬者，渐亦遍于海内，惟吴越专尚新茶，不嗜花薰，固是出产之地，易得嫩叶耳。京朝王、贝勒接见外藩⑧，按其品爵，有待茶不待茶之例，载于

六经的典籍中没有出现过"茶"字，饮茶的事是从唐代开始的，唐朝前没有饮茶这一说。有人援引《三国志·韦曜传》的话："曜不能饮，赐茶（荈）当作酒。"似乎饮茶之事又是从三国时期开始的。现今婚礼定亲聘姑娘，用茶叶代钱作为聘礼，满族汉族的习俗都是这样，并且不是娶聘正妻就不用茶叶。近年来满族八旗人交纳聘礼，虽然已不用茶当聘礼，可是还要说是"下茶"，还保留着从前的名目。上自朝廷宴乐，下至接见贵宾，都要先上一道茶，茶的品第在各种酒水之上。古人饮龙团、凤团茶砖，一定说烹茶、煮茶、焙茶，就是现今的熬茶。现在官府宴乐及接待各国客商，仍然推重苦茗茶、团茶饼，还是保留着古人煮茗的传统。至于用开水浸泡芽茶，浸一下就喝，取的是香郁的美味，清冽的甘甜之味，可不知这种饮法从什么时候开始的。宋代的宣仁太后下诏免进龙团而进叶茶，大概是浸饮芽茶的开始。现今京城中的人又喜欢用兰蕙、茉莉、玫瑰的花来薰制成香气浓重的茶，此法渐渐地流行到全国各地，只有吴越之地只推重新茶，不怎么喜欢各种花薰制的茶，当然是因为吴越是茶的产地，容易采得嫩的茶叶的缘故吧。京城里的

① 六经：也称六学、六艺，指《周易》《尚书》《诗经》《礼记》《春秋》《乐经》六种儒家经典。

② 《三国志》：书名。西晋陈寿撰。荈（chuǎn）：晚采的茶。

③ 八旗：明万历年间，满族首领努尔哈赤创建八旗制度，初期，兼有军事、行政、生产三方面职能，后来成为兵籍编制，以旗色为标志，分正黄、正白、正红、正蓝四种颜色。至万历四十三年，增镶黄、镶白、镶红、镶蓝四种颜色，称为八旗。下茶：即纳聘。

④ 燕：同"宴"。

⑤ 龙团、凤团：上面有龙图案、凤图案的砖茶。焙：用微火煮茶。

⑥ 瀹（yuè）：浸渍。

⑦ 宣仁太后，宋英宗的皇后，姓高。神宗立，尊为皇太后。哲宗立，尊为太皇太后，遂垂帘听政。

⑧ 贝勒：满语。原为满族贵族的称号。清崇德以前为贝勒，之后称亲王。

典章。外官督抚接见属吏，待茶至知县而止，佐杂弗及，亦定例也。

按：《金史》泰和五年，尚书省奏①，茶为饮料之余，耗财弥甚，七品以上官，其家方许饮茶。盖茶叶出于宋地，以防耗财资敌之意。今之知县进谒，始款茗饮，应是相沿金季之令。

按：行聘以茶，盖茶子既种，不能更移，与奠雁之义同②。

——《听雨丛谈》

亲王、贝勒爷接见地方高官时，按照他们的官阶爵位，有待茶和不待茶的常例，并记入典章制度中。京外的督抚官员接见下属官吏，以茶相待的规制到知县为止，佐官及杂役是不给茶喝的，这也是固定的常例。

按：《金史》泰和五年，尚书省上奏，茶是饮料以外的饮品，糜费钱财很严重，七品以上的官员，他们的家庭才可以饮茶。茶叶出产于宋地，大概这种制度的意图是为了防止耗费自己的钱财而帮助敌对国家。现在的知县进朝拜谒，皇帝以茶款待，应该是沿袭金国当时实行的制度。

按：用茶行婚聘之礼，大概是取茶籽既已种下，就不能改变迁移的意思，和古代迎娶时用雁作聘礼，取不另择偶的意思相同。

① 尚书省：官署名。其长官称尚书令，负责宰相职务，下统六部。
② 奠雁：古代婚礼。新郎到女家迎亲，用雁作婚礼，叫"奠雁"，以此取不再择偶的意思。

【清】俞樾

碧萝春①

每一种名茶的发现，几乎都有一个传奇故事。碧萝春原名"吓杀人香"——吓死人的香呵。一种原本普通的野茶，被采茶人的体温闷出了奇香，从此发明了一种特别的采茶方法，又因为这种采茶法而诞生了这种名茶。

俞樾（1821~1907），字荫甫，号曲园，浙江德清人。道光进士，清末名学者。当年科考，曾国藩主考，俞樾以一句"花落春仍在"深得曾国藩赏识。

国朝王应奎《柳南随笔》云②：洞庭东山③，碧萝峰石壁，产野茶。每岁，土人持竹筐采归，未见其异也。康熙某年，按候以采，而其叶较多，筐不胜载，因置怀间。茶得热气，异香忽发，采者争呼："吓杀人香！""吓杀人"，吴中方言也。因遂以名是茶。自是每采茶，土人男女长幼，必沐浴更衣，尽室而往，盛不以筐，悉置怀间。而土人朱元正，独精制法，出自其家，尤称妙品，每斤价值三两。己卯，车驾幸太湖④，以其名不雅，题之曰"碧萝春"。地方大吏，岁必采办。而售者以伪乱真。

本朝（清朝）王应奎《柳南随笔》写道：在江苏的东洞庭山碧萝峰的悬崖峭壁上，出产一种野茶。每年，当地百姓拎着竹篮去采回，也看不出有什么特殊不同。康熙某年，按节气而采，采得的茶叶较往年多，带去的竹筐装不下，于是就把剩下的揣在怀里。茶叶受到了人的体温，忽然放出一种特殊的香气，采茶的争相喊道："吓杀人香！""吓杀人"，是江苏一带的方言。于是就用"吓杀人"给这种茶命名。从此，每去采茶，当地百姓无论男女老少，都一定洗个澡换上洁净的衣服，倾家而出，再不用筐装，都揣在怀里。而当地人朱元正，制茶的技艺最为精妙，出自他手的茶，尤其被誉为妙品，每斤茶值三两白银。己卯年，康熙皇帝驾幸太湖，觉得这种茶的

① 碧萝春：今写作"碧螺春"。
② 国朝：本朝，此为清朝。
③ 洞庭：即洞庭山，分东、西洞庭，在江苏吴县境内。
④ 己卯：清康熙三十八年（1699）。车驾：皇帝外出时乘用的车，也作皇帝的代称。幸：皇帝驾临。

元正没，制法不传，即真者，亦不
及曩时矣①。

——《茶香室三钞》

名称不文雅，给它题写了一个名字，叫"碧萝
春"。守牧地方的高官，每年一定要采购置办
供奉朝廷。而出售的人用假的碧萝春充真的
碧萝春。朱元正死后，制茶妙法没流传下来，
即使是真的碧萝春，也远不及从前碧萝春那
么好了。

---

① 曩（nǎng）时：从前。

【明】袁宏道

识张幼于《惠泉》诗后①

喝茶的学问很多，即便是文人雅士，也是不容易精通的，如果想深谙喝茶的学问，是很费钱的。茶叶、茶饼、茶具、煮茶的燃料、火候、品茶的环境、程序、礼节，都非常讲究，而泡茶的好水，尤其难得。最好用轻清之水煎茶，有条件时用泉水、江水，甚至用松上雪、梅花蕊上雪化水煎茶。古人评什么天下第一泉、二泉的，都是茶客所为。当喝好茶、品好水成为一种学问和身份的标志，自然就少不了附庸风雅的人，而某件事一旦有附庸风雅者参与，很少有不闹笑话的。当然，即便是笑话，这也是风雅的笑话。

余友麻城邱长孺，东游吴会，载惠山泉三十坛，之团风②，长孺先归，命仆辈担回。仆辈恶其重也，随倾于江，至倒灌河，始取山泉水盈之③。长孺不知，矜重甚，次日即邀城中诸好事尝水④。诸好事如期皆来，团坐斋中，甚有喜色。出尊取磁瓯⑤，盛少许，递相议⑥，然后饮之。嗅玩经时⑦，始细嚼咽下，喉中汩汩有声，乃相视而叹曰："美哉水也! 非长孺高兴，吾辈此

我的朋友湖北麻城的邱长孺，东游吴郡会稽郡一带地方，装载惠山泉水三十坛，运到团风。长孺先回麻城，让仆人把水担回麻城。家仆们讨厌担水太重，随意就倒入江中，到了倒灌河，才取来山泉水灌满了坛子。长孺不知道仆人捣了鬼，非常珍视这次运回的"惠泉水"，第二天就邀请城中喜好热闹的朋友品尝惠泉水。各位好事的朋友按约定时间都来了，在书房团团围坐，个个面带喜色。拿出水坛子，备好瓷杯，盛入一点点水，依次传给各位来品评，然后再喝下，大家又嗅又

---

① 张幼于：即张献翼，明代学者。

② 麻城：今湖北省麻城市。邱长孺：名坦，一字长孺，麻城人。武举出身，官至海州参将。吴会：吴郡、会稽郡二郡，合称吴会。惠泉在无锡，无锡旧属会稽郡。惠山泉：即惠泉。在今无锡惠山白石坞下。有上中下三池，水清味醇，唐陆羽、元赵子昂称之为天下第二泉。用以酿酒，称惠泉酒。团风：地名，在今湖北省黄冈县境内。

③ 恶(wù)其重：讨厌担水太重。倒灌河：水名，在湖北麻城以南。

④ 矜重甚：很珍重。好事：喜欢多事(凑热闹)的人。

⑤ 磁瓯：即瓷瓯，一种品水、品茶器皿。

⑥ 递相议：依次传递品议。

⑦ 嗅玩经时：嗅闻把玩多时。

生何缘得饮此水？"皆叹羡不置而去①。半月后，诸仆相争，互发其私事。长孺大恚②，逐其仆。诸好事之饮水者闻之，愧叹而已。

又余弟小修，向亦东询，载惠山、中泠泉各二尊归③，以红笺书泉名记之，经月余抵家，笺字俱磨灭，余诘弟曰："孰为惠山？孰为中泠？"弟不能辨，尝之，亦复不能辨。相顾大笑。然惠山实胜中泠，何况倒灌河水？自余吏吴来④，尝水既多，已能辨之矣。

偶读幼于此册，因忆往事，不觉绝倒⑤。此事正与东坡河阳美猪肉事相类⑥。书之并博幼于一笑。

——《袁宏道集笺注》

把玩了多时，才细细咀嚼慢慢咽下，喉头发出汩汩的咽水之声，于是你看我，我看他，发出感叹说："好美的水，若不是长孺有如此高雅情趣，我们这些人这一辈子哪有机会喝到这么美的水？"都感叹钦佩而离去。半个月后，仆人们闹了争执，互相揭露私下里干的坏事。长孺非常气恼，赶走了仆人，各位好事来喝过"惠泉水"的人，不免羞愧叹息。

还有我弟弟小修，从前也到东部察访，装了两坛惠山泉水、中泠泉水回家。用红纸片写上泉名贴在坛上做标记，经过一个多月才到家，标签上的字都磨光了，我问小修弟弟说："哪坛是惠泉水？哪坛是中泠泉水？"小修弟分辨不出，尝尝两坛水，也还是分辨不出，我们俩你看我，我看你，面面相觑，不禁大笑。不过惠山泉水的确美于中泠泉水，更何况倒灌河水呢？自从我到东部吴地做官，因为尝水尝多了，所以已经能辨别出惠泉水了。

偶然读了幼于的《惠泉》诗后，因而又想起了往事，不知不觉笑得前俯后仰。这正合东坡想买河阳好猪肉宴客，但被仆人用其他猪肉顶替，而客人赞誉恭维之事相像。写出来，并以此博取幼于一笑。

① 高兴：高雅兴致。不置：不止。

② 恚（huì）：发怒、怨恨。

③ 小修：袁宏道弟袁中道，字小修。向亦东询：过去也曾到东部查访。中泠泉：在今江苏镇江市西北石山鲛东。泠，一作"零"。原在长江中，盘涡深险，至冬季枯水期，可以汲竿取水。唐刘伯刍认为泡茶的好泉水，以中泠为第一，故有天下第一泉之称。又称中濡。宋·陆游《剑南诗稿》十四《将至京口》："铜瓶愁汲中濡水，不见茶山九十翁。"后来江岸涨沙，泉已为积沙压湮没。

④ 吏吴：到吴地去做官。

⑤ 绝倒：比喻俯仰大笑。

⑥ 东坡河阳美猪肉事：宋·苏轼闻河阳猪肉美，使人购之，中途猪逸走，买者以他猪代之。轼之客不辨而美之，后事发，诸客皆惭。

【明】张大复

茶 说

把一件看似简单的事弄得如此复杂，其中必有缘故。先抄几首古人的诗句垫底。唐朝和尚皎然《九日与陆处士羽饮茶》："九日山僧院，东篱菊也黄。俗人多泛酒，谁解助茶香？"又说："一饮涤昏寐，情思爽朗满天地；再饮清我神，忽如飞雨洒轻尘。三饮便得道，何须苦心破烦恼。"唐·白居易《山泉煎茶有怀》："坐酌泠泠水，看煎瑟瑟尘。无由持一碗，寄与爱茶人。" 唐人卢仝《走笔谢孟谏议寄新茶》："一碗喉吻润，二碗破孤闷。三碗搜枯肠，惟有文字五千卷。四碗发轻汗，平生不平事，尽向毛孔散。五碗肌骨清，六碗通仙灵。七碗吃不得也，唯觉两腋习习清风生。"苏东坡《次韵曹辅寄壑源试焙新芽》："仙山灵草湿行云，洗遍香肌粉未匀。明月来投玉川子，春风吹破武林春。要知冰雪心肠好，不是膏油首面新。戏作小诗君一笑，从来佳茗似佳人。"喝茶可以成仙得道，真是"吓杀人"的体验。在东坡那里，好的东西总是令他想起美人，他曾经把西湖比作"西子"，这回又说"从来佳茗似佳人"，真是"一位不可救药的乐天派"（林语堂）。世人嗜好烟酒茶者多了，但只有烟鬼、酒鬼，没有茶鬼，只有茶客。可见，无论雅人俗人，都认可茶的品位高级。

张大复以"淫""贞"二字议茶，自然也是作"佳人"想。茶性极易吸气变味，挨着什么，就变成什么味，所以说"淫"。有点"不可近玩"的意思，天下能与之相伴而不使之变味的，几乎没有。但茶又能克"膻薰臊结"而不变其性，所以又说茶"贞"。茶集大淫大贞于一身，淫是外在表现，贞为内在本质。善于品茗的人，不仅要取其"贞"的保健功用，更要细细品味它"淫"的变数，茶所呈现的千姿百态的色、香、味、形，以及与之相关的水、火、茶具、礼仪、环境等等，莫不显现出茶的千娇百媚的神韵。善"淫"者，才能品味到"天下之大淫而大贞出焉"。喝茶只为解渴，是"牛饮"；只为养身，是"喝药"，只懂取其实际功用的，皆与茶的神韵不着边际。徜徉山水、读书会意、学佛参禅、欣赏佳人，莫不如此。作者写作此文，在月下舟上，笙歌风来，一盏清茶，此情此景，美得让人不想活了。

张大复（1554~1630），字元长，号病居士，昆山（今属江苏）人，晚明平民书生，著《梅花草堂笔谈》。

天下之性，未有淫于茶者也①。虽然，未有贞于茶者也②。水泉之味，华香之质，酒瓿、米椟、油盎、醯罍、酱罌之属③，茶入之辄肖其物；而滑贾奸之马腹，破其革而取之，行万余里，以售之山栖卉服之穷酋，而去其膻薰臊结、懑膈烦心之宿疾，如振黄叶④。盖天下之大淫而大贞出焉。世人品茶而不味其性，爱山水而不会其情，读书而不得其意，学佛而不破其宗，好色而不饮其韵⑤。甚矣，夫世人之不善淫也⑥！顾渚之怪茶味之不全，为作《茶说》，就月而书之。是夕船过鲁桥，月色水容，风情野态，茶烟树影，笛韵歌魂种种，逼人死矣⑦。

——《梅花草堂笔谈》

天下万物的品性，没有什么比茶更容易受别物影响改变的了，虽如此，也没有什么东西比茶最固守本性的了。煮茶所用泉水的味道，做配料的花香，都会影响茶的品质风味。把茶装入盛酒的瓦器、盛米的木柜、盛油的小盆、盛醋的坛子、盛酱的瓦罐，茶就会带上所用泉水、花香、各种器皿的原味。而狡猾的商人又可以做手脚把它藏在马肚皮里，偷运到万里远的边鄙之地，再剖开马皮取出，卖给居住在深山野林，穿着草编衣服的少数民族，而用以除去他们的腥膻之气和积久的病结，其神效如振落枯叶那么容易。由此，最易改变味道而又最能固守本性的特点就显露出来了。俗人品茶而品不出它的特性，爱山水而不能领悟山水的情致，读书而不能洞晓文字里的深意，学佛而不能突破各门派的藩篱，好女色而不能欣赏女性的韵味。差远了，俗世之人不善于体会事物的特性而改变自己，冥顽不化。顾渚之深怪茶味的不周备，为他写下这篇《茶说》，就着月光书写。这一夜船经过鲁桥，月光在水波上荡漾，清风轻拂四野，茶丛生烟，树影摇曳，远处传来轻歌幽笛，看不完，听不尽，真是折腾死人啦！

① 淫于茶：喻茶叶易与他物混味。

② 虽然：虽然如此。贞于茶：喻茶更能固守本性。

③ 华香：即花香。瓿（bù）：古代盛醋、酱之类的瓦器，口圆、腹深、圈足。亦可盛酒。椟（dú）：木匣木柜。盎：一种大腹敛口的盆。醯罍（xī léi）：醋坛子。罌：古代用来盛水、酒、醋一类的盛器，形状像壶。罌：盛流质的陶制容器、大肚小口。

④ 滑贾：奸商。山栖卉服：在山中居住，穿草编的衣服。穷酋：边远部落少数民族。膻薰臊结：指长期食用火烤肉食者之气味及病症。懑膈烦心：胸腹胀满，心烦意乱。如振黄叶：像摇动树木、振落黄叶那么容易。形容茶祛诸症非常见效。

⑤ 破其宗：佛教宗派众多，多有拘囿，学佛应破其宗方能得其真传。饮其韵：指好色者应注重欣赏女性之特有神韵。饮：喝，指欣赏、享受。

⑥ 夫世人之不善淫也：世人不善于体察身外事物的特点而冥顽不化。

⑦ 逼人死矣：指景色奇佳，使人为之陶醉激动欲仙欲死。

【金】元德明

好事近·梦破打门声①

诗人正"冬眠"，敲门声打破好梦，是雅客来访，携带一枚茶饼。往松树上、屋檐边扫些晴雪烹茶，清香盈室，顿觉仙山近也。胸中的几千卷文字，也被清茶洗了一遍。陆羽的茶经、卢仝的诗，无数高人雅士的品茗，将茶提升到艺术境界。血性之人饮酒，风雅之士喝茶。不会玩的，将品味俗作"闲茶闷酒无聊烟"——一点雅事变作牛饮、催眠、熏肉。

元德明（1159~1206），金朝平民书生，拓拔魏后裔，太原秀容（今山西忻县）人。元好问之父。

梦破打门声，有客袖携团月②。唤起玉川高兴③，煮松檐晴雪。
蓬莱千古一清风，人境两超绝④。觉我胸中黄卷，被春云香彻⑤。

---

① 又题《次蔡丞相韵》。蔡丞相：指蔡松年。蔡松年《好事近》词，此词步蔡词原韵。

② 团月：指月团茶。唐人卢仝诗"月团三百片"句。古人最初喝茶，茶叶都压制成饼（今普洱茶还保留古风），然后烧水煮茶汤，赏茶色，饮茶水。用茶叶直接泡茶始于明代。

③ 玉川：唐诗人卢仝自号玉川子。这首词隐括卢仝《走笔谢孟谏议寄新茶》诗意。高兴：高雅兴致。

④ 蓬莱：传说中的仙山。品尝新茶后物我两忘，有飘飘欲仙的感觉。

⑤ 黄卷：指书籍。古人用黄檗染纸防蠹（dù），纸色黄，称黄卷。春云：指团月茶色，如春云浮动。前面说品茗让人飘然欲仙，这里说茶香洗去俗气，学问更有韵味，而整个人散发个性的芬芳。

【唐】清江

小 雪

　　唐宋两朝的诗僧之多，之好，让你误以为他们不是在出家，而是专门找了一个清静的地方写诗。以诗论禅常常是幌子，在清静的禅修生活中寻找诗意，却可能是一些诗僧的本意。"澹然尘虑绝，禅外苦风骚。"（宋僧智园）"日日为诗苦，谁论春与秋。……不吟头也白，任白此生头。"（唐僧归仁）由此，中国诗歌中另辟一大法门——诗意禅。这位诗僧在临窗观雪，开初觉得雪景好看，继而想到"更多还恐蔽林峦"，大雪封山，积雪遍地，百姓的生活如何了得？一点菩萨心肠，诗人变作愁人——"一片飞来一片寒"。

　　清江，唐朝诗僧，会稽（今浙江绍兴）人，少年出家，吟诗与皎然齐名，称"会稽二清"。

　　　　　　　落雪临风不厌看①，更多还恐蔽林峦。
　　　　　　　愁人正在书窗下②，一片飞来一片寒。

---

① 不厌看：看不够。
② 愁人：作者自指。

【唐】佚名女尼

悟道诗

　　唱佛念经敲木鱼是唐以前的修行法，自从惠能和尚光大禅宗，中国的佛教从此生机斐然，和尚尼姑们思路大开，把一件修道的苦事变成参禅的乐事。唐朝的这位女尼，没有留下法号，生平信息全无，偏有这首悟道诗广为流传。这是苦修苦觅不得，忽然"顿悟"的一刻，所谓"踏破铁鞋无觅处，得来全不费工夫"。漫山遍野去寻访春天，谁知道春天就在眼前，就在梅花枝头，春天已经非常耀眼。

　　　　　　　尽日寻春不见春，芒鞋踏遍陇头云①。
　　　　　　　归来偶捻梅花嗅，春在枝头已十分。

---

① 芒鞋：此指僧人所穿之草鞋。陇头：田野地头，陇，通"垄"。

【五代】布袋和尚

插秧诗

用通俗的诗句向世人传播一些通俗的佛理，是中国诗僧特有的行为方式，也只有在中国这诗的国度才可能出现的传道形式。在许多寺庙中都可以看见一尊大肚弥勒佛的塑像，塑像旁的对联一般都是："大肚能容容天下难容之事，开口便笑笑世上可笑之人。"这和尚实有其人，名契此（？～916），号长汀子，是五代后梁高僧，住奉化岳林寺。他身体肥胖，蹙额露腹，常杖荷一布袋，云游四方，能推断人之福祸，后人称之"布袋和尚"。布袋和尚的"插秧诗"显然是向农民布道的，用农民熟悉的劳动场面劝喻人们，退一步海阔天空，凡事退让，心如明镜，其实是向前接近佛法。

手把青秧插满田，低头便见水中天。
心地清净方为道，退步原来是向前①。

---

① 退步：插秧是一步步退着走。向前：指插秧劳动时每退一步，就是农活向前进展了一步。这就是"低头见天"，以退为进。

【宋】士珪

举 手

　　修道者的思维范围不局限在世俗红尘，他更多玄想大千世界诸般变化——这也是为什么中国会有和尚成为天文学家（如僧一行）的原因。这位和尚的大胆想象于是超越世俗中人，他敢于嬉闹于群星之间，仰首天外，俯瞰芸芸众生。因为他的日常功课就是冥想另一个世界，以诗观人，他似乎可以做一名宇航员呢。

　　士珪（1083～1146），字竹庵，号老禅，俗姓史，宋朝僧人。四川成都人。历主龙翔、天宁、东林、鼓山等名刹。

　　　　　　举手攀南斗①，翻身倚北辰②。
　　　　　　出头天外看③，谁是我般人。

---

① 南斗：二十八宿之一，由六颗星组成，通称"南斗"。
② 北辰：北极星。
③ 出头天外看：把头伸到天外，回视人寰。

【宋】显万

庵中自题

让心情尽可能平静、沉静、宁静，进入所谓空明境界，心无挂碍，然后，才会产生与云为友的心境。古人有联句云："客上天然居，居然天上客。"老僧修禅于万松岭上，独居一间小庙，是"居然天上客"了。只有闲云从窗口进来，又从门口出去，就是"客上天然居"了。老僧大方得很，把茅屋半间让给闲云居住，可是闲云闲不住呵，它还要去行云作雨，回头看看，还是这头陀一身清净，毫无挂碍。比闲云还闲淡的生命，谁知道经历过多少番人间风霜心灵风暴的洗礼呢？

显万，字致一，宋道州泸溪（今湖南祁阳）僧人，能诗，有《泸溪集》。

万松岭上一间屋，老僧半间云半间。
三更云去作行雨，回头方羡老僧闲。

【元】允恭

思 母

　　说一个人皈依了佛门就"四大皆空"，看透了一切，不过是痴人说梦。信佛者的一生都是在漫长的修炼自我，以期见证佛性。在此之前，佛门中人与常人无异，只是多了一个信仰。他依然牵挂人间，在乎亲情。况且，许多贫寒子弟出家，更多是为生计所迫，在他寂寞修行的日子里，对故乡亲情的怀念，对亲人生计的焦虑，都是实实在在的牵挂。这位允恭小和尚，在秋霜天寒的日子，想念刚刚故去的母亲，她再也不会靠着柴门守候儿子的身影了。而就在去年的梅雨季节，青黄不接的时光，我还曾典当袈裟换一袋米，孝敬母亲。另一位和尚，在母亲的生日，以饭一盂，以经一卷为母亲祝寿，作偈诗："今朝是我娘生日，别起佛前长命灯。白米自炊还自吃，与娘斋得一员僧。"（元·明首座）尘缘未了何时了？情缘未断之前仍有情丝万缕。

　　允恭，一作与恭，字行己，号懒禅。元余姚（今属浙江）九宫寺僧人。

霜陨芦花泪湿衣①，白头无复倚柴扉②。
去年五月黄梅雨，曾典袈裟籴米归③。

---

① 霜陨芦花：芦花因霜打而凋落。陨：落。
② 柴扉：用荆条编作的门扇。扉：门扇。
③ 典：典当。籴（dí）：买进粮食。

【清】八指头陀

暑月访龙潭寄禅上人

一瓶一钵是云游僧的基本装备，还有一个诗囊，就有些另类了，这是一名诗僧。这样的和尚，自然懂得欣赏十里荷花，并且会两袖偷香，这是一名多情和尚。他寻访故交，应该不是交流诗作，而是互证禅心，人世间的纷纷扰扰，世情炎凉，那些不能入诗，不近禅理的物事，全抛在眼外心外，这是一位潇洒的和尚。

八指头陀（1851～1913），名敬安，字寄禅，俗姓黄，名读山，湖南湘潭人。近代著名爱国诗僧。曾燃二指供佛，因号八指头陀。先后住持宁波天童寺等名刹，创办僧教育事业。1912年筹组中华佛教总会，公推为首任会长。有《八指头陀诗集》等。

一瓶一钵一诗囊，十里荷花两袖香。
只为多情寻故旧，禅心本不在炎凉①。

---

① 炎凉：冷暖，指世态人情的变化。

【清】苏曼殊

本事诗①

爱情本是人生激情最强烈的迸发，而一个断绝尘缘的和尚遭遇了爱情，会是怎样痛苦的挣扎？这是人性逼向极致的一次坦率暴露：那肌肤胜雪凌波微步神仙一般的女子，亲手持一片红叶求我题诗。她明知道我已将生命寄许于青灯黄卷佛前香烟，怎敢再在红叶上书写爱情？我不是不爱而是不能爱，所以在红叶上写下这首拒绝爱情的爱情诗。只能够回赠你一钵无情的泪水，恨只恨我们没有相识在我没有剃度出家之时。

苏曼殊（1884～1918），原名子戬，小名三郎，学名玄瑛，香山（今广东中山）人，生于日本横滨。父亲是广东茶商，母亲是日本人。十二岁出家，十五岁留学日本。1909年，在东京的一场小型音乐会上认识了弹筝女百助眉史，两人一见如故，却无缘结合，苏曼殊写下《本事诗》十首消化这段恋情。他给好友、革命家陈独秀的诗中说："契阔死生君莫问，行云流水一孤僧。无端狂笑无端哭，纵有欢肠已似冰。"人们称他是情僧、诗僧、画僧、革命僧，他集才、情、胆、识于一身，半僧半俗孤独一生。三十五年的红尘孤旅之后，留下八个字："一切有情，都无挂碍"，黯然离世。后人编有《苏曼殊文集》。

乌舍凌波肌似雪②，亲持红叶索题诗。
还卿一钵无情泪③，恨不相逢未剃时④。

① 本事诗：写诗的事实有所本。
② 乌舍：作者原注："梵土（指印度）相传，神女乌舍监守天阍（hūn），侍宴诸神。"凌波：形容女子轻盈的步态，从三国·魏·曹植《洛神赋》"凌波微步，罗袜生尘"句化出。
③ 卿：对女子的爱称。钵：僧人所用的食器，为向人乞食之用。
④ 剃：剃度，指削发出家为僧。此句化用前人诗"还君明珠双泪垂，恨不相逢未嫁时"。

【明】王思任

这号人①

大地奇山异水，配人间可人妙友，清高的古人有这种清高的设计。这样一来，就要得罪喜欢游山玩水的"领导"了。王思任说：混迹官场的俗人，清净的山水容他不得。就像寺庙本是清静修行之所，如今纷纷成为俗人祈福求财之地。嗨，人家领导可以公费旅游，潜意识里恐怕还觉得"此山是我开"的，你一个穷书生转什么酸念头？好在，这是给朋友的私信。若是公开了，怕不收缴你的出境护照？

灵谷松妙②，寺前涧亦可，约唐存忆同往则妙。若吕豫石，一脸旧选君气③，足未行而肚先走，李玄素两裾摇断玉鱼④，往来三山街，邀喝人下马是其本等，山水之间着不得也。

——《王季重小品》

灵谷寺旁那一片松树林景色确实妙，寺前的溪水也不差，你能邀唐存忆同去就好了。像吕豫石那样一脸编辑老爷气（而且是专编升学指导的编辑老爷），脚还没动肚子已经向前挺；李玄素则一身崭新制服，走起路来总像在上主席台。这号人只适宜在宾馆出进，拦住小汽车跟坐在里头的熟人大声打招呼；若是放在山水之间去，实在有点不调和。

---

① 钟叔河译述并取题，原题"答李伯襄"。
② 灵谷：指灵谷寺，在江苏南京东郊。
③ 选君：指在吏部任职的人。
④ 裾：指衣服的下端部分。玉鱼：官员佩带的一种鱼形饰物。

【南朝·梁】孔稚珪

北山移文

隐士本来是不屑于得到官方好处的知识分子，历史上一些著名的隐士一直备受后人景仰，在中国被人当做隐士是件荣耀的事，结果，"假隐士"就出现了——他们以隐居为广告，以从政为目的，在京城附近找一座山住下来，等待朝廷招贤。唐朝首都长安城外的终南山，就是一条通往朝廷的捷径——终南捷径。而早在南北朝时期，六朝古都建康（今南京市）城北边的钟山（北山），就有假隐士沽名钓誉，令山水蒙羞。作者对假隐士看不惯了，代替沉默的北山发表一个布告（移文），通告天下：庸俗的士人禁止入山隐居。作者为什么这么痛恨假隐士？因为他们破坏了真隐士的名誉，侮辱了真正的隐士，伤害了人与自然的友情，破坏了传统的天人合一的和谐状态。山水都可以利用，天地也会蒙羞。隐士、清流、民主、自由，多少人假你之名而作恶！

孔稚珪（447~501），字德璋。会稽山阴（今浙江绍兴）人。南朝骈文家。

钟山之英，草堂之灵①，驰烟驿路，勒移山庭②。夫以耿介拔俗之标③，萧洒出尘之想④，度白雪以方洁⑤，干青云而直上⑥，吾方知之矣。

若其亭亭物表，皎皎霞外⑦，芥千金而不眄，屣万乘其如脱⑧，

钟山的英魂，草堂的神灵，腾烟驾雾，在驿路上飞奔，把这篇移文刻在了北山的山门。有人凭恃耿介拔俗的高标，怀抱潇洒出尘的理想，品质纯洁敢和白雪比况，志趣高远，能够直冲青云，我知道世间有这等人。

至于遗世独立，辉同日月，轻千金如草芥不屑一顾，抛弃帝位像脱掉一双破鞋毫不

---

① 英、灵：均指神灵。草堂：周颙在钟山所建隐舍。

② 驿路：通驿车的大路。勒：刻。

③ 耿介：光明正直。拔俗：超越流俗之上。标：风度、格调。

④ 萧洒：脱落无拘束的样子，今作"潇洒"。出尘：超出世俗之外。

⑤ 度：比量。方：比。

⑥ 干：犯，凌驾。

⑦ 物表：万物之上。霞外：天外。

⑧ 芥：小草，此处用作动词。眄（miǎn）：斜视。屣（xǐ）：草鞋，此处用作动词。万乘：指天子。

这号人 嬉笑怒骂皆文章

闻凤吹于洛浦①，值薪歌于延濑②，固亦有焉。

岂期终始参差，苍黄翻覆③，泪翟子之悲，恸朱公之哭④。乍回迹以心染，或先贞而后黩⑤，何其谬哉！呜呼，尚生不存，仲氏既往⑥，山阿寂寥，千载谁赏！

世有周子，隽俗之士，既文既博，亦玄亦史⑦。然而学遁东鲁，习隐南郭⑧，偶吹草堂，滥巾北岳⑨。诱我松桂，欺我云壑⑩。虽假容于江皋，乃缨情于好爵⑪。

其始至也，将欲排巢父，拉许

足惜，闲游到洛水边听听神仙吹笙如何作凤鸣，来到延濑会会那些吟歌伐樵的高人，这种人当然也是有的。

可怎么会想到有的人不能始终如一，反复无常，三青两黄，他曾因墨翟悲伤练丝既可黑又可黄而流泪，也曾因杨朱见歧路可南又可北痛哭而忧伤，可他自己刚刚来隐居，却忽染俗念，或者先贞洁而后又那样地龌龊肮脏，这是多么荒谬不经呀？唉，尚子平的淡泊当今无存，仲长统的高雅已成过去，我那美丽的山川空空寂寂，千秋万代，还有谁来欣赏！

当世有一位姓周的先生，是不同流俗的学子，又有文采又很渊博，又习道术又通史籍，可他想要仿效颜阖隐遁的清廉，却偏偏又要学步南郭处士隐而如丧的苦痛。暂且在草堂滥竽充数，冒充我北山隐士，诱惑了桂松，欺骗了云崖，他即使在江岸萍踪浪迹，高官厚禄其实缠绕着他的心灵。

当他初到北山，气势似乎要抵斥巢父、

---

① "闻凤吹"句：《列仙传》："王子乔，周灵王太子晋，好吹笙作凤鸣，常游于伊、洛之间。"浦：水边。

② "值薪歌"句：《文选》吕向注"苏门先生游于延濑，见一人采薪，谓之曰：'子以终此乎？'采薪人曰：'吾闻圣人无怀，以道德为心，何怪乎而为哀也。'遂与歌二章而去。"值：碰到。濑（lài）：水流沙石上为濑。

③ 参差（cēn cī）：不一致。苍黄：青色和黄色。翻覆：变化无常。

④ 翟子：墨翟，春秋、战国之际思想家。朱公：杨朱，战国时人，其观点与墨翟的"兼爱"相反。《淮南子·说林训》：墨翟见练丝而泣，为其可以黄可以黑。杨朱见歧路而哭，为其可以南可以北。

⑤ 乍：初、刚才。心染：心里牵挂仕途名利。贞：正。黩：污浊肮脏。

⑥ 尚生：尚子平，西汉末隐士，入山担薪，卖之以供食饮（《高士传》）。仲氏：仲长统，东汉末年人，每州郡命召，辄称疾不就，尝叹曰："若得背山临水，游览平原，即此足矣，何为区区乎帝王之门哉！"（《后汉书》本传）

⑦ 周子：周颙（yóng）。隽（jùn）俗：卓立世俗。亦玄亦史：《南齐书·周颙传》称周颙涉百家、长于佛理、兼善老易。玄：玄学，老庄之道。

⑧ 东鲁：指颜阖（hé）。《庄子·让王》："鲁君闻颜阖得道之人也，使人以币先焉。颜阖守陋闾，使者至曰：'此颜阖之家与？'颜阖对曰：'此阖之家。'使者致币。颜阖对曰：'恐听者谬而遗使者罪，不若审之。'使者反审之，复来求之，则不得已。"南郭：《庄子·齐物论》："南郭子綦隐机而坐，仰天嘘然，似丧其偶。"

⑨ 偶吹：杂合众人吹奏乐器。用《韩非子·内储说》"滥竽充数"事。巾：隐士所戴头巾。滥巾：即冒充隐士。北岳：北山。

⑩ 壑（hè）：山谷。

⑪ 江皋：江岸。这里指隐士所居的长江之滨钟山。缨情：系情，忘不了。

由,傲百氏,蔑王侯①。风情张日,霜气横秋②。或叹幽人长往,或怨王孙不游③。谈空空于释部,核玄玄于道流④,务光何足比,涓子不能俦⑤。

及其鸣驺入谷,鹤书赴陇⑥,形驰魄散,志变神动。尔乃眉轩席次,袂耸筵上⑦,焚芰制而裂荷衣,抗尘容而走俗状⑧。风云悽其带愤,石泉咽而下怆⑨,望林峦而有失,顾草木而如丧。

至其钮金章,绾墨绶⑩,跨属城之雄,冠百里之首⑪。张英风于海甸,驰妙誉于浙右⑫。道帙长摈,法筵久埋⑬。敲扑喧嚣犯其虑,牒诉倥偬装其怀⑭。琴歌既

折辱许由,傲视百家学说,轻蔑王侯的尊显,风炎之盛高接白日,态度庄严好像满天秋霜。忽而慨叹隐士早已消逝,忽而有怨愤贵族子弟不来交游,他能谈佛家"空空"的义理,又能研究"玄之又玄"的道教学说,务光哪值得一比,涓子也不能相匹。

等到朝廷的车马进了山谷,皇帝诏书颁至山间,他便激动得手忙脚乱,魂飞魄散,归隐之志顿改,心旌摇曳。只见他在座位之上眉宇轩昂,在筵席之间衣袖飞扬,烧掉隐者的服装,张扬起尘俗的表情和行状。风云为之哀悽含愤,石间的泉水为之鸣咽生悲,他看看山林似乎若有所失,顾盼草木如考妣新丧。

到他佩上了大印,系上了黑色的绶带,权威超越一郡中的雄豪,地位居于各县令之首,声威扩展到了海滨,美名传扬到浙右,道家经籍早抛脑后,讲说佛经的法筵早已废弃。用刑打人的喧嚣冲乱了思考,急迫而繁多

---

① 拉:折辱。巢父、许由:都是尧时隐士。《高士传》:"尧让天下于许由,不受而逃去。尧又召为九州长,由不欲闻之,洗耳于颍水滨。时其友巢父牵犊欲饮之,见由洗耳,问其故。对曰:'尧欲召我为九州长,恶闻其声,是故洗耳。'巢父曰:'污吾犊口。'牵犊上流饮之。"

② 张:张大。横:弥漫。

③ 幽人:隐逸之士。王孙:指隐士。《楚辞·招隐士》:"王孙游兮不归,春草生兮萋萋。"

④ 空空:佛家义理。佛家认为世上一切皆空,以空明空,故曰"空空"。释部:佛家之书。核:研究。玄玄:道家义理。《老子》:"玄之又玄,众妙之门。"道流:道家之学。

⑤ 务光:古代隐士,相传汤要把天下让给务光,务光不受,投水自尽。涓子:仙人名。《列仙传》:"涓子者,齐人也。好饵术,隐于宕山。"俦:匹敌。

⑥ 鸣驺(zōu):指使者的车马。鸣:喝道。驺:随从骑士。鹤书:指征召的诏书。因诏板所用的书体如鹤头,故称。陇:山间。

⑦ 尔:这时。轩:高扬。袂(mèi):衣袖高举。

⑧ 芰(jì)制、荷衣:以荷叶做成的隐者衣服。《离骚》:"制芰荷以为衣兮,集芙蓉以为裳。"抗:高举,这里指张扬。走:驰骋,这里喻迅速。

⑨ 咽(yè):悲泣。怆(chuàng):悲伤的样子。

⑩ 钮:系。金章:铜印。绾(wǎn):系。墨绶:黑色的印带。金章、墨绶为当时县令所佩带。

⑪ 跨:超越。属城:郡下所属名县。百里:古时一县约管辖百里。

⑫ 张:播。海甸:海滨。驰:传。浙右:今浙江绍兴一带。

⑬ 道帙(zhì):道家的经典。帙:书套,这里指书籍。摈:一作"殡",抛弃。法筵:讲佛法的几案。埋:废弃。

⑭ 敲扑:鞭打。敲、扑,是两种刑具。牒诉:诉讼状纸。倥偬(kǒng zǒng):事务繁忙急迫的样子。

断，酒赋无续，常绸缪于结课，每纷纶于折狱①，笼张赵于往图，架卓鲁于前箓②，希踪三辅豪，驰声九州牧③。

使我高霞孤映，明月独举，青松落阴，白云谁侣？涧户摧绝无与归④，石径荒凉徒延伫⑤。至于还飙入幕，写雾出楹⑥，蕙帐空兮夜鹤怨，山人去兮晓猿惊。昔闻投簪逸海岸，今见解兰缚尘缨⑦。于是南岳献嘲，北陇腾笑，列壑争讥，攒峰竦诮⑧。慨游子之我欺，悲无人以赴吊。

故其林惭无尽，涧愧不歇，秋桂遣风，春萝罢月⑨。骋西山之逸议，驰东皋之素谒⑩。

今又促装下邑，浪栧上京⑪，

的诉讼文书装满了心怀，琴歌的娱乐早已断绝，饮酒赋诗无法继续，常常要筹划如何完成朝廷的税收，又每每为折狱断案而忙碌，一心想声名政绩压过史书记载的能吏张敞、赵广汉，凌驾在卓茂、鲁恭之上，希望能跻身三辅令尹和九州刺史。

如此一来，使得我山中的朝霞孤零零地辉映，明月孤孤单单地升起，青松只有投下的影子，白云谁来和它做伴？涧门坍塌没人归来，石径荒凉白白地等待。以至于回旋的风吹入帘幕，门槛间泻出云雾，香帐空虚，夜鹤飞过都感到怨恨，隐居的人已经离去，早起的山猿也觉得吃惊。从前听说有人脱去官服隐居到海边，现在看到的是摘下佩兰被尘网所缠无法摆脱。于是南陇献上嘲讽，北陇也腾起笑声，众壑竞相讥刺，群峰也引首举足地讥诮。那个游子的欺骗令我愤恼，无人来抚慰矜悯又使我悲伤。

所以，山中的林木涧水羞惭不尽，秋桂遣回了秋风，春萝也回绝了明月，快快传布西山隐者伯夷和向往归隐东皋的阮籍安平乐道的言论，对口是心非的周先生要永远唾弃。

现在听说那人正在县里急治行装，要乘

---

① 绸缪（chóu móu）：纠缠。结课：计算赋税。折狱：判理案件。

② 笼：笼盖。张赵：张敞、赵广汉。两人都做过京兆尹，是西汉的能吏。往图：过去的记载。架：超越。卓鲁：卓茂、鲁恭，两人都是东汉的循吏。箓：簿籍。

③ 希踪：追慕踪迹。三辅：汉代称京兆府、左冯翊、右扶风为三辅。三辅豪：三辅有名的能吏。九州：指天下。牧：地方长官，如刺史、太守之类。

④ 涧户：夹在两山之间像门户的涧边小路。摧绝：崩落。

⑤ 延伫（zhù）：长久站立有所等待。

⑥ 还飙（biāo）：回风。写：同"泻"，吐。楹：屋柱。

⑦ 投簪：抛弃冠簪。簪：古时连接官帽和头发的用具。逸：隐遁。兰：用兰做的佩饰，隐士所佩。缚尘缨：束缚于尘网。

⑧ 攒（zǎn）峰：密聚在一起的山峰。竦：同"耸"，跳动。献嘲、腾笑、争讥、竦诮：都是嘲笑、讥讽的意思。

⑨ 遣：一作"遗"，排除。

⑩ 骋、驰：都是传播之意。逸议：高士的清议。素谒：高尚有德者的言论。

⑪ 促装：急慌整治行装。下邑：指原来做官的县邑（山阴县）。浪栧（yì）：鼓桨，驾舟。栧：桨。

虽情殷于魏阙，或假步于山扃①。岂可使芳杜厚颜，薜荔蒙耻，碧岭再辱，丹崖重滓②，尘游躅于蕙路，汙渌池以洗耳③。宜扃岫幌④，掩云关，敛轻雾，藏鸣湍。截来辕于谷口，杜妄辔于郊端⑤。于是<u>丛条瞋胆，叠颖怒魄⑥</u>。或飞柯以折轮，乍低枝而扫迹⑦。请回俗士驾，为君谢逋客⑧。

——《文选》

船去往京城，虽然他的心早就投向朝廷，或许他还会再度叨扰我的山庭，岂可让薜荔芳草再蒙厚颜之耻，丹崖又被他作践得不干不净。又岂可让他的尘踪污浊了我的芳径，把许由洗耳的清池搅得浊而不清。应当紧锁北穴的窗户，闭严云关，收敛起轻雾，藏匿起泉流，把他的车辆阻截在谷口，到郊外拦住他的马不许乱闯。于是树丛的纸条胆边生瞋，重叠的草芒魂魄大怒，或者飞舞的树枝折断他的车轮，或者突然低垂的树枝扫平原来的车辙，请你这位俗不可耐之人调转你的马车，为北山神灵草堂的精魂，谢绝你这位逃逸之客。

---

① 殷：深厚。魏阙：高大门楼，这里指朝廷。假步于山扃：到这山里来走一走。山扃（jiōng）：山门，指北山。

② 重滓（zǐ）：再次蒙受污辱。

③ 躅（zhú）：足迹。渌池：清池。

④ 岫幌（xiù huǎng）：犹言山穴的窗户。岫，山穴。幌，帷幕。

⑤ 杜：堵塞。妄辔：肆意乱闯的车马。

⑥ 颖：草芒。

⑦ 飞柯：飞落枝茎。柯：草木的枝茎。乍：骤然。扫迹：遮蔽路径。

⑧ 君：北山神灵。逋客：逃亡者，指周颙。

这号人 嬉笑怒骂皆文章

【明】刘基

小人犹膏①

君子与小人，是古代判断人的品行的两个基本概念，虽然笼统模糊，却比以门第、财富、阶级成分等等标准判断人更为高明，因为他直接指向本人的行为品德，这是任何人都可以自己把握、也应该对自己负责的个人素质。同时，这一组概念也是来指引凡人自我修炼的行为标准，大家约定俗成地认可它，在现实生活中执行它，整个社会的人口素质因此保持在一个相对较高的水平线上。关于君子，我们在前面有专节（"养成一名君子"）讨论。什么是小人呢？简而言之，与君子言行相反的人，就是小人。刘基指出了"小人"的一个特征：前倨后恭。得意前巧言令色，得意后"一阔脸就变"。就像一团熟猪油，看起来可爱，沾上手就甩不脱，让人腻歪。对这种人，最好敬而远之。

刘基（1311~1375），字伯温，号郁离子，青田（今浙江青田）人。元末进士，曾任江西高安县丞、江浙儒学副提举，后弃官归隐。应朱元璋之召出山，成为明朝开国元勋。

郁离子曰：小人其犹膏乎。观其皎而泽，莹而媚，若可亲也。忽然染之，则腻不可濯矣。故小人之未得志也，尾尾焉；一朝而得志也，岸岸焉。尾尾以求之，岸岸以居之，见乎声，形于色，欲人之知也如弗及。是故，君子疾夫尾尾者。

——刘基《郁离子》，
见《诚意伯文集》卷四

郁离子说："不正派的人，就像一团炼熟的猪油，看上去又白又润泽，莹洁而好看。好像可以亲近的样子，若是沾上手，便腻腻糊糊，洗都洗不净了。这种人在没得志的时候，总是低声下气，对人显得十分顺从；一旦得了志，便立刻由低姿态变为高姿态，头也抬了，嗓门也变大了，生怕别人不知道他成了角色。正派的人，是不会愿意跟不正派的人为伍的。其实亦无须看到他的后来，在他们唯唯诺诺、打躬作揖的时候，早就会深恶而厌见之，绝不会沾上手，等着他们一阔脸就变。"

这号人 嬉笑怒骂皆文章

---
① 钟叔河译述。

【元】无名氏

正宫·醉太平·讥贪小利者

庄子曾说:"窃钩者诛,窃国者侯。"古希腊梭伦说:"法律好比蜘蛛网,当轻柔的小虫落到上面时,它显得牢不可破;而大一点的虫子却能破网而溜。"似乎都有些为小偷小贪抱不平的意思。一个大盗或许不会小偷,但的确有许多小贪变成了大贪,所谓欲壑难填。一般贪官就是从贪图小利开始逐渐成形,贪顺手了,就养成习惯了,他已经忍不住不贪了。结果,他会到处伸手,贪得无孔不入,于是就出现了文中的戏剧性场面。

夺泥燕口,削铁针头,刮金佛面细搜求,无中觅有①。鹌鹑嗉里寻豌豆,鹭鸶腿上劈精肉,蚊子腹内刳脂油②。亏老先生下手③。

——《全元散曲》

① 均形容搜刮不择手段,极斥其贪。

② 均形容搜刮不看对象,极斥其残。嗉(sù):禽鸟喉下盛食的囊。刳(kū):剖开,挖空。

③ 老先生:唐、宋以来,称呼达官显宦为"老先生",元代称京官为"老先生"。"老先生"之称说明本曲所"讥"的对象,实际上是元代那些掌握杀大权的高级官吏。

【清】蒲松龄

骂 鸭

偷鸭子的人会长一身鸭毛，这是民间智慧的一大"发明"。照此思路推想下去，公款吃喝者长一张龙虾脸螃蟹背，公车私用者长一身铁皮或四个轮子，贪污公款者脸上出现刺青一样的贪污数额……所有的罪犯都会自动现形，岂不快哉！还有，小偷被失主骂了才能去掉鸭毛，所有的罪犯只有受到惩罚才能解除"魔咒"，岂不快哉！

蒲松龄（1640～1715），字留仙、剑臣，号柳泉居士，世称聊斋先生，淄川（今山东淄博市）人。代表作是志怪讽刺小说集《聊斋志异》。

邑西白家庄居民某，盗邻鸭烹之。至夜，觉肤痒，天明视之，茸生鸭毛，触之则痛。大惧，无术可医①。夜梦一人告之曰："汝病乃天罚②，须得失者骂，毛乃可落。"而邻翁素雅量③，生平失物，未尝征于声色④。某诡告翁曰⑤："鸭乃某甲所盗。彼深畏骂焉，骂之亦可儆将来⑥。"翁笑曰："谁有闲气骂恶人！"卒不骂⑦。某益窘，因实告邻翁。翁乃骂，其病良已⑧。

县城西边的白家庄有个居民，偷了邻家的鸭子吃了。到夜间，觉得皮肤发痒，天亮一看，皮肤上长出毛茸茸的鸭毛，一碰就疼。十分害怕，没办法可医治。夜间梦见一个人告诉他说："你的病是上天对你的惩罚，必得丢鸭的人咒骂，你身上的鸭毛才能脱落。"可是邻家的老爷子向来大量，平生丢了东西，从不会表现在脸色上。偷鸭的人假意告诉老爷子说："你的鸭是某某人偷的，他非常怕人骂，你骂他一通可以惩戒他不再犯错。"老爷子笑笑说："谁有闲心去骂坏蛋？"终于还是

---

① 术：方法、办法。

② 天罚：上天的惩罚。

③ 雅量：度量宽宏，不斤斤计较。

④ 征于声色：表现在语言和脸色上。征：表露出来。

⑤ 诡：欺骗。

⑥ 儆（jǐng）：使人警悟，不犯过错。

⑦ 卒：终于。

⑧ 良已：很快就好了。良：很。已：停止，消除。

这号人 嬉笑怒骂皆文章

不骂。偷鸭的人更加窘迫，于是把自己偷鸭之事实告实说。老爷子才骂了他一通。他的病很快便好了。

异史氏蒲松龄评论道：偷人东西太可怕了，一偷就长鸭毛！骂人也得很小心了，你一骂就减轻偷东西人的罪过。不过做好事也有一定的方法，那位邻家的老爷子，就是由骂来表现他的慈爱友善。

异史氏曰：甚矣，攘者之可惧也①，一攘而鸭毛生！甚矣，骂者之宜戒也，一骂而盗罪减！然为善有术，彼邻翁者，是以骂行其慈者也。

——《聊斋志异》

---

① 攘：偷窃。

【清】汪琬

鸭 媒①

明火执仗的敌人好对付，来自同一阵营中的冷枪暗箭最难防；敌人不可怕，叛徒内奸最可怕；敌人固然可恨，帮助敌人残杀同类的"鸭媒"尤其可恨。

汪琬（1624~1691），字苕文，号尧峰、钝翁、钝庵。江南长洲（江苏苏州）人。清代学者、诗文家。

江湖之间有鸭媒焉，每秋禾熟，野鸭相逐群飞，村人置媒田间，且张罗焉。其媒昂首鸣呼，悉诱群鸭下之，为罗所掩略尽②。夫鸭之与鸭类也，及其涊涩狡猾③，而思自媚于主人，虽戕其类弗顾④，呜呼，亦可畏矣哉！

——《钝翁类稿》

世间有一种鸭媒。每到秋高稻熟时节，野鸭成群，相逐翻飞，村农就把鸭媒放在田里，并且张起罗网。那鸭媒朝天鸣叫呼唤，把成群的野鸭全诱骗落下，几乎被一网捕尽。要说鸭媒和野鸭同为鸭类，可是它不惜用狡猾卑劣的手段向主人讨好献媚，即使残害自己同类的性命也毫不顾惜，唉，真是让人感到毛骨悚然啊！

① 鸭媒：农夫豢养的帮助诱捕野鸭的一种鸭。
② 掩：毫无准备地被捕捉。
③ 涊涩：污浊，不光明。涊（niǎn）：形容出汗。
④ 戕（qiāng）：杀害。

【清】俞樾

高 帽

夸张地、不切实际地、别有用心地说人好话，叫做拍马屁、戴高帽。好话人人爱听，这是人性的弱点之一。以吹牛拍马来讨好对方，最终制服、毁灭对方，是所谓"软刀子杀人不见血"。这一则小故事中，对给人戴高帽子非常厌恶的老师，最终还是被精明而下作的学生戴了高帽，可见好话说到自己头上，多么容易丧失警惕。真是高帽易戴，马屁难防。

俗以喜人面谀者曰喜戴高帽[1]。有京朝官出仕于外者，往别其师。师曰："外官不易为，宜慎之。"其人曰："某备有高帽一百，逢人辄送其一，当不至有所龃龉也[2]。"师怒曰："吾辈直道事人[3]，何须如此！"其人曰："天下不喜戴高帽如吾师者，能有几人欤？"师颔其首曰[4]："汝言亦不为无见。"其人出，语人曰："吾高帽一百，今止存九十九矣。"

——《俞樾杂纂》

民间把喜欢人家当面奉承自己叫做喜欢别人给自己戴高帽。有一个原在京城朝廷中做官的人将到外地任职，临行前去向他的老师道别。老师说："地方官不好做，要谨慎。"那个学生说："我预备下一百顶高帽，遇见上司就送他一顶。应该不至于出现不和谐、不融洽的情况。"老师怒冲冲说："我们用正直之道侍奉别人，哪里用得着像你这样！"学生说："普天下有几人能像老师您这样，不喜欢别人给自己戴高帽呢？"老师点点头说："你所说的话也不算没有见地。"那位学生从老师家出来，对别人说："我原有一百顶高帽，可现在只剩下九十九顶了。"

---

① 面谀：当面谄媚、奉承。

② 龃龉(jǔ yǔ)：原意为上下牙齿不相配合，后比喻意见不合，不融洽。

③ 事人：对待人。

④ 颔(hàn)首：点头。

【唐】无名氏

大唐三藏取经诗话

　　大唐三藏玄奘（600～664）法师，俗姓陈，名祎，洛州缑氏（今河南省偃师缑氏镇）人，原是长安弘福寺和尚。他心怀宏愿，矢志西行求法，历时十七载，途经百余国，取回佛经六百余部，对佛教在中国的弘扬立下巨功。他是中国四大译经家之一，中土佛教法相宗的创始人。玄奘圆寂的那天，有一百多万人送葬，三万多人露宿墓旁。他在取经途中备尝艰辛的经历，以及亲历与听闻36个国家的风土人情，记录在由他口述，由其弟子辩机执笔撰成的《大唐西域记》一书中。唐僧玄奘是中国佛教史上最著名的求法高僧，他的取经故事在当时就被人传唱，以后这个历史故事逐渐演变为宗教神异故事，最终在明代结晶为神魔小说《西游记》。《西游记》故事的源头，就是最早传唱唐僧取经的这部书——唐五代时期出现的《大唐三藏取经诗话》。最引人注目的，这里首先出现了"猴行者"的形象：他的外形居然是一位"白衣秀才"，自称是"花果山紫云洞八万四千铜头铁额猕猴王"，自愿来帮助唐僧取经，此后，一路上降魔镇妖，怪异百出，但与小说又有所不同。先读《西游》，再读《诗话》，你会体会到一种发现与创造的快乐。本文为节选。

行程遇猴行者处第二①

　　僧行六人，当日起行。法师语曰："今往西天，程途百万，各人谨慎。"小师应诺②。行经一国已来③，偶于一日午时，见一白衣

　　唐僧三藏法师一行六人，当天起身出发。法师说道："现在去西天取经，路程遥远，各人都要谨慎小心。"其余五人答应。经过一个国家以后，偶然在一天中午时分，看见

---

　　① 行者：一般俗称在佛教寺院服杂役而没有剃发出家者为行者，也有称行脚参禅或乞食之僧为行者。此处因猴王自动皈依，未经剃度即参与西行求法，故称之为"行者"。

　　② 小师：《释氏要览》上《师资小师》："受戒十夏以前，西天皆称小师……亦通沙门之谦称也。"唐李白有《为宾氏小师祭璿和尚文》。此称三藏法师随行的和尚。观上文"僧行六人"，则西行者除三藏法师外，还应有"小师"五人。

　　③ 唐宋时"已来"有多种用法，可以用来表时间，亦可表距离。这里犹"以后"。

秀才从正东而来,便揖和尚:"万福[1],万福!和尚今往何处?莫不是再往西天取经否?"法师合掌曰:"贫僧奉敕,为东土众生未有佛教,是取经也。"秀才曰:"和尚生前两回去取经,中路遭难,此回若去,千死万死。"法师云:"你如何得知?"秀才曰:"我不是别人,我是花果山紫云洞八万四千铜头铁额猕猴王[2]。我今来助和尚取经。此去百万程途,经过三十六国,多有祸难之处。"法师应曰:"果得如此,三世有缘。东土众生获大利益。"当便改呼为猴行者。僧行七人,次日同行,左右伏事[3]。猴行者乃留诗曰:

百万程途向那边,
今来佐助大师前。
一心祝愿逢真教,
同往西天鸡足山[4]。

三藏法师诗答曰:

此日前生有宿缘,
今朝果遇大明贤。
前途若到妖魔处,
望显神通镇佛前。

一个穿白衣服的秀才从东边走来,见到和尚就作揖施礼道:"万福,万福!和尚现在去哪里?莫非又是去印度取经吧?"三藏法师双手合十说道:"贫僧接到皇帝的诏令,因为东土大唐没有佛教,我们是去取经的。"秀才说:"和尚前辈子两次去取经,在路途中遭难。这次如果再去,必死无疑。"法师说:"你怎么知道?"秀才说:"我不是别人,我是花果山紫云洞中八万四千铜头铁额猕猴之王,我现在来帮助你去西天取经,从此前去不知有多远的路程,要经历三十六国,有许多有灾难的地方。"三藏法师应声说:"如果真的是这样,我们真是三生有缘,东土大唐的黎民百姓有福了。"当即就改称白衣秀才为"猴行者"。法师三藏一行七人,第二天一同进发,猴行者服侍在唐三藏左右。猴行者于是留下一首诗:

百万程途向那边,
今来佐助大师前。
一心祝愿逢真教,
同往西天鸡足山。

三藏法师吟诗答道:

此日前生有宿缘,
今朝果遇大明贤。
前途若到妖魔处,
望显神通镇佛前。

---

① 万福:《诗·小雅·蓼萧》:"和鸾雝雝(yōng),万福攸同。"后常为祝颂之词。宋元以后成为妇女请安问候的专门词语,而唐代男女致礼均可称"万福"。如韩愈《与孟尚书书》:"未审入秋来眠食何似,伏惟万福。"此即出于男子之口,与这里的用法正同。

② 铜头铁额:《太平御览》卷七十九引《龙鱼河图》:"蚩尤兄弟八十一人,并兽身人语,铜头铁额。"

③ 伏事:即侍奉。"伏"与"服"通。

④ 鸡足山:相传为迦叶尊者入定之山,在摩揭陁国,又名狼迹山。《大唐西域记》卷九:"莫诃河东,入大林野,行百余里,至屈屈。吒播陁山,唐言鸡足。亦谓窶卢播陁山,唐言尊足。"

过狮子林及树人国第五

早起，七人约行十里，猴行者启："我师前去即是狮子林。"说由未了①，便到狮子林。只见麒麟迅速，狮子峥嵘②，摆尾摇头，出林迎接，口衔香花，皆来供养③。法师合掌向前，狮子举头送出。五十余里，尽是麒麟。次行又到荒野之所，法师回谢狮王迎送。猴行者曰："我师前去又是树人国。"入到国中，尽是千年枯树，万载石头，松柏如龙，顽石似虎。又见山中有一村寺，并无僧行。只见林鸡似凤，山犬如龙。门外有两道金桥，桥下尽是金线水。又睹红日西斜，都无旅店。猴行者曰："但请前行，自然不用忧虑。"又行五六十里，有一小屋，七人遂止宿於此。次早起来，七人嗟叹："夜来此处甚是蹊跷！"遂令行者前去买菜做饭。主人曰："此中人会妖法，宜早回来。"法师由尚未信④。小行者去买菜至午不回。法师曰："烦恼我心，小行者出去买菜，一午不见回来，莫是被此中人妖法定也？"猴行者曰："待我自去寻看如何？"法师曰："甚好，甚好！"猴行者一去数里借问，见有一人家，渔舟系树，门挂蓑衣。然小行者被他作法变作一个驴儿，吊在厅前。驴儿见猴行者

早晨起来，七人大约走了十里路，猴行者向三藏法师禀报："师父，前方就是狮子林。"还没等说完，就来到狮子林前。只见麒麟奔跑飞快，狮子雄姿非同一般，摆尾摇头，走出树林迎接远客。他们嘴里都衔着鲜花，欢迎僧人们。三藏法师合掌前行，狮子抬起头把他们送出狮子林。又走五十多里路，满眼全是麒麟。接着又向荒野之处前行，三藏法师回头谢过狮子王迎送。猴行者说："师父，再往前走又是树人国。"进入树人国中，满眼都是千年的枯树，万年的顽石，松柏屈曲盘旋，像蛟龙一般，顽石尊踞，像猛虎一样。又见山中有座村落，村中有一座寺庙，却没有僧人。只见树林中的鸡如凤凰美丽，山狗像龙一样矫健。山门外面有两道金桥，桥下全是金线水。又见红日，偏西斜照，全然不见客栈逆旅。猴行者说："只管放心往前走，不必担忧。"又走了五六十里，有一间小屋，七人就住宿在这里。第二天早晨起床，七人嗟叹："昨夜这里很是莫名其妙！"于是三藏打发行者去买菜做饭。小屋主人说："这里的人会作妖法，最好早点回来。"三藏法师还不相信。小行者去买菜到了中午还没回来。法师说："真是烦心，小行者出去买菜，到中午不见回转，莫非是被此地人用妖法定在哪里啦？"猴行者说："等我去寻寻看如何？"法师说："很好，很好！"猴行者走出几里到处询问打听，看到一户人家，渔船拴在岸边树上，房门上挂

---

① 由：通"犹"。

② 峥嵘：这里形容狮子形貌非同一般。

③ 供养：佛教称供献神佛或设饭食招待僧人为"供养"。

④ 由尚：同义副词连用，相当于现在的"还"。由，通"犹"。

来，非常叫噉①。猴行者便问主人："我小行者买菜，从何去也？"主人曰："今早有小行者到此，被我变作驴儿，见在此中②。"猴行者当下怒发，却将主人家新妇③——年方二八，美貌过人，行动轻盈，西施难比，被猴行者作法，化此新妇作一束青草，放在驴子口伴。

主人曰："我新妇何处去也？"猴行者曰："驴子口边青草一束，便是你家新妇。"主人曰："然！你也会邪法？我将为无人会使此法④。今告师兄，放还我家新妇。"猴行者曰："你且放还我小行者。"主人噀水一口⑤，驴子便成行者。猴行者噀水一口，青草化成新妇。猴行者曰："我即今有僧行七人⑥，从此经过，不得妄有妖法。如敢故使妖术，须教你一门划草除根⑦。"主人近前拜谢："岂敢有违。"战战兢兢，乃成诗谢曰：

行者今朝到此时，
偶将妖法变驴儿。
从今拱手阿罗汉⑧，
免得家门祸及之。
猴行者乃留诗云：

着裳衣。可是小行者被他（此户主人）作法变成一头毛驴，拴在厅前。毛驴见到猴行者寻来，非同寻常地大叫。猴行者就问主人："我们的小行者买菜，到什么地方去啦？"主人回答说："今天早晨有个小和尚来到这里，被我变作了毛驴，现在就在这里。"猴行者当即发怒，就把主人媳妇——才十五六岁，貌美超人，行动轻盈，西施也难以相比的女子——施法变作一绺青草，放在毛驴的嘴边。

主人说："我的媳妇哪里去啦？"猴行者说："毛驴嘴边的那绺青草，就是你的媳妇。"主人说："好哇！你也会邪术？我还以为没人会使用这种法术。现在我求师哥，放还我的媳妇。"猴行者说："你先放还我的小行者。"主人喷了一口水，那毛驴就变回小行者。猴行者也喷了一口水，青草变回媳妇。猴行者说："今天我们有七位僧人从这里经过，不许胡施妖法。如果胆敢故意使用妖法，我必定把你满门斩草除根。"主人走近猴行者面前，施礼谢过："岂敢违犯？"战战兢兢做了一首诗谢罪：

行者今朝到此时，
偶将妖法变驴儿。
从今拱手阿罗汉，
免得家门祸及之。
猴行者于是留了一首诗道：

---

① 叫噉：叫喊。

② 见：通"现"。

③ 新妇：即"媳妇"，指主人的妻子。唐及五代不见"媳妇"，只用"新妇"。敦煌变文《秋胡变文》："愧汝新妇，九年孤眠独宿。"《搜神记》："阿婆恐畏新妇飞去，但令牢守堂门。"

④ 将为，即"以为"，"将"并不表将来之义。

⑤ 噀（xùn）：含在口中而喷出。

⑥ 即今：今天。

⑦ 须：犹"必定"。划（chǎn）：铲除。

⑧ 阿罗汉：即"罗汉"。此为梵文音译的全称，"罗汉"则为省称。

莫将妖法乱施呈，
我见黄河九度清。
相次我师经此过①，
好将诚意至祗迎②。

过长坑大蛇岭处第六③

欲经一半，猴行者曰："我师曾知此岭有白虎精否？常作妖魅妖怪，以至吃人。"师曰："不知。"良久，只见岭后云愁雾惨，雨细交霏。云雾之中，有一白衣妇人，身挂白罗衣，腰系白罗裙，手把白牡丹花一朵，面似白莲，十指如玉。睹此妖姿，遂生疑悟。猴行者曰："我师不用前去，定是妖精。待我向前问他姓字。"猴行者一见，高声便喝："汝是何方妖怪，甚处精灵？久为妖魅，何不速归洞府？若是妖精，急便隐藏形迹；若是人间闺阁，立便通姓道名。更若踌躇不言，杵灭微尘粉碎④。"白衣妇人见行者语言正恶，徐步向前，微微含笑，问师僧一行往之何处。猴行者曰："不要问我行途，只为东土众生。想汝是火类坳头白虎精，必定是也！"妇人闻语，张口大叫一声，忽然面皮裂皱，露爪张牙，摆尾摇

莫将妖法乱施呈，
我见黄河九度清。
相次我师经此过，
好将诚意至祗迎。

将走了一半路程，猴行者说："师父，你曾知道这座山岭有白虎精吗？经常化作妖怪鬼魅，还会吃人。"三藏法师说："不曾知道。"过了一阵子，只见岭后云愁雾惨，细雨霏霏。云雾之中，有一个穿白衣的女子，身上披挂白罗衣，腰间系一条白罗裙，手中拿一朵白牡丹，脸像白荷刚出水，十指白皙如玉。猴行者看着这种妖艳模样，心生怪疑，说："师父你不用上前，那一定是妖精。等我前去问它姓名。"猴行者过去，亮开嗓门吆喝："你是哪里的妖怪，什么地方的精灵？长久在外边作妖，为什么不快点回你的洞府去？如果你是妖精，你快隐迹藏形；如果是谁家女子，立刻通个姓名。如果你再犹豫不说，我一棍子把你砸成粉末。"白衣女子见猴行者出言凶恶，慢步走上前来，含着微笑，问僧人一行去什么地方。猴行者说："你不要问我行程，我们只是为了东土大唐的黎民百姓。我料想你是火类坳头白虎精，准没有错！"女子听了这一番话，张口大吼一声，忽然脸皮开裂生皱，张牙舞爪，摆尾摇头，身长足有丈五。定

---

　　① 相次：犹"不久"、"即将"。"次"原可指"次第"。"相次"即可指"紧接着"，"挨次第"，由此而引申时间极短的将来。

　　② 祗（qí）迎：当为"祗（zhī）迎"，即敬迎。

　　③ 长坑：《大唐西域记》卷六云，室罗伐悉底国有三处深坑，一为"提婆达多欲以毒药害佛，生身陷入地狱处"；一为"瞿伽梨苾刍毁谤如来，生身陷入地狱处"；一为"战遮婆罗门女毁谤如来，生身陷入地狱处"。"凡此三阱，洞无崖底。秋夏霖雨，沟池泛滥，而此深坑，尝无水止。"大约《取经诗话》中所云"长坑"，即由此演义来。

　　④ 杵灭：指以降魔杵除灭之。杵，原为古印度的一种兵器，降魔杵为佛家神将经常使用的兵器名，如《降魔变文》："降魔杵上火光生，智惠刀边起霜雪。"微尘粉碎：即粉碎作微尘。《降魔变文》："肋骨粉碎作微尘。"

头，身长丈五。定醒之中，满山都是白虎。被猴行者将金环杖变作一个夜叉，头点天，脚踏天，手把降魔杵，身如蓝靛青①，发似朱砂，口吐百丈火光。当时白虎精哮吼近前相敌，被猴行者战退。半时，遂问虎精甘伏未伏。虎精曰："未伏！"猴行者曰："汝若未伏，看你肚中有一个老猕猴！"虎精闻说，当下未伏。一叫猕猴，猕猴在白虎精肚内应。遂教虎精开口，吐出一个猕猴，顿在面前，身长丈二，两眼火光。白虎精又云："我未伏！"猴行者曰："汝肚内更有一个！"再令开口，又吐出一个，顿在面前。白虎精又曰："未伏！"猴行者曰："你肚中无千无万个老猕猴②，今日吐至来日，今月吐至后月，今年吐至来年，今生吐至来生，也不尽。"白虎精闻语，心生忿怒。被猴行者化一团大石，在肚内渐渐会大。教虎精吐出，开口吐之不得，只见肚皮裂破，七孔流血。喝起夜叉，浑门大杀③，虎精大小粉骨尘碎，绝灭除踪。僧行收法，歇息一时，欲进前程，乃留诗曰：

神一看，满山都是白虎。猴行者把金环杖变作一个夜叉，头顶天，脚踏地，手握降魔杵，身体如蓝靛青，头发像朱砂，口喷百丈烈焰。当时白虎精赶上前来，咆哮抵抗，被猴行者战退。一会儿，问白虎精甘愿服输不服。白虎精说："不服！"猴行者说："你若是不服，看你肚中有一只老猴子！"白虎精听如此说，当时不服。可一唤猴子，猴子在白虎精肚里答应。于是让白虎精张嘴，吐出一个猴子，立刻现身眼前，身长丈二，两眼冒火。白虎精又说："我不服。"猴行者说："你肚内还有一个！"再令它张嘴，又吐出一个，立刻现身眼前。白虎精又说："我不服！"猴行者说："你肚中有成千上万个老猴，今天吐到明天，这个月吐到下个月，今年吐到明年，今生吐到来世也吐不完。"白虎精听这么一说，心里顿生愤怒。肚中老猴又被猴行者化作一块大石头，在肚子里渐渐长大。让白虎精吐出，张嘴吐也吐不出，只见肚皮胀裂，七窍流血。猴行者吆喝起夜叉，全门大杀一通，大大小小的白虎精碾作齑粉，消灭得一干二净，无影无踪。猴行者收法，歇了一会儿，将奔前路，于是留下一首诗说：

火类坳头白虎精，
浑群除灭永安宁。
此时行者神通显，
保全僧行过大坑。

——《大唐三藏取经诗话》

火类坳头白虎精，
浑群除灭永安宁。
此时行者神通显，
保全僧行过大坑。

① 靛青：青蓝色的颜料。
② 无千无万：极言其多。这里的"无"犹"无数"之"无"，指无法用千、用万来计算。
③ 浑：犹"全"。浑门：全门。下文"浑群"，亦即"全群"。

【东晋】干宝

莫邪剑

　　宝剑是神器，铸成一柄宝剑，需要熔铸天地精华，还需要铸剑匠师自我牺牲，"神物所化，须人而成。"名匠干将用了三年时间铸剑不成，最后其妻莫邪"断发、剪爪，投于炉中"，"烁（销，毁）身以成物"，才铸成雌雄两柄宝剑（《吴越春秋·阖闾内传》）。古人对宝剑充满敬畏，所以才会在宝剑上面附着这样离奇的传说。宝剑铸成以后，铸剑匠师干将却被大王所杀，此后的故事变成复仇。对于恩将仇报的暴君，自然要以血还血。一位萍水相逢的侠客，慷慨赴死，结束了这段人间恩怨。侠客的行为是见义勇为，扶危济困，为了除暴安良，甚至不惜牺牲自己，这是中国人叹赏的民间英雄。这样一个壮烈的复仇故事，表明中华民族性格中存在着刚毅雄健的一面。鲁迅先生将此故事新编为小说《铸剑》，建议比较阅读。

　　干宝（283~351），字令升，祖籍河南新蔡，父辈迁居海盐（今属浙江），东晋小说家。编著神怪灵异小说集《搜神记》，被称作中国小说的鼻祖、志怪小说代表作，保存了许多古代民间传说，如《干将莫邪》《相思树》《董永卖身》《李寄斩蛇》等，给后世文学艺术以深远影响。

　　楚干将、莫邪为楚王作剑①，三年乃成。王怒，欲杀之。剑有雌雄②。其妻重身当产③。夫语妻曰："吾为王作剑，三年乃成。王怒，往必杀我。汝若生子是男，大，告之曰：'出户望南山，松生石上，剑

　　楚人干将（夫）莫邪（妻）给楚王造剑，三年才铸成。楚王发怒，想杀掉他们。剑分雌剑雄剑。干将的妻子怀孕临产。丈夫对妻子说："我们给大王铸剑，三年才成。大王生气，去了一定杀我。你生的孩子如果是男孩，长大了，你告诉他说："出门望南山，松树生

---

　　① 干将、莫邪：古代人名。一说干将、莫邪为夫妇；一说干将、莫邪实系一人；一说莫邪是男性。这里取第一说。夫妻二人之名又转为雌雄宝剑名。

　　② 剑有雌雄：（铸造的）是一双雌雄剑。

　　③ 重（chóng）身当产：怀孕即将临产。重：双重身子。

在其背。'"于是即将雌剑①，往见楚王。王大怒，使相之②，"剑有二，一雄一雌，雌来雄不来。"王怒，即杀之。

莫邪子名赤比③，后壮④，乃问其母曰："吾父何在？"母曰："汝父为楚王作剑，三年乃成。王怒，杀之。去时嘱我：'语汝子：出户望南山，松生石上，剑在其背。'"于是子出户南望，不见有山，但睹堂前松柱下，石低之上⑤。即以斧破其背，得剑。日夜思欲报楚王。

王梦见一儿，眉间广尺⑥，言："欲报仇！"王即购之千金⑦。儿闻之，亡去⑧，入山行歌⑨。客有逢者，谓："子年少，何哭之甚悲邪？"曰："吾干将、莫邪子也。楚王杀吾父，吾欲报之！"客曰："闻王购子头千金，将子头与剑来，为子报之。"儿曰："幸甚⑩！"即自刎，两手捧头及剑奉之，立僵⑪。客曰："不负子⑫也。"于是尸乃仆。客持头往见楚王，王大喜。客

长在石上，剑在松背后。'"于是带着雌剑去见楚王。楚王大怒，派人鉴别剑，鉴别人说："剑有两口，一口是雄剑，一口是雌剑，送来的是雌剑，雄剑没送来。"楚王大怒，立即杀掉了干将。

莫邪生了儿子叫赤比，长大后，就问他妈："我爸在哪？"母亲说："你爸给楚王铸剑，三年才铸成。楚王发怒，杀了他。临行时，你爸嘱咐我：'告诉你的儿子，出门望南山，松树生长在石上，剑在松背后。'"于是儿子走出门向南看，不见有山，只看见屋前松柱子下边，有一石质的柱子下边，有一石质的柱基。就用斧子砍开松柱的背面，找到了剑。赤比日夜想报楚王杀父之仇。

楚王梦见一个男孩，双眉间距一尺之宽，说："我要报仇！"楚王悬千金之赏买他的命。男孩听说此事，逃离家园，进入山中，边走边悲愤高歌。有一位侠客遇见他，对他说："你这样小年纪，怎么哭得这样悲伤啊？"男孩回答说："我是干将、莫邪的儿子，楚王杀了我爸爸，我想报杀父之仇！"侠客说："听说楚王用千金买你的人头，拿你的头和剑来，我替你报仇。"男孩说："幸运之极！"就自己抹掉脖子自杀，双手捧着头和剑献侠客，尸体僵直站立不倒，侠客说："我决

① 将：带着。

② 使相之：叫人仔细观察。

③ 赤比：又作赤鼻、眉间赤、眉间尺。

④ 后壮：长大以后身体很强壮。

⑤ 石低：低，同砥。石质的柱基。

⑥ 眉间广尺：双眉之间有一尺之宽。意思是说双眉之间距离得很宽。

⑦ 购之千金：悬赏千金捉拿。

⑧ 亡去：到外面躲避。

⑨ 入山行歌：流浪在山中，边行走边悲歌。

⑩ 幸甚：太好了！

⑪ 立僵：尸身僵立不倒。

⑫ 不负子：绝不辜负你。

曰："此乃勇士头也，当于汤镬煮之①。"王如其言。煮头三日三夕，不烂。头踔出汤中②，瞋目③大怒。客曰："此儿头不烂，愿王自往临视之，是必烂也。"王即临之。客以剑拟王④，王头随堕汤中。客亦自拟己头，头复堕汤中。三首俱烂，不可识别。乃分其汤肉葬之，故通名"三王墓"。今在汝南北宜春县界⑤。

——《搜神记》

不会辜负你的。"这时尸体才向前扑倒。侠客拿着剑和男孩的头进见楚王，楚王很高兴。侠客说："这是勇士的头，必须放入大鼎的滚水才能煮烂它。"楚王照侠客所说的办法去做。头煮了三日三夜不烂。这颗头还从汤中跳上来，瞪眼怒视。侠客说："这小子的头煮不烂，请大王您亲自去鼎前监煮，这样一定就能把它煮烂了。"楚王就来到大鼎旁，侠客瞄准楚王的头，剑起头落，楚王的头随即落到沸水中。侠客也削下自己的头，头也落进沸水中。三颗头都煮烂了，没办法辨别哪一颗是谁的头。于是人们把汤肉三分而埋葬了，所以人们把这三座墓通称作"三王墓"。墓址现在河南上蔡一带。

---

① 当于汤镬（huò）煮之：要放进盛汤的大鼎来煮。
② 头踔（chuō）出汤中：头在滚水上面跳跃。踔：跳跃。
③ 瞋（chēn）目：圆睁着眼睛瞪人。
④ 拟王：向王比划。拟：用兵器比画。
⑤ 汝南：古郡名。在今河南、安徽交界处。北宜春县：故城在今河南商水。

【清】潘永因

收藏月光①

假如月光能够储藏，就像储蓄泉水一样，何时需要都可以随手一挥，立刻月光四射。这实在比灯光美妙。这是一个有关月光的最实用的想象故事，又是一个关于光明的最神奇、最浪漫的故事。故事中的韩生，古人称"方士"、"异人"，今天叫做魔术师。

潘永因，字长吉，常熟（今属江苏）人，清代学者，编撰《宋稗类钞》。

桂林有韩生嗜酒，自云有道术，人初不大听重之也。一客欲自桂过明，同行者二人，俱止桂林郊外僧寺。而韩生亦来，夜不睡，自抱一篮，持匏勺②，出就庭下。众共往视之，则见以勺酌取月光，作倾泻入篮状。争戏之曰："子何为乎？"韩生曰："今夕月光难得，我惧他日风雨，傥夜黑③，留此待缓急尔④。"众笑焉。明日取视之，则空篮敝杓如故，众益哂其妄。

广西桂林有一位韩生特别喜欢饮酒，声称自己有道术，最初人们不大相信和推重他。一位客人想从桂林去昆明，一同去的还有另外两人，都住在桂林郊外的僧寺里。而韩生也来了，夜间他不睡觉，抱着一个篮子，拿一只葫芦瓢，出屋走到庭院。大家一起去看他要做什么，只见他用瓢舀取月光，再做出把瓢中月光倾倒到篮子里的样子。大家七嘴八舌调侃他："你在做什么呀？"韩生回答说："今夜月光难得如此明亮，我担心日后刮风下雨，夜间黑暗，我想储存些今夜的月光以备不时之需。"大家嘲笑他。天亮拿来看，不过是空篮破瓢，与先前毫无两样。大家更加讥笑他荒诞不经。

及舟行至邵平，共坐江亭上，各命仆办治肴膳，多市酒，期

等船开到邵平，大家一起坐在江亭中，各自让仆人做饭菜，多买些酒来，以图一醉。

① 标题为编者所拟。
② 匏（páo）勺：瓢。匏：草本植物，果实比葫芦大，对剖可以做瓢舀水。
③ 傥：通"倘"，如果。
④ 缓急：偏义词，正义在"急"。

醉①。适会天大风，俄日暮，风益急，灯烛不得张②，坐上墨黑，不辨眉目，众大闷。一客忽念前夕事，戏嬲韩生曰③："子所贮月光今安在？宁可用乎？"韩生为抚掌对曰④："微子，我几忘之⑤？"即狼狈走，从舟中取篮杓一挥，则白光燎焉见于梁栋间⑥。如是连数十挥，一坐尽如晴夜。月色潋滟，秋毫皆睹。众乃大呼痛饮，达四鼓，韩生者又酌取而收之篮，夜复黑如故，始知韩生乃异人也。

——《宋稗类钞》卷三十

恰好遇到了天起大风，一会儿天黑了，风更急，灯烛不能点，坐席间墨黑一片，相互看不清眉眼，大家都很烦闷。其中一位客人忽然想起前夜之事，打趣韩生说："你贮存的月光如今在哪里？难道不可拿来用一下吗？"韩生一拍双手回答说："要不是你提起，我差点把它忘了。"就深一脚浅一脚匆忙跑到船上，取来篮子和瓢，向空中一扬，就见白光像火把一样照在梁柱之间，这样连续挥动几十次，眼前完全像晴夜月明一样。月光满座涌动，可见秋毫之微。于是大家欢呼畅饮起来，喝到四更天，韩生又把月光用瓢舀起来收藏在篮子里，眼前又墨黑如前。大家这才知道韩生是一个有特异功能的人。

---

① 期醉：希望一醉。

② 张：陈设，摆放。

③ 嬲（niǎo）：戏弄。

④ 抚掌：拍手。

⑤ 微子：没有你。假设语气。

⑥ 燎（liáo）焉：像火炬的样子。

【唐】薛渔思

板桥三娘子①

　　这是一个想象奇特的故事。板桥三娘子令人想起《水浒传》里十字坡卖人肉包子的孙二娘，不过，三娘子似乎没有二娘子那么残忍，直接把人肉剁了做馒头馅，她是将人变成驴子，而且贱卖给来往客商。三娘子似乎把这当成一门常年生意，有点薄利多销的意思。孙二娘用麻药入酒，将人麻翻在地，人还是人，不过成了死人，他将被剁成肉末；板桥三娘子用法术做烧饼，食客变成驴，人不是人，但他活在驴子身上。如果有法术将驴皮分开，从中还会跳出一个活人来。比较起来，二娘子才是真正在做生意，而三娘子更像在作游戏。试想，拉车的驴子有些是人变的，或者，大街上熙来攘往的人有不少是驴子变的……我们除了享受这种奇异的想象力带来的快感，一定要追寻什么道德教益吗？

　　薛渔思，生平不详，唐传奇作家，有传奇小说《河东记》。

　　唐汴州西②，有板桥店。店娃三娘子者③，不知何从来，寡居，年三十余，无男女，亦无亲属。有舍数间，以鬻餐为业④，然而家甚富贵⑤，多有驴畜。往来公私车乘，有不逮者⑥，辄贱其估以济之⑦。人皆谓之有道，故远近行旅多归之⑧。

　　唐时汴州城西，有一间板桥店。女店主叫三娘子，人们不知道她从哪里来的，单身无夫，三十多岁，没有儿女，也没亲属。有几间房屋，以卖饭食为职业，然而家里非常富足，有许多驴子。往来的公私车辆，有屠弱力所不及的牲畜，三娘子就把自己的驴贱价卖给他们，解人一时之困。大家都称赞三娘子经营

---

① 原文选自宋·李昉编《太平广记》卷二百八十六"幻术"。

② 汴州：州治在今河南开封市，当时共领五县，天宝年间增加一县。

③ 店娃：店里招呼生意的女子，指板桥三娘子。从上下文看，亦是女店主。

④ 以鬻餐为业：以卖饭为职业。

⑤ 家甚富贵：家中十分富裕。富贵，复词偏义，重在言富。

⑥ 有不逮者：指不能继续拉车赶路的牲口。

⑦ 辄贱其估以济之：辄，就。估，卖的意思。这里作名词用，引申为"价格"。这句的意思是贱卖牲口解决旁人的困难。

⑧ 人皆谓之有道：人们都夸她会经营。多归之：多愿意到她店里投宿。

好快刀 来一点游戏精神

186

元和中，许州客赵季和，将诣东都，过是宿焉①。客有先至者六七人，皆据便榻。季和后至，最得深处一榻，榻邻比主人房壁②。既而，三娘子供给诸客甚厚。夜深致酒，与诸客会饮极欢。季和素不饮酒，亦预言笑③。至二更许，诸客醉倦，各就寝。三娘子归室，闭关息烛④。人皆熟睡，独季和转展不寐。隔壁闻三娘子悉窣，若动物之声。偶于隙中窥之，即见三娘子向覆器下⑤，取烛挑明之，后于巾厢中，取一副耒耜，并一木牛、一木偶人，各大六七寸，置于灶前，含水噀之⑥。二物便行走，小人则牵牛驾耒耜，遂耕床前一席地⑦，来去数出。又于厢中取出一裹荞麦子，受于小人种之⑧。须臾生，花发麦熟，令小人收割持践，可得七八升。又安置小磨子，硙成面讫⑨，却收木人子于厢中，即取面作烧饼数枚。有顷鸡鸣，诸客欲发，三娘

有道，所以远近的行人旅客大多愿意到三娘子的板桥店投宿。

唐宪宗元和年间，河南许州的客人赵季和，要到东都洛阳去，经过此地，投宿在三娘子的板桥店。其时店中有六七位先到的客人，方便的床榻都被他们占满了。季和后到被安排在最里边的一张床铺，这张床铺紧挨着三娘子的房间仅有一墙之隔。不一会儿，见三娘子送给客人的饭食很丰盛。夜深了又送给客人喝酒，并陪着各位客人畅饮，热热闹闹。季和一向不饮酒，但也跟着一起说笑。到了二更时分，各位客人酒困了，各自睡去。三娘子回到自己的房屋，关门闭窗吹了灯烛。人都睡得很沉，惟有季和辗转不眠。听到隔壁三娘子在屋里弄的窸窸窣窣，好像是搬动东西的声音，季和从壁缝偶尔偷看一眼，看到三娘子拿过蜡烛挑亮灯芯，向大盖子底下照亮，然后从杂物箱中，取出一副犁铧，还有一头木牛，一个木偶人，这些东西各自大小有六七寸，放在灶前，含一口水喷在上面。拉犁牛就走动起来，小人就扶着犁赶着牛，耕起灶前的一小块地方，往往来来，走了好多个来回。又从杂物箱中取出一小包荞麦籽，交给小人播种。一小会儿，荞麦出苗了，开花

---

① 元和中：元和年间。元和：唐宪宗年号（806～820）。许州：州治在今河南许昌市。将诣东都：要到洛阳去。诣（yì）：特指到尊长那里去，含有尊敬的意思。此处因是去都城（唐代除京城长安外，定洛阳为东都）。所以到洛阳去也用诣。过是宿焉：经过这里住宿了。是：代词，这里。

② 便榻：方便的床铺。最得深处一榻：住到最里面的一个床上。邻比：紧靠着。

③ 亦预言笑：也参加说笑。指虽不饮酒，但参加会饮。

④ 闭关息烛：关好门熄灭灯。关：门闩。闭关：引申为关好门。

⑤ 悉窣（xī sū）：细小的声音。偶于隙中窥之：无意中从壁缝里看她。窥：偷看。向覆器下：从盖着的器具下面。覆器：大盖子。

⑥ 巾厢：装杂物的箱子。厢，通"箱"。耒耜（lěi sì）：耕地的用具。灶前：原指厨房，此处指卧室内的锅灶。含水噀（xùn）之：含水喷它。噀：喷水。

⑦ 遂耕：就去耕耘。一席地：意味着地面不大。

⑧ 一裹：一包。受于：同"授予"，交给。

⑨ 持践：用手抓，用脚踩。硙（wèi）成面讫：把荞麦全部磨成面粉。硙：磨碎。讫：指一件事已完成。

子先起点灯，置新作烧饼于食床上，与客点心①。季和心动遽辞②，开门而去，即潜于户外窥之。乃见诸客围床食烧饼，未尽，忽一时踣地③，作驴鸣，须臾，皆变驴矣。三娘子尽驱入店后，而尽没其货财。季和亦不告于人，私有慕其术者④。

后月余日⑤，季和自东都回，将至板桥店，预作荞麦烧饼，大小如前。既至，复寓宿焉⑥，三娘子欢悦如初，其夕更无他客，主人供待愈厚。夜深，殷勤问所欲。季和曰："明晨发，请随事点心⑦。"三娘子曰："此事无疑⑧，但请稳睡。"半夜后，季和窥见之，一依前所为。天明，三娘子具盘食，果实烧饼数枚于盘中，讫更取他物⑨，季和乘间走下，以先有者易其一枚，彼不知觉也。季和将发，就食，谓三娘子曰："适会某自

了，荞麦成熟了。又让小人收割，手搓脚踏，大约收获七八升荞麦，又安置好一盘小磨，磨成面粉，一切做完，回头收拾其木人放在箱中，就拿过面来做了几张荞麦饼。过了一阵子天亮鸡叫，各位客人将要启程，三娘子就起身点亮了灯，把新做的烧饼放在餐桌上，给客人当点心。季和心中有点害怕心跳，赶紧告辞，推开门走了。随即悄悄地趴在窗台上向里偷看，就看到各位客人围着餐桌吃烧饼，还没吃完，忽然间同时扑地，作驴叫，一小会儿，都变成了驴子了。三娘子把他们都赶到屋后面，而他们的货财全都没收。季和也没把所见告诉别人，心里对她的法术很是羡慕。

此后又经月余，季和从东都洛阳归来，快要到板桥店时，预先做了荞麦烧饼。大小和先前三娘子做的一样。到店后，又投宿在板桥店，三娘子高高兴兴地和从前一样，那一晚，没有其他客人，三娘子招待供给得更为丰厚。夜深了，三娘子问季和想干什么。季和说："明早出发，请你随便做点点心吃。"三娘子说："那是当然，只请你安稳睡觉吧。"半夜后，季和又偷偷看，三娘子完全依照上次做法在做那些事。天亮了，三娘子准备好盘碟，果然把几张烧饼装在盘子里，做完后又去取别的东西，季和乘她转身的机会走过去，用自己的那张烧饼换下盘中的一

① 食床：饭桌。点心：动词，指作为点心以充饥。

② 遽辞：急匆匆地告辞。遽：急。

③ 踣（bó）地：颠仆在地，跌倒。

④ 私有慕其术者：心里暗暗羡慕她有这种法术。私：指内心里。

⑤ 后月余日：一个多月以后。

⑥ 复寓宿焉：又在板桥店住宿了。寓：指住下。宿：指过夜。

⑦ 明晨发：明天一早就上路。随事点心：随便准备吃的东西。

⑧ 此事无疑：这件事不必担心。

⑨ 实：盛上。讫更取他物：做完这件事，又去取别的东西。

有烧饼①，请撤去主人者，留待他宾。"即取己者食之。方饮次②，三娘子送茶出来。季和曰："请主人尝客一片烧饼。"乃拣所易者与啖之。才入口，三娘子据地作驴声③，即立变为驴，甚壮健。季和即乘之发④，兼尽收木人木牛子等。然不得其术，试之不成⑤。季和乘策所变驴，周游他处，未尝阻失⑥，日行百里。

后四年，乘入关，至华岳庙东五六里⑦，路旁忽见一老人，拍手大笑曰："板桥三娘子，何得作此形骸⑧？"因捉驴谓季和曰："彼虽有过，然遭君亦甚矣！可怜许⑨，请从此放之。"老人乃从驴口鼻边，以两手擘开，三娘子从皮中跳出，宛复旧身⑩。向老人拜讫，走去。更不知所之。

——《太平广记》卷二百八十六

张，三娘子毫无察觉。季和就要出发了，过去吃早点，对三娘子说："恰好我自己有烧饼，请三娘子撤走你的这盘烧饼，留着招待其他旅客。"就拿出自己的烧饼吃。正吃烧饼的时候，三娘子端茶送了出来。季和说："请三娘子尝一片我的烧饼。"于是挑出从盘中换来的那一张给三娘子吃。刚一入口，三娘子手足着地作驴叫，立刻变成了驴，非常健壮。季和就骑上她出发，又把木人木牛等都收起来，可是不得三娘子的法术，试着也像她那么做却不成功。季和骑着三娘子所变的驴，周游各处，不曾被阻，也无所闪失，一天能跑百里路程。

又过了四年，季和骑着这头驴进了潼关，到了西岳庙东五六里的地方，忽然看到路旁有一位老人，老人拍手大笑说："板桥三娘子，你怎么变成了这副模样？"于是老人抓住驴对季和说："虽然她犯有错误，可是遇到你，让你整得也够惨了！可怜她一点吧，请你放过她。"老人就从驴口鼻旁边，用手掰开，三娘子从那裂缝间跳出来，依旧恢复了板桥三娘子原来的面貌，向老人拜谢后，跑走了。从此不知她的去向。

---

① 适会某自有烧饼：恰巧我自己有烧饼。会：碰上。

② 方饮次：正在吃饭的时候。次：常用来说明一种动作正进行。

③ 乃拣所易者与啖之：就把换来的那片烧饼给她吃了。啖：吃。据地：两手两足着地。

④ 季和即乘之发：季和就骑着它上路。

⑤ 然不得其术，试之不成：可是不会她的法术，试验没有成功。

⑥ 策：马鞭。用作动词指鞭马，这里与"乘"构成复词，就是骑着的意思。阻失：指因驴不服乘骑而发生的事故。这里颇有讽刺意味，意思是她驱使别人的时候，十足是一个威严的主人，一旦受别人驱使，却又奴性十足。

⑦ 乘入关：骑着它入潼关。华岳庙：即西岳庙，在陕西华阴县华山脚下。

⑧ 何得作此形骸：怎么弄成这个模样？

⑨ 彼虽有过：她虽然有过失。过：过失，错误。然遭君亦甚矣：但是受到您的处治也够厉害的了。可怜许：多可怜。许：表示程度。

⑩ 擘（bāi）开：用手把东西分开。擘：今简体字写作"掰"。宛复旧身：仍旧恢复原来的面貌。宛：宛然，指和从前一样。

【南朝·宋】刘义庆

易 头

一个人梦中跟人换了头,清醒后发现自己成了一个丑八怪,他的内心并没有变,只是换了一张脸而已。但是,此后他的生活就有所不同了……你可以把故事接着编下去,因为这完全是一篇"科幻小说",今天的人应该比古人更有科幻想象力才是。作者只能想到,小说中人出现了一些"特异功能":他一边脸哭,一边脸笑;他可以双手、双脚外加嘴巴,各拿一支笔同时书写五篇文章,写的内容不相同,文字立意都很美。除了相貌和表情差点,这样换头的结果倒是不坏,你以为如何?

河东贾弼之,小名翳儿,具谙究世谱①。义熙中,为琅邪府参军②。夜梦有一人,面魖疱,甚多须,大鼻睍目③,请之曰:"爱君之貌,欲易头,可乎?"弼曰:"人各有头面,岂容此理?"明夜又梦,意甚恶之④,乃于梦中许易。明朝起,自不觉,而人悉惊走藏⑤,云:"那汉何处来?"琅邪王大惊,遣传教呼视。弼到,琅邪遥见,起还内。弼取镜自看,方知怪异。因还家,家人悉惊入内。妇女走藏,云:

河东人贾弼之,乳名叫翳儿,对世族家谱颇有研究。义熙年间做琅玡府的参军。夜间梦见一个人,脸上长着许多酒刺,长着很密的胡子,高高的鼻子斜白眼,向他请求说:"我很喜爱您的相貌,想跟您换换头,行吗?"弼之回答说:"人各有自己的相貌,岂有此理?"第二天又做同样的梦,心中十分讨厌这人,于是梦中随口答应同他换。次日早晨起床,自己毫无察觉,而所遇见的人都惊怕跑开躲起来,说:"那家伙从哪里来的?"琅琊王听说此事大为惊讶,派人把他叫来看看。弼之来到,琅琊王远远一望,起身退入

① 河东:郡名。晋时郡治在今山西永济东南。谙究世谱:对世族家谱很有研究。谙(ān),熟悉。

② 义熙:东晋安帝司马德宗(405~418)年号。琅邪(láng yá)府:琅邪亦作琅玡。在今山东东南部,晋时藩国。琅邪府即琅邪王府。

③ 魖(zhā):鼻子长的粉刺或酒刺。疱:面疮。睍(jiàn):目上视,窥视。指人的眼睛白多黑少,俗称斜白眼。

④ 意:心里,思想上。

⑤ 人悉惊走藏:人们都惊慌地逃跑躲藏。

"那得异男子①？"弼坐，自陈说良久，并遣人至府检问，方信。后能半面啼，半面笑，两足、手、口，各提一笔，俱书，辞意皆美。此为异也，余并如先。

——《幽明录》

室内。弼之拿来镜子一照，才知道中了邪道。于是回到家中，家中的人都惊怕跑到里屋，妻女跑开藏躲，说："哪里来这么个怪男人？"弼之坐下，自己诉说了一阵遭遇，并且派人到府衙询问验证，大家才相信。以后，他能半边脸哭，半边脸笑，两脚两手一口各执一管笔，一齐书写，言语意思都很漂亮。只是长相变得特殊，其他方面都如从前一样。

---

① 异：怪。

【清】蒲松龄

好快刀

一个强盗就要被杀头了，去刑场的路上，眼尖的他发现一名士兵的刀很锋利，于是请求这位士兵杀自己，手法干脆些。士兵答应了，一刀下去，强盗的脑袋就落地了，这个落地后的脑袋一边旋转一边大声赞叹：好快刀。脑袋落地还能说话，看来真是快刀。人物有点滑稽，事情有点诡奇。注意作者在故事前面的一句交代："明末，济属多盗。"明去清来，正是民族抗战的时节，那些所谓"盗"，应该是抵抗异族侵略的义军战士。他们敢于视死如归，正是一种英雄气概。

千万别以为古人都那么端庄严肃、言行刻板，以今推古，也可以想见古人并不缺乏幽默细胞。本章节所选的一组另类文字，希望可以帮助你亲近一种非常顽皮的游戏精神，传染一点先人具有的活泼心思，以扰乱你的麻木心理，激活你的睿智遗传。

明末，济属多盗①。邑各置兵，捕得辄杀之。章邱盗尤多。有一兵佩刀甚利，杀辄导窾②。

一日，捕盗十余名，押赴市曹③。内一盗识兵，逡巡④告曰："闻君刀甚快，斩首无二割。求杀我！"兵曰："诺。其谨⑤依我，勿离也。"

明朝末年，济南一带盗贼很多。各县组织了一些兵力，捕捉盗贼，捉到就杀。章邱的盗贼尤其多。有位兵士，他所佩之刀非常锋利，每杀人就像砍入了骨缝那么省劲。

一天，捕获了十几名盗贼，押到法场行刑。其中有个盗贼认识佩快刀的兵士，他怯生生地对这位兵士说："听说你的刀很快，杀头不用第二下，可不可以请你来杀我？"兵士说："好吧，你老实跟着我，不要离我远了。"

---

① 济属：属于山东济南一带的地方。

② 导窾（kuǎn）：沿着筋骨缝隙。

③ 市曹：街市。

④ 逡（qūn）巡：徘徊，犹豫不前。

⑤ 谨：恭敬，随顺。

盗从之刑所，出刀挥之，豁然头落。数步外，犹圆转而大赞曰："好快刀！"

——《聊斋志异》卷二

这个盗贼跟着快刀兵士走向法场。兵士抽出刀，只一挥，豁地人头落地。那颗人头滚到几步以外还滴溜溜地滚动，而且一边滚还一边大声夸赞："好快刀！"

汉语的星空

古典的中国（下）下编

CLASSICAL CHINA

这是中华文明长河中的几片帆影……
这是用灵魂在尘世生活的人，
创造了汉语文化水准的人，
照耀着我们精神家园的人，
健壮了中国魂魄的人。
这是我们的文化血脉。

一、诸子辉煌 中国文化原型人物

孔夫子想为世界做些事

老子却说没事也很好

庄子梦里变蝴蝶

屈原殉国作水魂

司马迁站在中国文化的源头

代表先贤们发言:"小子何敢让焉!"

【春秋】孔子及其弟子

《论语》（7则）

中国文人传统的主线是儒家学说的传承，而孔子是儒家学派的创始人。两千多年以来，生前寂寞的孔子被人们从民间抬到神坛，尊为"万世师表"、"圣人"，烟熏火燎那么长时间，他的真实面目已经模糊。让我们拂去历史的尘埃，目睹孔子的真面目：孔子生前，不过是一位不得志的书生，作为一位普通的教书先生，他的生活道路既坎坷又平坦，没有做过什么轰轰烈烈的事。然而，作为中国第一教师，他并非浪得虚名，他的一生功业就在于成就了一名教师的伟大。

孔丘（前551～前479），字仲尼，春秋鲁国（今山东曲阜）人。父亲叔梁纥是当时鲁国有名的武士，曾任陬邑大夫。母亲颜徵在。因父母曾为生子而祷于尼丘山，故名丘，字仲尼。孔子三岁丧父，十七岁丧母，自言："吾少也贱，故多能鄙事。"年少时曾做过"委吏"（管理仓廪）与"乘田"（管放牧牛羊）。虽然生活贫苦，孔子十五岁即"志于学"，所学不仅是入仕之学，更有治世之学。这一点大胸怀让他超越同龄人。孔子"三十而立"，自立门户，开始授徒讲学。只要带上一点"束修"（一束干肉，童子拜师的薄礼），都可收为学生。"有教无类"，教育对象由贵族推广到平民，远方各诸侯国都有来求学问礼的。私人讲学，古已有之，但孔子教授的内容却截然不同。"儒"作为司礼仪的职业，孔子将它提升为一个学派，他要求弟子"为君子儒，毋为小人儒"。小人儒只是职业匠人，君子儒却关怀家国天下。孔子的教育肯定了普通人的尊严，他是学子的人生导师。育人，自然盼其成才，孔子希望弟子学有所用，自己也是待价而沽。然而，用不正当手段得到的富贵一概不取，视作浮云。孔子50岁任鲁国中都宰，继任司寇。不久辞职，率弟子周游列国，但在外14年，他的学说始终"沽"不出去，68岁重返鲁国。"杏坛设教，弟子三千"。在杏树下讲学，只是生活方式的选择。孔子的理想却在教化天下，他是以天下兴亡为匹夫之责的第一人。他主张以道德教化为治国的原则，以"仁"为最高道德标准，希望通过礼教建设一个和谐共存的社会。他的学说在后世不断推广，成为中国人普遍信奉的伦理，因而，孔夫子，他还是人间的导师。

所选《论语》七则，都是孔子与弟子自述个人生活及志向的内容，是日常的平等闲谈，是真实的师生对话，其中的孔子形象，和蔼可亲，平易近人，却又心胸博大，仁爱慈祥。在这样的师长面前，学生也乐于吐露心声。

一

子曰："吾十有五而志于学①，三十而立，四十而不惑，五十而知天命②，六十而耳顺，七十而从心所欲，不逾矩。"

孔子说："我十五岁的时候树立了学习的志向，三十岁确立了自己做人处世的原则态度，四十岁时思想学问炉火纯青，遇问题不再迷惑，五十岁知道自己应该承担怎样的使命，六十岁可以听进不同的观点、意见，七十岁可以做到心里怎么想，就怎么做，但却不会超出规矩的界限。"

二

子贡曰："有美玉于斯，韫椟而藏诸③？求善贾而沽诸④？"

子曰："沽之哉！沽之哉！我待贾者也。"

子贡请教孔子说："有一块美玉在手里，是把它装进柜子里收藏起来呢？还是讨个好价钱卖掉它呢？"

孔子说："卖掉它吧！卖掉它吧！我一生都在等买主呢！"

三

子曰："饭疏食⑤，饮水，曲肱而枕之⑥，乐亦在其中矣。不义而富且贵，于我如浮云。"

孔子说："吃粗饭，喝白水，弯着胳膊当枕头，快乐也就在其中了。用不讲道义的办法取得厚禄高官，这对于我来说就像过眼烟云。"

四

子贡问曰："有一言而可以终身行之者乎？"子曰："其'恕'乎！己所不欲，勿施于人。"

子贡请教孔子说："有一个字可以让我终身都奉行的吗？"孔子说："那该是'恕'字吧！自己不愿意接受的，就不要把它强加给别人。"

---

① 有：同"又"。表示相加。"十有五"，即十加五，十五岁。

② 天命：这里的"天命"含有上天的意旨、自然的禀赋与天性、人生的道义和职责等多重含义。

③ 韫（yùn）椟：收藏在柜子里。表示怀才不遇。

④ 贾（jià）："价"的古字，价格。沽（gū）：卖，买。诸："之乎"二字的合音。

⑤ 饭：作动词用，吃。疏食：指粗粮，粗糙的饭食。

⑥ 肱（gōng）：由肩到胳膊肘这一部位，一般也泛指胳膊。

五

子曰："小子何莫学夫《诗》？《诗》可以兴①，可以观②，可以群③，可以怨④；迩之事父⑤，远之事君，多识于鸟兽草木之名。"

孔子说："弟子们为什么不去学习《诗》呢？《诗》可以唤醒人的内心情感，可以考察民情风俗，可以使人合众乐群，可以抒发怨愤不快；往近里说可以学会如何侍奉父母，往远里说，可以用来侍奉国君，还可以多认识一些鸟兽草木的名称。"

六

颜渊、季路侍⑥。子曰："盍各言尔志⑦？"子路曰："愿车马衣裘⑧，与朋友共，敝之而无憾。"颜渊曰："愿无伐善⑨，无施劳⑩。"子路曰："愿闻子之志。"子曰："老者安之，朋友信之，少者怀之。"

颜渊、子路陪侍在孔子身边。孔子说："你们何不各自说说自己的志向？"子路说："我愿意拿出自己的车马衣裘，跟朋友共同享用，即使用坏了，我也不会抱憾。"颜渊说："我愿意不自夸其德，不把辛苦的事推给人家。"子路说："我想听听老师的志向。"孔子说："能使年老的人安适地过生活，朋友之间互相信任，年少的孩子们得到关怀。"

七

子路、曾皙、冉有、公西华侍坐⑪。子曰："以吾一日长乎尔，毋吾以也⑫。居则曰⑬：'不吾知也！'

子路、曾皙、冉求、公西华陪老师孔子闲坐。孔子说："因为我比你们年长一些，不要在我面前拘束而不肯说话，平时，你们往往

---

① 诗：孔夫子时代的"诗"，就是后世儒生学习的经典之一《诗经》。但孔子对"诗"的见解，可以通行于所有的诗。兴：本义是兴起，发动。这里指激发人的意志和感情。好的诗歌都是有感而发的，读之可以使人受到感动，而兴发爱憎的感情，在潜移默化中陶冶情操。

② 观：本义是观察，观看。这是指观察民风。《诗经》内容丰富，题材多样，历史上的政治得失，现实生活的状况，乃至各国各地的风俗民情、自然风物等在诗中都有反映。

③ 群：使合群。诗离不开写人，多读诗就可以更深切地了解人，懂得如何与人相处、相交，培养锻炼人的合群的本领。

④ 怨：怨恨。《诗经》中有不少怨愤、讥刺诗，表达对现实的愤懑，抒发人们心中的不平，讽刺不合理的社会现象。用诗歌宣泄不满，也是孔子认可的诗歌功能之一。

⑤ 迩(ěr)：近。

⑥ 季路：即子路，又称季路。侍：服侍，陪从。

⑦ 盍(hé)：何不。

⑧ 裘(qiú)：皮衣。

⑨ 伐：夸耀，自夸。

⑩ 施：施加给别人。不把劳苦的事加在别人身上，即自己不辞劳苦，对劳累的事不推脱。

⑪ 子路：姓仲名由。曾皙(xī)：姓曾名点，字子皙。冉有：姓冉名求，字子有。公西华：姓公西名赤，字子华。这四个人都是孔子的弟子。

⑫ 毋吾以：不要因我而受拘束，不肯发言。毋：不，不要。以：同"已"。停止。

⑬ 居：平时，平素。

如或知尔，则何以哉？"子路率尔而对曰①："千乘之国②，摄乎大国之间③，加之以师旅④，因之以饥馑⑤，由也为之，比及三年⑥，可使有勇，且知方也⑦。"夫子哂之⑧。"求！尔何如？"对曰："方六七十，如五六十，求也为之，比及三年，可使足民。如其礼乐，以俟君子⑨。""赤⑩，尔何如？"对曰："非曰能之，愿学焉。宗庙之事，如会同⑪，端章甫⑫，愿为小相焉⑬。""点，尔何如？"鼓瑟希⑭，铿尔⑮，舍瑟而作⑯，对曰："异乎三子者之撰⑰。"子曰："何伤乎⑱？亦各言其志也。"曰："莫春者⑲，

会说：'没有人了解我'，如果有人了解你，想任用你，你将怎么办？"子路率直地回答说："一个拥有千辆兵车的诸侯国，夹在大国的中间，大国的军队侵犯它，国内又赶上荒年，要让我去治理它，等到治理了三年，可以使百姓勇敢，并且知道遵守礼义道德。"孔子听了他的话，微微一笑。又问："冉求，你怎么样？"冉求回答说："六七十里或五六十里见方的小国家，我去治理的话，等到了三年，可以使百姓衣食丰足，至于推行礼、乐教化，那只好等德、智更高的君子去做了。""公西华，你怎样？"公西华回答说："不敢说我善于做治理国家的事，不过我愿意学习，赶上宗庙祭礼，或者诸侯会盟，我愿意穿上礼服，戴上礼帽，去做一个小小的司仪。""曾点，

① 率尔：轻率地，急忙地。

② 千乘之国：乘（shèng），兵车。古代常以兵车数作为国家大小的标志。古代是按土地多少出兵车的，出一千辆兵车就是拥有纵横一百里面积的诸侯国。

③ 摄：夹在其中，受局促，受逼迫，受管束。

④ 师旅：古代军队组织，五人为伍，五伍为两，四两为卒（100人），五卒为旅（500人），五旅为师（2500人），五师为军。"加之以师旅"，犹言发生战争，受别国军队的侵犯。

⑤ 饥馑（jǐn）：荒年，灾荒，凶年。《尔雅·释天》："谷不熟为饥，蔬不熟为馑。"

⑥ 比及：等到，到了。

⑦ 知方：指懂得道义，遵守礼义。

⑧ 哂（shěn）：微笑。

⑨ 俟（sì）：等待。

⑩ 赤：即公西华。

⑪ 会同：诸侯会盟。两诸侯相见，叫"会"；许多诸侯一起相见，叫"同"。

⑫ 端章甫：端，周代的一种礼服，也叫"玄端"。章甫，一种礼帽。这里泛指穿着礼服。

⑬ 相：在祭祀、会同时，行赞礼的人员。也叫"傧相"。有不同的职位等级，故文中有"小相"、"大相"之说。

⑭ 希：通"稀"，稀疏（节奏速度放慢）。

⑮ 铿（kēng）尔：形容乐声有节奏而响亮。一说，曲终拨动瑟弦的余音。

⑯ 作：站起身来。

⑰ 三子：三位。"子"是对同学的尊称。撰：同"譔"。陈述的事，说的话。

⑱ 伤：妨害，妨碍。

⑲ 莫：同"暮"。

春服既成①，冠者五六人②，童子六七人，浴乎沂③，风乎舞雩④，咏而归。"夫子喟然叹曰："吾与点也！"

你怎么样？"曾点正弹着瑟，曲调的旋律舒缓下来，铿的一声放下瑟，站起身来，回答说："我和方才这三位同学的志向不一样。"孔子说："不同又有何妨啊？大家不过是漫谈一下自己的志向罢了。"于是曾点说："暮春三月，穿着春装，和五六位成年的朋友，再带上六七个天真烂漫的儿童，到沂水洗洗澡，到求雨的祭坛上吹吹风，再一路唱着歌回来。"孔子长叹了一声说："我欣赏曾点的想法。"

---

① 春服：指春天穿的夹衣（里表两层）。既：已经。成：定，穿得住了。
② 冠者：成年人。古代男子二十岁举行冠礼，束发加冠，表示已经成年。
③ 沂(yí)：水名。发源于山东省邹城市东北，经曲阜市南及江苏省北部，流入黄海。传说当时该处有温泉。
④ 风：作动词用，吹风，乘凉。舞雩(yú)：古代求雨的祭坛。因人们祈雨必舞，故称"舞雩"。这里指鲁国祭天求雨的台子，在今曲阜市南，有坛有树。北魏·郦道元《水经注》："沂水北对稷门，一名高门，一名雩门。南隔水有雩坛，坛高三丈，即曾点所欲风处也。"

【春秋】老子

《道德经》(7则)

统治者总是想着如何统治天下，管理百姓，且不说谁给他这个权力，单说权力的运用，统治者用权过多，政令百出，事事干预，天下从此多事，民间生活的空间就小了。如果尽量少用权力，只管非管不可的一些事，多数事情无为而为，还百姓以自由生活的空间，天下反而太平无事。这就是老子思想的一个核心。他主张人间生活要顺应自然，亲近大道。这套主张在汉文帝、景帝统治时期，结出了硕果。统治者接受以《道德经》和《庄子》为代表的"黄老"哲学的影响，在政治上"清静无为"、"无为而治"，让百姓休养生息，社会经济得到较快的发展，被后世称为"文景之治"。这是中国进入封建社会后出现的第一个盛世。司马迁感叹文景二帝"德至盛也"。班固也说"周云成康，汉言文景，美矣"。

老子，姓李，名耳，字伯阳，谥曰聃。楚国苦县（今河南鹿邑）人，生活时代在春秋后期（约前571~前471），与孔丘同时而略早，曾任周王室的守藏室之史，掌管王室图籍，后又为柱下史，通晓上下古今之变。晚年隐居于沛，躬耕授徒，讲德论道。孔子到周，曾向他问礼。老子见周衰，即骑青牛西入关中，莫知其所终。老子著作仅有五千言《道德经》，也叫《老子》，是用韵文写成的一部哲理诗，开创了我国古代道家哲学思想的先河。

一

道大①，天大，地大，人亦大。域中有四大，而人居其一焉②。

人法地，地法天，天法道，道法自然。

宇宙万物变化的规律重要，天重要，地重要，人也重要。宇宙间有四种最重要的，而人占了其中一份。

人效法地，地效法天，天效法道，道效法自然。

---

① 道：道家学说中指天地运行的法则、规律。
② 居：占。

二

天下皆知美之为美，斯恶已①；皆知善之为善，斯不善已。

世人都知道美之所以为美，就有丑了，都知道善之所以为善，就有不善了。

三

天地不仁，以万物为刍狗②；圣人不仁，以百姓为刍狗。

天地无仁爱之心，把万物看作祭后就抛弃的草狗那么的轻贱；圣人无仁爱之心，把百姓看作祭祀后就抛弃的草狗那么轻贱。

四

民不畏威，则大威至。

百姓不怕权势、力量，那么非常可怕的事就到来了。

五

知人者智，自知者明。胜人者有力，自胜者强。

知足者富，强行③者有志。不失其所④者久，死而不亡⑤者寿。

能了解别人的人有智慧，能了解自己的人明察，能战胜别人的人有力量，能战胜自己的人才坚强。

知道满足的人富有，做事自强不息的人有志气，不丢根基的人能长存，已死去的而精神可以延续发扬的人就是长寿。

六

故天之道，损⑥有余而补不足。人之道则不然，损不足而奉⑦有余。

孰能有余以奉天下？惟有道者。

所以，上天的法则是，削减有余的而用以补助不足的；人类社会法则却不这样，而是削减不足的用以补助有余的。

谁能把多余出来的东西供给天下呢？惟有有道的人才能这样。

① 斯：有、则、就。恶：即丑。已：通"矣"。
② 刍狗：结草为狗，供祭祀用，祭后弃去。后用来比喻轻贱无用的东西或言论。
③ 强行：自强不息地做。
④ 所：根基。
⑤ 死而不亡：躯体虽死而精神犹存。
⑥ 损：削减。
⑦ 奉：供给。

是以圣人为而不恃①,功成而不处,其不欲见②贤。

所以圣人做了好事不自恃,成功了而不居功,他不乐意显现自己的贤能。

七

信③言不美,美言不信。善者不辩,辩者不善。知④者不博,博者不知。

圣人不积,既以为⑤人,己愈有;既以与人,己愈多。

天之道,利而不害;人之道,为而不争。

真实的话不说得冠冕堂皇,说得冠冕堂皇的话不真实。善良的人不巧辩,巧辩的人不善良。有智慧的不用面面俱到地学,面面俱到地学的人没有智慧。

圣人自己不积藏什么,尽力能帮助他人,自己反而更富有;尽力给予别人,自己反而有更多的收获。

上天的法则,是利物而不妨害人;人世的法则,是尽力助人而不与人争夺。

---

① 恃:依仗,依赖。
② 见(xiàn):通"现",表现。
③ 信:真实的。
④ 知:通"智"。
⑤ 为:为了(他人),帮助(他人)。

【战国】庄周

哲 言①（5则）

　　庄子写文章，好像以前从来没有人写过文章似的，全然一片天籁之音，全然都是新鲜活泼的思维。他喜欢用故事说理，故事好听，道理却不容易接受，因为他常常诱导你换一副脑筋想问题，换一双眼睛看世界。就说做梦吧，孔子一生时常梦见周公，幽会自己心仪的政治家，意图恢复周礼、重整天下；而庄子做梦，化身为蝴蝶，醒来发出"孩子气"的疑问：不知道是我梦中变了蝴蝶，还是蝴蝶梦中变成了我？这与经国济世毫无相干，只是对自我的一个追寻而已，却将读者心灵解放，与他一同体味思维的喜悦。他拒绝出仕，说是不愿做一只圣殿上的死乌龟，宁愿做一只拖着尾巴在泥里爬的活乌龟，因为自由高于一切。这很像古希腊智者第欧根尼，他鄙视富贵，居住在木桶中。冬日某天，征服世界的亚历山大大帝屈尊前去探望他，问："我能为你做点什么吗？"智者回答："请你让开，别挡住我的阳光。"还有，没用的东西其实可能有大用？有限的生命能不能做无限的追求？一个人可不可以知道鱼的快乐？人与人之间能否达到"无言的境界"？诸如此类，全都是震荡脑力的有趣问题。庄子代表着中国书生传统中轻松活泼、幽默达观、灵机巧慧的"智者心怀"。读读庄子，想想庄子，还自己一个自由的魂魄。

　　庄周（约前369～前286），宋国蒙（今河南商丘东北）人，与孟子（约前372～前289）、屈原（约前340～前278）大致同时。曾任漆园吏。家境贫困，靠编织草鞋度日，饿得面黄肌瘦，有时不得不向人家借米救急。庄子以平民书生的身份，遍读天下书籍，却无意于仕途，长期过着隐居生活。楚威王闻其名，用厚币相聘，许以为相。他表示宁为"孤豚"，不作"牺牛"，甘愿逍遥物外，穷困终生。战国时期是我国古代思想大解放、学术大发展的时代，庄子是战国中期道家集大成的人物。《史记·老子韩非列传》说他："其学无所不窥，然其要本归于老子之言。故其著书十余万言，大抵率寓言也。"庄子的文风汪洋恣肆，奇瑰俊逸，文字雄美，想象丰富，思维别开生面，议论妙趣横生，深受心思活泼的读书人喜爱。

---

① 前4则钟叔河译述。

梦为胡蝶①

昔者②，庄周梦为胡蝶，栩栩然胡蝶也，自喻适志与③，不知周也。俄然觉，则蘧蘧然周也④。不知周之梦为胡蝶与？胡蝶之梦为周与？周与胡蝶，则必有分矣。此之谓物化。

——《庄子·内篇·齐物论》

庄子晚上做梦，梦中自己成了一只蝴蝶，在空中翩翩起舞，十分自由快乐，一点也没想到庄周是谁。霎时梦醒，惊奇地发现自己，却还是原来的庄周，手是手，脚是脚，伸直了躺在床上。

庄子于是乎想道：我是谁？真是我梦中成了蝴蝶么？还是蝴蝶梦中成了庄周呢？这两种情况，难道不是同样都有可能发生的么？

我刚才感到很快乐，是因为我成为蝴蝶，能够在空中自由地飞翔。这是两脚落地的庄周从未体验过，也根本不可能体验到的。

蝴蝶和庄周是不同的"物"，感受才会不同，但"物"不可能永存，一觉也好，一生也好，总会要变化，要消亡。"物"如果"化"去了，感觉和意识等等一切还能不变吗？

曳尾涂中⑤

庄子钓于濮水，楚王使大夫二人往先焉，曰："愿以境内累矣。"庄子持竿不顾，曰："吾闻楚有神龟，死已三千岁矣。王以巾笥而藏之庙堂之上⑥。此龟者，宁其死为留骨而贵乎？宁其生而曳尾于涂中乎？"二大夫曰："宁生而曳尾涂中。"庄子曰："往矣，吾将曳尾于涂中。"

——《庄子·外篇·秋水》

庄子在濮水上钓鱼，楚王派了两位大夫先来，代表国王表示："希望将楚国的事情烦累先生。"要庄子去做官。

庄子手拿钓竿，头也不回地道："听说楚国有只'神龟'已经死去三千年了，楚王将它用绸包起，竹箱装起，供奉在圣殿上。不知道这只乌龟，是愿意像这样死去留下甲骨受供奉呢？还是宁愿活着拖着尾巴在泥里爬呢？""当然愿意活着在泥里爬。"大夫们回答。"那么，两位请回吧。"庄子道，"让我拖着尾巴在泥里爬罢。"

① 胡蝶：即蝴蝶。

② 昔：通"夕"。

③ 喻：通"愉"。文中前三个"与"均通"欤"。

④ 蘧蘧然：惊疑动容的样子。

⑤ 曳(yè)：拖，拉。涂：泥。

⑥ 笥(sì)：盛物竹器。

庄生蝶 纵浪大化的灵魂

205

无用之用

惠子谓庄子曰："子言无用。"庄子曰："知无用，而始可与言用矣。夫地，非不广且大也，人之所用容足耳。然则厕足而垫之致黄泉，人尚有用乎？"惠子曰："无用。"庄子曰："然则无用之为用也亦明矣。"

——《庄子·杂篇·外物》

惠子对庄子道："你说的这些道理，我看都是无用的。"

"知道什么是无用，便能讨论什么是有用了。"庄子回答道："像你和我站在上面的大地，难道说它还不宽不厚吗？但此刻对于你和我来说，有用的却只有脚底下这一小块。可是，如果把除了这块以外的地都深挖到九泉，我和你站脚的这一块还有用么？""当然没有用了。"惠子说。"那么，'无用'的用处，岂不十分明白了么？"庄子说。

吾生有涯

吾生也有涯，而知也无涯。以有涯随无涯，殆矣。已而为知者，殆而已矣。为善无近名，为恶无近刑，缘督①以为经，可以保身，可以全生，可以养亲，可以尽年。

——《庄子·内篇·养生主》

人的生命是有限的，知识和成就则是无限的。以有限的生命去作无限的追求，人便会活得很累很累。明知如此，若还执迷不悟，更是枉抛心力，结果只有更糟。

人在社会上，不能不做大众都认为该做的"好事"，但不必为了得到好名声，做得过了头。人有时亦难免做点儿大众说是"坏事"的事，也不要做得过了头，触犯国家的法律和社会的准则。

总而言之，凡是都要遁中道、依常理而行。这样，人的精神和身体便能宽泰安详，可以顺其自然地过生活了。

庄生蝶 纵浪大化的灵魂

濠上知鱼乐

庄子与惠子游于濠梁之上②。庄子曰："鲦（tiáo）鱼出游从容，是鱼之乐也。"惠子曰："子非鱼，安知鱼之乐？"庄子曰："子非我，

庄子和惠子在濠水的桥上游玩。庄子说："鲦鱼悠闲自在地游水，这是鱼的快乐啊。"惠子说："你不是鱼，怎么知道鱼的快乐？"庄子说："你不是我，怎么知道我不知

---

① 缘督：顺守中道。督，指人背部的中脉。

② 梁：桥。

安知我不知鱼之乐？"惠子曰：
"我非子，固不知子矣；子固非鱼
也，子之不知鱼之乐，全矣①。"庄
子曰："请循其本②。子曰'女③安
知鱼乐'云者，既已知吾知之而问
我。我知之濠上也。"

——《庄子·外篇·秋水》

道鱼快乐？"惠子说："我不是你，当然不知
道你；你肯定不是鱼，那么你不知道鱼的快
乐，这是确定无疑的了。"庄子说："请找到
争论的根源再说。你说'你怎么知道鱼快乐'
这句话的时候，就是已经知道我知道鱼快乐
之后才来问我的。我是在濠水的桥上知道鱼
快乐的。"

---

① 全：完全，确定。

② 循：沿着，追溯。

③ 女：通"汝"，你。

【战国】屈原

涉 江①

"仁者乐山，智者乐水。"山的敦厚，水的激情，象征着中国书生的两种基本品行。由于儒家文化盛行，儒者如山，温良敦厚，虚怀若谷，含垢忍辱，市面流行品种是谦谦君子。大陆文化中罕见了水性文化气质，那种奔腾激越、不平则鸣、舍生取义、一往无前的刚猛勇毅，伴随着洁身自好、皎皎易污、深情贯注、宁折不弯的壮怀激烈。这种"水性文化气质"如深山清泉，吐出涓涓细流，绕山而行，给凝重的重嶂叠峦以灵动生机；如青山眉眼，触物伤情，泪光盈盈，灌溉着中国人缺水的心田。两千多年前的一天，屈原用自己的生命，化作了这股源流中的第一泓水。

屈原（约前340~前278），名平，字原。楚武王熊通之子屈瑕的后代。丹阳（今湖北秭归）人。战国末期楚国人，中国第一位著名诗人。他曾在楚国做过左徒和三闾大夫，坚持"美政"，抵抗强秦，因受权奸排挤而两度被放逐，浪迹江湖，辗转流离于沅、湘二水之间。顷襄王二十一年（前278），秦将白起攻破楚都郢（今湖北江陵），屈原悲愤难挨，自沉汨罗江，殉身政治理想。那天是农历五月初五，中国民间五月初五端午节包粽子、赛龙舟的习俗就源于人们对屈原的纪念。屈原是"楚辞"的创立者，代表作有《离骚》《天问》《九歌》《九章》等。

屈原之后，中国书生投水而亡者络绎不绝。唐诗人张志和自沉吴江，"烟波终身"；南宋覆亡，教育家欧阳守道自沉水池；明代东林党人高攀龙为魏忠贤陷害，饮酒整冠，从容投池；清末爱国志士、《警世钟》的作者陈天华，痛恨国衰民困，在日本投海醒民；1927年端午节前，国学大师王国维不忍见到传统文化的衰亡，在颐和园昆明湖自沉，死的前一天，对人谈及颐和园时说："今日干净土，惟此一湾水耳！"1966年8月24日，著名作家老舍在被红卫兵批斗一整天后，投身北京的太平湖；1968年8月12日，著名作家、园林专家周瘦鹃在被红卫兵砸成废墟的花木丛中，投身苏州自家花园的井中……冥冥之中，难道他们都听从了屈原的召唤？为什么他们一个个自赴清流？追溯到屈原之死才有答

① 选自萧兵译注《楚辞全译》，江苏古籍出版社1998年版。

屈原魂 中国的水性文化气质

案。屈原在《湘夫人》中设想了一个美丽的水中家园，"筑室兮水中，葺之兮荷盖。"那是芳草美玉构建的世外幽居，他相信应该有这样一个纯然洁净的世界存在。在《渔父》中，和光同尘的世故渔夫启发他："沧浪之水清兮，可以濯吾缨。沧浪之水浊兮，可以濯吾足。"屈原却坚持认为"世人皆浊我独清，众人皆醉我独醒。"他的选择是"宁赴湘流，葬于江鱼之腹中。安能以皓皓之白，而蒙世之尘埃乎！"他不愿以白就黑，不愿委曲求全，于是怀沙抱石，投身汨罗江。

"与其死于浊手，不若死于清波也。"（明·冯梦龙《范笏林》）不是说屈原发明了一种自杀方式，而是屈原首先将人生审美、精神品质与潺潺清流联系在一起。高远的理想，值得上下而求索；生命的尊严，岂容折价拍卖？洁净的追求，虽九死而未悔。求索不成，浊世难存。不能生于净土，甘愿投身净水。上天无路，入土不甘，惟水可居。因为屈原，葬身清波成为洁身自好、不甘苟且偷生的纯洁人格的象征。也因为屈原，标示出中国书生的人格高度，在中国的书生传统中，注入了宁为玉碎，不为瓦全的刚毅血性和高贵人性。

《涉江》一篇作于屈原流放途中，自杀前夕。他追述高洁理想，倾诉苦闷心绪，指斥世道的黑暗，表明宁折不弯的信念。风雨如晦，柔肠千转，一颗文化巨星在即将熄灭的时刻爆发出强烈的光焰，后世千载，无数双遥望人类精神星空的眼睛，依然被它灼热刺痛。

余幼好此奇服兮，　　　　　　我从小喜欢奇异的服装啊，
年既老而不衰。　　　　　　　年龄虽大兴趣不减。
带长铗之陆离兮①，　　　　　佩起精美繁丽的长剑啊，
冠切云之崔嵬②。　　　　　　戴着高山一般的切云之冠。

被明月兮珮宝璐③，　　　　　装饰着美玉和夜光珠宝，
世溷浊而莫余知兮，　　　　　肮脏的俗世看不惯我啊，
吾方高驰而不顾④。　　　　　我正高驰云天决不后顾。
驾青虬兮骖白螭⑤，　　　　　驾起青虬套上白螭啊，
吾与重华游兮瑶之圃⑥。　　　我跟随重华神游美玉园圃。

① 长铗（jiá）：长剑。陆离：剑身或鞘饰的复杂繁丽，或说镶嵌琉璃珠。
② 切云：帽子，因为崔嵬高峻似近云霄而得名。崔嵬（wéi）：形容其状如山之高。
③ 被：通"披"。明月：或说指夜光珠。珮：这里指佩。宝璐：美玉。以上虽是贵族常用服饰，但似有寄寓志趣高洁、心地光明之意。
④ 有如《离骚》，这里仍是"神游"，想象自己的精魂驾着舟车飞行而寻求美善。跟下文的幽清晦暗污浊构成对照。
⑤ 虬（qiú）：有角的小龙。螭（chī）：无角的龙。驾：指中央驾辕的龙马。骖：指两旁的"套马"（"骖"用作动词）。
⑥ 重华：舜的号，太阳神，诗人的精神祖先。瑶之圃：指生长着美玉的园地。

登昆仑兮食玉英①，
与天地兮同寿，
与日月兮齐光。
哀南夷之莫吾知兮②，
旦余济乎江湘③。

登上昆仑把那美玉分享啊，
将与天地的寿数一般短长，
还跟日月同样放射辉光。
悲叹南人不理解我啊，
天一放亮我就横渡江湘。

乘鄂渚而反顾兮④，
欸秋冬之绪风⑤。
步余马兮山皋⑥，
邸余车兮方林⑦。

登上鄂渚回头一看啊，
哀叹秋冬余风未断凄寒。
命我的龙马漫步高岸啊，
让我的金车暂歇方林之畔。

乘舲船余上沅兮⑧，
齐吴榜以击汰⑨。
船容与而不进兮⑩，
淹回水而疑滞⑪。

乘着篷船上溯沅水啊，
举起大浆齐击绿波。
船儿飘荡起伏难进啊，
江水回旋阻滞蹉跎。

朝发枉陼兮⑫，
夕宿辰阳⑬。
苟余心其端直兮，
虽僻远之何伤。

早晨从枉陼出发啊，
薄暮便到辰阳。
倘若心胸端正肃直啊，
荒僻遥远又有何妨。

入溆浦余僮佪兮⑭，
迷不知吾所如。

初到溆浦徘徊不进啊，
迷茫曲折不识前途。

---

① 昆仑：西北盛产瑶玉的神山，古人看作世界中心和乐园。玉英：玉树之花，或玉的精华。这里跟《离骚》"精琼靡以为粻（粮）"一样，反映古人的食玉迷信：它能使人不朽或永生（所以下句才那么说）。

② 南夷：指长江以南、楚国南疆的少数民族。

③ 济：渡。江：长江。

④ 鄂渚：地名。或说在今武昌黄鹤楼山上游三百步长江中。

⑤ 欸（āi）叹气。绪风：余风。

⑥ 山皋：依山傍水的高地。

⑦ 邸：通"抵"，抵达。方林：地名。

⑧ 舲（líng）船：舱室有窗的船。上沅：溯流而驶上沅水。

⑨ 吴榜：较大的船桨，或说吴地所制。汰：水波。

⑩ 容与：起伏高低的样子。

⑪ 淹：有迟滞之意，与"疑滞"相应。回水：回旋着的水流。疑滞：即凝滞，停止流动。

⑫ 枉陼（zhǔ）：地名，在今湖南常德南。

⑬ 辰阳：地名，在今湖南辰溪西。

⑭ 溆浦：指湖南溆水沿岸。僮佪（chán huí）：徘徊。

深林杳以冥冥兮[1]，　　　　　林深日落昏冥阴幽啊，
猿狖之所居[2]。　　　　　　　这里只适合猿猴居住。

山峻高以蔽日兮，　　　　　危山高峻蔽日遮天啊，
下幽晦以多雨。　　　　　　林麓晦暗雨雾频连。
霰雪纷其无垠兮[3]，　　　　雪籽乱飞无际无边啊，
云霏霏而承宇[4]。　　　　　乌云纷扰直逼天宇周沿。

哀吾生之无乐兮，　　　　　哀叹半生毫无欢乐啊，
幽独处乎山中。　　　　　　寂然独处崖畔岩中。
吾不能变心而从俗兮，　　　我不能变心随俗从众啊，
固将愁苦而终穷[5]。　　　　宁愿忧愁悲苦终身困穷。

接舆髡首兮[6]，　　　　　　狂人接舆有意剃发啊，
桑扈臝行[7]。　　　　　　　隐士桑扈裸体独行。
忠不必用兮，　　　　　　　忠臣不被重用啊，
贤不必以[8]。　　　　　　　贤士更难进身。
伍子逢殃兮[9]，　　　　　　伍子尽忠难逃噩运啊，
比干菹醢[10]。　　　　　　　比干苦谏被剁成肉饼。

与前世而皆然兮[11]，　　　忠臣不遇世代如此啊，
吾又何怨乎今之人。　　　　我又何必苛责今人。
余将董道而不豫兮[12]，　　终始不渝循道而行啊，
固将重昏而终身[13]。　　　哪怕重重昏黑禁锢终身。

---

① 杳（yǎo）：日落貌，指幽暗，与冥冥相应。

② 狖（yòu）：猿猴之类。

③ 霰（xiàn）：小冰粒，俗称雪籽。垠（yín）：边。

④ 霏霏：犹言纷纷纭纭。承宇：接连天宇（或连接屋檐）。

⑤ 终穷：指困厄以终。

⑥ 接舆：楚国狂士，据说曾嘲笑孔丘。髡（kūn）首：剃去顶部的头发，一种刑罚。相传接舆曾经是自伤发肤，避世而不做官，与儒家思想对立。

⑦ 桑扈：古代隐士，或以为即《庄子》里的子桑户，《论语》里的子桑伯子，他喜欢衣冠不整，被讽刺为裸行，反传统。屈原则予同情。

⑧ 以：这里也有"用"的意思，或"以贤而达"的省略。贤：指接舆、桑扈。忠：指比干、伍员。

⑨ 伍子：伍员，即伍子胥。忠于吴国，却被吴王夫差错杀。

⑩ 比干：忠谏于纣王被剖心。菹醢（zū hǎi）：古代酷刑，把人剁成肉酱。

⑪ 与：排列。或说应作"举"。

⑫ 董：有参与治理和奉行的意思。董道：即循道而行。

⑬ 重昏：处在重重昏暗之中。或说指自身昏蒙孤苦，跟前面"愁苦而终穷"相应。

乱曰：

鸾鸟凤皇，

日以远兮。

燕雀乌鹊，

巢堂坛兮①。

露申辛夷②，

死林薄兮③；

腥臊并御，

芳不得薄兮④。

阴阳易位，

时不当兮；

怀信侘傺⑤，

忽乎吾将行兮！

结章道：

美凤凰鸾，

日渐飞远啊；

燕雀鸦鹊，

筑巢堂院啊。

名花香木，

困死丛莽啊；

腥染臭薰，

怎近清芳啊。

阴差阳错，

我生不当啊；

怀忠抱屈，

恍恍惚惚啊我将步入苍茫！

① 堂：厅堂。坛：庭院。

② 辛夷：香木，或说即迎春花。露申：可能是申椒一类芳香植物。

③ 林薄：林莽草丛。

④ 并御：并用，齐进。薄：通"迫"，进前。

⑤ 怀信：怀抱忠信。侘傺（chà chì）：这里形容遭难，失意。

【战国】屈原

橘 颂①

写作《橘颂》时的屈原，一定是青春焕发的年纪，那样满怀理想的激情，天降大任于身的自信，苏世独立的决心，参天立地的壮怀，都是年轻人的热血在涌动。一味乐观的情绪，自珍自爱的期许，锦绣前程的期待，轻松优雅的语调，文采飞扬的抒情，全然是一颗青春的心灵在跳动。这是中国文人写的第一首咏物诗，起笔书写的是一桩年轻的心事，他渴望生命的激情，渴望有一个超凡脱俗的人生。

后皇嘉树②，	你天生地养的奇树，
橘徕服兮③；	橘啊，你是祥瑞，善服水土；
受命不迁，	承受天地之命而不辞啊，
生南国兮④。	你最适合生于南方之荆楚。
深固难徙⑤，	根深本固不爱迁徙，
更壹志兮⑥；	你的生存始终如一啊；
绿叶素荣⑦，	白白的小花绿绿的叶子，
纷其可喜兮。	枝干茂盛缤纷可喜啊。
曾枝剡棘⑧，	尖尖的利刺层层的枝干，

---

① 选自萧兵译注《楚辞全译》，江苏古籍出版社1998年版。

② 后皇：王逸注："后，后土也；皇，皇天也。"姜亮夫以为是战国常语。意思是天所生、地所养的嘉树。

③ 徕：通"来"。徕服之义不明。可能承上，暗示其为天所赐而地所宜（服可训宜）。

④ 受命：受天地之命。橘是荆楚名产，能适应南方亚热带的水土气候。

⑤ 深：指其根。固：赞其本。所谓不迁，难徙，都可能跟《晏子春秋》等所说"橘生淮南则为橘，生于淮北则为枳"有潜在的联系。

⑥ 壹志：指其意志坚定，毫不动摇。

⑦ 荣：指花。

⑧ 曾：或作层，指枝桠重重。剡（yǎn）棘：枝上的刺。

圆果抟兮①；
青黄杂糅，
文章烂兮②。

你的果实圆团团啊；
有青有黄还分浓淡，
纹理色彩好斑斓啊。

精色内白③，
类可任兮④；
纷缊宜修，
姱而不丑兮。

雪白的种子晶莹的肉，
看形貌就能把大任授啊；
明丽、充实又轻柔，
你的丰满远离着丑啊。

嗟尔幼志，
有以异兮；
独立不迁，
岂不可喜兮。

哦，你年少意气，
就跟常人有异啊；
独立自主不乱变徙，
志趣坚定是多么可喜啊。

深固难徙，
廓其无求兮⑤；
苏世独立⑥，
横而不流兮⑦。

根本深固就难移走，
你胸怀开阔无所贪求啊；
浊世独醒你严于自守，
横立江心决不随波逐流啊。

闭心自慎⑧，
不终失过兮⑨；
秉德无私，
参天地兮。

小心谨慎你自我悚惕，
坚持到底无敢过失啊；
秉承大德不谋私利，
此身此志顶天立地啊。

愿岁并谢⑩，
与长友兮；
淑离不淫⑪，

愿同生死共享年寿，
你我永远是佳朋良友啊；
美丽坚贞艳而不淫，

---

① 抟（tuán）：圆。

② 文章：古代指纹理彩饰。烂：斑斓。

③ 精色：指橘子肉瓣色彩鲜明。内白：橘皮之里，筋络和种子都是白色的。

④ 类：犹言看起来，那样子……既然透明、鲜丽而又洁白，当然可以任重而经远。

⑤ 廓：指胸怀开阔。

⑥ 苏：苏醒，指对浊世有了觉悟。如《渔父》之"众人皆醉我独醒"。所以屡说独立。

⑦ 横：横立，如中流砥柱，不随波逐流。

⑧ 闭心：安静下来，戒惧警惕。自慎：跟所谓慎独是一致的。

⑨ 不终失过：一作"终不过失"。

⑩ 愿岁：愿意跟橘树同生共死。谢：凋谢。或说应作不谢，其实古人并不讳此。

⑪ 淑：贤善。离：通"丽"。淑离：是当时习用联绵词，意指美而贞淑自守，所以上说自慎，下谓不淫。

梗其有理兮①。　　　　　　枝干梗直花纹清秀啊。

年岁虽少，　　　　　　　　年纪虽小，
可师长兮②；　　　　　　　可以学习尊长啊；
行比伯夷，　　　　　　　　你的品行可与伯夷比仿，
置以为像兮③。　　　　　　树立先贤做个榜样啊。

---

① 梗：指橘枝坚实。有理：纹理鲜明，都借喻淑离而自慎的人。

② 年少指橘树方壮，可能暗喻自己（或说他人）的青年时代。古人不避自赞自重。屈原也确实滋兰九畹，树蕙百亩，做过贵族子弟的师长。师为动词，师从尊长，例如伯夷。

③ 伯夷：传说里商末贤士，因为耻食周粟，跟叔齐一起饿死首阳山。像：指楷模。伯夷的坚贞不屈、独立不迁，是最佳的橘，也是理想的师长。

太史公事业 小子何敢让焉

216

【西汉】司马迁

太史公自序

司马迁（前135~前87），字子长，夏阳（今陕西韩城）人。生于史官世家，祖先自周代起就任王室太史，掌管文史星卜。父亲司马谈在汉武帝时任太史令达三十年之久。文化世家渊源久长的家学对司马迁的治学与人生道路有深刻的影响。少年时师从著名经学大师孔安国、董仲舒，学习《古文尚书》和《春秋》。二十岁"循行天下"，壮游国土，探访古迹。读万卷书，行万里路，一代英才卓然于世。父亲对司马迁的期许之高，是五百年才出一个的人物，归入周公——孔子——司马迁这样一个伟大的系统。为历史存证，为人间留声，建立"名山事业"——这是司马迁的家教。而年轻的司马迁回答："小子何敢让焉"——舍我其谁！ 本文是段落节选。

太史公曰："先人有言①：'自周公卒五百岁而有孔子②。孔子卒后至于今五百岁，有能绍明世，正《易传》，继《春秋》，本《诗》《书》《礼》《乐》③之际？'"意在斯乎！意在斯乎！小子何敢让焉！

——《史记》

太史公司马迁说："我已故的父亲曾对我说过一句话：'从周公姬旦去世，经五百年后才有孔子。孔子去世后到现在又有五百年了，还会出现谁能够继续圣明时代的伟大事业，修正《易传》，续写《春秋》，探究《诗》《书》《礼》《乐》的本源？'"老父生前的这个心思就是寄托在我的身上吧！他的心思就是寄托在我的身上吧！我作为一个晚辈怎敢推辞这个重任呢？

---

① 太史公：司马迁自称。先人：指司马迁的父亲司马谈。

② 周公：姓姬，名旦，周武王之弟，周成王之叔。武王死时，成王尚年幼，于是就由周公摄政（代掌政权）。周朝的礼乐制度相传是由周公制定的。

③ 《易传》：即《周易》。《春秋》：孔子根据鲁国史修订而成。《诗》：《诗经》。《书》：《尚书》，是上古历史文件的汇编。《礼》：《周礼》《仪礼》《礼记》三书的合称。《乐》：今已不传。以上六书，汉时称"六艺"。

【西汉】司马迁

报任安书

司马谈死后，司马迁继任父职为太史令，开始撰写《史记》。天汉二年（前99），李陵出征匈奴被围，在矢尽粮绝的情况下投降匈奴。满朝震怒，惟有司马迁为李陵辩解，被判为死罪（或以腐刑代替）。汉武帝时代，死囚犯可以出钱五十万减死一等，但司马迁家境并不富裕，拿不出这笔钱，只能受"腐刑"（宫刑）"偷生"。苟且偷生，是寻常人所不为，何况以气节高标、冰清玉洁的书生？忍得奇耻大辱，需要超人的勇气，司马迁明白："人固有一死，死有重于泰山，或轻于鸿毛，用之所趋异也。"死是容易的，活着却必须重新认定生命的价值。人世间出一个有才华的人容易吗？《史记》没有完成，我不做谁来做呢？这一回，司马迁自觉将自己融入一个伟大的系统：周文王、孔子、屈原、左丘明、孙膑、韩非、司马迁，都是逆境中发奋有为的人杰。人世间的杰出文字，大都是"圣贤发愤之所为作"。司马迁含垢忍辱地活了下来，囚禁六年之后，征和元年（前93）出狱。汉武帝再次任命他为中书令。"究天人之际，通古今之变，成一家之言"的历史巨著——《史记》得以完成。《史记》开创了中国纪传体通史的恢弘先河。鲁迅誉之为"史家之绝唱，无韵之离骚"。

任安是司马迁的朋友，曾写信要求他"推贤进士"。司马迁于是写了这封情感炽烈的回信，倾诉悲愤，表明心志。本文有删节。

夫人情莫不贪生恶死，念亲戚，顾妻子。至激于义理者不然，乃有不得已也。今仆不幸，蚤失二亲，无兄弟之亲，独身孤立。少卿视仆于妻子何如哉？且勇者不必死节，怯夫慕义，何处不勉焉！仆虽怯软欲苟活，亦颇识去就之分

贪恋生存，害怕死亡，顾念父母妻儿，这是人之常情，概莫能外。至于被正义、真理所激励的人就不这样了，他会有超越常情不得不这样去做的理由。现在，我很不幸，早早地就丧失了双亲，又没有兄弟，一人孤单地活在这个世上。你看我对妻子儿女怎样呢？况且勇敢的人不一定为名节而死，怯懦的人景

矣①，何至自沉溺累绁之辱哉②？且夫臧获婢妾犹能引决③，况仆之不得已乎？所以隐忍苟活，幽粪土之中而不辞者，恨私心有所不尽，鄙没世而文采不表于后也。

古者富贵而名摩灭，不可胜记，唯倜傥非常之人称焉④。盖文王拘而演《周易》⑤；仲尼厄而作《春秋》⑥；屈原放逐，乃赋《离骚》⑦；左丘失明，厥有《国语》⑧；孙子膑脚，《兵法》修列⑨；不韦迁蜀，世传《吕览》⑩；韩非囚秦，《说难》《孤愤》⑪。《诗》三百篇⑫，大底贤圣发愤之所为作也。此人皆意有所郁结，不得通其道，故述往事，思来者。

慕正义，哪一点可以不自我勉励呢？我虽然怯弱想苟活于世，可也清楚地明白自己该做什么、不该做什么的界限，怎至于自己心甘情愿地深深陷入牢狱之辱呢？再说连奴仆婢妾女流之辈，尚且能临辱自我了断，况且像我这样被正义、真理激励而难以控制激愤的人呢？我之所以隐忍苟活、被封埋在粪土之中而在所不辞，是因为我深憾自己心中的理想还没有实现，（如果）在屈辱中死去，我的文章才华就不能流传后世了。

自古以来，享尽荣华富贵而默默无闻不为人知的人，多得数也数不清，唯有那些潇洒不羁、卓尔不群的人才配得上千古流芳。周文王被囚禁在羑里，而推演出《周易》，孔子命途困厄不通，而著述《春秋》；屈原被放逐，才创作了《离骚》；左丘明双目失明后撰写了《国语》；孙子受到膑刑，《孙膑兵法》问世；吕不韦被贬蜀中，世上才流传《吕览》；韩非被秦国囚禁，写出了《说难》《孤愤》。《诗经》三百篇，大抵都是古圣先贤发愤之作。这些人都是心情压抑梗塞，理想主

① 去就：进退，取舍。

② 累绁（xiè）：捆绑犯人的绳子，引申为捆绑、牢狱。

③ 臧获：奴婢。奴曰臧，婢曰获。

④ 倜（tì）傥：豪迈不受拘束。

⑤ 文王拘而演《周易》：传说周文王被殷纣王拘禁在羑（yǒu）里时，把古代的八卦推演为六十四卦，成为《周易》的骨干。

⑥ 仲尼厄而作《春秋》：孔丘，字仲尼，周游列国宣传儒道，在陈地和蔡地饱受围攻和绝粮之苦，返回鲁国作《春秋》一书。

⑦ 屈原：曾两次被楚王放逐，幽愤而作《离骚》。

⑧ 左丘：春秋时鲁国史官左丘明。《国语》：史书，相传为左丘明撰著。

⑨ 孙子：春秋战国时著名军事家孙膑。膑脚：孙膑曾与庞涓一起从鬼谷子习兵法。后庞涓为魏惠王将军，骗膑入魏，割去了他的膑骨（膝盖骨）。孙膑有《孙膑兵法》传世。

⑩ 不韦：吕不韦，战国末年大商人，秦初为相。曾命门客著《吕氏春秋》（一名《吕览》）。始皇十年，令吕不韦举家迁蜀，吕不韦自杀。

⑪ 韩非：战国后期韩国公子，曾从荀卿学，入秦被李斯所谮，下狱死。著有《韩非子》，《说难》《孤愤》是其中的两篇。

⑫ 《诗》三百篇：今本《诗经》共有三百零五篇，此举其成数。

乃如左丘明无目，孙子断足，终不可用，退而论书策以舒其愤，思垂空文以自见。仆窃不逊，近自托于无能之辞，网罗天下放失旧闻①，略考其事，综其终始，稽其成败兴坏之理。上计轩辕，下至于兹。为十表，本纪十二，书八章，世家三十，列传七十，凡百三十篇，亦欲以究天地之际，通古今之变，成一家之言。草创未就，适会此祸，惜其不成，是以就极刑而无愠色②。仆诚已著此书，藏之名山，传之其人，通邑大都，则仆偿前辱之责，虽万被戮，岂有悔哉？然此可为智者道，难为俗人言也。

且负下未易居，下流多谤议。仆以口语遇遭此祸，重为乡党戮笑③，污辱先人，亦何面目复上父母之丘墓乎？虽累百世，垢弥甚耳！是以肠一日而九回④，居则忽忽若有所亡，出则不知所往。每念斯耻，汗未尝不发背沾衣也。身直为闺阁之臣⑤，宁得自引深藏岩穴

张遭受阻遏不能实现，所以才追述往事，寄希望于未来。至于像左丘明失去了双眼，孙膑被挖掉膝盖骨，料想自己毕竟身残，难以为世所用，所以退一步转而著书立说，用以释放内心的愤懑，想借助流传后世的文章自我展现。我自不量力，近年来，依赖拙笨的文字，收集了散轶在民间的旧闻，考证了其中的历史事件，纵观事件始末，推究其成败兴衰的道理。上从轩辕黄帝开始，下到当今为止。著成了十篇表、十二篇本纪、八章书、三十篇世家、七十篇列传，共计一百三十篇，也是想要穷究上天和人事的联系，通晓从古而今发展演变的规律，成为一家的学说。草稿没写完，恰遭李陵之祸，全书尚未著完，使我万分痛惜，因而即使遭到最残酷的刑罚，也毫无愤怒自弃的表现。如果我当真著成此书，就把它藏在名山之中，传给可以读懂它的人，使它得以在四通八达的大都会中流传。那么，我清偿了从前蒙受耻辱的旧债，即使再被千刀万剐，难道有什么可悔恨的吗？不过，我的这种心情，只能对通达事理的人说，难以向平庸的人表明。

再说，背着羞辱之名的人难以安生自在，地位低微的人会招致众多的讥谤、非议。我只因说了句话，就惨遭横祸，深被同乡人耻笑，使祖先蒙受侮辱，我还有什么脸面再去给父母上坟呢？即使再过百代，这种耻辱只会更加深重！因此我肝肠寸断，在家闲住时，心神恍恍惚惚，若有所失，出门自己不知道该往哪里去。每每想到这奇耻大辱，冷

太史公事业 小子何敢让焉

219

① 失(yì)：通"佚"，丢失，散失。

② 愠(yùn)：怒。

③ 戮笑：辱笑。

④ 九回：九转。形容痛苦之极。

⑤ 闺阁之臣：指宦官。闺、阁都是宫中小门，指皇帝幽深神秘的内廷。

太史公事业 小子何敢让焉

220

邪？故且从俗浮沉，与时俯仰，以通其狂惑。今少卿乃教以推贤进士，无乃与仆之私心刺谬乎。今虽欲自彫琢①，曼辞以自饰，无益，于俗不信，适足取辱耳。要之死日，然后是非乃定。书不能尽意，故略陈固陋。谨再拜。

——百衲本《汉书》

汗就止不住从脊背冒出，浸湿了衣裳。自身竟变成了宦官一样，就是想隐身而退，深深藏匿山林岩穴之中，又怎么可能做到呢？所以姑且随从世俗而沉沉浮浮，顺应时事变迁而颠颠倒倒，以疏通我内心的狂乱迷惑。现在你竟然教我为朝廷推举引进贤士，岂不是和我内心想法大相乖谬吗？现在我即使想修饰自己，用漂亮的言语为自己涂脂抹粉，装点门面，也只是徒劳无益，世俗中的人们谁都不会相信，只不过自取其辱罢了。总之，到我死后，我是我非才能论定。我的信不能详尽表达我的心情，所以只能简略地陈明我偏颇浅陋的意见，恭敬地再次叩首。

---

① 彫琢：雕刻成连锦状的花纹。这里指自我妆饰。

二、魏晋风度　人间曾有妙人在

一个人性觉醒的时代
一群自由活泼的心灵
无论面对政治重压、传统礼教或世俗庸人
那样一群妙人儿勇敢坦荡、我行我素
真想生活在他们中间，与他们为友
并梦想将这种魏晋风流引渡到今天

【南朝·宋】刘义庆

世说新语①（14则）

名士风流

222

　　《世说新语》是一本妙书，是"清谈士全集"（陈寅恪），"名士的教科书"（鲁迅），"中国的风流宝鉴"（冯友兰）。《世说新语》记录了魏晋时期的一群妙人，"翻开《世说》，迎面走来的是一群率真旷达、恣情任性的风流名士，诸如玉柄麈尾的清谈家，辨名析理的玄学家，月旦人物的鉴赏家，传神写照的书画家，服药求仙的道士，论道讲佛的高僧，清才博学的文士，芝兰玉树的俊秀，纵酒的醉客，裸裎的狂士，真可谓一部风流名士的人物画卷。"（王能宪《世说新语研究》）"今古风流，惟有晋代。"（王思任）在政治生活最压抑的时代，出现了这样一群最率真自由的生命。在大一统瓦解、理崩乐坏之际，中国书生的风骨气度得到一场大规模的普遍的宣示。

　　刘义庆（403～444），南朝宋文学家，彭城（今江苏徐州）人。宋武帝刘裕的侄子。永初元年（420），袭封为临川王。元嘉元年（424）为丹阳令。其后曾任尚书左仆射加中书令、荆州刺史、南兖州刺史、加开府仪同三司等。后因疾还京，卒年四十一，谥康王。义庆秉性简素，寡嗜欲，爱好文义。一生虽历任要职，但政绩乏善可陈，除了本身个性清淡，最重要的原因是不愿卷入刘宋皇室的权力斗争。在任时招聚文学之士，远近必至，当时有名的文士如袁淑、陆展、何长瑜、鲍照等人都曾受到他的礼遇。所撰《世说新语》是我国最早的"志人事"的笔记小说，记载了自汉魏至东晋的遗闻轶事。在片言数语中表现人物的个性，广泛反映这一时期士族阶层的生活方式、精神面貌及其清谈放诞的风气，对后世笔记小说的发展有着深远的影响，同时令"魏晋风度"、"名士风流"等词汇进入中国文化传统。人间曾有妙人在，引发后世读书人遥想怀恋，津津乐道，仰慕不已。

---

① 本篇各则小标题为编者所拟。

阮 籍（2则）

阮籍（210~263），字嗣宗，陈留尉氏（今河南尉氏县）人。三国魏诗人，是"建安七子"之一阮瑀的儿子，本人是"竹林七贤"（阮籍、嵇康、刘伶、山涛、阮咸、向秀、王戎）之一。当时是三国末期，曹魏政权落入司马氏之手，士人多倾向曹魏，对司马氏集团不满，但政局险恶，世事已不可为，于是纷纷采取明哲保身的态度，放浪佯狂、纵情山水、诗酒自娱。"竹林七贤"就是七位好友隐居竹林，饮酒谈玄，这是七个伪装的狂人，七个世俗眼中的疯子，七个放浪形骸而又文采灿烂的文人。

《晋书》记载：阮籍"容貌瑰杰，志气宏放，傲然独得，任性不羁，而喜怒不形于色。或闭户视书，累月不出；或登山临水，经日忘归。博览群籍，尤好庄老。嗜酒能啸，善弹琴，当其得意，忽忘形骸，时人多谓之痴。"阮籍闭门读书，可以整月不出门；有时驾车独游，走到无路可走，便放声大哭，所谓"穷途之哭"，为人世间的穷途末路而哭。也曾登广武城，观楚、汉古战场，慨叹"时无英雄，使竖子成名！""司马昭之心，路人皆知。"司马昭想夺取曹氏政权，极力拉拢当代名士。曾经去向阮籍攀亲家，结果阮籍一连醉了六十天，连说话的机会也不给。又给他官职，阮籍听说山东东平的风土人情绝佳，于是要求做东平太守，上任后，把官府的墙壁全部拆掉，以便看风景。做了十几天官，把衙门办事的规矩大大简化一番后就回去了。后来又听说步兵衙门里藏有许多陈年美酒，那里的厨子是酿酒高手，于是，这位狂野文人，居然要求去做步兵校尉，把酒喝完，又辞官而去。后人因此称之为"阮步兵"。阮籍有个招牌表情——青白眼，见礼俗之士，一律白眼相待；见可意之人，则青眼有加。阮籍对待女性的态度很率真：他不在乎叔嫂回避的礼法，大大方方地和嫂嫂说话；隔壁小酒店的老板娘长得漂亮，阮籍常去喝酒，喝醉了就躺在她身边，老板也很得趣，观察之后，毫不在意；一位美丽的女孩不幸早逝，阮籍跟人家毫不相干，却特意跑去哭丧。为美的存在而醉，为美的消亡而哭，正是至情至性。把世人隐藏心中的那点意图，坦坦荡荡地表现出来，所以唐朝为他作传的房玄龄能够理解他："其外坦荡而内淳至。"与其说阮籍是以游戏的态度在乱世中保存自己，不如说，在压抑的环境中他敢于用独特的方式表达自我。阮籍的代表作是八十二首咏怀诗和一些出色的文赋，如《大人先生传》，尖锐讽刺那些蝇营狗苟的假"君子"。

名士风流

224

为酒做官

步兵校尉缺[①]，厨中有贮酒数百斛[②]，阮籍乃求为步兵校尉。《文士传》曰："籍放诞有傲世情，不乐仕宦。晋文帝亲爱籍，恒与谈戏，任其所欲，不迫以职事。籍常从容曰：'平生曾游东平，乐其土风，愿得为东平太守。'文帝说，从其意。籍便骑驴径到郡，皆坏府舍诸壁障，使内外相望，然后教令清宁[③]，十余日便复骑驴去。后闻步兵厨中有酒三百石，忻然求为校尉。于是入府舍，与刘伶酣饮。"《竹林七贤论》又云："籍与伶共饮步兵厨中，并醉而死。"此好事者为之言。籍景元中卒，而刘伶太始中犹在。

步兵校尉的职位空缺，营厨中贮有几百斗酒，阮籍就要求去做步兵校尉。《文士传》记载："阮籍放纵不羁，恃才傲物，愤世嫉俗，不愿意做官。晋文帝宠爱阮籍，常与他交谈嬉戏，顺从他的意愿，不强迫他做什么官，做什么事。阮籍曾随口说过：'我曾游历过东平，喜欢那里的风土人情，希望做那里的太守。'晋文帝很高兴，便任他为东平太守。阮籍于是骑上毛驴径直往东平。就任后他便拆除了府舍的围墙，使府舍与外面直接相通，而后使东平百姓过上清明太平的日子。此后十多天他又骑毛驴走了。后来他听说步兵营厨中有三百石酒，便兴致勃勃地向晋文帝请求，要做步兵校尉。如愿入府舍后，便与酒圣刘伶一起打开营厨中的酒，开怀畅饮。"《竹林七贤论》还说："阮籍与刘伶在步兵厨营中豪饮，而且一并醉死。"这当然是好事者的谣言。阮籍是景元年间去世的，而刘伶至太始年间还健在呢。

谁的礼教[④]

（阮）籍嫂尝归宁，籍相见与别。或讥之，籍曰："礼岂为我设邪！"邻家少妇有美色，当垆沽酒[⑤]。籍尝诣饮，醉，便卧其侧。籍既不自嫌，其夫察之，亦不疑也。

阮籍嫂嫂曾回娘家省亲，阮籍去见嫂嫂与她告别。有的人调侃他，阮籍说："难道礼教是为我而制定的吗？"邻家的少妇长得漂亮，在小酒馆中卖酒为业。阮籍曾去她那里饮酒，喝醉了，就躺在她的身旁。阮籍觉察不

---

① 步兵校尉：官名，汉设五校尉之一。魏晋沿置，领宿卫营兵，下置司马等。

② 厨：厨房，橱柜。斛：量器名。

③ 清宁：《老子》："天得一以清，地得一以宁。"后指时世清明太平。

④ 此则选自唐·房玄龄等著《晋书·阮籍传》。

⑤ 当垆：古时酒店，垒土为垆，安放酒瓮，卖酒的坐在垆边，叫当垆。

兵家女有才色①，未嫁而死。籍不识其父兄，径往哭之，尽哀而还。其外坦荡而内淳至，皆此类也。

出自己这样做有什么问题，卖酒女子的丈夫了解他的品行纯洁，也不怀疑他。一户服兵役人家，女儿有文才又长得漂亮，还没出嫁就死了。阮籍也不认识这姑娘的父兄，就径直到他家去哭灵，极尽了自己的悲痛而归。阮籍外表坦率不造作而内心极其纯朴的性格，都从这类事情中表现出来了。

---

① 兵家：魏晋时专门服兵役的世家，地位很低，为一般士人所轻蔑。

嵇 康 (2则)

嵇康（223～263），字叔夜，谯国铚县（今安徽宿县）人。三国时魏末思想家、文学家，通玄学，精音律，诗作雄深雅健，"竹林七贤"的领袖人物。他身材高大，"风姿特秀"，"爽朗清举"，"嵇叔夜之为人也，岩岩若孤松之独立；其醉也，傀俄若玉山之将崩。"（《世说新语》）嵇康早年丧父，家境贫困，但励志勤学，文学、玄学、音乐等无不博通。他娶曹操曾孙女长乐亭主为妻，曾任中散大夫，史称"嵇中散"。司马昭掌权后，嵇康采取不合作态度，以打铁为生。与阮籍的消极抵抗不同，嵇康刚毅耿直，更多采用强硬的做法。司马昭的心腹钟会，一直想结交嵇康，最初，钟会写了一篇理论文章，想请教嵇康，"置怀中，既定，畏其难，怀不敢出，于户外遥掷，便回急走。"（《世说新语·文学第四》）后来钟会升官了，带一帮人去拜会嵇康，但受到冷遇，留下两句应对漂亮但是内心尴尬的对话后狼狈离去。一来二去，从此结下仇隙。当嵇康的友人吕安被其兄诬以不孝，嵇康出面为吕安辩护，钟会暴露小人本性，劝司马昭以"言论放荡，害时乱教"的罪名，把"刚肠疾恶"、"非汤武而薄周孔"的嵇康乘机杀掉。当时太学生三千人请求赦免嵇康，愿拜他为师，司马昭不许。临刑，嵇康奏《广陵散》一曲，从容赴死，年仅四十。

"竹林名士"们的谈玄论道、蔑视礼教，在残酷而混乱的专制统治背景下，无疑具有追求思想自由和反抗恐怖政治的意义。他们"非汤武而薄周孔"，有消解儒学的文化霸权，追求个人自由思想的人性冲动。嵇康等人最早发动了对专制统治的"不合作主义"，用生命来探求独立的个人之发现，开辟了中国的个人主义传统。他的名篇《与山巨源绝交书》，是这方面的代表之作。

打 铁

钟士季精有才理①，先不识嵇康②，钟要于时贤俊之士③，俱往寻康。康方大树下锻④，向子期为佐鼓排⑤。康扬槌不辍⑥，傍若无人，移时不交一言。钟起去，康曰："何所闻而来？何所见而去？"钟曰："闻所闻而来，见所见而去。"《文士传》曰："康性绝巧，能锻铁。家有盛柳树，乃激水以圜之，夏天甚清凉，恒居其下傲戏，乃身自锻。家虽贫，有人就锻者⑦，康不受直，唯亲旧以鸡酒往，与共饮啖清言而已。"《魏氏春秋》曰："钟会为大将军兄弟所昵，闻康名而造焉。会，名公子，以才能贵幸。乘肥衣轻，宾从如云。康方箕踞而锻，会至，不为之礼，会深衔之。后因吕安事而遂谮康焉。"

钟（会）极有才思，起先不认识嵇康，钟邀请当时才德出众的名流，一起去探访嵇康。嵇康正在大树下打铁，向子期（秀）做助手鼓风吹火。嵇康不停地举槌锻铁，旁若无人，过了很长时间不和钟会一行人说一句话。钟起身准备离去，嵇康说："你听到了什么而来？见到什么而去？"钟会说："听见了我所听见，见到了我所见到的而去。"《文士传》载："嵇康心性巧慧，会打铁制器。家中有棵茂盛的柳树，便在树四周灌满水，夏天很凉快，他也总在树下尽情嬉戏，亲手锻制铁器。他家虽贫困，但有人来做铁器，他却不收钱，只有亲朋好友来打铁时带上酒菜，一起饮酒聊天而已。"

《魏氏春秋》说："钟会被大将军宠爱，听说嵇康大名而去拜会。钟会是个名门公子，倚仗才学受宠而贵。骑大马穿轻裘，随从宾客如云。当他去拜访嵇康时，只见嵇康蹲在那里打铁，并不理会钟会。钟会受轻慢而心存怨恨。后来借吕安之案而诬陷嵇康。"

名士风流

227

---

① 钟士季：钟会，字士季，颍川长社（今属河南）人，魏太傅钟繇少子，与兄毓并有名气。博学，善名理。精：极，甚。表示程度的副词。才理：才思。

② 嵇康："竹林七贤"主要人物。官中散大夫，后遭钟会诬陷，被司马氏所杀。

③ 要：通"邀"。贤俊之士：德才出众之士，指当时的社会名流。

④ 锻：锻铁，打铁。

⑤ 向子期：向秀，字子期，河内怀（今属河南）人，"竹林七贤"之一。鼓排：鼓风吹火。排，本字当作"鞴（bèi）"，一种皮制鼓风吹火的工具，相当于今日锻铁时所用的风箱。

⑥ 辍（chuò）：停止。

⑦ 有人就锻者："就"原作"说"。据影宋本改。

名士风流

广陵绝唱①

嵇中散临刑东市②，神气不变。索琴弹之，奏《广陵散》③。曲终，曰："袁孝尼尝请学此散④，吾靳固不与⑤，《广陵散》于今绝矣！"太学生三千人上书⑥，请以为师，不许。文王亦寻悔焉⑦。王隐《晋书》曰："康之下狱，太学生数千人请之。于时豪俊皆随康入狱，悉解喻，一时散遣。康竟与安同诛。"

嵇康在洛阳东门外被杀时，到了刑场，神色不变，镇定如常。他要来一张琴，弹了一曲《广陵散》，弹完后说："袁孝尼找我要学这支曲子，我坚持不肯教。从今以后，这《广陵散》只怕要从世上消失了。"太学里三千学生上书，请求赦免嵇康，让他去当他们的老师，晋王司马昭不准，还是将嵇康杀了。不过这位后来被尊称为文皇帝的奸雄，据说事后不久也有一些后悔。王隐的《晋书》记载说："嵇康入了监狱，几千名大学生为他请愿，其中领头的也都被抓入狱，但后来都接受了当局的劝导，被释放遣散。嵇康同吕安被一起杀了头。"

---

① 此则钟叔河译。

② 嵇中散：指嵇康。嵇康曾做中散大夫。嵇康因吕安被捕受牵连，遭钟会诬陷被杀，死于魏景元三年（263）。东市：刑场。汉代在长安东处决判死刑的人，后因以东市指刑场。

③ 《广陵散》：古琴曲名。散：曲类名称，如操、弄、序、引之类。

④ 袁孝尼：袁准，字孝尼，陈郡（今河南）人。以儒学知名，官至给事中。

⑤ 靳：吝惜。

⑥ 太学生：朝廷所设置的最高学府的学生称太学生。上书：向君主陈述意见或反映情况。

⑦ 文王：指晋文王司马昭。昭仕魏封晋王，死后谥文王。寻：不久。

王羲之父子（3则）

王羲之（303~361，一作307~365，又作321~379），字逸少，琅玡临沂（今属山东）人，后移居会稽山阴（今浙江绍兴）。官至会稽内史、右军将军，人称"王右军"。早年从卫夫人学书，又博采传统，真、草、行诸体书法皆有创新，在书法史上有继往开来之功，因而被尊为"书圣"。王羲之出身于两晋的名门望族，祖父王正为尚书郎，父亲王旷为淮南太守，伯父王导是东晋的丞相，另一位伯父王敦是东晋的军事统帅。琅玡王氏在东晋权倾一时，炽盛隆贵。晋代的另一大士族郗鉴欲与王氏家族联姻，派了门生到王家去择婿。王家诸少年听说来人是选女婿的，一个个神态矜持。只有王羲之坦腹东床，毫不在意，结果反而被选中。可见，率真任性、不拘礼节、不慕荣利的名士风度远胜所谓贵族气质，后人因此尊称他人的女婿为"令坦""东床快婿"。

王羲之有几个著名的儿子，其中小儿子王子敬即王献之，继承父学，并独创天地，字画秀媚，妙绝时伦，父子并称"二王"。第五个儿子王子猷即王徽之，潇洒风流，任性倜傥，名士的名头和佳话不减其父，在任诞方面或许还高出一头。"雪夜访戴"的故事令人玩味，揭示了特定环境下人的心理的一种微妙变化，兴起访友，不管风雪满天；身行一夜到达友人门前，却忽然掉头回程。所谓"乘兴而行，兴尽而返"，见戴的意念在路途中已经消化，因此"何必见戴"？子猷是因雪兴起"彷徨"，想起《招隐诗》的诗意，于是前去拜访隐士朋友戴安道（戴逵）。朋友之间最珍贵的是无言的境界，彼此知音，无需多言，更进一步，甚至无需见面就可以彼此心领神会。所以，身行一夜，子猷有足够的时间想象见面的情景，在神交之中，彷徨已然消失，不必再去打搅朋友的安宁。这样，去过了，想过了，也就等于见过了。我们可以用另一则故事佐证："王子猷出都，尚在渚下。旧闻桓子野善吹笛，而不相识。遇桓于岸上过，王在船中，客有识之者，云是桓子野。王便令人与相闻云：'闻君善吹笛，试为我一奏。'桓时已贵显，素闻王名，即便回下车，踞胡床，为作三调。弄毕，便上车去。客主不交一言。"（《世说新语·任诞第二十三》）——在某些情境中，语言显得多余，无言的境界，大约就是这样罢。"人琴俱亡"的故事很能触动中国人的神经。古人相信，人用过的东西都会带上这人的气息乃至生命。王徽之、王献之兄弟都重病在床，很久没有弟弟的消息了，兄长兼密友子猷似乎有预感，前往探看，子敬已去。子猷不悲不哭，压抑着悲痛，直接坐到灵床上，拿过弟弟喜爱的琴，像是要通过琴与弟弟对话，又像是要为弟弟弹奏一曲安魂曲，但是，人走了，他用过的琴也哑声不准了，真是"人琴俱亡"！子敬是完完全全、干干脆脆地走了！把琴声也带走了，把知音也带走了。子猷于是悲情决堤，不久也去了。这里有对生命的物事认证，有对生命悲凉的大哀痛，有深长的憾恨与无边的绝望。

名士风流的底蕴是做人的真性情，虽然有时刻意讲究言谈容止，不免用力过度，流于做作。比如，王子猷的招牌行为艺术是爱竹，"王子猷尝暂寄人空宅住，便令种竹。或问：'暂住何烦尔？'王啸咏良久，直指竹曰：'何可一日无此君？'"（《世说新语·任诞第二十三》）人到哪里，竹到哪里。这样爱竹是很费钱的，在名士气中难免掺入一丝贵族气。甚至有时候见竹不见人："王子猷尝行过吴中，见一士大夫家极有好竹。主已知子猷当往，乃洒扫施设，在厅事坐相待。王肩舆径造竹下，讽啸良久。主已失望，犹冀还当通，遂直欲出门。主人大不堪，便令左右闭门不听出。王更以此赏主人，乃留坐，尽欢而去。"（《世说新语·简傲第二十四》）爱竹可称佳话，做官不理政就不知所云了："王子猷作桓车骑兵参军，桓问曰：'卿何署？'答曰：'不知何署，时见牵马来，似是马曹。'桓又问：'官有几马？'答曰：'不问马，何由知其数？'又问：'马死多少？'答曰：'未知生，焉知死？'"（《世说新语·简傲第二十四》）如此做名士，后人不可不警惕。

坦腹东床

郗太傅在京口①，遣门生与王丞相书②，求女婿。丞相语郗信③："君往东厢，任意选之。"门生归白郗曰："王家诸郎亦皆可嘉④，闻来觅婿，咸自矜持，唯有一郎在东床上坦腹卧⑤，如不闻。"郗公云：

郗太傅（鉴）在京口时，派遣门生送信给王丞相（导），要在他家找个女婿。丞相对郗公的信使说："您到东厢房去，随意挑选。"门生回去报告郗说："王家的几个少爷也都不错，听说我去选婿，都很庄重拘谨，只有一个少年在东床上坦腹而卧，好像不知道这回

---

① 郗太傅：郗鉴，字道徽，仕晋，历惠帝、元帝、明帝、成帝数朝，封县公，官司空、太尉等。京口：古城名，今江苏镇江。

② 门生：投靠世族的门客。

③ 信：信使，使者。

④ 郎：对少年的通称。

⑤ 东床：此指东厢房之床。由此出典，"东床"、"东床客"、"东床坦腹"、"东床之选"等遂成为"佳婿"的代名词。坦腹：露腹躺着。因本典，后称人婿为"令坦"。

"正此好①!"访之, 乃是逸少, 因嫁女与焉②。

事一样。"郗公说:"正是这个好!"打听查问, 原来是逸少(王羲之), 于是把女儿嫁给了他。

雪夜访戴③

王子猷居山阴④, 夜大雪, 眠觉, 开室命酌酒, 四望皎然。因起彷徨⑤。咏左思《招隐诗》⑥:"杖策招隐士, 荒涂横古今。岩穴无结构, 丘中有鸣琴。白雪停阴冈⑦, 丹葩曜阳林。"忽忆戴安道⑧。时戴在剡, 即便夜乘小船就之⑨。经宿方至⑩, 造门不前而返⑪。人问其故, 王曰:"吾本乘兴而行, 兴尽而返, 何必见戴!"

王子猷住在山阴, 一个晚上忽下大雪。他一觉醒来, 推开卧房的门, 叫家人上酒。忽见屋外四处雪色皎洁, 兴致勃发, 在屋内走来走去, 一面朗诵起左思的《招隐诗》来:

杖策招隐士, 荒涂横古今。岩穴无结构, 丘中有鸣琴。白雪停阴冈, 丹葩曜阳林。

忽然想起了隐居在剡溪的友人戴安道, 立刻叫人备条小船, 冒着大雪乘船前往, 小船摇到剡溪, 天已大明。船一直摇到戴家的门口, 这时子猷又不想进门了, 叫船掉头, 仍走原路回家。后来有人问子猷为什么这样做, 他说:"我是趁着当时的兴致上船的, 兴致满足了, 也就可以打转了, 何必一定要见到什么人呢。"

---

① 正: 只, 只是。

② 因嫁女与焉: 按郗公择婿, 独赏逸少真率拔俗, 晋人风气, 于此可见。

③ 此则钟叔河译述。

④ 王子猷: 王徽之, 字子猷, 王羲之子。有才气, 为人放诞不羁, 官至黄门侍郎。山阴: 县名。在会稽山北, 晋时属会稽郡。

⑤ 彷徨: 徘徊。

⑥ 左思: 字太冲, 齐国临淄人, 晋代文学家, 作品有《三都赋》《咏史诗》《招隐诗》等。《招隐诗》共两首, 描写隐士生活。

⑦ 白雪停阴冈:《文选·招隐》作"白云"。

⑧ 忆: 思念, 想念。戴安道: 戴逵, 字安道, 晋谯国(今属安徽)人。博学, 工书画, 隐居不仕。

⑨ 剡(shàn): 县名, 晋属会稽郡, 在今浙江嵊县。就之: 到他那里去。

⑩ 经宿: 经过一夜。方: 才。

⑪ 造门不前: 到达门前不进去见面。

人琴俱亡①

王子猷、子敬俱病笃②，而子敬先亡。献之以泰元十三年卒，年四十五。子猷问左右："何以都不闻消息③？此已丧矣！"语时了不悲④。便索舆来奔丧⑤，都不哭。子敬素好琴，便径入坐灵床上⑥，取子敬琴弹，弦既不调⑦，掷地云："子敬，子敬，人琴俱亡！"因恸绝良久⑧。月余亦卒。

王子猷、子敬两兄弟都病重。子敬先死，家人当然没有把噩耗告诉病中的子猷。

两兄弟的感情一直极好，病中仍不断派人互通音讯。人一死，音讯就断了。子猷觉得不对，便向身边的人说："为什么子敬没来消息？人一定不行了。"这时的他，反而特别冷静，并不显得悲伤，只叫备轿，抬着他往弟弟家奔丧。

子敬生前爱弹琴。子猷到了灵堂，也不哭，坐下后便要人将子敬的琴取来，想弹弟弟常弹的曲子，琴弦却总是调不好。这才将琴往地下一丢，哀号道："子敬呀子敬！你怎么就死去了，这张琴也没人能弹了哇！"接着便放声大哭，一直哭到昏了过去。

一个多月后，子猷也去世了。

---

① 此则钟叔河译述。

② 王子猷、子敬：王徽之、王献之兄弟，羲之二子。病笃：病重。笃：深重。

③ 都：完全。常和"不"连用，表示"一点不"的意思。下文"都不哭"意同。

④ 了：完全。通常用于否定句中。

⑤ 索：要。舆：车子。奔丧：从外地赶回服丧。

⑥ 灵床：停置尸体的床，或指悼念死者而虚设的座位。

⑦ 既：已经。不调：不谐调。指琴音不协调。

⑧ 恸：极度悲痛。绝：昏绝，昏倒。

妙人群像 (7则)

　　名士风流是魏晋时代的普遍风尚，它不只是贵族的风习，也不只是知识分子群体的行为艺术，而是全民的风尚。在古代，七月七日是个神奇的日子，晚上的月亮照亮了女儿们的心事，这天是乞巧拜月的"女儿节"；白天的太阳则有特殊的用途，人们翻箱倒柜晒衣、晒书，去霉消虫。别人家晒的是绫罗绸缎，我家穷，也不能免俗呀，挂一条旧短裤出去见见太阳吧（1. 应景）。家家晒书，个个书香门第的样子，我的书全装在肚子里，那么就晒晒肚皮吧（2. 晒书）。家是个人自由的最后堡垒，喝酒呢又是我自己的事，我在家愿意怎样喝就怎样喝，即便光身全裸，也不会妨碍社会风化。你看不惯请闭眼走开，我以天地为房屋，房屋为衣裳，没人请你钻进我裤裆里来（3. 刘伶）。别人喜欢收藏钱币，我呢，只爱玩木屐，常常感慨：人这一辈子，不知道能穿得了几双木鞋呀！都是欣赏一点自觉美好的事物，让平庸的生活有些趣味。本没有什么雅俗之分，那些喜欢月旦人物的好事者，偏偏要评个高下。大约是人们不愿玩物丧志，更愿意将珍爱生命的情绪寄托于某个不费钱的物事上吧（4. 一生能穿几双鞋）？朋友之间有了猜忌，友谊出现裂痕，可是真正的朋友是不能轻易忘记的。那天一早，我服了一点"五石散"，顿觉精神开朗，出去步行以散发药力。当时，空气清新，太阳欲升未升，桐树刚刚发芽，早晨的露珠还在上面滚动。世界真美，活着真好，有朋友共享这样幸福的时光，尤其美好。不由得就想起那位好友的风度气质，唉，那家伙确实清朗明净，像这明媚的早晨一样（5. 清露晨流）。在晋朝做个男人挺辛苦，可能比任何时代做个男人都麻烦，晋朝的女子爱美，不光要自己美，要命是要求男人有一副好长相。那时节的女人为美男子而疯狂，堪称空前绝后。有个叫卫玠的，从南昌来到东晋都城南京，市人传说他的美丽非凡，于是在京城大街上把他团团围堵，要看一眼美男儿。卫玠本来体弱多病，被这么一围一看，居然死了，"时人谓之看杀卫玠"。（《世说新语·容止第十四》）诗人潘岳，生得优雅可人，又有满腹才情，走在西晋都城洛阳的大街上，被女人手牵手构成围城，圈在当中看个饱；如果是坐车出行，连老太太也向他的车上扔瓜果，满载免费水果而归，有点像现在的追星族向明星献花一样，只是这么大年纪的女性追星族似乎举世无双。在下左思，以写《三都赋》与《咏史》诗闻名于世，给世人留下了"洛阳纸贵"的佳话，才情丝毫不减潘岳那厮，偶尔在街上走走，那些个老太太、中太太、小女子，却纷纷向我的车上扔砖瓦石头，似乎是叫我筑一间屋子在里面待着别出来。女权张扬，男权何在？什么世道（6. 美男子）？！都说男人用眼睛恋爱，女人用耳朵恋爱。如果你生活在晋代，就要换换脑筋了。我屋里那口子，人前人后叫我"亲爱的"，弄得我怪不好意思。她却说："亲你，爱你，才叫你亲爱的。我不叫你亲爱的，谁该叫你亲爱的！"嗨，那时候的女人啊，真是又可爱、又霸道得叫你没办法（7. 谁当卿卿）。那样一个人性觉醒的时代，那样一群自由活泼的心灵，无论面对政治重压、面对传统礼教、面对世俗庸人，那样一群妙人儿勇敢坦荡，在日常生活中展露真我的风采，让后人禁不住想生活在他们中间，与他们为友，并梦想将这种魏晋风流引渡到今天。

一、应景

阮仲容、步兵居道南[1]，诸阮居道北。北阮皆富，南阮贫。七月七日，北阮盛晒衣[2]，皆纱罗锦绮[3]。仲容以竿挂大布犊鼻裈于中庭[4]。人或怪之，答曰："未能免俗，聊复尔耳[5]。"

阮仲容（咸）和叔叔阮步兵（籍）住在道南，其他阮氏住在北。道北的阮家全都很富足，道南的阮家贫穷。七月七日这天，道北阮家大晒衣物，全是华丽的丝织品。仲容用竹竿挑起粗布短裤晒在庭院中。有人看见觉得奇怪，他回答说："不能免除习俗，姑且以此应景罢了。"

二、晒书

郝隆七月七日出日中仰卧[6]，人问其故，答曰："我晒书[7]。"

郝隆七月七日那天到大太阳底下仰面而卧，有人问他这是干什么，回答说："我晒书。"

三、刘伶

刘伶恒纵酒放达[8]，或脱衣

刘伶经常纵情狂饮，放任不羁，有时脱掉

① 阮仲容：阮咸，字仲容。阮籍兄子。步兵：即阮籍。籍曾做步兵校尉。

② 七月七日：古代民俗于此日晒晾衣服、书籍，使不生虫。

③ 纱罗锦绮（qǐ）：皆华丽的丝织品。

④ 大布：粗布。犊鼻裈（kūn）：短裤，形如犊鼻。中庭：庭中。

⑤ 聊复：姑且。

⑥ 出：到。

⑦ 我晒书：古人习俗，于七月七日曝晒经书及衣裳，以防腐败生虫。郝隆见邻人晒书籍，戏称晒自己肚子里经书，意思是他已经将书本上的学问念到自己肚子里了。

⑧ 恒：常。放达：纵放旷达，不拘礼法。

裸形在屋中。人见讥之，伶曰：
"我以天地为栋宇①，屋室为裈
衣，诸君何为入我裈中②？"

衣服赤身裸体地待在屋内。有人看见了讥笑
他，刘伶说："我以天地作为房屋，以屋室作为
衣裤，各位先生为什么钻进我的裤子里来？"

四、一生能穿几双鞋③

祖士少好财，阮遥集好屐④，
并恒自经营⑤。同是一累，而未判
其得失⑥。

人有诣祖，见料视财物，客
至，屏当未尽⑦，余两小簏，著背
后，倾身障之，意未能平⑧。或有
诣阮，见自吹火蜡屐⑨，因叹曰：
"未知一生当著几量屐⑩！"神色
闲畅。于是胜负始分⑪。

东晋名人祖约和阮孚，一个好集钱币，一
个爱玩木屐，都耗费了不少时间。这本不是
什么大缺点，很难说他们俩谁高明谁差劲。

有次人们去看祖约，他正在摆弄钱币，
听说客来，慌忙收捡。来不及捡进去的两只
小竹箱，只好用身子遮着，在客人面前左偏
右挡，显得很不自然。

又有人去看阮孚，他也正在给木屐上
蜡，却仍然从从容容地吹着火给屐打蜡，一
面还发着感慨："人生一世，真不知能穿得几
双屐啊！"

从此在人们心目中，他俩便分出了高下。

五、清露晨流

王恭始与王建武甚有情⑫，后
遇袁悦之间，遂致疑隙⑬，然每至
兴会，故有相思时⑭。恭尝行散至

王恭起初与王建武（忱）很有感情，后
来遭到袁悦的离间，于是产生隔阂。然而每
到感情被触发，依旧有思念王忱的时候。恭

---

① 栋宇：栋指屋之正中，宇指屋之四垂。此泛指房屋。

② 裈(kūn)：裤子。

③ 此则钟叔河译述。

④ 屐(jī)：木屐，底上有齿的木鞋。

⑤ 恒自：经常。

⑥ 判：分辨，判明。

⑦ 诣(yì)：到……去。料视：料理，查看。屏当：收拾，料理。

⑧ 簏(lù)：竹箱。平：舒展，平和。

⑨ 自：正在。吹火：以口吹气，使火加旺。蜡屐：给屐打蜡。蜡：用如动词，打蜡。

⑩ 著：穿。量：通"緉"、"两"，量词。用于鞋子，犹"双"。

⑪ 于是胜负始分："好财"、"好屐"，虽"同是一累"，但阮孚显得超脱旷达，不为物所拘，这正是晋人所推崇
的，故时论认为阮胜于祖。

⑫ 王恭：字孝伯，晋光禄大夫王蕴子。历官秘书丞尚书令等。王建武：指王忱。忱字元达，小字佛大。晋平北将
军坦之子，官至荆州刺史、建武将军。王忱是恭同族长辈。

⑬ 袁悦：字元礼，晋阳夏人。有宠于会稽王司马道子，后被诛。间(jiàn)：离间。疑隙：怀疑嫌隙。

⑭ 兴会：情感被触发。故：仍然，依旧。

名士风流

京口射堂①，于时清露晨流，新桐初引②。恭目之，曰："王大故自濯濯③。"

曾服药后行散来到京口射堂，当时是清晨，露水闪光，在树叶上滚动，新叶初发。此情此景，王恭脱口而出说："王大（王忱）确实清朗明净。"

六、美男子

潘岳妙有姿容④，好神情⑤。少时挟弹出洛阳道⑥，妇人遇者，莫不连手共萦之⑦。左太冲绝丑⑧，亦复效岳游遨⑨，于是群妪齐共乱唾之⑩，委顿而返⑪。

潘岳天生丽质，仪态优雅，身材动人。年轻时携带弹弓走在洛阳街道上，女人遇到他，没有不拉起手来一起围住看的。左太冲（思）极丑，也效仿潘岳的样子去游逛，于是一群女人一齐向他乱唾，他只好狼狈地缩回去。

七、谁当卿卿⑫

王安丰妇⑬，常卿安丰⑭。安丰曰："妇人卿婿，于礼为不敬，后勿复尔。"妇曰："亲卿爱卿，是以卿卿。我不卿卿，谁当卿卿！"遂恒听之⑮。

王安丰的妻子，总是叫安丰"亲爱的"，叫得安丰都不大好意思了，对她道："老婆叫老公，老是'亲爱的''亲爱的'，也不分场合，这似乎太新潮了吧？以后你别这么叫了，好不好？"妻子答道："亲你，爱你，才叫你'亲爱的'；我不叫你'亲爱的'，该谁叫你'亲爱的'？"安丰无话可说，以后只好随她叫。

---

① 行散：服药后散步以发散药力。京口：古城名。在今江苏镇江。东晋都建康，京口在建康北，为军事重镇，京城门户。射堂：公卿士大夫司射博戏的场所。

② 于是：当时。引：发。王恭是触景生情，于是有下文"濯濯"之品评。

③ 故自：确实。濯濯：清朗明净。

④ 潘岳：字安仁，晋荥阳人。少有才名，善为文，官至给事黄门侍郎。

⑤ 神情：精神意态，神采。

⑥ 洛阳：西晋都城。

⑦ 连手：拉起手来。萦：围绕。

⑧ 左太冲：左思，字太冲，貌丑，口讷，善著文。绝丑：极丑。

⑨ 游遨：嬉游。

⑩ 妪：女人通称。

⑪ 委顿：疲乏狼狈。

⑫ 此则钟叔河译述。

⑬ 王安丰：王戎，字濬冲，官至司徒，封安丰侯。

⑭ 卿：上对下，贵对贱，尊对卑的礼貌而亲昵的称呼。夫妻间称卿是亲爱的表示。

⑮ 恒：长久，固定不变。

【东晋】陶渊明

归去来兮辞①

陶渊明（365～427），一名潜，字元亮，世号靖节先生。浔阳柴桑（今江西九江）人。祖上显赫，曾祖陶侃是东晋的开国元勋，官至大司马，封长沙郡公。祖父、父亲均做过太守。但到陶渊明出生时，家道已衰落。"自余为人，逢运之贫。箪瓢屡罄，绤绤冬陈。"（《自祭文》）少年贫贱，却有"大济于苍生"的壮志，"忆我少壮时，无乐自欣豫。猛志逸四海，骞翮思远翥。"（《杂诗》）二十九岁踏上仕途，作江州祭酒，不久，因"不堪吏职"辞官而归。三十六岁、四十岁分别两次出任幕僚，都很快辞归。四十一岁，在亲友的劝说下，出任彭泽令。任职八十余天，亲手种下的庄稼还未成熟。郡派督邮来县巡视，县吏告诉他"应束带见之"，渊明说："我岂能为五斗米，折腰向乡里小儿！"当天便解绶辞官，回归田园。

在官场与田园之间的徘徊是这样真实，这不是鱼与熊掌的选择，而是做官或是做农民的抉择，一边是养家糊口、建功立业、不给祖宗丢脸，却要安心身处牢笼，供人驱使；一边是安于平淡、躬耕田园、生活自由却清苦。在富足的束缚与饥饿的自由之间，陶渊明最终选择了艰辛的自由。在做出抉择之后，写下这篇《归去来兮辞》，这篇赋体散文一扫晋宋文坛雕章琢句的华靡之风，诚实面对自己的内心，老实表达自己的情感，风格质朴，自得其乐。田园生活的生活质量并不高，物质匮乏，缺乏享乐，付出的是辛劳，收获的却是贫苦，几乎乏善可陈。但是，这种生活让人身处自然的怀抱，大自然没有机心，不会算计人，它慷慨地给你巨大的生活空间，任由你的心灵自由驰骋。"心为形役"与"以心役形"，是两种截然不同的人生境界。欧阳修评价："晋无文章，惟陶渊明《归去来辞》而已！"（宋·李公焕《笺注陶渊明集》卷五引）因为陶渊明，因为这种宝贵的心灵自由，回归田园，不约而同成为后世文人的共同选择。"归去来兮，田园将芜，胡不归！"田园，也是人心的园地，岂能任它荒芜？

---

① 归去来兮辞：辞，是古代一种文体，与赋并称。讲求声调，以抒情为主，注重铺陈。来，语气助词。归去，是离开、回归的意思。

余家贫，耕植不足以自给。幼稚盈室，瓶无储粟，生生所资，未见其术①。亲故多劝余为长吏，脱然有怀，求之靡途②。会有四方之事，诸侯以惠爱为德，家叔以余贫苦，遂见用于小邑③。于时风波未静④，心惮远役。彭泽去家百里⑤，公田之利，足以为酒，故便求之。及少日，眷然有归与之情⑥。何则？质性自然，非矫厉所得；饥冻虽切，违己交病⑦。尝从人事，皆口腹自役⑧；于是怅然慷慨，深愧平生之志。犹望一稔⑨，当敛裳宵逝。寻程氏妹丧于武昌，情在骏奔⑩，自免去职。仲秋至冬，在官八十余日。因事顺心，命篇曰《归去来兮》。乙巳岁十一月也⑪。

我家贫穷，耕田种庄稼不能自给自足，小孩子多，米缸没有存粮，找不到维持生活的办法。亲戚朋友有许多人劝我做小官，我忽然也有了这个想法，想求做个小官却没有门径。正好赶上有出仕外地的机会，各地方州郡长官都以爱惜人才为美德，叔父因看到我的日子过得艰难便加以推荐，于是被任命为小城的官吏。当时战乱还没有平息，我心里害怕到很远的外地去做官。彭泽距家乡仅有百里，公田收获的粮食足够酿酒，所以就求做彭泽令。过了没多久，想念家园，就产生了归乡的念头。为何如此？我本性就率真自然，不是像故意装出什么样子就能装出来的。挨饿受冻虽然有切肤之痛，但违背自己的天性更是身心交病，我是曾经做过几天官，那只是为了混口饭吃，成了嘴巴和肚子的奴隶；于是怅然不快，感慨万千，深觉愧对平生的志愿。可还是盼望着一次秋收，收获后就整顿行装连夜离开。不久，嫁给程家的妹妹在武昌去世，心急如焚，就要奔丧，就自己免了官离了职。从秋八月到冬季，做了八十几天官。即事抒情，给这段文字取个名字，叫做《归去来兮》。时在乙巳年十一月。

① 幼稚：指孩童。瓶：指盛米用的陶制容器，如甏、瓮之类。生生：犹言维持生计。前一"生"字为动词，后一"生"字为名词。

② 长吏：较高职位的县吏。指小官。脱然：犹言豁然。有怀：有做官的念头。靡途：没有门路。

③ 四方之事：指出使外地的事情。诸侯：指州郡长官。家叔：指陶夔，曾任太常卿。

④ 风波：指军阀混乱。

⑤ 彭泽：县名。在今江西省湖口县东。

⑥ 眷然：依恋的样子。归与之情：回去的心情。语出《论语·公冶长第五》："子在陈，曰：'归与，归与！吾党之小子狂简，斐然成章，不知所以裁之。'"

⑦ 质性：本性。违己：违反自己本心。交病：指各种痛苦折磨身心。

⑧ 从人事：从事于仕途中的人事交往。指做官。口腹自役：为了满足口腹的需要而驱使自己。

⑨ 一稔（rěn）：公田收获一次。稔：谷物成熟。

⑩ 骏奔：急着前去奔丧。

⑪ 乙巳岁：晋安帝义熙元年（405）。

归去来兮，田园将芜胡不归①！既自以心为形役②，奚惆怅而独悲？悟已往之不谏，知来者之可追③。实迷途其未远，觉今是而昨非。舟遥遥以轻飏④，风飘飘而吹衣。问征夫以前路，恨晨光之熹微。

归去吧，田园将要荒芜了，为什么不回去呢！既然自己让心志受形体的支配，为什么还若有所失而独自悲伤？我明白从前做错的无法挽回，但我也知道未来尚可弥补。所幸在迷失了自我的路上我没走太远，还能清醒地意识到今天的决定非常正确，而从前为口饭吃去做官真是大错特错。我的船在水面飘荡着前进，风轻轻地吹起了我的衣襟。向行人询问前边的路程还有多远，只恨天色正是晨光初露，朦朦胧胧。

乃瞻衡宇，载欣载奔⑤。僮仆欢迎，稚子候门。三径就荒⑥，松菊犹存。携幼入室，有酒盈樽。引壶觞以自酌，眄庭柯以怡颜⑦。倚南窗以寄傲⑧，审容膝之易安⑨。园日涉以成趣，门虽设而长关。策扶老以流憩⑩，时矫首而遐观。云无心以出岫⑪，鸟倦飞而知还。景翳翳以将入⑫，抚孤松而盘桓。

于是我看到了简陋的家门，我又是欢欣又是奔跑，僮仆门出来迎接，孩子们在门口等待。庭院的小路已经荒芜，松树菊花却依然如故。牵着孩子的小手进屋，为我洗尘的酒斟得满杯。拿过酒壶来自斟自酌，看看院里的树木真是笑逐颜开。靠着南窗寄托傲世的情怀，再看看狭小的居室也心满意足。每日在小园中散散步，乐趣无穷，虽然设置了院门却常常关着。挂根手杖到处游憩，有时也昂起头来瞭望远方。白云自由自在地从秀美的山岩边飘出，飞倦了的小鸟也知道回巢。太阳将要落山了，渐渐隐去了霞光，我还抚摩着松树，流连忘返。

① 胡：何，为什么。

② 以心为形役：让心志被形体所驱使。

③ "悟已往"二句：语本《论语·微子》："楚狂接舆歌而过孔子曰：'凤兮，凤兮！何德之衰！往者不可谏，来者犹可追。已而，已而，今之从政者殆而！'"谏：止，挽救。来者：指未来的事情。追：来得及弥补。

④ 遥遥：飘荡。飏（yáng）：飘扬。形容船行驶轻快。

⑤ 瞻：望见。衡宇：犹衡门。横木为门，形容房屋简陋。载：语助词，有"且"、"乃"的意思。

⑥ 三径：汉代蒋诩隐居后，在屋前竹下开了三条小路，只与隐士求仲、羊仲二人交往。

⑦ 眄（miǎn）：斜视。柯：树枝。

⑧ 寄傲：寄托傲世的情绪。

⑨ 审：明白，深知。容膝：形容居室狭小，仅能容膝。

⑩ 策：拄着。扶老：手杖。流：周游。

⑪ 岫（xiù）：山洞。

⑫ 景：日光。翳翳（yì）：阴暗的样子。

归去来兮，请息交以绝游。世与我而相违，复驾言兮焉求①！悦亲戚之情话，乐琴书以消忧。农人告余以春及，将有事于西畴②。或命巾车③，或棹孤舟。既窈窕以寻壑④，亦崎岖而经丘。木欣欣以向荣，泉涓涓而始流。善万物之得时，感吾生之行休⑤。

已矣乎⑥！寓形宇内复几时，曷不委心任去留⑦？胡为乎遑遑欲何之⑧？富贵非吾愿，帝乡不可期⑨。怀良辰以孤往，或植杖而耘籽⑩。登东皋以舒啸⑪，临清流而赋诗。聊乘化以归尽⑫，乐乎天命复奚疑！

——《陶渊明集》

归去吧，让我断绝与世俗的往来。世俗和我的志趣违背，我还寻求什么！和亲戚聊点心里话使我愉快，弹琴读书可以忘掉忧愁。农民告诉我春天就要来了，将要到西边的田地去耕种。有时乘上有篷的小车，有时划上一只小船。既可经过幽深曲折的山谷，又可以沿崎岖的小路翻过山冈。树木泛青，欣欣向荣，泉水消融了冰封，涓涓流淌。我羡慕万物逢春、焕发生机，感叹我的人生却即将终止。

算了吧，人寄身天地之间又能有多久，何不听任自己的本心去生活，顺其自然生与死，又为什么成天遑遑急急好像要去哪里？富贵不是我的心愿，神仙的境界不可期待。赶上好的天气就独自出去走走，或者把手杖插在田间，锄草培苗。登上东边的高岗放声长啸，来到清澈的溪边吟咏赋诗。姑且顺应自然规律了此一生，乐天安命又有什么疑惑！

陶渊明的背影

240

① 言：语助词。焉求：何求。

② 畴（chóu）：田地。

③ 巾车：有篷的车子。

④ 窈窕（yǎo tiǎo）：幽深的样子。

⑤ 善：美慕。行休：将要终止。指死亡。

⑥ 已矣乎：犹言算了吧。

⑦ 曷不：何不。委心：随自己的心意。去留：指生死。

⑧ 遑遑：心神不定的样子。何之：到哪里去。

⑨ 帝乡：天帝之乡。指仙境。

⑩ 植杖：把手杖放在旁边。耘（yún）：田地里除草。籽（zǐ）：在苗根培土。

⑪ 皋（gāo）：水边高地。舒啸：放声长啸。"啸"是撮口发出长而清越的声音。

⑫ 乘化：随顺着大自然的运转变化。归尽：走向死亡。

【东晋】陶渊明

归园田居①（2首）

陶渊明的背影

241

　　陶渊明是一个行动的个人主义者，一个实践的田园诗人，一个用生命来验证心灵自由高于权势地位的勇士，一个真诚面对内心并依照自我的愿望建设生活的真隐士。他生活的艰辛是实实在在的，最基本的温饱问题都经常发生困难："夏日抱长饥，寒夜无被眠。"（《怨诗楚调示庞主簿邓治中》）"倾壶绝余沥，窥灶不见烟。"（《咏贫士》）"饥来驱我去，不知竟何之。"（《乞食》）在物质生活极端匮乏的状况下，诗人对家人有所歉疚，自身却恬淡自如。他躬耕陇亩，踏踏实实做一个农民，不是纸上的田园诗人。"晨兴理荒秽，带月荷锄归"，与父老乡亲共话桑麻，同土地唇齿相依。他在劳作之余，写下大量田园诗，传统的山水诗带上了汗水味和泥土气，诗人由自然的旁观者、欣赏者变成自然的参与者、生活者，田园诗因此完全独立于山水诗之外，成为一个新的品种，而陶渊明成为中国最伟大的田园诗人，钟嵘《诗品》称誉他为"古今隐逸诗人之宗"。陶渊明理想中的世界是解决了温饱问题的田园生活，《桃花源记并诗》描绘了他憧憬的理想社会，是没有君主、没有剥削、没有战乱、自食其力的社会。中国式的乌托邦，离不开田园。可惜的是，它是一个封闭的世界，永远的幻想所在。《归田园居》诗篇的内容，其实就是桃花源的生活场面以及生活其中的人的心境，作者不过借自己的生活状况，展示了一个浓缩了的桃花源。

　　后世说陶者似乎不忍心将陶渊明冷落在田园里，总是不无好心地补一句：陶非真隐，他也"刑天"云云。这还是用世心切啊。做一个远离官场的清静人、自由人，不是最可贵的人格独立吗？不是更容易以真面目生活？为什么一定要做官、要经国济世才是有价值的人生？以政治得失论人生得失，论者不是唐突渊明吗？隐士还是"士"——一个有知识、有修养的知识分子，他关心天下，也是人之常情。隐士选择的是一种远离权力与名禄的生活方式，并不是弃绝人世。要求隐士心如止水，这就超出了人之常情，属于纸上谈兵的学问，没有意思了。这样要求渊明，离渊明越远了。陶渊明的背影渐行渐远，农

---

　　① 作者在乙巳岁（405）十一月辞彭泽令归田，《归园田居》可能作于次一年。自述离开仕途，归居田园，是适合本性的。在那简朴的乡村生活中，感到摆脱拘束返于自然的乐趣，以及对于劳动生活的热爱。

民式的理想社会已经不可能回归，后世慕陶者，未必能够躬耕田园，甚至无需归隐山水，学得那份自由的心境，就足够了。至于他以朴素的衣着妆裹着丰美的姿容，貌似枯槁而内在丰腴、寓丰采情味于平淡之中的诗风，早已留惠后世，不乏传人。

其 一

少无适俗韵，性本爱丘山①。
误落尘网中，一去三十年②。
羁鸟恋旧林，池鱼思故渊。
开荒南野际，守拙归园田③。
方宅十余亩，草屋八九间。
榆柳荫后檐，桃李罗堂前。
暧暧远人村，依依墟里烟④。
狗吠深巷中，鸡鸣桑树颠。
户庭无尘杂，虚室有余闲。
久在樊笼里，复得返自然⑤。

其 二

种豆南山下，草盛豆苗稀⑥。
晨兴理荒秽，带月荷锄归⑦。
道狭草木长，夕露沾我衣。
衣沾不足惜，但使愿无违⑧。

① 适俗：适合世俗。韵：风度。
② 尘网：尘俗人事的束缚，这里主要指仕途。三十年：有人疑当作十三年，因为从作者初仕为州祭酒到辞去彭泽令，经历的年数是十三而不是三十。又有人疑"三"当作"已"。
③ 守拙：回归本性生活。
④ 暧暧：昏暗的样子，黄昏的景致。依依：轻柔貌。墟里：村落。
⑤ 樊（fán）笼：鸟笼。比喻不自由的境地。
⑥ 南山：指庐山。
⑦ 带月：一作"戴月"。
⑧ 愿无违：不违背隐居躬耕的心愿。

三、大唐气象 海纳百川

中国有了一个大唐
民族的呼吸也变得舒畅
人世间的一切
都被诗人的眼光柔情抚摸
一个连忧伤也可以美丽的时代
一种人性生活的伟大实践
人类走向梦想的尝试——诗生活

【唐】王梵志

行吟诗篇（3首）

王梵志是一个《全唐诗》中不见记载的诗人；他的诗只在民间流传。王梵志的生平已不可考，只能推断他大约生活在七世纪——隋末初唐时期，但他在唐朝已变成一个神话传说中的人物。一个不被官府和上层文化界注意的诗人，却创造出了与唐代文人诗完全不同的"口语体"的真正的白话诗。这是文化流向民间的一条暗河，他的独特在于以诗布道，既有教化民间的实用功能，又无意中激活了古典诗歌这种日益高雅化、程式化的文体的生命，在这棵老树上长出了一条新枝。与一般文人不同，他不关心风花雪月，甚至从不抬头玩月，他的眼睛只盯着大地、大地上的人以及大地皮层下的死。这是一个贫民为百姓写的诗。这是一个中国大地上的行吟诗人。

在诸多抄本中隐居了一千余年的王梵志，从敦煌石窟中拂尘而出，他在历史上若隐若现的身影在二十世纪变得清晰起来。从近四百首别开生面明白如话（自然不能等同今天的普通话）的诗篇中，我们大略可知王梵志的一生阅历。他出生于一个殷实的农村家庭，有奴有婢，自耕自足，有时外出经商，还做过短期的监铸金银元宝的官员，生有五男二女。他本来可以这样笑傲人间过一生的——

吾有十亩田，种在南山坡。

青松四五树，绿豆两三窠。

热即池中浴，凉便岸上歌。

遨游自知足，谁能奈我何？

可是，中年以后，家道中落，陷入赤贫，"家贫无好衣，造得一袄子。中心襵破毡，还将布作里。清贫常快乐，不用浊富贵。白日串颈行，夜眠还作被。"再往后，以致"我瘦饿欲死"，不得不到处流浪，靠卖苦力、做雇工维生，在无人雇佣的情况下，只好沿门乞讨，"少食巡门乞，衣破忍饥寒。"可能就在这时，他半路出家了，至少是接收了佛理。他一直活到八十余岁。生活境遇的大变故造就了一个大诗人，王梵志的特出之处在于，他活过、悟过、写过。他不是一个文盲，他有一点慧根，磨难没有使他趴下，他在越走越窄的人生旅途上被迫获得了一次次的反思生命的机会，他手中捉住了诗笔，挤迫自己的一点慧根倔强屈伸，从而超越苦难，超越自身，把自己对生命的体悟公之于众，成就为一名民间行吟诗人。在痛苦的漫漫长夜里，他的心理煎熬曾达到如此惊心动魄的地步——

> 我昔未生时，冥冥无所知。
> 天公强生我，生我复何为？
> 无衣使我寒，无食使我饥。
> 还你天公我，还我未生时。

可以想见，在为别人收割谷物的田野间，在伸手乞讨的矮檐下，在弊衣空腹远离家园的流浪途中，王梵志的内心却渐渐充实强劲，他有话要告诉世人，他对人们说诗，明白如话而又朗朗上口的诗，从街谈巷议到生死大念，他都与人倾谈，对人宣讲，他要警策群迷、金针度人。王梵志，由此成为一个亦佛亦道亦儒亦官亦民的——其最终落点为中国式的民间行吟诗人。

王梵志在扮相上颇具广告意识，既然穷得叮当响，何必穷讲究？干脆顺水推舟，作癫狂状——

> 梵志翻着袜，人道皆是错。
> 乍可刺你眼，不可隐我脚。

翻穿袜子，违背习俗，宁可让你看不顺眼，不可掩藏一个真我。他是立定脚跟要讽劝世人，而且用的是醒人眼目的"翻着袜法"——为求通俗易懂而打比方，用俗语，或嘲戏谐谑，浅喻深刺，或直言相告，一点即通。看梵志如何小心翼翼教化人群，他似乎要为世间建立日常行为规则——别打架："我有一方便，价值百匹练。相打常服弱，至老不入县。"别打老婆："骂妻早是恶，打妇更无知。索强欺得客，可是丈夫儿？"别仗势欺人："有势不烦倚，欺他必自危。但看木里火，出则自烧伊。"要有礼貌："在乡须下意，为客莫高心。相见作先拜，膝下投黄金。"近朱近墨："恶人相远离，善者近相知。纵使天无雨，阴云自润衣。"要读书："世间何物贵？无价是诗书。"要做好官："仕人作官职，人中第一好……既然强了官，百姓省烦恼。"要知足："他人骑大马，我独跨驴子。回顾担柴汉，心下较些子。"语义浅白，容易无味。除非打个比方，味道就出来了。梵志参透世情的眼力是不同寻常的，对同行他看出空虚："本是俗家人，出身胜地主……手把数珠行，肚里原无物。"对亲友他看出虚伪："生时不共作荣华，死后随车强叫唤。齐头送到墓门回，分你钱财各自散。"连家人的阴阳嘴脸也不放过，不可不谓大彻大悟："吾富有钱时，妇儿看我好。吾若脱衣裳，与吾叠袍袄。吾出经求去，送吾即上道。将钱入舍来，见吾满面笑。绕屋白鸽旋，恰似鹦鹉鸟。邂逅暂时贫，看吾即貌哨……"那绕着钱袋盘旋的白鸽，跟着金银的响声学舌的鹦鹉，难道就是亲人的本色吗？梵志还有大量五古诗披露了初唐社会的现状，可以说是杜甫式"诗史"的先驱。

难得的是梵志所具备的"现代意识"——"人人觅长命，没地可种谷。"他的意思是，只有一个地球，而地球容量有限。接着，计划生育居然进入他的考虑范围："生儿不用多，了事一个足。"富有的人家搞计划生育，贫穷的人家偏是大量繁殖，结果产生"马太效应"："富儿少男女，穷汉生一群。身上无衣着，长头草里蹲。到大耶没忽，直似饱糠豚。长大充兵仆，未解起家门。积代不得富，号曰穷汉村。"因为现实，所以现代。人口增多，不仅"没地可种谷"，简直"死无葬身之地"，你看，他连火葬都想到了："续续死将埋，地窄无安处。以后烧作灰，扬却随风去。"容我赞一声：王梵志先生了不起！

一个历经磨难的人，想到死是很正常的吧。"我见那汉死，肚里热如火。不是惜那汉，恐畏还到我。"梵志最出色的诗就是关于生与死的思考，几乎可以说，他打通了生死关。我们常考虑"生"是否自由，梵志却想到了"死"是否自由的问题，这就攀升禅境了。"我身若是我，死活应自由。死既不由我，自外更何求。死生人本分，古来有去留。如能晓此者，知复更何忧。"他可能是第一个思考"死的自由"问题的中国诗人吧？生死都由不得自己，此身如何安处？他说生命短暂，这不稀奇："身如内架堂，命似堂中烛。风急吹烛灭，即是空堂屋。"有意思的是他执著于点破身与命（灵魂）的分离——

> 此身如馆舍，命似寄宿客。
> 客去馆舍空，知是谁家宅。

此命如寄，不止寄于世，也寄于身，灵魂对身体产生了疏离与怀疑，这念头就想深了一层。世与人，身与命，都是主与客的关系。生的活泼是短暂的，死的静默是长久的。"身如大店家，命如一宿客。忽起向前去，本不是吾宅。吾宅在荒丘，园林出松柏。邻接千年冢，故路来长陌。"人生如旅，灵魂的家宅在何处？此生只一宿，此后是无知无觉的千年。联想到以后"克隆人"的出现，"我"不在了，"身"却不知借给谁住（"知是谁家宅？"），当真"此身如馆舍"了。想到这些，有些胆寒："身卧空堂内，独坐（呆着）令人怕。"想透了这些，也就淡然了："观此身意相，都由水火风。有生皆有灭，有始皆有终。气聚则成我，气散即成空。一群怕死汉，何似叩头虫。"没什么大不了的，"本是长眠鬼，暂来地上立。""死竟土底眠，生时土上走。""土者合成人……还归足下土。"所以——

> 城外土馒头，馅草在城里。

一人吃一个，莫嫌没滋味。

这种从灵魂里喊出来天然妙句，真能动人。正如敦煌写本《王梵志诗集·原序》所说："不守经典，皆陈俗语。非但智士回意，实亦愚夫改容。"由此，梵志没有遵循佛理俗道，借势滑入色空逃世的泥潭，而是凭超越常人的思想锐气和心理能量，提出了以死为前提的生活观——命空生不空，参透生死，就要享受人生。

世无百年人，拟作千年调。

打铁作门限，鬼见拍手笑。

他鼓吹消费主义："暂得一代人，风光亦须觅。金玉不成宝，肉身实可惜。白发随年生，美貌别今夕。贫富无常定，恣意多着吃。活时客不用，塞墓填何益。"他嘲笑中国老百姓传统的节俭，简直像个现代人："有钱不解用，空手入都市。""平生不吃着，于身一世错。"活着不吃好穿好，死后则"空手把两拳，口里徒含玉。"他甚至要求别人减肥："满街肥统统，恰似鳖无脚。" 他看透了人间富贵："纵使千乘君，终齐一个死。纵令万品食，终同一种屎。"他反反复复说死，是叫人不要活得太累。而活有活法，不是只会辛辛苦苦为人作嫁衣裳，而要自己享受人生。通达些，脱洒些，就是现实些。做人就要做个这样的人："大丈夫，性识本清虚。无心防世事，触物任情居。"梵志，真真是个彻骨的性情中人。

写诗的和尚见得多了，托钵化斋的和尚也见得多了，少见的是一手乞讨斋饭，一手回赠诗歌的和尚，如此风雅的以诗化缘的和尚，恐怕只有梵志一人吧？

家有梵志诗，生死免入狱。

不论有益事，且得耳根熟。

白纸书屏风，客来即与读。

空饭手捻盐，亦胜设酒席。

看来，梵志是把自身定位为平民教育家，进入每一个家庭，立在人家的屏风上，低头不见抬头见。他真是自信得可以。推想起来，中国民族性格的养成，实在有赖此等人物跋涉民间世代宣讲朴素的伦理人生观。

时人如何喜欢他，已不得而知，我们只知道，敦煌出土的唐人手抄本梵志诗就有十余种，并且，在他去世后不会太久，唐人就把他当成了神话人物。在《桂苑丛谈》和《太平广记》中都有类似的记载——说是隋文帝时，河南黎阳人王祖德家，院子里有一棵林檎树，长出斗大的一个树瘤。三年后树瘤朽烂，祖德剖开它的皮，看见里面有一个小孩，像睡在娘胎里一样，就收养了他。小孩长到七岁忽然开口说话："谁养育了我？我叫什么名字？"王祖德说："你是从树木中生出来的树孩子。双木是梵，你就叫梵天，跟我姓王。"后改名梵志，常作诗给人看，用意深远云云。特意为他迅速地编写出身的神话，可以看出梵志在唐人心目中如何迷人。

梵志的遗言诗很前卫，遗令家人不哭不守不祭，唯一的要求是在墓中放几瓶好酒："吾死不须哭，徒劳枉却声。只用四片板，四角八枚钉。急手深埋却，臭秽不中停。墓中不须食，美酒三五瓶。时时独饮乐，缸尽更须倾。但愿长头醉，作伴唤刘伶。"临了还是露出了书生本色、文人习气，到底是读过书的人。

还我未生时①

我昔未生时，冥冥无所知②。
天公强生我，生我复何为？
无衣使我寒，无食使我饥。
还你天公我，还我未生时③。

城外土馒头④

城外土馒头，馅草在城里⑤。
一人吃一个，莫嫌没滋味。

此身如馆舍

此身如馆舍⑥，命似寄宿客⑦。
客去馆舍空，知是谁家宅⑧？

——《唐诗百家全集·王梵志诗全集》

① 原诗无题，编者取末句为题。
② 冥冥：蒙昧不清的样子。
③ 诗意：出生不是我的自主选择，是上天强迫我出生。既然我生在人世，为何又让我饥寒交迫？既然上天无好生之德，不体恤生命，那么请让我回到未出生之前吧。
④ 《城外土馒头》《此身如馆舍》原诗均无题，编者均取首句为题。
⑤ 本诗之意为：生命短暂，人生有限，有生总有死。死亡就在生命的城外等待，死亡面前人人平等。"土馒头"与"馅草"的形象，触目惊心，警醒世人。活着就要好好地生活。土馒头：坟墓。古人称馒头，今人称包子，故有馅。馅草：土馒头的馅儿，也就是每个活生生的人。
⑥ 馆舍：旅店。
⑦ 寄宿客：喻人的生命与肉体的依存关系。
⑧ 诗意：我不只是一具肉体，我的生命，我的灵魂只是一个远游的旅客，此生此身不过是暂时寄居的旅舍。此生结束，身体死亡，而我将再次远行。

【唐】寒山

诗意禅（3首）

　　王梵志之后大约100年，出了一个怪杰，几疑是梵志再生。他像梵志一样游离在主流社会之外，却竭尽全力要诗教天下；他的诗风与梵志一脉相承，也是口语体的白话诗；他生活在大唐盛世，却入山做了隐士；他比梵志的立足民间走得更远，干脆仄身世外来指点人间；他与李白杜甫同时代，放到星光灿烂的盛唐诗人堆里，他的诗艺算不上高超，但淹没不了个性的光辉；他生前无籍籍名，身后却声誉日隆，并延绵千年至今不断——白居易、王安石都写过仿拟他的诗体的诗篇；苏轼、黄庭坚对他的诗有特殊的兴趣；朱熹、陆游关心过他的诗集的出版与校勘；他没有正式进入哪所寺庙剃度，唐朝苏州城外的一座著名寺庙（寒山寺）却以他的号命名；他的诗歌的最早传播者是道士，唐人的志怪小说就把他编作成仙的道士下凡；到了宋朝他却被佛家公认为文殊菩萨再世；元时他的诗流传到朝鲜和日本；明时他的诗篇收入《唐音统签》的《全唐诗》中，被正统文化认可。清朝皇帝雍正甚至把他与他的好友拾得封为"和合二圣"，居然成了老百姓礼拜的婚姻神和爱神；到了20世纪60年代，美国的嬉皮士运动中他被奉为祖师爷。这样一个传奇人物，却连真实姓名也没有留下，只是以号行世——寒山子。

　　寒山（约691～约793）的生平保留在他的诗篇里。听他自述："寻思少年日，游猎向平陵……联翩骑白马，喝兔放苍鹰。"（导读中所引寒山诗均选自钱学烈《寒山诗校注》，广东高等教育出版社1991年版，原诗无题，以首句首二字为题）寒山少年时，过着富家子弟的生活；青年时，照例进京参加科举考试，可是，他因为奇怪的原因而落选了——据《唐六典》云："吏部……以四事择其才，曰身、言、书、判。"唐代选官量才有四个标准，分别是身材丰伟、言辞辩正、书法道美、文理优良。寒山"书判全非弱，嫌身不得官。"书法和文章都不错，可惜爹娘把他的身材生矮小了，或者相貌不够端正，而没有选上官职。这是大唐科举给人落下的一个话柄，当官的个个要相貌堂堂，这是奢侈的、唯美的，也是非人性的、不公平的标准。"个是何措大，时来省南院。年可三十余，曾经四五选。囊里无青蚨，箧中有黄卷。行到食店前，不敢暂回面。"寒山多次

落选，最后无颜回乡，滞留京城，成为一个流浪书生。"前度是富儿，今度成贫士。""浪行朱雀街，踏破皮鞋底。"兄弟责怪他，妻子不理他，在人世间，他求不到前程，又割绝了人情，整个世界都坍塌了，人生陷入绝境："少小带经锄，本将兄共居。缘遭他辈责，剩被自妻疏。抛却红尘境，常游好阅书。谁能借斗水，活取辙中鱼？"带着一身伤痛记忆，寒山浪游天下，最后选择上山去独居："可惜栋梁材，抛之在幽谷。"为什么在大唐盛世做隐者？因为他无法在世俗生活中求得荣耀，在三十岁之后，他是被迫走上一条与一般文人不同的生活道路。这期间，要经历多少心理煎熬和自我超越，才能摆脱世俗的束缚，跳出世俗流行的价值观，独自为自己寻找一个生存的依据？

　　天台山的翠屏峰（又称寒岩、寒山），从此多了一个自称"寒山"或"寒山子"的野人。寒山的岩壁、树木上，从此时常冒出一些奇异的诗篇。"一住寒山万事休，更无杂念挂心头。闲于石壁题诗句，任运还同不系舟。"穴居山林，风餐露宿，头戴桦皮树冠，足蹬木屐，破衣烂衫，偶尔在天台山的国清寺里讨些残羹冷饭，寺里的僧人都认为他是一个疯子，独有伙夫拾得与他投缘，常备下剩饭等他来取。寒山离开了恩情断绝的城市、故乡，甚至也没有入寺为僧，而是独居在这风雪满山的寒岩之上，他是以孤绝的姿态与尘世的规矩彻底决裂，得大自由，得大孤独。常常是杳无人迹的林下、石上、风中、雪中、夜深、月下，把生命逼到一个干净的角落，人与山水面面相觑，相依为命，建立起常人无缘进入的亲密境界。一个平民书生游历了儒、道、佛、隐的精神历程，看这秀才如何解脱、如何熬炼飞升：

　　　　杳杳寒山道，落落冷涧滨。
　　　　啾啾常有鸟，寂寂更无人。
　　　　淅淅风吹面，纷纷雪积身。
　　　　朝朝不见日，岁岁不知春。

　　幽静如空白的风景古画，飞雪积身如雕像，一个凡人在此净化俗尘，一点生命在此孵化禅心。初入山中，免不了思凡："闻道愁难遣，斯言谓不真（准确）。昨朝曾趁却（驱赶），今日又缠身。月尽愁难尽，年新愁更新（不仅赶不走旧愁，新愁还不断生长）。谁知席帽（毡帽）下，元是昔愁人（老愁人）。"听渔父闲歌，则心念家乡；见梁间燕子，就想念老婆："各在天一涯，何时得相见。寄语明月楼，莫贮双飞燕。""昨夜梦还家，见妇机中织。驻梭如有思，擎梭似无力。呼之回面视，况复（恍如）不相识。应是别多年，鬓毛非旧色。"如何不干脆回家呢？隐居会形成习惯，不耐市居生活，就像免疫功能已部分丧失，与人多接触就要染病。唯其独隐，行人所不能，故受人尊敬。

人远隔，情难断，到六十岁了还情系红尘，真实得可爱："一向寒山坐，淹留三十年。昨来访亲友，太半入黄泉。渐灭如残烛，长流似逝川。今朝对孤影，不觉泪双悬。"寒山真老实，他"心真出语直，直心无背面。"所以让人亲近："忆惜遇逢处，人间逐胜游。乐山登万仞，爱水泛千舟。送客琵琶谷，携琴鹦鹉洲。焉知松树下，抱膝冷飕飕。"

寒山探求过儒道佛各家真理，最终却非儒、非道、非佛，哪一种观念都有，哪一种观念都不纯粹，他只是一个诚心体察自我生命、并用自己的身心体察人世的书生、诗人，任何理论都无法让他安身放心，最终，他的灵魂的栖息地是诗歌。他并非置身三界外做个槛外人，他只是一个身居山中，心居诗中的读书人。寒山有意识地记录自己的生活，拉开距离审视自己，为自己制造一个伙伴——以诗为伴，在漫长的深山隐居生活中，这常常是唯一的心灵慰藉。这大约是刚入山时的真切情景："大有饥寒客，生将兽鱼殊。长存磨石下，时哭路边隅。累日空思饭，终冬不识襦。唯赍一束草，并带五升麸。"有时，不知从哪个农夫家里讨来一壶清酒，诗酒为伴，日子添了清雅之气："满卷才子诗，溢壶圣人酒。行爱观牛犊，坐不离左右。霜露入茅檐，月华明瓮牖。此时吸两瓯，吟诗三二首。" 这该是春夏时节吧："细草作卧褥，青天为被盖。快活枕石头，天地任变改。"山中有老虎："夕阳下西山，草木光晔晔。复有朦胧处，松萝相连接。此中多伏虎，见我奋迅鬣。手中无寸刃，争不惧惵惵？"——有刀又如何？莫非要打虎么？还是小心下脚吧，书呆子。人总有软弱的时候，生病了又如何："吁嗟贫复病，为人绝友亲。瓮里长无饭，甑中屡生尘。蓬庵不免雨，漏榻劣容身。莫怪今憔悴，多愁定损人。"读书、写诗、静心、修持：

> 寒山有倮（裸）虫，身白而头黑。
> 手把两卷书，一道将一德。
> 住不安釜灶，行不赍衣裓。
> 常持智慧剑，拟破烦恼贼。

寒山许多的诗，是反反复复写眼前景如何孤寂，述自身心情如何静绝："众星罗列夜明深，岩点孤灯月未沉。圆满光华不磨莹，挂在青天是我心。"景静心难静，吟诗如修禅。置身空寂的风景是小隐，将心安放于诗歌是大隐。寒山惯于白描风景，随着韵律文词入静，以期景诗禅三者合一。有文化的和尚如果不许他吟诗，恐怕多半达不到禅境。诗句抚慰凡心，禅诗触摸禅意。

> 世间何事最堪嗟？尽是三途造罪楂。
> 不学白云岩下客，一条寒衲是生涯。

秋到任他林叶落，春来从你树开花。

三界横眠闲无事，明月清风是我家。

寒山不断以自我写真的诗句来自我安慰，反反复复表白自己如何佛心高洁，也是用自夸来肯定自己，达到自勉的目的："吾心似秋月，碧潭清皎洁。无物堪比伦，教我如何说。"朋友知音是他伸向世界的触角，他偶有交游，从一二师友那里汲取生命能量："闲自访高僧，烟火万万层。师亲指归路，月挂一轮灯。"山中访僧，踏月而归，天心月圆，佛心清净。他与国清寺的长老丰干、厨子拾得为友，却不剃度出家。"惯居幽隐处，乍向国清中。时访丰干老，仍来看拾公。独回上寒山，无人话合同（平等无差别的佛法）。寻究无源水，源穷水不穷。"偶尔到人间看看，证实人间依然如故地沉溺世俗，不断坚定自己弃绝尘俗之意，心安理得地独归道山。他看不惯群居庙中的和尚，"似聚沙一处，成团也大难。"认为竞相坐禅是"蒸沙拟作饭，临渴始掘井。" 他瞧不起那些以出家为职业，只知道打钟念佛的俗人："奢华求养活，继缀族姓家。美舌甜唇嘴，谗曲心钩加。"连住寺庙也是多余的："回心即是佛，莫向外头看。"打破一切外在的规矩，不做道士，不作和尚："沙门不持戒，道士不服药。自古多少贤，尽在青山脚。"他现在能以旁观者立场怜悯、嘲笑贫士，嘲笑前我："徒劳说三史，浪自看五经……不及河边树，年年一度青。"有来客假惺惺、轻飘飘、隔岸观火地认为人应该生于贫贱，寒山说："客难寒山子，君诗无道理。吾观乎古人，贫贱不为耻。应之笑此言，谈何疏阔矣。愿君似今日，钱是急事儿。"客人的假清高多可恶，寒山的真性情多可贵。他鼓励世人走上富裕之路，"丈夫莫守困，无钱须经纪（经营）。"因为他深知贫困的苦处。他并没有因为自己过的是苦日子就不许别人甜，寒山没有以自己的生活方式来要求世人，善哉！

在漫长的孤寂状态中参禅悟道，他的幽怨之气渐渐消失，他圆满自足，无暇外求。"登陟寒山道，寒山路不穷。溪长石磊磊，涧阔草蒙蒙。苔滑非关雨，松鸣不假风。谁能超世累，共坐白云中。"他住在山中，却不认为自己是隐士："不学白云岩下客，一条寒纳是生涯。"在更多的时间里，他甚至无需寻找知音，自身如此存在就可以了，不必把世人都牵扯进来。他每天的功课是什么？"栖迟寒岩下，偏讶最幽奇。携篮采山茹，挈笼摘果归。蔬斋敷茅坐，闲读古人书。"后人偶游一次山就感慨"偷得浮生半日闲"，寒山终生得闲；后人又感慨"恨不得十年暇，读尽天下好书。"寒山终生得暇读书。真不知是谁付出多了，谁占便宜了？独坐岩前，前是云、后是山，月光如水，全身皎洁。"今日岩前坐，坐久烟云收。一道清溪冷，千寻碧嶂头。白云朝影静，明月夜光浮。身上无尘垢，心中那更忧。"有时候登上山巅，鸟瞰人间，尘世游戏洞若观火："高高峰顶上，四顾极无边。独坐无人知，孤月照寒泉。泉中且无月，月自在青天。吟此一曲歌，歌中不是禅。"

寒山生活的地方远离人群，寒山的心思却没有脱离人间，这是一个开放的而不是自我封闭的生命，所以，一有所悟，他便将诗篇发表在树间石上，以便来往游人樵夫传抄流布人间。寒山是明明白白宣布自己是以诗劝世，以诗传道的："多少天台人，不识寒山子。莫知真意度，唤作闲言语。"他写了许多训诫诗，大多通俗易懂，告诫世人一些做人的原则，成为王梵志的同志。他自己没有尝到读书入仕的甜头，却坚决地劝人读书："读书岂免死？读书岂免贫？何以好识字？识字胜他人。丈夫不识字，无处可安身。黄连搵蒜酱，忘计是苦辛。"他劝诫世人要诚实待人，用的是普通人容易接受的比喻法——骗人者如竹篮打水一场空；被人骗者不能也去骗人，因为被骗一次就像割去一节韭菜，还会自己生长出来。世人在浊世，不要参与一个恶性循环：

> 我见瞒人汉，如篮盛水走。
> 一气将归家，篮里何曾有？
> 我见被人瞒，一似园中韭。
> 日日被刀伤，天生还自有。

寒山有一些描写女性美丽的诗篇，有些可能是入山之前所作。一个"和尚"，老写美女诗，似乎有些不妥，但这不是寒山的发明，他之前，就有借写美人以说禅理的和尚。寒山的思维特别，从色空的角度表达对女性、美色的怜悯："城中蛾眉女，珠佩何珊珊。鹦鹉花前弄，琵琶月下弹。长歌三月响，短舞万人看。未必长如此，芙蓉不耐寒。"冷峻作结，点破无常之痛。

论修禅方式，寒山是僧人中的"隐士"；论禅悟的高深，寒山是僧人中的僧人，是悟禅者，是后代诗人近禅的先驱。很少有诗人像他这样如此挑剔读者的："智者君抛我，愚者我抛君。非愚亦非智，从此断相闻。（常人自以为是，不想开悟找教训）入夜歌明月，侵晨舞白云。（手舞足蹈指点人间）焉能住口手，端坐鬓纷纷。"他提醒自己别好为人师，不如静修。"下愚读我诗，不解却嗤诮。中庸读我诗，思量云甚要。上贤读我诗，把着满面笑。杨修见幼妇，一览便知妙。"如此选读者，也让读者不敢讥笑。有"王秀才"者，笑他的诗不合格律，他回敬道："我笑你作诗，如盲徒咏日。"为做诗而作诗，不是他的追求。他对自己用人生的足迹一步步印在世上的诗篇有充分的自信："有人笑我诗，我诗合典雅……忽遇明眼人，即自流天下。"他没说错。"时人见寒山，各谓是风颠。貌不起人目，身唯布裘缠。我语他不会，他语我不言。为报往来者（后来者），可来向寒山。"——与时人无法对话了。时人不解我，后人自赞叹。来寒山干什么？在岩石上找诗去！"五言五百篇，七字七十九。三字二十一，都来六百首。一例书岩石，自夸云好手。若能会我诗，真是如来母。"在岩石上书写的石头诗，谁有这么巨大坚固的诗页，谁有这么坚硬刻骨的诗心？

　　僧人写诗不奇怪，文盲可以不传文字，秀才和尚却非得以文字为禅。中国古诗四八句韵文可随时捕捉灵感与禅意，吟诗本身成为修禅的一种心灵记录。奇特的是梵志沿门托钵兼送诗，寒山避世复避寺，独居深山做隐者。中国诗僧中这两人的生命形态最为特别，连同行也看不惯，目为疯僧。有唐一代，寒山的诗艺并不高，但声名远播海外，后人仰慕者不绝如缕，只是因为寒山不是在纸上苦吟的诗人，他是一个将生命化作诗篇的诗人，他的传奇隐逸的一生就是一首奇异的人生诗篇，是异于常人的，行常人所不能行的，是仅凭才华所达不到的生命意境。在用生命的执著体验来写作白话诗并有意在民间传播这两个方面，寒山与梵志异曲同工，在芸芸诗人群中，他们特立独行的形象因而得以凸现。

杳杳寒山道①

杳杳寒山道，落落冷涧滨②。
啾啾常有鸟③，寂寂更无人。
淅淅风吹面④，纷纷雪积身。
朝朝不见日，岁岁不知春⑤。

世　间⑥

世间何事最堪嗟，尽是三途造恶楂⑦。
不学白云岩下客，一条寒衲是生涯⑧。
秋到任他林落叶，春来从你树开花。

诗隐寒山

① 原诗无题，编者取首句为题。
② 杳杳：渺远貌。寒山：天台山，又称寒岩。落落：形容（涧边）冷落、寂静。
③ 啾啾（jiū）：象声词，许多小鸟一起叫的声音。
④ 淅淅（xī）：风吹动的样子。
⑤ 诗意：描绘了一种绝对的归隐状态。几乎绝弃所有的人际交往，与自然中的鸟、风、雪为伴，忘却了春秋。
⑥ "世间""我见"两首原诗无题，编者取首句二字为题。
⑦ 三途：一火途，地狱道猛火所烧之处；二血途，畜生道互相啖食之处；三刀途，饿鬼被之刀剑逼迫等处。佛门认为，生前造孽，死后将堕入苦不堪言的三恶途。罪楂：罪恶的木筏。
⑧ 白云岩下客：指隐逸脱俗者。衲：僧衣。

三界横眠闲无事①，明月清风是我家②。

我 见

我见瞒人汉③，如篮盛水走。
一气将归家④，篮里何所有？
我见被人瞒，一似园中韭。
日日被刀伤⑤，天生还自有⑥。

——《唐诗百家全集·寒山诗全集》

---

① 三界：有情众生存在的三种境界，即欲界、色界、无色界。

② 诗意：世人纷纷扰扰，无事生非，坠入苦海。不如清静无为，纵浪大化，与天地共存。

③ 瞒：欺瞒，欺骗。

④ 将归：带回。

⑤ 刀伤：一作"人伤"。

⑥ 诗意：骗人者终将被人识破而一无所获。被骗者虽然受到伤害，终究有识破骗局的一天。被污辱与被损害的人有更强韧的生命力。

太白的月亮

256

【唐】李白

月下独酌①

　　现存的李白第一首诗，是15岁所作，诗题《初月》。少年落笔就是月亮，此后，诗人的眼睛里一直月光盈盈，照耀着松花诗笺，美丽、飘逸、辽阔、神奇魅人。

　　见过李白的人，第一眼就会被他的大眼睛魅惑。崔宗之说他"双眸光照人"，魏万说得更形象："眸子炯然，炙（张开）如饿虎"。这样一对精光洋溢、光彩照人的双眸，熔铸着"十步杀一人，千里不留名"的侠客豪迈、"闲与仙人扫落花"的仙风道骨、"为君谈笑静胡沙"的书生意气、"唯愿当歌对酒时，月光常照金樽里"的酒徒顽皮、"相看两不厌，只有敬亭山"的触物深情，以及"我寄愁心与明月"的浩瀚遐思。

　　天下人都喜欢月亮，而李白为最，他生个孩子取名"明月奴"；诗人都爱对月抒情，而李白更喜欢，月亮仿佛是李白家里养的宠物，无论喝酒、送友、怀人、思乡，招之即来，挥之即去。一曲《静夜思》四海流传，李白一举头，世人尽望月。而"长安一片月，万户捣衣声"，李白用一片明月，轻轻托起千家万户的响亮思念，传送给边关征人。前朝废墟上，月照沧桑："只今惟有西江月，曾照吴王宫里人。"今人的头顶，是古代的月亮："今人不见古时月，今月曾经照古人。"仙人艳遇，有月为证："秦娥梦断秦楼月。"人家的春怨总是扯不断的相思，他的《春怨》却是对性爱的玩笑，月亮也调皮："白马金羁辽海东，罗帷绣被卧春风。落月低轩窥烛尽，飞花入户笑床空。"他也曾落魄乞食，田家奉上掺着野菜的饭食，他居然看到粗糙的米饭上有月光明亮："跪进雕胡饭，月光明素盘。"梦乡有月，梦境也一片光明："一夜飞渡镜湖月。"他的《杂题》断章："夜来月下卧醒，花影零乱，满人衿袖，疑如濯魂魄于冰壶也。"一觉醒来，月光如水，心魄如同在月光中洗过一样，清洁、纯净、自由，这些月亮的特性与诗人的心灵秉性吻合。孤独饮酒，他可以"举杯邀明月，对影成三人"，一个太白，一个明月，一个孤影，一个人就化作三人。与无情之物，结有情之游，人皆可为；一腔深情，敢做无情之想，却需要怎样的胸怀？人、影、月三者暂时的

---

① 题一作《月下对影独酌》。原题共四首，这里选第一首。

缱绻缠绵，是人间难得的际遇，彼此互不厌弃，倾心交欢，尽情地享受这一刻吧，让我们清醒地欢乐，醉倒以后就各自分散。与无情之物结有情之游，岂是诗人的浪漫想象就可以得到？人与月与影，没有任何世俗目的，物我两忘而相亲相爱，这是遥远的太空和仙境中才有的情感，这是一个人可以祈望的最高的友爱境界。这样的"无情游"，实在是深情游。

"狂风吹我心，西挂咸阳树"，如同"长留一片月，挂在松溪东"，诗心如明月，可以挂在树上，自然也可以拥抱人世，光耀人间。得意时，"莫使金樽空对月"；失意时，依然"醉看风落帽，舞爱月留人。"轻言什么诗酒风流？胡说什么文人习性？我只是"明月直入，无心可猜"，我明白"清风朗月不用一钱买"，我留给人间"清水出芙蓉"的水晶绝句，你偏记得我"我且为君捶碎黄鹤楼，君亦为我捣却鹦鹉洲"的酒后狂言。让力士脱靴、贵妃研墨，那不过是小意思，偏让世人传得沸沸扬扬。皇宫岂不也是一个酒家，让我以诗换酒？我的疆域比唐明皇的宽广。爱酒，所以水遁；爱月，所以水中捉月；人生太短，所以寻仙；世界太小，所以活在传说里。

李白以一个"欲上青天揽明月"的姿势，昭告着天地之大，心灵辽阔。中国需要这样一根透彻浪漫的诗骨，支撑文人的梦幻天空。因为太白、因为太白的月亮，解放大地的美、解放人心的美。

月光，也是世界为诗人奉上的一杯美酒吧，长啸一醉，天地一白，于是粉白新墙上，月光诗意一起浮动飘飞。

> 花间一壶酒，独酌无相亲。
> 举杯邀明月，对影成三人[1]。
> 月既不解饮，影徒随我身。
> 暂伴月将影[2]，行乐须及春。
> 我歌月徘徊，我舞影零乱[3]。
> 醒时同交欢，醉后各分散。
> 永结无情游，相期邈云汉[4]。

---

[1] 一般人独酌时会想到好友，而李白此刻没有，他邀月对影，一人成三。一个强悍的灵魂可以自足圆满，不暇外求。

[2] 将：与。

[3] 饮酒时载歌载舞，是古人的习惯，少见的是独饮时歌舞。如此自得其乐，而且能酒后吟诗，你切莫以为这是醉汉的行径。

[4] 月与影是不通世俗人性之物，今夜与我结伴同游，我岂非也成了超脱世俗的仙人？但愿我们永远相伴，相约在遥远的星空，超越人性世故，无牵无挂同游仙境。邈云汉：遥远的星空，这里指仙境。

太白的月亮

【元】辛文房

李白传

　　李白（701~762）在生前已经成为传奇，他的事迹纷纷成了传说。他的出身就是一个谜，有山东（关东）、四川江油、陇西 （甘肃）、西域胡人（新疆或者前苏联）等多种说法，让考据学家忙得不亦乐乎。他是天才，所以是太白金星投胎人间；能写那么飘逸绝伦的诗篇，自然是梦笔生花的结果；贺知章惊叹他是"谪仙人"，当然属于慧眼识英雄。唐玄宗爱其才，可惜，太白想显示自己的治国之才，可皇帝只爱他的诗才。结果，免不了出现别扭，太白给杨贵妃写过"云想衣裳花想容，春风拂槛露华浓"之类歌咏美人的诗句，心中的不耐烦却无法掩饰，"天子呼来不上船，自称臣是酒中仙。"（唐·杜甫《饮中八仙歌》）即便上殿吟诗，也是满不在乎，于是才有力士脱靴、贵妃研墨这样故意不顾礼节的行为。壮志难酬，于是放浪形骸，飘游天下，华阴县令有眼不识泰山，让太白逮着个自吹自擂的机会，作者的用意不在嘲笑县令或讽刺李白，而是用这个传说反衬出李白已经名扬天下。后来，一心想治国平天下的诗人，在安史之乱中，稀里糊涂做了永王李璘的幕僚，以为可以报效国家，"为君谈笑静胡沙"了，谁知李璘受朝廷猜忌被击败，李白受牵连下狱，流放夜郎（今贵州桐梓）。最后，这位天才诗人死得也不同寻常：夜船饮酒，乘醉捉月（后人传说骑鲸捉月），水遁而去。传说自然是当传说看，可是，世人愿意在李白身上编这些传说，正说明世人心目中的李白应该是个这样的形象。尤其是他捉月而去，这样浪漫的死法只有爱月如命的李白配得上，或者说，李白的生命诗魂，就像这永悬天际的明月，千年万古，光耀人间。

　　听传说，读白诗，总是一个飘逸潇洒不食人间烟火的样子，真实活着的李白总是雾花水月看不真切。抄录一段宋·洪迈《容斋四笔》引录的一封李白书信，见识一个情重如山的李白："李太白上安州裴长史书云：'昔与蜀中友吴指南，死于洞庭之上，白禫服恸哭，炎月伏尸，猛虎前临，坚守不动，遂权殡于湖侧。数年来观，筋骨尚在，雪泣持刃，躬申洗削，裹骨，徒步负之而趋，寝兴携持，无辍身手。遂白贷营葬于鄂城。'"可见，李白不是一个虚无缥缈、只会醉酒寻仙的诗人，而是侠骨柔肠、情深谊重之良友。我们记得那个"仰天大笑出门去，我辈岂是蓬蒿人"（《南陵别儿童入京》）的豪情万丈的谪仙人，也钦慕那个"且放白鹿青崖间，须行即骑访名山。安能摧眉折腰事权贵，使我不得开心颜"（《梦游天姥吟留别》）的快意平生的高洁之士，似乎也不该忘记这个也食人间烟火的酒朋诗侣多情友！

辛文房，字良史，元代前期西域人。博学多识，以一西域之人，为唐朝一代诗人作传，气魄非凡。鲁迅先生曾开列学习中国文学的书目，将辛文房的《唐才子传》列在首位。《李白传》即选自此书。

白字太白，山东人①。母梦长庚星而诞②，因以命之。十岁通五经③，自梦笔头生花，后天才赡逸④。

李白，字太白，是关东地区的人。李白的母亲在他出生的晚上梦见太白金星，于是就用太白给他取名和字，李白十岁时，通晓五经——《诗》《书》《礼》《易》《春秋》，自己梦想笔尖长出花来，后来，他的天才超群绝伦。

喜纵横⑤，击剑为任侠⑥，轻财好施。更客任城⑦，与孔巢父、韩准、裴政、张叔明、陶沔居徂徕山中，日沉饮，号"竹溪六逸"。

他喜欢纵横术，擅长击剑，打抱不平，负气仗义。看轻钱财，喜欢周济别人。他曾寄居山东济宁，和孔巢父、韩准、裴政、张叔明、陶沔居在徂徕山中，天天沉湎于酒，号称"竹溪六逸。"

天宝初，自蜀至长安，道未振⑧，以所业投贺知章⑨，读至《蜀道难》，叹曰："子谪仙人也⑩。"

天宝初年，从四川来到长安，一路上名声还没有传开。他拜访贺知章，把自己诗作给他看，贺知章读到他的《蜀道难》时，叹羡地

---

① 山东：唐人称"山东"，乃泛指崤山及函谷关以东。即关东地区，非谓具体地名。杜甫《苏端薛复筵简薛华醉歌》："近来海内为长句，汝与山东李白好。"盖杜甫于关中作诗，时李白正于关东游历，故以"山东李白"称之。《旧传》据此谓李白"山东人"，《才子传》因之，误。唐·李白《与韩荆州书》（《李太白全集》卷二六）自称"陇西布衣"，《赠张相镐二首》（同上卷一一）其二称："本家陇西人，先为汉边将。"自谓西汉名将李广后裔。近人陈寅恪《李太白氏族之疑问》（《清华学报》第十卷一期，1935年1月）谓李白先世"本为西域胡人"，"诡托陇西李氏"，"其父之所以名客者，殆由西域之人其名字不通于华夏，因以胡客呼之，遂取以为名，其实非自称之本名为。"并谓其父"以一元非汉姓之家，忽来从西域，自称其先世于隋末由中国谪居于西突厥旧疆之内，实为一必不可能之事"。

② 长庚：星宿名，古代指傍晚出现在西方天空的太白金星。

③ 李白《上安州裴长史书》："五岁诵六甲，十岁观百家，轩辕以来，颇得闻矣。"

④ 《天宝遗事》："李太白少时，梦所用之笔头上生花，后天才赡逸，名闻天下。"赡逸：丰富、充裕。

⑤ 纵横：纵横术。审时度势，以游说打动他人。

⑥ 任侠：以侠自任，抱打不平，负气仗义。

⑦ 任城：县名。汉属东平国，东汉属任城国，今山东济宁市地。

⑧ 道未振：指求仕之途不得门径。

⑨ 所业：所创作的诗作。

⑩ 谪仙人：被贬下凡的神仙。

太白的月亮

260

乃解金龟换酒①，终日相乐②，遂荐于玄宗。

召见金銮殿，论时事，因奏颂一篇，帝喜，赐食，亲为调羹，诏供奉翰林③。尝大醉上前，草诏，使高力士脱靴，力士耻之，摘其《清平调》中飞燕事，以激怒贵妃，帝每欲与官，妃辄沮之④。

白益傲放，与贺知章、李适之、汝阳王琎、崔宗之、苏晋、张旭、焦遂为"饮酒八仙人"。恳求还山，赐黄金，诏放归⑤。

说："你是诗仙下凡啊。"就解下配饰金龟换酒，两人整天开怀畅饮作乐。贺知章于是把李白举荐给当朝皇帝唐玄宗。

唐玄宗在金銮殿召见李白，谈论天下大事，李白上奏一篇颂文，让皇帝很高兴，赐他一餐饭，皇帝亲自为他调制羹汤，下诏书任命他做供奉翰林。李白曾在皇帝面前喝得大醉，为皇帝起草诏书，他让高力士给他脱朝靴。高力士感到羞辱，指斥他在《清平调》中用赵飞燕的典故讽刺贵妃杨玉环，用以激起贵妃对李白的愤恨。皇帝每每想给他更重要的官做，杨贵妃就屡屡说他的坏话诋毁他。

李白从此更加狂傲放纵。和贺知章、李适之、汝阳王李琎、崔宗之、苏晋、张旭、焦遂成为酒中八仙。恳求回归山中隐居。玄宗赐给他黄金，诏令放他归山。

---

① 金龟：古人所佩杂玩之类。

② 唐·孟棨《本事诗·高逸》："李太白初自蜀至京师，舍于逆旅。贺监知章闻其名，首访之。既奇其姿，复请所为文。出《蜀道难》以示之。读未竟，称叹者数四，号为谪仙，解金龟换酒，与倾尽醉，期不间日，由是称誉光赫。贺又见其《乌栖曲》，叹赏苦吟曰：'此诗可以泣鬼神矣。'"五代·王定保《唐摭言》卷七《知己》亦云："李太白始自西蜀至京，名未甚振，因以所业贽谒贺知章。知章览《蜀道难》一篇，扬眉谓之曰'公非人世之人，可不是太白星精耶？'"

③ 供奉：官名。在皇帝左右供职的人。唐宋清代都设有供奉的官。如唐有侍御史内供奉、翰林供奉等。李阳冰《草堂集序》："天宝中，皇相下诏，征就金马，降辇步迎，如见绮、皓。以七宝床赐食，御手调羹以饭之，谓曰：'卿是布衣，名为朕知，非素蓄道义，何以及此？'置于金銮殿，出入翰林中，问以国政，潜草诏诰，人无知者。"

④ 摘(tī)：揭发，指斥。沮：败坏、毁坏。《旧传》："白既嗜酒，日与饮徒醉于酒肆。玄宗度曲，欲造乐府新词，亟召白，白已卧于酒肆矣。召入，以水洒面，即令秉笔，顷之成十余章，帝颇嘉之。尝沉醉殿上，引足令高力士脱靴，由是斥去。"《新传》："帝坐沉香子亭，意有所感，欲得白为乐章，召入，而白已醉，左右以水洒面，稍解，授笔成文，婉丽精切，无留思。帝爱其才，数宴见。白尝侍帝，醉，使高力士脱靴。力士素贵，耻之，摘其诗以激杨贵妃，帝欲官白，妃辄沮止。"唐·李濬编《松窗杂录》："开元中，禁中初重木芍药，即今牡丹也。得四本红紫浅红通白者，上因移植于兴庆池东沉香亭前。会花方繁开，上乘月夜召太真妃以步辇从。诏特选梨园弟子中尤者，得乐十六色。李龟年以歌擅一时之名，手捧檀板，押众乐前欲歌。上曰：'赏名花，对妃子，焉用旧乐词为？'遂命龟年持金花笺宣赐翰林学士李白，进《清平调》词三章。白欣承诏旨，犹苦宿酲未解，因援笔赋之：'云想衣裳花想容，春风拂槛露华浓。若非群玉山头见，会向瑶台月下逢。''一枝红艳露凝香，云雨巫山枉断肠。借问汉宫谁得似，可怜飞燕倚新妆。''名花倾国两相欢，长得君王带笑看。解释春风无限恨，沉香亭北倚阑干。'龟年遂以词进，上命梨园弟子约略调抚丝竹，遂促龟年以歌。太真妃持颇梨七宝杯，酌西凉州葡萄酒，笑领意甚厚。上因调玉笛以倚曲，每曲遍将换，则迟其声以媚之。太真饮罢，饰绣巾重拜上意。……上自是顾李翰林尤异于他学士。会高力士终以脱靴为深耻。异日太真妃重吟前词，力士戏曰：'始谓妃子怨李白深入骨髓，何拳拳如是？'太真妃因惊曰：'何翰林学士能辱人如斯？'力士曰：'以飞燕指妃子，是贱之甚矣。'太真颇深然之，上尝欲命李白官，卒为宫中所捍而止。"

⑤ 诏：下令。唐·李阳冰《草堂集序》："天子知其不可留，乃赐金归之。"

白浮游四方，欲登华山，乘醉跨驴，经县治，宰不知，怒引至庭下曰："汝何人，敢无礼？"白供状不书姓名，曰："曾令龙巾拭吐，御手调羹，贵妃捧砚，力士脱靴。天子门前，尚容走马，华阴县里，不得骑驴？"宰惊愧，拜谢曰："不知翰林至此。"白长笑而去。尝乘舟与崔宗之自采石至金陵，著宫锦袍，坐傍若无人。

禄山反，明皇在蜀，永王璘节度东南，白时卧庐山，辟为僚佐①。璘起兵反，白逃还彭泽。璘败，累系浔阳狱。初，白游并州，见郭子仪，奇之，曾救其死罪；至是，郭子仪请官以赎②，诏长流夜郎③。

白晚节好黄老④，度牛渚矶，乘酒捉月，沉水中⑤。初，悦谢家青山，今墓在焉。有文集二十卷，行世。

或云：白，凉武昭王暠九世孙也⑥。

——《唐才子传校笺》

李白浪游天下四方，想登华山。在醉后骑一头毛驴，经过华阴县县衙。县令不知道是李白，愤怒地把他拉到公庭之下，说："你是什么人，敢如此大胆无礼？"李白写的供状上不写出自己的姓名，只是这样写道："曾用皇帝的手帕擦抹吐酒的秽物，皇帝为我亲手调制过羹汤，贵妃曾亲手捧砚侍候，高力士给我脱过朝靴。在天子门前，还容许我跑马，在你华阴县里，却不许我骑驴。"县令又惊又愧，道歉说："我不知翰林大人到我这穷乡僻壤。"李白哈哈大笑而离去了。曾经和崔宗之乘船从采石矶到金陵，穿着宫锦袍，在座中旁若无人。

安禄山反叛起兵，攻下长安，玄宗逃往四川，永王璘领兵节制东南地区，李白当时在庐山隐居，被永王璘征召做他的幕僚。后来永王璘也起兵造反，李白逃回彭泽。永王璘造反失败，李白受牵连被投入九江的监狱。当初，李白游并州，见郭子仪。觉得他奇特不凡，曾经从死罪中救出郭子仪。到了李白下狱时，郭子仪用他的官职担保解救李白。皇帝下诏把李白永久流放到夜郎。

李白晚年时，喜欢道教。过牛渚矶时，趁着酒兴捕捉水中的月亮，溺死在水中。从前，李白喜欢谢家青山这块地方，现在他就安葬在这里。他有二十卷文集，流传于世。

又有人说："李白是南北朝时凉武昭帝李暠的九世孙。"

① 辟为僚佐：征召为幕僚。

② 请官以赎：请求以官职担保救赎李白。

③ 流：流放、放逐。

④ 黄老：老庄道家学说。

⑤ 唐宋时民间传说李白捉月事甚多，故《容斋随笔》卷三《李太白》条谓："世俗多言李太白在当涂采石，因醉泛舟于江，见月影俯而取之，遂溺死，故其地有捉月台。予按李阳冰作太白《草堂集序》云'阳冰试弦歌于当涂，公疾亟，草稿万卷，手集未修，枕上授简，俾为序'。又李华作《太白墓志》，亦云'赋《临终歌》而卒'。乃知俗传良不足信，盖与谓杜子美因食白酒牛炙而死者同也。"

⑥ 凉：西晋末及东晋时期在甘肃等地建立的地方政权名。《才子传》误从《旧传》称李白为山东人，故以凉武昭王九世孙之说列于最后，仅作一说存之。

【唐】杜甫

又呈吴郎①

秋风一吹，杜甫的胡须就落了。

诗人都有一颗易感的心，而杜甫的诗心尤其纤细。他总是"感时花溅泪，恨别鸟惊心。"（《春望》）自己的茅屋被秋风吹破了，他却真诚地想到："安得广厦千万间，大庇天下寒士俱欢颜。"（《茅屋为秋风所破歌》）一场好雨落下，他欣然命笔："好雨知时节，当春乃发生。"（《春夜喜雨》）想念古人，又替古人担忧："出师未捷身先死，长使英雄泪满襟。"（《蜀相》）他乡遇见老朋友，同是天涯沦落人，诗人含蓄感慨："正是江南好风景，落花时节又逢君。"（《江南逢李龟年》）安史之乱平定了，诗人写出平生第一快诗："白日放歌须纵酒，青春作伴好还乡。"（《闻官军收河南河北》）杜甫一生，的确是"万里悲秋常作客，百年多病独登台。"（《登高》）家事国事天下事，事事忧心。这种随口就来的感伤却从来不是无病呻吟，而是一种悲悯天下的博大情怀。杜甫的理想是"致君尧舜上，再使风俗淳。"帮助君主成为远古社会的尧舜一样的贤君，使人类生活再次恢复到完善的境界。这里有堂吉诃德式的狂想、梦想精神。但是，杜甫不是只会空发感慨的诗人，他所有的喜乐都来自对生活的诚实体念。

杜甫的儿子过生日，诗人告诫儿子："诗是吾家事。"写诗是我们的家务劳动、家传遗产，多么自信。但这个以诗自得的人却从来没有因为写诗而得到任何现实的好处。他没有像别人那样为"吟安一个字，捻断数茎须"，成为诗癖；也没有本事"斗酒诗百篇"，成为诗仙；尤其没有能耐以诗句博取功名，成为诗官。他在四十岁之前留下的诗篇不过五十余首，然而他一生忠实于"诗言志"的古老传统，将诗歌创作作为一种自自然然的生活方式，这个将诗歌当作手中器玩一般稀松平常的诗人，将一生的心思，都化作诗篇。

杜甫是个用脚写诗的诗人，他一路绊倒在人生和时代的各种障碍上，一双麻鞋丈量着生命的深浅，一路脚印播撒一路诗篇。他不讳言自己曾经年少轻狂：三十岁之前，长达数年"放荡齐越间，裘马颇轻狂"。领略中国最美丽的河

① 此前，杜甫已有《简吴郎司法》一首相寄，故曰又呈。吴郎：杜甫的亲戚，当时在州府任司法参军，名不详。

山，追蹑前朝诗人的踪迹，游猎放歌，轻狂到连屈原、曹植也不放在眼里，高吟"会当凌绝顶，一览众山小。"他珍惜自己所没有的品质：三十三岁，在洛阳遇见四十四岁的李白，一个是诗名初显，一个是名满东都，老实的杜甫立即被李白的飘逸所迷醉，"痛饮狂歌空度日，飞扬跋扈为谁雄？"与他结伴求仙，遍访高人。伴游数月，李白临别赠杜甫："飞蓬各自远，且尽手中杯。"一杯酒将他草草打发。其后的杜甫却一生思念这位豪迈自由的朋友，在长安念叨"白也诗无敌"，在秦州感慨"笔落惊风雨，诗成泣鬼神"，在成都想念"敏捷诗千首，飘零酒一杯"，后来李白落难，杜甫痴心依旧："世人皆欲杀，吾意独怜才。"

杜甫的忧国忧民不是纸上呐喊，而是日常行动，是穿着麻鞋的脚绊倒在石头上的真实的痛。他的一座故居转让给亲戚吴郎居住，故居的屋前有几棵枣树，每年枣子成熟的时节，邻居一位孤寡老妇必定来打枣充饥。最近听说吴郎将枣树围进了院子里，诗人心中大感不安，特意写下这首絮絮叨叨的诗寄去，其中包含的悲悯深情令人动容：让邻居在屋前打枣子吧，她原本是没有儿女没有食物来源的一个孤苦老人。不是因为穷极了哪会这样？正因为她怕换了屋主你更应该对她亲近。老人家提防新主人未免多虑，你用稀疏的篱笆将院子围起来却是事实。老人家为应付官府的苛捐杂税已经穷到了骨头，我想到战乱频繁民不聊生不禁老泪长流。

杜甫是一位"诗行合一"的真诗人，这样的诗人，后人尊为"诗圣"。

　　　　　堂前扑枣任西邻，无食无儿一妇人①。
　　　　　不为穷困宁有此，只缘恐惧转须亲②。
　　　　　即防远客虽多事，便插疏篱却甚真③。
　　　　　已诉征求贫到骨，正思戎马泪沾巾④。

---

① 任：任凭，听任。由无食无儿，单身一人，可知是一位老寡妇。

② 宁有此：哪里会有这样的事？此，指打枣。正因为她有恐惧心理，更应对她表示亲切。

③ 妇人见你一来就加以提防，怕你不让打枣，虽然不免多虑。远客：指吴郎，他于近期来自忠州（治所在今四川忠县）。你插上了稀疏的篱笆，却是真的，这样她就可能认为你是有意拒绝她打枣了。

④ 妇人曾诉说过因官家征敛苛重而一贫如洗。自己也正想到战乱不止、民生涂炭而流泪伤心。

【唐】杜甫

旅夜书怀①

　　杜甫的诗，风格集大成，滋润后世诗坛；内容贴近民生，人称"诗史"；但在读者的错觉中，杜甫似乎从未年轻过，总觉得这是一个老人的慈悲心肠表现为诗句的老辣深刻。就像他自称"乾坤一腐儒"（《江汉》），读者也就信了，觉得杜甫就是这样一个忧伤满腹的老头，很少想到杜甫也有过青春壮怀。

　　杜甫（712~770），字子美，号少陵野老，巩县（今河南巩县）人。因曾居长安城南少陵，在成都被严武荐为节度参谋、检校工部员外郎，后世称之为杜少陵、杜工部。杜甫生于书香门第，祖父杜审言也是名诗人。青年时期，杜甫过着"裘马轻狂"的浪漫生活，漫游天下，结识诗友如李白等。但科举考试一直落败，长年困守长安，穷困潦倒。安史之乱后，杜甫开始流亡生涯，亲身经历的民生疾苦将杜甫造就成为一个忧国忧民的诗人。长安陷落后，曾陷贼中近半年，后冒死从长安逃出。安史之乱后，做过短时间的小官，后外贬华州司功参军，永别长安。此后漂泊西南，曾在成都浣花溪畔建草堂，陆续住了五年。其后又辗转蜀、鄂、湘之间，居无定所。770年冬，杜甫死在从长沙到岳阳的船上，59岁。

　　杜甫坎坷一生，怎能不老？一条鱼从头臭起，一个人从心开始老化。心老了，万事淡泊，无所用心。可是杜甫的诗心，永远那么敏感、多情、遒劲、坚定，他即便身心俱病，也不做呻吟乞怜的诗篇，终其一生与时代同脉搏，与命运同心跳，他是一个"年轻的老诗人"——诗风的沉郁掩盖不了诗心的健朗。听他自述：这是又一次无目的的流浪，54岁了，依然居无定所。微风拂动两岸的新草，岸上何处是我停息的家？旅夜孤舟，桅杆直指天穹，前程未知何处？但是还有满天星光，星光下无限辽阔的原野；还有明月，明月中奔涌的大江。无论世事如何变幻，这大好河山依旧在。我那点名声，难道只是凭着诗句得来？我的一生追求，岂是诗文所能道尽？我辞官不做，当然是又老又病不愿恋栈。此后的日子，无官一身轻，飘然天地间，做一只自由飞翔的沙鸥。

---

　　① 永泰元年（765）夏，杜甫离开成都经渝州（今重庆）、忠州（今四川忠县）东下，这是他在旅途中所作的一首咏怀诗。

细草微风岸，危樯独夜舟①。
星垂平野阔，月涌大江流②。
名岂文章著，官应老病休③。
飘飘何所似？天地一沙鸥④。

① 危樯：孤单而高耸的桅杆。不用任何动词连接，以名词直接组合成诗句，是中国古典诗常用的句法。

② 星"垂"于平野而更显出平野宽阔，月"涌"于江面而更看到江水的奔流。

③ 名声岂是由于文章而显著，官职倒应当是由于衰老有病而辞罢。前一句是不服气的申辩，意思是我的志向在匡时经国，可是人们却误以为我靠舞文弄墨赢得名气，后一句是愤懑的反话。杜甫罢官是因为上疏谏事，却故意说自己老病休官。这两句里的"岂"、"应"两个虚字用得很讲究，暗含了很多委屈和愤懑。

④ 宇宙广阔与个人渺小对比中产生的孤独感、失落感，表达的正是诗人的感受，这个"一"字正好与第一句的"独"字呼应。

【唐】惠能

坛经·行由品第一

　　禅宗，属于释迦牟尼佛教的心法。禅，最初只是一种静坐守心的普通的修行方法。南北朝时，印度的菩提达摩来中国传播禅学，将这种修行的方法拓展为一个佛教门派，禅宗的理念与中国本土文化精神——比如老庄的任性自然等相结合，在唐朝的六祖惠能手上，正式形成融化古印度佛教哲学和中国古典哲学精粹的中国佛教——禅宗。禅宗认为"我心即佛"，"见性成佛"，无须外求。没有什么"上帝"、"天堂"和"西方极乐世界"，不用暮鼓晨钟念经打坐。"平常心即道"，人性就是佛性，任何凡人都可以通过自我心灵调整而得到的"安心"、"自然"、"适意"的纯粹心理化的人生境界，就是光辉灿烂的佛性世界，平常心就是神圣的心境。信仰者追寻在肯定自心的合理性中获得心理放松的满足，"如人饮水，冷暖自知"，为宗教世俗化打开方便之门。日常生活就是宗教的终极世界，美好的世界不在彼岸，就在此生。传统宗教的色彩淡化了，人的心灵却更丰富了。中国士大夫一向以追求心灵体验为精神导向，永存不死的奢望破灭之后，人们升起精神永恒的希望。禅宗令人从对外在生命的悲伤转入对内在心灵的追求。抛弃所有外在的限制，清规戒律只是束缚，不必出家，不必改变生活方式，而是将宗教生活化，可在家修禅。生活本身就是修禅，不以自由为代价换取进入天堂的入场券，更不以捐钱造佛——就像交"保护费"一般来换取神灵的保佑。悟禅不是某些人的特权，人和佛之间不需要"经纪人"，众生都可以习禅。没有神灵偶像，没有前世今生因果报应，只要自己沉潜于幽冥的深层体验就可企及佛性，不再把"清净"作为心灵的终极境界，而是以一种推到极致的"自然"作为人生的最高境界，这与中国书生一直追求的超越世俗的空无境界吻合，因而禅宗在中国士大夫中间广为流传。禅宗对人的大悲悯，是把人作为善意的动物而对人有所期待。输送给中国人关于人生的大思想是：人类的拯救只能靠人自己，不是靠神。禅宗对中国人的人生观、艺术境界、审美的生活情趣、机警的语言智慧、优雅的生活态度等有着深远的影响。

　　让禅宗本土化，真正成为中国佛教的，居然是一位文盲。惠能（638~713），俗姓卢，岭南新州（今广东新兴县）的一名樵夫。幼年丧父，家境贫困，靠卖柴养母。偶然在客店中听人诵《金刚经》，"心即开悟"，于是去到湖北黄梅，拜禅宗五祖弘忍为师。弘忍将这个不开化的南蛮安排在厨房打工。八个月后，弘忍选拔衣钵传人，命众人作偈说禅。当时黄梅东山寺禅众达七百人，神秀为上座，即作一偈云："身是菩提树，心如明镜台。时时勤拂拭，勿使惹尘埃。"惠能在厨房劳动，听到众人纷传这首偈语，觉得不够通透，便改作一偈，请人写在墙壁上。偈云："菩提本无树，明镜亦非台；本来无一物（一作"佛性本清净"），何处惹尘埃！"结果，弘忍将衣钵传给了这位文盲和尚。两人的区别在于"渐修"与"顿悟"：神秀认为凡人皆有佛性，但要勤奋修炼才能企及；而惠能认为即心即佛，单刀直入，直指心性，顿悟成佛。比较而言，神秀较为"传统"，而惠能更具创新。此后，惠能南下，神秀北移，成为南北二宗。后世南禅宗成为主流。《坛经》是《六祖坛经》的简称。由惠能口述，其弟子法海集录。在中国人所作的佛教著作中，只有这一部被尊为"经典"。

时大师至宝林①，韶州韦刺史与官僚入山②，请师出，于城中大梵寺讲堂③，为众开缘说法。师升座次，刺史官僚三十余人，儒宗学士三十余人，僧尼道俗一千余人，同时作礼④，愿闻法要。

大师告众曰："善知识⑤，菩提自性⑥，本来清净，但用此心，直了成佛。善知识，且听惠能行由得法事意⑦。

当时，六祖大师正在宝林寺，韶州刺史韦璩和他的同僚们一起来到南华山，请六祖大师出山，到城中大梵寺讲堂，为大众开导人生，宣讲佛法。六祖大师坐到讲台上，韦刺史和他的同僚三十余人，儒士学者三十余人，比丘、比丘尼、居士、百姓一千余人，一齐向大师行礼，希望听讲佛法要旨。

六祖大师对大家说："各位有智慧、有知识、有善意的人们，佛道的本性，原本是洁净无瑕的、无污无染的。只要具有这样的洁净本心，就可以直接成佛。各位有智慧、有知

---

① 宝林：即宝林寺，在今广东韶关南华山。

② 韶州：今广东韶关。韦刺史：唐代韶州刺史韦璩，其人身世不详。

③ 大梵寺：在今广东韶关。

④ 僧尼道俗："僧"指出家修行的男性佛教徒；"尼"指出家修行的女性佛教徒；"道"指皈依三宝，信奉佛道的人；"俗"即俗人，指未入佛门的人。

⑤ 善知识：一般指道德高尚、知识渊博、富有智慧，并能够指导他人信奉佛教的人。它既可用于称呼出家僧人，也可用于称呼没有出家的佛教信徒。在此，"善知识"是六祖大师对所有在场听众的赞誉性称谓。

⑥ 菩提：梵文bodhi的音译，意译为"觉"、"智"等，指对佛教真理的觉悟。广义地说，凡断绝世间烦恼而成就涅槃的智慧，通称为菩提。对菩提的运用各个宗派有所差别，《坛经》吸收了《维摩诘经》和《大乘起信论》等佛教经典的思想，并且予以发挥，把菩提作为每个人先天具有的觉悟本性，与佛的智慧没有区别。

⑦ 惠能：唐代僧人。佛教禅宗第六祖。

识、有善意的人们，请先听听惠能得到佛法的来龙去脉吧。

"惠能严父本贯范阳①，左降流于岭南，作新州百姓②。此身不幸，父又早亡，老母孤遗，移来南海③，艰辛贫乏，于市卖柴。时有一客买柴，使令送至客店。客收去，惠能得钱，却出门外，见一客诵经。惠能一闻经语，心即开悟，遂问客诵何经，客曰：《金刚经》。复问从何所来，持此经典，客云：'我从蕲州黄梅县东禅寺来④。其寺是五祖弘忍大师在彼主化⑤，门人一千有余，我到彼中礼拜，听受此经。大师常劝僧俗，但持金刚经，即自见性，直了成佛。'惠能闻说，宿昔有缘，乃蒙一客取银十两与惠能，令充老母衣粮，教便往黄梅参礼五祖。

"惠能的父亲，籍贯原是范阳，后来因事遭降职，被流放到岭南，成了新州的一名普通百姓。惠能身世很不幸，父亲早早离开人世，只留下孤儿寡母，搬迁到南海居住，生活艰辛贫苦。惠能只得进山砍柴，然后到集市上去卖。一天，有一位客人来买柴，让把柴送到客店里。客人把柴收了，惠能拿了钱，正要走出客店，忽然听到一位客人正在诵经。惠能一听佛经之语，心里便顿然开悟，于是就问这位客人诵读的是什么佛经。客人答道是《金刚经》。又问客人从什么地方来，怎样得到这部佛经的。客人说："我从蕲州黄梅县东禅寺来。东禅寺是禅宗五祖弘忍大师在那里主持法坛，教化众生。他的徒弟门生有一千多人。我到寺中去礼拜，听他宣讲这部佛经。弘忍大师常常规劝僧侣和百姓，只要遵循《金刚经》，就能自己认识佛性，直接成就佛道。'惠能听了，便萌发了去黄梅请教的想法。大概是前世有缘，承蒙一位客人送给惠能十两银，嘱咐惠能安置好老母亲，然后便到黄梅县东禅寺去参见礼拜五祖大师。

"惠能安置母毕，即便辞违。不经三十余日，便至黄梅，礼拜五祖。

"惠能将母亲安置好以后，便辞别母亲，动身去黄梅县。走了不到三十天，便到了黄梅县东禅寺，向五祖大师行礼叩拜。

① 范阳：今北京大兴。

② 新州：今广东新兴县。

③ 南海：今属广东佛山市。

④ 蕲州：今湖北蕲春县。黄梅：今湖北黄梅县。

⑤ 五祖弘忍大师：弘忍（601～674）俗姓周，湖北黄梅人。七岁时随道信出家，十三岁时正式剃度为僧，一直跟随道信，白天从事劳动，晚上静坐习禅。道信逝世后，他定居于黄梅双峰东山寺，聚徒讲习，弟子很多。弘忍认为，行住坐卧都是成佛的行为和活动，人的一切行动、言论和思维活动都体现佛的教化，坐禅时的静默与生活中的活动毫无区别。这就把对禅境的体验完全贯彻到日常生活之中。弘忍及其师父道信的思想都对惠能及其《坛经》产生了重要影响。弘忍的著名弟子有神秀、惠能、惠安、智诜、玄赜等人。弘忍后被尊为禅宗五祖。唐代宗敕谥"大满禅师"号。

呵佛骂祖文盲禅

"祖问曰:'汝何方人,欲求何物?'

"惠能对曰:'弟子是岭南新州百姓。远来礼师,惟求作佛,不求余物。'

"祖言:'汝是岭南人,又是獦獠①,若为堪作佛?'

"惠能曰:'人虽有南北,佛性本无南北。獦獠身与和尚不同,佛性有何差别?'

"五祖更欲与语,且见徒众,总在左右,乃令随众作务。

"惠能曰:'惠能启和尚,弟子自心常生智慧,不离自性,即是福田②。未审和尚教作何务。'

"祖云:'这獦獠根性大利。汝更勿言,著槽厂去③。'

"惠能退至后院,有一行者,差惠能破柴踏碓。经八月余,祖一日忽见惠能曰:'吾思汝之见可用,恐有恶人害汝,遂不与汝言,汝知之否?'惠能曰:'弟子亦知师意,不敢行至堂前,令人不觉。'

"祖一日唤诸门人总来。'吾向汝说:世人生死事大。汝等终日只求福田,不求出离生死苦海。自性若迷,福何可救?汝等各去,自

"五祖大师问:'你是哪里人,想要求得什么?'

"惠能回答说:'弟子是岭南新州的百姓,从很远的地方来礼拜大师,只想成佛,别无他求。'

"五祖大师说:'你是岭南人,又是未开化的蛮夷,怎么能学习佛法成就佛道呢?'

"惠能说:'人虽有南北之分,但佛性却没有南北之别。没有开化的人与和尚虽不一样,但佛性又有什么差别呢?'

"五祖大师还想与惠能交谈,因见旁边许多徒弟在左右,就让惠能跟大家一起去干活。

"惠能说:'惠能请问和尚,弟子自心常常萌生这样的想法,认为不离开自己的本性,就是福田。不知和尚教我干什么事?'

"五祖大师说:'这个蛮子悟性倒是不错。你不要再多说了,就到马棚去干活吧。'

"惠能从五祖大师哪儿退下去,来到后院,有一位行者分派惠能去劈柴、踏碓舂米。就这样过了八个多月。

"一天,五祖大师看见惠能说:'我想你的见解是有道理的,只是恐怕有坏人伤害你,所以就没再和你交谈,你知道吗?'

"惠能回答说:'弟子也知道大师的心意,所以一直不敢到大堂前露面,以免他人察觉。'

"一天,五祖大师召集全体门徒来大堂里。'我告诉你们:世间的人把生死看做是一件大事。你们整日只求福田,而不考虑脱离生死轮回的苦海。若是自己的本性都迷失了,即

---

① 獦獠(gé liáo):古称南方未开化民族,类似南蛮、蛮夷。

② 福田:佛家谓积善行可得福报,犹如播种田地,秋获其实。

③ 槽厂:养马的小屋。

看智慧，取自本心般若之性①，各作一偈②，来呈吾看。若悟大意，付汝衣法，为第六代祖。火急速去，不得迟滞。思量即不中用，见性之人，言下须见。若如此者，轮刀上阵，亦得见之。'

"众得处分，退而递相谓曰：'我等众人，不须澄心用意作偈，将呈和尚，有何所益？神秀③上座现为教授师，必是他得。我辈谩作偈颂，枉用心力。'诸人闻语，总皆息心，咸言'我等已后，依止秀师，何烦作偈。'

"神秀思维，诸人不呈偈者，为我与他为教授师，我须作偈将呈和尚。若不呈偈，和尚如何知我心中见解深浅？我呈偈意，求法即善，觅祖即恶，却同凡心夺其圣位奚别？若不呈偈，终不得法。大难

使修了福田又怎么能拯救自己脱离生死苦海呢？你们各自回去，凭借自己的才智，用自己本来所具有的智慧佛性，各作一首偈，拿来给我看。若是谁能悟到佛法的要义，就将衣钵传给他，成为第六代祖师。你们要赶快去做，不得延误。费心思量是不中用的，因为认识到佛性的人，言谈之间就能显示出来。如果是这样的人，即使在挥刀上阵之际，也能悟见佛法而立地成佛。'

"大家听了五祖大师的吩咐后，退下来相互议论说：'我们这些人，根本用不着费尽心思去作偈交给大师，即便做了又有什么用处？神秀上座现在是我们的教授师父，祖师之位一定是他的。我们这些人随便作偈，必定是枉费心力了。'其他人听到这样的话，全都打消了作偈一试的想法，大家都说：'我们以后还要仰仗神秀师父，何必自找麻烦去作什么偈呢。'

"神秀心想，大家都不作偈呈交给大师，是因为我是他们的教授师父，我必须作一首偈呈给五祖大师。我若不作偈，五祖大师怎么能够知道我对佛的认识深浅呢？我交偈的心意在于求得佛法，如果只是为了得到祖师之位，那就是用心不良，这和凡人争夺圣位有什

---

① 般若：意译为智慧、智慧、明等。全称般若波罗蜜多，是六度之一，谓通过智慧到达涅槃彼岸。这种智慧不是俗人所能具有的，而是成佛所需要的特殊的认识。其基本理论是"缘起性空"。认为一有"般若"能超越世俗认识，把握住事物的本质。这种般若智慧必须通过对世俗认识的否定才能获得。了解事物皆由缘生，没有自己固有的性质，是般若的两个重要内容。

② 偈（jì）：佛经中的唱词。

③ 神秀：（606～706），是禅宗北宗的创立者。俗姓李，开封尉氏（今河南尉氏县）人，早年博览经史，唐武德八年（625）在洛阳天宫寺受具足戒。五十岁时，到黄梅县双峰山东山寺参谒弘忍，从事打柴汲水等劳役以求法，深得弘忍赏识。弘忍涅槃后，他令今天湖北当阳县东南的玉泉寺，建立了颇有影响的禅宗基地。二十多年中，在他身边聚集了众多参禅僧徒。武则天听到他的盛名，于久视元年（700）遣使迎请。第二年，他到了东京洛阳，住于内道场，受到唐王朝的特殊礼遇。武则天曾命令当阳置度门寺，于尉氏建报恩寺，以表彰他。唐中继位后，对他更为尊敬。神秀逝世后，诏谥"大通禅师"。他的著名弟子有嵩山普寂（651～739）和西京义福（658～736）等人，都与唐王朝保持着密切关系。相传神秀曾作《大乘五方便》和《观心论》。神秀生前的名望要比惠能大得多，《坛经》中的有些记述并不一定属实。

大难。

"五祖堂前，有步廊三间，拟请供奉卢珍画《楞伽经》变相及五祖血脉图①，流传供养。

"神秀作偈作已，数度欲呈。行至堂前，心中恍惚，遍身汗流，拟呈不得。前后经四日，一十三度呈偈不得。

"秀乃思维，不如向廊下书著，从他和尚看见，忽若道好，即出礼拜，云是秀作。若道不堪，枉向山中数年，受人礼拜，更修何道。是夜三更，不使人知，自执灯，书偈于南廊壁间，呈心所见。偈曰：

　　身是菩提树，心如明镜台，
　　时时勤拂拭，勿使惹尘埃。

"秀书偈了，便却归房，人总不知。秀复思维：五祖明日，见偈欢喜，即我与法有缘，若言不堪，自是我迷，宿业②障重，不合得法，圣意难测。房中思想，坐卧不安，直至五更。

"祖已知神秀入门未得，不见自性。天明，祖唤卢供奉来，向

么区呢？如果不呈交偈的话，那将永远不会获得真正的佛法。这事真是太难、太难了。

"五祖大师的经堂前有三间走廊。准备请画师卢珍供奉来画《楞伽经》的经文故事，以及禅宗五祖承传授图，以便流传后世，受后人供养礼敬。

"神秀作好偈后，几次想呈给五祖大师，但每次走到禅堂前，心中便恍惚不安，汗流遍体，想呈又不敢。这样经过四天，前后想呈了十三次，都没有勇气将偈交给大师。

"神秀心里又想：不如把偈写在走廊的墙上，由五祖大师自己去看，如果大师忽然发现之后说这偈写得好，我就出来行礼叩拜，说这是神秀所作。如果大师说这偈不行，就是我枉在山中数年，枉受他人尊敬，还修什么道呢？这天夜里三更时分，神秀没有惊动别人，自己手执灯烛，将一首偈写在走廊南面的墙壁上，表述出自己对佛性的见解。他的偈文说：

　　身是菩提树，心如明镜台，
　　时时勤拂拭，勿使惹尘埃。

"神秀写完偈后，又悄悄地回到自己的房里，所有人都不知道。神秀又想：如果明天五祖看到我的偈以后很高兴，那就说明我与佛法有缘分；如果他说偈不好，就说明我还在迷误之中，前生罪业深重，不该得到佛法，圣人之意难以猜测。神秀在房里思来想去，坐卧不安，一直到五更天亮。

"五祖早已知道神秀还没有真正掌握佛法，看不到自己的本性。天亮以后，五祖大

---

① 供奉：官名，在皇帝左右供职的人。唐代有侍御史内供奉、翰林供奉等。《楞伽经》：佛教经典，全名《楞伽阿跋多罗宝经》（梵文 Lankavatarasutra），是佛在斯里兰卡所说的经。认为一切诸法都由"自心所见"，万物皆系心造等，对禅宗影响很大，又是中国佛教法相宗所依据的"六经"之一。变相：佛教绘佛像及经文中的变异之事，称为变相。

② 宿业：佛教指前世行善或作恶所造成的见于今世的后果。

南廊壁间绘画图相，忽见其偈。报言，'供奉却不用画，劳尔远来。经云：凡所有相①，皆是虚妄。但留此偈，与人诵持。依此偈修，免坠恶道。依此偈修，有大利益。令门人炷香礼敬，尽诵此偈，即得见性。'门人诵偈，皆欢善哉！

"祖三更唤秀入堂，问曰：'偈是汝作否？'

"秀言：'实是秀作，不敢妄求祖位。望和尚慈悲，看弟子有少智慧否。'

"祖曰：'汝作此偈，未见本性，只到门外，未入门内。如此见解觅无上菩提②，了不可得。无上菩提，须得言下识自本心，见自本性。不生不灭，于一切时中，念念自见。万法无滞，一真一切真。万境自如如，如如之心，即是真实。若如是见，即是无上菩提之自性也。汝且去一两日思维，更作一偈，将来吾看。汝偈若入得门，付汝衣法。'

师把画师卢供奉叫来，请他在走廊南面的墙壁上作画。五祖忽然看到墙壁上的偈文，就对卢珍说：供奉不必再画了，有劳你从远方来，非常抱歉。佛经经典上说：凡是有相，都是虚妄的。且留下这首偈，让人们诵读学习，按照这首偈来修行，可以避免坠入恶道；按照这首偈来修行，会有很大的收益。'然后，五祖大师让徒弟们梵香敬礼，都来诵念这首偈，称赞这首偈写得好。

"三更时分，五祖大师把神秀叫到经堂，问他：'那首偈是你作的吗？'神秀答道：'的确是神秀之作，我不敢奢望获得第六代祖师之位，只希望大师以慈悲之怀，看看弟子是否有一点智慧。'

"五祖说：'从你作的这首偈来看，你还没有真正认识到佛的本性。只在佛门外，还未真正入门。若以这样的见解，想得到至高无上的佛道，那断然是不可能的。应当在言谈之间体现出源自内心和本性的佛法，明白佛性不生不灭。在任何时候，在每一个念头里，都要保持这种认识和体验。懂得万事万物的本性原是相通无碍的，他们的绝对的真知本性只有一个，以这种认识来看待万物，才能离开它们表面的虚妄表相，看到它们的真实的本性。万种境界都是相同如一的，相同如一的本质，就是真实的，如果有了这样的认识，那就是有了至高无上的佛性。你先回去考虑一两天，重新作一首偈，拿来我看。如果你作的偈真入门了，我就将衣钵传给你。'

① 有相：佛教把凡可以见知的事物都称作有相，泛指作为认识对象的事相和认识中的映相、名相。有相被视为是虚幻不实的，是分别和执著的产物。

② 无上菩提：至高无上的觉悟，对佛教真理的彻底觉悟，据说获得这种觉悟就不会再退转和丧失。在这里，"无上菩提"与"明心见性"、"成佛"的意思一致。

呵佛骂祖文盲禅

"神秀作礼而出。又经数日，作偈不成，心中恍惚，神思不安，犹如梦中，行坐不乐。

"复两日，有一童子于碓坊过①，唱诵其偈。惠能一闻，便知此偈未见本性。虽未蒙教授，早识大意，遂问童子曰：'诵者何偈？'

"童子曰：'尔这獦獠不知。大师言，世人生死事大，欲得传付衣法，令门人作偈来看。若悟大意，即付衣法，为第六祖。神秀上座于南廊壁上书无相偈，大师令人皆诵，依此偈修，免堕恶道，依此偈修，有大利益。'

"惠能曰：'我亦要诵此，结来生缘。上人②，我此踏碓八个余月，未曾行到堂前。望上人引至偈前礼拜。'

"童子引至偈前礼拜。惠能曰：'惠能不识字，请上人为读。'

"时有江州别驾③，姓张，名日用，便高声读。惠能闻已，遂言：'亦有一偈，望别驾为书。'别驾言：'汝亦作偈，其事希有。'

"惠能向别驾言：'欲学无上菩提，不可轻于初学。下下人有上上智，上上人有没意智。若轻人，

"神秀向五祖大师行礼后退出来。又过了几天，神秀还没能作偈，心中恍惚，神思不安，就像在梦中一样，行坐都不快乐。

"又过了两天，有一个童子从碓坊走过，嘴里高声唱诵神秀所作的偈。惠能一听，就知道这首偈还没有认识到佛的本性。虽然他没有受过谁的指教，却已经知道了这首偈的大意。于是，惠能问二童子：'你朗诵的是什么偈？'

"二童子说：'你这南蛮不知道，五祖大师说世人把生死轮回看成是一件大事，五祖想要传衣付法，所以让所有弟子各作一首偈呈送上去。如果谁能明白佛法大意，就传给他衣钵和佛法，让他成为第六代师祖。神秀上座作了一首《无相偈》，写在走廊南端的墙上，五祖大师让大家来念诵这首偈，按照这首偈来修行，就会大有收益。'

"惠能说：'我也要诵读这首偈，以结来世的法源，同登佛地。上人，我在这里踏碓春米八个多月了，还没有到经堂去过，希望上人带我到这首偈前，去行礼叩拜。'

"二童子带惠能来到偈前行礼叩拜。惠能说：'我不认识字，请上人给我念一遍。'

"这时，有一位江州别驾张日用就为惠能高声朗读偈文。惠能听了后，就说：'我也作和一首偈，请别驾替我写出来。'别驾说：'你也要作偈，这真是稀罕事。'

"惠能对别驾说：'要想学习至高无上的觉悟之道，不应该轻视初学者。地位卑贱的人会有超常的智慧，地位高贵的人也会非常愚

---

① 童子：对寺院中尚未正式出家的青少年的称呼。

② 上人：原指有过失而能自己改正的人，用于对大德高僧或自己师长的称呼，后来逐渐成为对出家僧人的尊称。此处"上人"是惠能尊称那位童子。

③ 江州：在今江西九江市。别驾：官名。汉制，是州刺史的佐吏，也称别驾从事史。因隋刺史出巡时另乘专车，故称别驾。唐时曾改别驾为长史，唐中朝与长史并设，为地方行政首官的属僚。

即有无量无边罪。'

"别驾言：'汝但诵偈，吾为汝书。汝若得法，先须度吾，勿忘此言。'

"惠能偈曰：

菩提本无树，明镜亦非台，
本来无一物，何处惹尘埃？

"书此偈已，徒众总惊。无不嗟讶，各相谓言：'奇哉，不得以貌取人。何得多时使他肉身菩萨①。'

"祖见众人惊怪，恐人损害，遂将鞋擦了偈。曰：'亦未见性。'众以为然。

"次日，祖潜至碓坊，见能腰石舂米，语曰：'求道之人，为法忘躯，当如是乎。'乃问曰：'米熟也未？'

"惠能曰：'米熟久矣，犹欠筛在。'

"祖以杖击碓三下而去。惠能知会祖意，三鼓入室。

"祖以袈裟裹围，不令人见，为说金刚经。至'应无所住而生其心②'，惠能言下大悟：一切万法不离自性。遂启祖言：'何期自性本自清净，何期自性本不生灭，何期自性本自具足，何期自性本无动摇，

蠢。如果轻视人，就会有无量无边的罪过。'

"别驾说：'你只管诵偈，我替你写。你如果真的获得佛法，一定要先超度我，不要忘了这句话。'

"惠能的偈说：

菩提本无树，明镜亦非台，
本来无一物，何处惹尘埃？

"别驾将这首偈写在墙壁上后，弟子们看了都惊诧不已，纷纷发出感叹，相互议论说：'真是奇迹呀，不可以以貌取人呀，他到这里没多久，难道是位肉身菩萨吗？'

"五祖看到大家惊扰纷纷，担心有人伤害惠能，于是用鞋把偈擦掉，并对弟子说：'这首偈，也没有认识佛的本性。'大家都相信了五祖的话。

"第二天，五祖大师悄悄来到碓坊，看到惠能腰间拴着一块石头，正在吃力地舂米，便对惠能说：'追求佛道的人，为了佛法而忘自身，就是这样呀。'于是就问道：'舂米好了没有？'

"惠能回答说：'米早就舂好了，只欠筛了。'

"五祖大师听后没说话，用拄杖敲了一下碓三下就走了。惠能立即明白了五祖大师的心意，三更时分，悄悄地来到五祖的住室。

"五祖大师用袈裟将二人围裹在一起，不让别人看见，然后给惠能讲授《金刚经》。在讲到'应无所住而生其心'时，惠能马上明白了，任何佛法都离不开人自己的本性。于是，惠能禀告五祖说：'我没有想到，自己的本性原本是清洁纯净的；我没有想到，自己的本

① 肉身菩萨：指以父母所生之身而至菩萨果位的人。
② 应无所住而生其心：《金刚经》中的一句话，意为不要让自己的心性被世间种种表象所迷惑。

何期自性能生万法。'

"祖知悟本性，谓惠能曰：'不识本心，学法无益。若识自本心，见自本性，即名丈夫、天人师①、佛。'

"三更受法，人尽不知，便传顿教及衣钵②。云：'汝为第六代祖，善自护念，广度有情，流布将来，无令断绝。听吾偈曰：

有情来下种，因地果还生。
无情亦无种，无性亦无生。

"祖复曰：'昔达摩大师③，初来此土，人未之信，故传此衣，以为信体，代代相承。法则以心传心，皆令自悟自解。自古佛佛惟传本体，师师密付本心。衣为争端，止汝勿传。若传此衣，命如悬丝。汝须速去，恐人害汝。'

"惠能启曰：'向甚处去？'

性本身是无生无死的；我没有想到，事物的本性原本是自足圆满的；我没有想到，事物的本性原本是固定不变的；我没有想到，原来任何佛法都是从人自己的本性中产生出来的。'

"听了惠能的这番话，五祖大师知道惠能已经认识到佛法的本性了，就对惠能说：'如果不能认识到自己的本心，即使学习佛法也毫无益处。如果认识了自己的本心或本性，就可以被称为大丈夫、天上的导师、人间的导师，被称为佛。'

"五祖在三更时给惠能传授佛法，没有一个人知道。于是五祖大师又把顿教法门及本宗衣钵传给了惠能。并对他说：'你现在就是第六代祖师了，你就要竭诚维护教法衣钵，广度众生，使本门佛法流传后代，不要使它失传。请听我的偈：

有情来下种，因地果还在。
无情亦无种，无性亦无生。

"五祖大师又说：'从前达摩刚到中原，人们不相信他，所以才传授这件袈裟，作为真传的信物，历代承袭下来。顿教佛法是心与心的交流、感应和沟通，让人们自己去领悟、去理解。自古以来，诸佛所传授的只是本心或本性，历代祖师密授的是对心的本质的领悟。袈裟是引起争端的原因，传到你就不要再往下传了。如果传袭这件袈裟，时时刻刻都会招来杀身之祸。你必须马上离开这里，否则恐怕有人伤害于你。'

"惠能问：'我向什么地方去呢？'

呵佛骂祖文盲禅

275

---

① 天人师：如来佛的名号之一。以其为神与人之师，故名。

② 顿教：佛教禅宗主张顿悟佛果的一派，也指该派的修行方法，即不需渐修、直达顿悟的方法。

③ 达摩大师：即"菩提达摩"（Bodhidharma，？~536），中国禅宗"初祖"，南天竺僧人。南朝宋时航海到广州，后往北魏，在洛阳、嵩山等地游历并传授禅学。曾在嵩山少林寺面壁九年，收弟子慧可（禅宗二祖），授以《楞伽经》四卷。

"祖云：'逢怀则止①。遇会则藏②。'

"惠能三更领得衣钵。云：'能本是南中③人，素不知此山路，如何出得江口。'

"五祖言：'汝不须忧，吾自送汝。'

"祖相送直至九江驿④。祖令上船，五祖把橹自摇。惠能言：'请和尚坐，弟子合摇橹。'祖云：'合是吾渡汝。'惠能曰：'迷时师度，悟了自度。度名虽一，用处不同。惠能生在边方，语音不正，蒙师传法，今已得悟，只合自性自度。'祖云：'如是如是。以后佛法，由汝大行。汝去三年，吾方逝世。汝今好去，努力向南，不宜速说，佛法难起。'

"惠能辞违祖已，发足南行。两月中间，至大庾岭⑤。（五祖归，数日不上堂，众疑。诣问曰：'和尚少病少恼否？'曰：'病即无，衣法已南矣。'问：'谁人传授？'曰：'能者得之。'众乃知焉。）遂后数百人来，欲夺衣钵。

"五祖大师说：'碰到带怀字的地方就停下来，遇到带会字的地方就隐藏起来。'

"惠能在三更时分领受了衣钵，对五祖大师说：'惠能本是岭南人，向来不熟悉这里的山路，我怎么才能走出江口呢？'

"五祖大师说：'你不必忧虑，我亲自送你。'

"五祖将惠能一直送到九江驿。五祖让惠能上船之后，亲自摇橹开船。惠能说：'师父，您请坐下，应该让弟子来摇橹。'五祖说：'应该由我来渡你才对！'惠能回答说：'在我迷惑之时，是师父度我；可是当我明白了之后，就应自己度自己了。同样称为度，但师父度弟子和弟子度弟子，起作用是不同的。惠能生长在边远地区，说话语音不正，承蒙师父传授佛法，如今已得觉悟，所以应该以对自性了悟来度自己。'五祖说：'很好'，'很对。以后佛法将由你发扬光大，你走后三年，我才会离开人世。你要多保重，一直往南走。但是不要过早地跟人们宣讲佛法，佛法的传播，处处有艰难险阻。'

"惠能辞别五祖大师之后，快步向南边走。走了两个月，来到大庾岭。（五祖回去后，几天不升堂讲经，众人很是疑惑，就到五祖住室里探问：'大师您没有生病吧？没有烦恼吧？'五祖大师说：'病倒是没有，但本人的衣钵已向南传去了。'众人问：'您把衣钵传给谁了？'五祖大师说：'被最有能力的人得到衣钵了。'大家才知道是惠能得到了衣钵。）于是数百人前来追赶惠能，想夺回衣钵。

---

① 怀：即怀集县，今属广东省。
② 会：即四会县，今属广东省。
③ 南中：即岭南。
④ 九江驿：在今江西九江市。
⑤ 大庾岭：江西大庾县南和广东南雄县的分界处。

"一僧俗姓陈,名惠明,先是四品将军,性行粗糙。极意参寻,为众人先,趁及惠能。惠能掷下衣钵于石上,曰'此衣表信,可力争耶?'能隐草莽中。惠明至,提掇不动,乃唤云:'行者行者,我为法来,不为衣来。'

"惠能遂出,坐盘石上,惠明作礼云:'望行者为我说法。'惠能云:'汝既为法而来,可屏息诸缘,勿生一念,吾为汝说。'明良久,惠能云:'不思善,不思恶,正与么时,那个是明上座本来面目?'惠明言下大悟。复问云:'上来密语密意外,还更有密意否?'

"惠能云:'与汝说者,即非密也。汝若反照,密在汝边。'明曰:'惠明虽在黄梅,实未省自己面目①。今蒙指示,如人饮水,冷暖自知。今行者即惠明师也。'惠能曰:'汝若如是,吾与汝同师黄梅,善自护持。'明又问:'惠明今后向甚处去?'惠能曰:'逢袁则止②,遇蒙则居③。'明礼辞。(明回至岭下,谓趁众曰:'向陟崔嵬,竟无踪迹,当别道寻之。'趁众咸以然。

---

① 面目:指本心。

② 袁:即袁州,今江西宜春县。

③ 蒙:指蒙山,在今江西宜春县。

"其中有一位和尚,俗姓陈,名叫惠明。此人出家前曾是四品将军,性情粗暴。他一心一意要抢回衣钵,因此带领众人,很快追上了惠能。惠能把衣钵放在一块石头上,说:'这衣钵是我佛真性的信物,怎么能凭武力抢夺呢?'于是惠能隐藏在草丛中。惠明赶到后,走到石头前,看到衣钵,伸手去拿,却怎么也拿不动,于是大声喊道:'修行的人,我是为佛法而来,并不是来夺衣钵的。'

"于是,惠能从草丛中走出来,坐在一块石头上。惠明向惠能行礼叩拜,说:'请您为我讲法。'惠能说:'你既然是为佛法而来,就要摒除一切的妄心,专心致志,不生一念,我就为你讲说佛法。'惠明沉默了很久,以保持心绪的宁静。惠明对他说:'不要有意地追求善,不要有意的追求恶,真心无善恶,本来就是如此,什么是你惠明的本来面目呢?'惠明听了这番话,立刻醒悟。又问道:'除了以前历代祖师所传授的密语密意之外,还有其他的秘密宗旨吗?'

"惠能说:'我给你宣讲出来的东西,就不是什么秘密了。如果你能反映自己的本性,则秘密就在你身边。'惠明说:'我虽然在黄梅待了这么久,其实并没有认识到自己本来的面目。今天承蒙您开导,我现在的感觉就像人饮水一样,是冷是热,只有自己知道。你现在就是我惠明的师父了。'惠能说:'如果你这样想,我和你就一起以五祖大师为师吧。你要好好的维护佛法。'惠明又问:'我以后到什么地方去呢?'惠能告诉他:'碰到带袁字的地方就停止,碰到带蒙字的地方就居住下来。'惠惠明后改道明，避师上字。）

明向惠能叩拜施礼，辞别而回。（惠明回到岭下，对来追赶惠能的人说：'我到山顶上看过了，找不到他的踪迹，应该换一条路去找。'追赶的人听了信以为真，从另一条路走了。惠明后来改名道明，是为了避讳师父"惠"字。）

"惠能后至曹溪①，又被恶人寻逐，乃于四会，避难猎人队中，凡经一十五载，时与猎人随宜说法。猎人常令守网，每见生命，尽放之。每至饭时，以菜寄煮肉锅。或问，则对曰：'但吃肉边菜。'一日思惟，时当弘法，不可终遁。遂出至广州法性寺。值印宗法师讲涅槃经②。时有风吹幡动，一僧曰风动，一僧曰幡动，议论不已。惠能进曰：'不是风动，不是幡动，仁者心动。'一众骇然。

"惠能后来到了曹溪，又被恶人追赶搜寻。为了避难，于是来到四会，与猎人们住在一起，这样过了十五年。十五年来，惠能时常按照各人的实际情况给猎人们讲法。猎人常让惠能看守捕兽的网，惠能每次见到有飞禽走兽落网，就把他们全都放生。每到吃饭的时候，惠能总是把野菜放在煮肉的锅里一煮。有人问为什么这样做，惠能回答说：'我只吃菜，不吃肉。'一天，心想：该是弘扬佛法的时候了，不能总是就这样隐藏下去。于是，离开四会，来到广州法性寺，正好碰到印宗法师开讲涅槃经。在讲经期间，偶有一阵风吹过，吹动了旗帜，一位僧人说是风在动，另一僧人说是旗在动，两人争执不下。惠能告诉他们说，既不是风在动，也不是旗在动，是你们的心在动。在场的僧人听了惠能的话，觉得十分玄妙，十分惊奇。

"印宗延至上席，征诘奥义。见惠能言简理当，不由文字。宗云：'行者定非常人。久闻黄梅衣法南来，莫是行者否？'惠能曰：'不敢。'宗于是作礼，告请传来衣钵，出示大众。

"印宗法师请惠能坐到上座，交流佛法的深奥道理。印宗见惠能虽讲得简单，但道理明了正确，并不是从经文字句中来解说。印宗说：'修行的人，你一定不是一般的人。很早就听说五祖大师的衣钵向南传去了，莫非传给的就是你？'惠能说：'不敢当。'印宗法师一听他就是五祖大师的衣钵传人，便向惠能叩头行礼，并且请求惠能把五祖大师所传的衣钵拿出来给大家看一看。

---

① 曹溪：在今广东韶关市南。六祖在曹溪宝林寺开坛设讲，以后人们便以曹溪代指禅宗南宗。

② 印宗法师：据《景德传灯录》卷五记载，他是吴郡（今江苏省吴县）人，精通《涅槃经》。唐咸亨元年（670）他抵达京师，敕居天敬爱寺，固辞，往黄梅见又弘忍。后到广州法性寺讲《涅槃经》。唐玄宗先天二年即开元元年（713）涅槃。

呵佛骂祖文盲禅

"宗复问曰:'黄梅付嘱,如何指授?'惠能曰:'指授即无,惟论见性,不论禅定解脱。'宗曰:'何不论禅定解脱?'惠能曰:'为是二法,不是佛法,佛法是不二之法①。'宗又问:'如何是佛法不二之法?'惠能曰:'法师讲涅槃经,明佛性是佛法不二之法。如高贵德王菩萨白佛言:犯四重禁②,作五逆罪③,及一阐提等④,当断善根佛性否。佛言,善根有二,一者常⑤,二者无常⑥,佛性非常非无常,是故不断,名为不二。一者善,二者不善,佛性非善非不善,是名不二。蕴之与界⑦,凡夫见二;智者了达,其性无二。无二之性,即是佛性。'

"印宗闻说,欢喜合掌,言某甲讲经,犹如瓦砾,仁者论义,犹如真金。于是为惠能剃发,愿事为

"印宗法师又问道:'五祖弘忍大师把衣钵传给你时,有什么指示和传授吧?'六祖大师答道:'只是谈了一些明心见性的问题,并没有谈禅定和解脱的道理。'印宗法师问:'为什么不讲通过坐禅习定答道解脱的道理呢?'惠能说:'因为坐禅习定和解脱是两种方法,不是佛法。佛法不是两种法,只有一种法,所以叫不二法。'印宗法师又问:'什么是佛法的不二之法呢?'惠能答道:'法师宣讲涅槃经,应该知道佛的本性就是佛法的不二之法。就像高贵德王菩萨请问佛,有些人犯了四重禁,又作了五逆罪,还有一种阐提,这些人是否断绝了善根、佛性?佛回答说:善根有两种,一种是永恒不变与转瞬即变的,可是佛性无永恒不变,一种是转瞬即变之分,所以不断,这就称为不二法门。五戒十善这是善,五逆十恶就是恶,但对佛性并无善恶之别,这就叫做不二法门。蕴与界,在凡人看来是两个,但有智慧的人知道它们的本质是一回事。这种不二的本性,就是佛性。'

"印宗法师听了高兴地合掌行礼说:'我印宗讲经,如同瓦片碎石似的,没有什么价值,可是您讲述的佛经义理,就像真金一

---

① 不二:也称无二、离两边。指对一切现象应不起分别,或超越各种分别。从本体论的角度说,不二是指事物的本质是一元的,与真如、法性等是一个意思,是它们的别名;从认识论和方法论的角度说,事物都存在着矛盾,把相互对立的两个方面统一起来,并超越这种对立,达到佛教的真理,这种方法称为不二法门。其结论是,对一切是非、善恶等差别境界无思无知,无见无问,无言可说。

② 四重禁:又叫四重罪。即:一,杀生;二,偷盗;三,邪淫;四,妄语。

③ 五逆罪:又叫五间业。因罪极重而逆于常理,所以叫逆。具体内容说法不一。主要指:一,杀父;二,杀母;三,杀阿罗汉;四,出佛身血;五,破和合僧。破和合僧意谓离间僧众,破坏阻挠行善作法修道者。

④ 一阐提:指不信佛法、不做任何善事的恶人。

⑤ 常:即永恒常在,不发生变化。

⑥ 无常:三法印之一。指世界万有(一切事物和思维概念)都是生来变化无常的,没有永恒的实体存在。佛教认为不仅这种变化普遍存在,而且其变化的过程又分为相连的四个阶段或呈现出四种相状:生(生起)、住(相对稳定)、异(相对稳定中又时刻在变异)、灭(消灭)。任何事物、现象在一刹那中都具有生住异灭四相。

⑦ 蕴:也作"阴",佛经以色(形相)、受(情欲)、想(意念)、行(行为)、识(心灵)为五蕴。界:指十八界,即六根:眼、耳、鼻、舌、身、意;六尘:色、声、香、味、触、法;六识:眼识、耳识、鼻识、舌识、意识、身识。

师。惠能遂于菩提树下开东山法门[1]。

　　"惠能于东山得法，辛苦受尽，命似悬丝。今日得与使君官僚僧尼道俗同此一会[2]，莫非累劫之缘，亦是过去生中供养诸佛，同种善根，方始得闻如上顿教，得法之因。教是先圣所传，不是惠能自智。愿闻先圣教者各令净心，闻了各自除疑，如先代圣人无别。"

　　一众闻法，欢喜作礼而退。

　　　　　　　　——《佛教十三经》

样珍贵无比。'于是印宗法师为惠能落发，表示愿拜惠能为师。惠能从此就在寺中一棵菩提树下，开始讲授东山法门。

　　"惠能在黄梅东山得法后，历尽千辛万苦，时时都会有性命之忧。今天有幸与韦刺史、诸位官员、比丘、比丘尼、居士聚会一堂，这是我们多生多劫积累的缘分促成的，也是往昔生生世世供养诸佛，同修公德善事得到的果报，才能听闻以上所说的顿教法门和我得法的因缘。佛陀的教法是以前的佛、菩萨传留下来的，不是惠能自己的智慧。如果希望自己的心，听了佛法之后，要各自消除心中的疑惑，就如同亲聆佛的教诲一样。"

　　大家听了惠能所讲的佛法，满心欢喜，行礼后各自散去。

呵佛骂祖文盲禅

---

　　[1] 东山法门：东山，指湖北黄梅县双峰山的冯墓山，其山在县境之东，故名。弘忍曾于此山弘教、传禅，故称其禅法为"东山法门"。

　　[2] 使君：在此是对韦璩的尊称。

【唐】众禅师

禅 话（6则）

　　中国禅宗有一种鄙弃文字、抛弃偶像的大痛快。一群文盲（有文化的禅师也要抛弃成见，重新变成"文盲"），思考验证的却是最幽深的智慧，多么奇怪的中国禅！　这是惠能主张舍离文字义解，直澈心源的结果。一种大思想的原创者多不留文字，如中国孔、老，外国佛陀、基督、苏格拉底等。文明源起时代，文化口耳相传，往后教育普及，后学者只能从文字入手，并以文字证心，不留文字已是势所不能。鄙弃文字倒是保留了心证与字证之间的弹性，它特别验证了人类思想的一大关节——自心感悟比文字诉求更重要，"如人饮水，冷暖自知"，所以特别可贵，不坠文字障。

　　禅宗积累下许多说禅的文字，即为"禅话"、"禅语"。禅师的语言机锋，初听牛头不对马嘴，仔细体会，则豁然开朗，身心俱爽。佛法的要旨与"庐陵米价"有什么关系？反思：如果佛法与日常生活小事没有关系，那和什么有关系呢？终日坐禅苦求想坐成佛，与磨砖作镜有什么分别？烧佛像取暖，烧的只是木头，不是佛。没有什么祖师、佛圣，没有偶像崇拜，一切众生平等，所有的神灵先师原本也不过是破除俗见、超越凡心的普通人。禅语有大智慧，后人不免舍本逐末，徒逞口舌之利，尼姑玄机想表白自己"寸丝不挂"，谈何容易？在家修行的人叫"居士"，小女子灵照没有自号"居士"，却能用生命来验证禅机，视死如归，境界非凡。

行思①：庐陵米价

僧问："如何是佛法大意？"

师曰："庐陵②米作么价？"

——《祖堂集》卷三

僧徒问："什么是佛法的主要意旨？"行思禅师说："庐陵的米是什么价钱？"

【评议】禅法难以用寓言叙说，却又体现在日常生活的每一件小事上。

---

① 行思：（？～740），又称靖居，俗姓刘，吉州安城（今江西省安福县）人。少时出家，后赴广东曹溪参见六祖惠能大师，受到六祖器重，居于首座。得法后住青原山（今江西吉安），法席隆盛。他是惠能弟子中的重要禅师之一，后人尊为"禅宗七祖"，在他法嗣中，后来产生了著名的曹洞宗、云门宗和法眼宗禅教三大宗派。

② 庐陵：今江西省吉安市，行思禅师所住青原山净居寺，即在吉安城郊、赣江之滨。

怀让①：磨砖作镜

开元中有沙门道一住传法院②，常日坐禅。师知是法器，往问曰："大德坐禅图什么？"一曰："图作佛。"师乃取一砖，于彼庵前石上磨。一曰："师作什么？"师曰："磨作镜。"一曰："磨砖岂得成镜耶？"师曰："磨砖既不成镜，坐禅岂得成佛耶？"一曰："如何即是？"师曰："如人驾车，不行，打车即是，打牛即是？"一无对。师又曰："汝学坐禅，为学坐佛？若学坐禅，禅非坐卧；若学坐佛，佛非定相。于无住法不应取舍，汝若坐佛即是杀佛，若执坐相非达其理。"一闻示诲，如饮醍醐。

——《景德传灯录》卷五

开元年（713~741）间，有个叫道一的僧人住在传法院，整天坐禅，怀让禅师知道他具有佛法才器，就去问他："大德坐禅谋求什么？"道一回答："谋求作佛。"禅师就拿了一块砖头，在庵前的石上磨起来。道一问："禅师做什么？"禅师回答："磨作镜子。"道一说："磨砖怎能成镜呢？"禅师说："既然磨砖不能成镜，那么坐禅怎么能成佛呢？"道一问："怎么做才正确？"禅师说："好比有个人驾车，车不前进，应该打车呢，还是打牛？"道一无法回答。禅师又说："你学习坐禅，还是学习坐佛？如果学习坐禅，禅并不是坐或卧；如果学坐佛，佛也没有固定的模型。谋求佛法变化不居，不应有所取舍，你如坐佛就是杀佛，如果执著于坐相是不能达到真理的。"道一听了这番教诲，如饮醍醐一般地清醒了。

【评议】反对单纯地静坐思虑，这是禅宗对传统的佛教修习方式的大胆改革。

天然③：丹霞烧木佛

后于惠林寺遇天寒，焚木佛以御次，主人或讥，师曰："吾茶毗觅舍利④。"主人曰："木头有何也？"师曰："若然者，何责我

后来丹霞天然禅师在惠林寺遇上天寒，便焚烧木佛像御寒，主人讥讽他，禅师说："我焚尸寻找佛骨。"主人说："这是木头的，哪有什么佛骨？"禅师说："既然是这

---

① 怀让：（677~744），俗姓杜，金州安康（今陕西省汉阴县）人。少年时出家，得法于六祖惠能后，住南岳衡山般若寺。南岳怀让是禅宗史上的重要禅师，在他建立的一系中，后来形成了著名的沩仰宗和临济宗两大宗派。谥号"大慧禅师"。

② 道一：即马祖道一，后来成了著名的禅宗大师。

③ 天然：（739~824），邓州（今河南邓县）人，俗姓名不详。初习儒业，进京应试途中受一禅者启发而投谒石头希迁出家，石头为他说戒，他掩耳而出，投奔马祖道一，尚未参礼，便骑坐在圣僧塑像的头颈上，马祖说："我子天然。"因以"天然"为法名。后住邓州丹霞山，归寂后谥号为"智通禅师"。

④ 茶毗：也作茶毗，梵语，意为焚尸、火葬。僧死火葬，这是佛教规矩。舍利：梵语，意为佛的遗骨，佛骨系佛门圣物。

乎？"主人亦向前，眉毛一时堕落①。有人问真觉大师："丹霞烧木佛，上座有何过？"大师云："上座只见佛。"进曰："丹霞又如何？"大师云："丹霞烧木头。"

——《祖堂集》卷四

样的话，为什么还要责怪我呢？"于是主人也向前来烤火，结果眉毛全部烧掉了。有人问真觉大师："丹霞烧木佛，上座（指惠林寺主人）有什么过错？"大师回答："上座只见是佛。"又问："那么丹霞又怎样？"大师说："丹霞烧的是木头。"

宣鉴②：呵佛骂祖

上堂："我先祖见处即不然，这里无祖无佛。达摩是老臊胡，释迦老子是干屎橛，文殊、普贤是担屎汉，等觉、妙觉是破执凡夫③，菩提、涅槃是系驴橛，十二分教是鬼神簿、拭疮疣纸，四果、三贤、初心、十地是守古冢鬼④，自救不了。"

——《五灯会元》卷七

宣鉴禅师上堂说："我对先祖的看法就不是这样，这里没有祖师没有佛圣。达摩是老臊胡，释迦老头子是不是干屎棍儿，文殊、普贤是挑粪汉，等觉、妙觉只是破除执见的凡夫，菩提智慧、涅槃境界是系（绳）的木桩，十二类佛经是鬼神簿，是擦拭疮脓的废纸，四类果位、三类贤者、初学佛者以及十地圣者则是守古坟的一群鬼，自身难保。"

玄机⑤：寸丝不挂

温州净居尼玄机，唐景云中得度，常习定于大日山石窟中。一日忽念曰："法性湛然，本无去住。厌喧趋寂，岂为达邪？"乃往参雪峰。峰问："甚处来？"

温州尼姑玄机，唐景云年中出家，常在大日山石窟中修习禅定。一天忽然想道："法性清净澄明，本无往来停止。厌恶喧闹，趋向静寂，难道是通悟吗"就去参谒雪峰禅师。雪峰问："日头出来了吗？"答："如果出

---

① 眉毛一时堕落：这里是双关语，即是上前烤火被烧落眉毛，也有意念错误而受到惩罚的意思。

② 宣鉴：（782~865），俗姓周，简州（今四川简阳）人。少年出家，精研律藏，常宣讲《金刚般若经》，当时人称为周金刚。听说南方盛行禅宗，提介直指人心，见性成佛，与所学不合，很不服气，于是离蜀南下，欲与禅师辩论。首访龙潭崇信禅师，问答之间，豁然省悟，遂焚烧所读经疏。住朗州（今湖南常德）德山，大中年初，本州太守建立古德禅院请他住持。宣鉴启发僧徒常用棒击，世有"德山棒，临济喝"之称。归寂后谥号"见性禅师"。

③ 等觉、妙觉：都是佛的名称。破执：破除有实我、有实物的执见。

④ 四果、三贤、十地：四果指预流果、一来果、不还果、阿罗汉果，是声闻获取圣果的四等阶位。三贤指十住、十行、十回向，是三种贤者的阶位。十地指修行中的十种阶位，有两种说法，一是"三乘十地"，是声闻、缘觉和菩萨共同修行的十种阶位，二是"大乘菩萨十地"，是菩萨修行的十种阶位。

⑤ 玄机：尼姑，生平未详，约八世纪上半叶前后在世，唐代景云年中（710~711）出家，曾在大日山修习佛法，世传她是永嘉真觉禅师的女弟子，曾跟随真觉一同游方。住温州（今浙江温州）。

曰："大日山来。"峰曰："日出也未？"师曰："若出则熔却雪峰。"峰曰："汝名什么？"师曰："玄机。"峰曰："日织多少①？"师曰："寸丝不挂。"遂礼拜退。才行三五步，峰召曰："袈裟角拖地也。"师回首，峰曰："大好寸丝不挂！"

——《五灯会元》卷二

来就融化掉雪峰啦。"雪峰问："你叫什么名字？"答："玄机。"问："每天织多少布？"玄机答："寸丝不挂。"说完就礼拜退出。才走了三五步，雪峰就唤道："袈裟角拖在地上啦。"玄机回过头来，雪峰说："好一个'寸丝不挂'！"

灵照②：合掌坐亡

士将入灭③，谓灵照曰："视日早晚，及午以报。"照遽报："日已中矣，而有蚀也。"士出户观次，灵照即登父座，合掌坐亡。士笑曰："我女锋捷矣！"于是更延七日。

——《五灯会元》卷三

庞蕴居士即将逝世，对灵照说："看看太阳，注意时间，到了正午就来告诉我。"灵照马上就说："太阳已在正中啦，只是有缺蚀呢。"居士出门观看的时候，灵照就登上父亲的座位，合起手掌，坐着去世了。居士笑着说："我的女儿机锋真迅捷啊！"于是就延期七天（逝世）。

【评议】禅悟者对待死的态度，真正用得上"视死如归"一语。而庞居士笑曰："我女锋捷矣！"读来不禁惊心动魄。联系许多禅师死前的从容、平常，真使人低回不已。

---

① 日织多少："机"字在古代常专指织机，所以雪峰就上文"玄机"一名而问"日织多少？"

② 灵照：庞蕴居士之女，随父躬耕于襄阳鹿门山下。庞居士常与禅师往来，多以禅语应答，灵照因之而省悟。太和（827~836）年间，先其父七日，合掌坐亡。

③ 入灭：（僧尼）逝世。

四、宋元意气 书生性情

朗朗乾坤，有一团正气充斥其间
那就是书生意气
苦难岁月，有一种不被打败的人生
那就是书生性情
厄运的牙齿
磕断于
一粒小小的铜豌豆

【元】脱脱

欧阳修矫正士风①

科举考试对天下文风的影响之大，略微想象一下就能明白：科举考试的成败关系一生的命运，哪一类文章能在考试中吃香，天下士子必定趋之若鹜，仿效文风，揣摩试题，竞相押宝。由唐朝韩愈、柳宗元倡导与实践的"古文运动"，经过晚唐五代的骈文回潮，宋初矫情的"西昆体"的波折，在欧阳修的时代，全国青年士子中流行一种"太学体"的文风，玩弄文字，险怪奇涩，成为迎合科举的捷径。宋嘉祐二年(1057)，欧阳修任全国主考官，痛下决心矫正天下文风、学风，将文风华而不实的士子摒之门外，先后录取、荐举了像"三苏父子"、曾巩这样真正的才学之士。当时的欧阳修，几乎成了庸俗知识界的大恶人，落第士子在大街上围堵谩骂他，把祭文投到他家里诅咒他早死。但是欧阳修敢冒天下之大不韪，一肩挑起一代文运，此后，天下文风为之一新。

据宋人叶梦得《避暑录话》云：欧阳修曾向皇上举荐三人为宰相：吕公著、司马光、王安石。而这三人全与欧阳修不是一路人：欧阳修被贬官滁州，吕公著参与了弹压；司马光与欧阳修政见不合；王安石与欧阳修学术对立。而欧阳修能够捐弃前嫌、不计较意见分歧、学术上不存门户之见，出于公心，唯贤是举。这样知人之明的大度，与前述矫正文风的勇气，再联想他年轻时写的那封公开信(《与高司谏书》)，说明欧阳修是一位真正的坦荡君子。

脱脱，字大用。《元史》有传，元顺帝朝大臣，为《辽》《金》《宋》三史都总裁官，两任中书右丞相。曾率兵镇压农民起义军"红巾军"及张士诚起义军，朝臣劾其劳师费财，流放云南，服毒死。

嘉祐二年，亲试举人，凡与殿试者始免黜落②。时进士益相习为奇僻，钩章棘句，浸失浑淳③。欧

嘉祐二年，皇帝亲自主持殿试考试举人，凡是通过了殿试的举人从此才免于不叙用。当时的进士愈发互相学习奇异乖僻的词

---

① 标题为编者所拟。

② 黜落：罢免。

③ 浸：渐。

阳修知贡举①，尤以为患，痛裁抑之②，仍严禁挟书者。既而试榜出，时所推誉，皆不在选。浇薄之士③，候修晨朝，群聚诋斥之，街司逻卒不能止，至为祭文投其家，卒不能求其主名置于法，然自是文体亦少变。待试京师者恒六七千人，一不幸有故不应诏，往往沉沦十数年，以此毁行干进者，不可胜数。

——《宋史·选举志》

句文章，截取别人的章句生搬硬套地乱用，流行文章渐渐失去了浑厚淳朴。欧阳修主持科举考试，尤其认为这种文风弊端严重，于是大力打击，并严禁挟带书籍进入考场。等到考试张榜，被时誉推重的考生，都落了榜。那些品行浮浅的落第举子，等欧阳修上早朝时，群聚在一起诋毁责骂他，街上巡逻的兵士都制止不住，甚至有人写祭文投到欧阳修家中。但终于还是查不出干这种事的人的姓名，无法用法律加以制裁，可是从此文风体式也有所变化。在京城待考的举人们常常达六七千人之多，一旦有什么意外情况不能应诏参试，就往往要沉沦十几年。因此宁可损坏操行品质来求取进士的举子，多得数也数不清。

六一性情

287

【宋】欧阳修

六一居士传

　　欧阳修年轻时勇于革新，年老时，没有牢骚满腹，看不惯时事，他懂得做一个不贪恋权位的安静的老人。老当益壮固然可嘉，尸位素餐则堵塞了年轻一辈的前程；因而急流勇退，过一个悠闲幸福的晚年，实在是有权力的老人们的最佳选择。《六一居士传》自述心灵所寄的五种闲暇的快乐，表明了毫不含糊的快乐退休之志：藏书一万卷，金石碑帖一千卷，琴一张，棋一局，酒一壶，其中安放一个自得其乐的老头，就构成了"六一居士"。"居士"是指在家信佛的人。古代士人多以居士为号：青莲居士、易安居士、六一居士、东坡居士……表明了这样一种生活态度和人生境界——在家"出家"。心中的世界比身体所居的世界更大，在日常生活中修禅悟道。身体居家，心灵则有个更大的家。

　　欧阳修（1007～1072），字永叔，号醉翁、六一居士，庐陵吉州（今江西吉安）人。四岁丧父，家贫无纸笔，母亲用池塘边的荻杆，在泥地上划字教读，留下"欧母划荻"的佳话。宋仁宗天圣八年（1030）进士，官馆阁校勘，因直言论事贬夷陵（今湖北宜昌）县令。庆历中任谏官，支持范仲淹的庆历新政，贬为滁州太守，又知扬州、颍州（今安徽阜阳）、应天府（今河南商丘）。后历官翰林学士知贡举、枢密副使、参知政事、刑部尚书、兵部尚书。多次辞官未允，复贬知蔡州（今河南汝南县），时改号六一居士。后以太子少师身份告退。居颍州。卒谥文忠。在散文、诗、词、史传及文艺理论诸多方面开宋朝一代风气之先。北宋古文运动的倡导者和领袖，"唐宋八大家"之一。喜奖掖后进，苏轼父子及曾巩、王安石皆出其门下。与宋祁合修《新唐书》，并独撰《新五代史》。喜收集金石文字，编为《集古录》，为开创"金石学"的先导人物。撰《六一诗话》，开创文学批评"诗话"体裁。后人编《欧阳文忠公集》。

六一居士初谪滁山①，自号醉翁。既老而衰且病，将退休于颍水

六一居士欧阳修当初被贬到滁州，自己取了个别号叫"醉翁"。到了老年后，又体衰

---

　　① 居士：这里指有才德而隐居的士人。六一居士：是欧阳修的别号。滁山：指滁州（今安徽滁州）。仁宗庆历五年（1045），欧阳修被贬于此做知州，次年自号醉翁。

之上①，则又更号六一居士。

客有问曰："六一，何谓也？"居士曰："吾家藏书一万卷，集录三代以来金石遗文一千卷②，有琴一张，有棋一局，而常置酒一壶。"客曰："是为五一尔，奈何？"居士曰："以吾一翁，老于此五物之间，是岂不为六一乎？"

客笑曰："子欲逃名者乎③？而屡易其号。此庄生所诮畏影而走乎日中者也④；余将见子疾走大喘渴死⑤，而名不得逃也。"居士曰："吾固知名不可逃，然亦知夫不必逃也；吾为此名，聊以志吾之乐尔⑥。"客曰："其乐如何？"居士曰："吾之乐可胜道哉！方其得意于五物也，太山在前而不见⑦，疾雷破柱而不惊。虽飨九奏于洞庭之野，阅大战于涿鹿之原，未足喻其乐且适也⑧。然常患不得极吾乐于其间者，世事之为吾累者众也⑨。其大者有二焉，轩裳珪组⑩，

又多病，将要退休到颍州隐居，就又更换了别号叫"六一居士"。

有位客人问："'六一'是什么意思？"欧阳修说："我家藏书一万卷，集夏、商、周三代以来刻在钟鼎碑石上的金石遗文一千卷，有一张琴，有一盘棋，而又常常放着一壶酒。"客人说："这才是五个一罢了，怎么称'六一'呢？"欧阳修说："再加上我一位老翁，以此五种东西相伴到老，难道不是'六一'吗？"

客人笑着说："你老先生是一位像逃避声名的人吗？而且你屡次地更换你的别号，这就成了庄子所讥讽的因害怕自己的影子而走进太阳里去的那个人了；我将看到你急速奔跑，大口喘气，口渴而死，而声名最终还是没能逃掉。"欧阳修说："我当然知道声名是逃避不了的，然而我又知道声名也不必逃避。我给自己取了这些别号，姑且用来标示我的乐趣罢了。"客人说："你的乐趣是怎样的？"欧阳修说："我的乐趣哪里可以说得尽啊！当我沉醉于这五种东西的时候，泰山在眼前我也看不见，惊雷把我背靠着的柱子劈开了我也不惊惧，即使在洞庭之畔听虞舜的九韶音乐，在广袤的涿鹿原野上看黄帝擒蚩

---

① 颍水之上：指颍州（今安徽阜阳），因北临颍水，故称。

② 三代：特指夏、商、周。金石遗文：古人在钟鼎、碑碣上镌刻的文字。

③ 逃名：逃避声名。

④ 庄生：庄周，战国时人，著《庄子》。诮（qiào）：嘲讽。畏影而走乎日中者：语意出《庄子·渔父》篇。说有个人害怕影子而在光天化日之下奔跑。

⑤ 疾走：快跑。

⑥ 志吾之乐：标记我的快乐。志，标记。

⑦ 方：正当。太山：即泰山，五岳之一。

⑧ 飨：通"享"，享受，欣赏。九奏：即九韶，虞舜时的音乐。洞庭之野：洞庭湖边的原野。涿鹿：在今河北涿鹿。《史记·五帝本纪》记黄帝与蚩尤大战于涿鹿之野。适：畅快。

⑨ 极：尽。累（lèi）：牵累。

⑩ 轩裳珪组：古代达官显宦的车辆器服，借指官场的事务。轩，车子。裳，衣服。珪，同"圭"，朝会、祭祀时所持的礼器。组，佩印的宽带。

六一性情

劳吾形于外；忧患思虑，劳吾心于内。使吾形不病而已悴，心未老而先衰，尚何暇于五物哉？虽然，吾自乞其身于朝者三年矣①。一日，天子恻然哀之②，赐其骸骨，使得与此五物偕返于田庐，庶几偿其夙愿焉③。此吾之所以志也。"

客复笑曰："子知轩裳珪组之累其形④，而不知五物之累其心乎？"居士曰："不然。累于彼者已劳矣，又多忧；累于此者既佚矣⑤，幸无患。吾其何择哉⑥？"于是与客俱起，握手大笑曰："置之，区区不足较也⑦。"

已而叹曰："夫士，少而仕，老而休，盖有不待七十者矣⑧。吾素慕之，宜去一也。吾尝用于时矣，而讫无称焉⑨，宜去二也；壮犹如此，今既老且病矣，乃以难强之筋

尤的大战，也不足以比况我的快乐和适意。可是我又经常烦恼不能尽情享乐在这五物之中，因为俗世中牵累我的事太多了。其中大的牵累有两件：官场中趋奉应酬，在外使我身体劳顿；在内，忧患思虑，使我心疲劳苦。即使我的身体没病就已经憔悴，心还没老而先就衰朽。还哪有空闲享乐这五物呢？虽然如此，但我主动向朝廷请求退职已经三年了。有一天，皇帝大发恻隐之心，哀怜我，准我辞官，使我能带这五物一起回到家乡，也许可以实现我素来的心愿吧。这就是我为什么用'六一'这个别号来标示自己快乐的原因。"

客人又笑着说："难道你老先生知道官场事务使你身体劳累，而不知道你钟爱的五物也会劳损你的心吗？"居士说："不是这样的，被官场事务所累，既感到劳累，又多忧虑，被这五种东西所累，既安逸又无忧患。那么，我该选择哪一个呢！"于是与客人一起站起身来，两人握手大笑说："算了吧，小事情，不值得考校了。"

接着又感叹说："读书人，年轻时出仕做官，到了老年就退休，大概有人等不到七十就会要求退休。"我向来羡慕他们这样做，这就是我应该离职的第一个原因；我曾经为时所用，而最终也不能创造佳绩为人称道，这

---

① 自乞其身：自己请求退职。下文"赐其骸骨"，意为允许退休。

② 恻然：怜悯的样子。哀：怜悯。

③ 偕返：同归。庶几：也许可以。夙愿：旧愿。

④ 累(lèi)：使劳累。

⑤ 佚：同"逸"，安逸。

⑥ 其：还有。

⑦ 置之：算了吧。别谈了。区区不足较：小事情不值得考校。区区，细小事。较，通"校"。

⑧ 不待七十：不等到七十岁。

⑨ 讫无称(chèn)：终于不能有所建树而为人称道。

骸^①，贪过分之荣禄，是将违其素志而自食其言，宜去三也。吾负三宜去^②，虽无五物，其去宜矣，复何道哉!"熙宁三年九月七日^③，六一居士自传。

——《欧阳文忠公文集》卷四四

是我应该离职的第二个原因；壮年时尚且无所建树，现在已经老了而且又多病，反而以难以支持的身体，贪享过分的荣誉和俸禄，这将违背我平生之志，而且也自食其言，这是应该离职的第三个原因。凭这三条应离职的原因，即使没有这五种东西为伴，我离职也是应该的了，还有什么好说的呢? 熙宁三年九月七日，六一居士欧阳修作此自传。

六一性情

① 难强之筋骸：难以坚持的身体。

② 负：有，具备。

③ 熙宁三年：公元1070年。熙宁，宋神宗赵顼的年号。

【宋】苏东坡

东坡小品①（8则）

　　苏东坡贬官黄州的时候，发现当地人不太懂得吃猪肉，又没钱又嘴馋的东坡仿佛发现了新大陆，大为感慨："黄州好猪肉，价贱如粪土。富者不肯吃，贫者不解煮。慢着火，少著水，火候足时他自美。每日起来打一碗，饱得自家君莫管。"（《食猪肉》）顺手创下名牌"东坡肉"——大约就是今天的红烧肉了，价廉物美，营养丰富，处处易得，人人爱吃，所费不多，有心即可。这件事有些象征意味：其一，苏东坡似乎有在苦难岁月中发现快乐的天赋。他在日常磨难中表现出来生命的韧性，成为后世书生的楷模。其二，东坡似乎是最受中国文人喜爱的文人，他这个人本身，似乎也成了一锅"东坡肉"，就像唐僧肉一样，人人都想尝一口，没尝过的也都口耳相传滋味醇美。

　　从他随手记录的小品文字和写给友人的短笺中，我们看见东坡生活的一些真实细节，这些细节构成一个丰美的生命，读者不妨"尝一尝"：东坡最喜爱的诗人是陶渊明，他曾说："吾于诗人无所甚好，独好渊明之诗。渊明作诗不多，然其诗质而实绮，癯而实腴，自曹刘鲍谢李杜诸人，皆莫及也。"这回，他得到一部印制精美的陶诗集，一天只读一首，舍不得很快读完，将陶渊明当作心灵的挚友，希望长久为伴。就像孩子得到一包喜爱的糖果，一天只吃一颗，让甜美的记忆留得更长远一些（1.读陶诗）。岁尽天寒，风雨围裹，孤灯伴影，将心情投注书本，用书中的世界抵抗外在的世界，一点活趣冉冉而生（2.青灯有味）。逆水行舟，水急滩险，船夫忙乱，乘客变色，唯独东坡在飘摇小舟上，神定气闲地写字。我所能做的最好的事就是写字了，即使此刻船翻人亡，就让我死在自己最爱的事情上（3.过滩）。夜深人静，一点明月窥人，在如此明亮的月光下入梦，岂非辜负了一天好风月？东坡叫上朋友，在月光底下漫步，天地空明，人影如洗，身心清朗，虽说"清风明月不用一钱买"，可天底下几个人有这样的闲情呢（4.月下闲人）？人生总是为一些目标而活着，不达目的誓不罢休，那么，从起点到终点之间的路程，岂非了无生趣？可否享受这个攀登的过程呢？就像登山的时候，累了随处可以休息，眼见随处都是风景，这样的人生路或许更容易走

东坡肉

---

① 钟叔河译述。

好(5.脱钩)？酒足饭饱之后，看四周风景如画，觉得大自然无限慷慨，这世界真值得好好活一场，这种感觉就叫幸福(6.知惭愧)。蜀人东坡贬官长江边的黄州，由滔滔江水想到是峨眉雪化作流水来到身边，悟道"我心安处即故乡"。让心灵松懈脱钩，不为外物所累，天降磨难其奈我何？"江山风月，本无常主，闲者便是主人。"让心情"闲"下来吧(7.何必归乡)。从诗酒生涯落到躬耕东坡，真要仿效陶渊明了。笑对苦难，不以柔弱示人，也是一种大丈夫气概吧？生活的本质不是由外在条件决定，而在于你是否心安理得(8.田家乐)。——东坡自言："吾上可陪玉皇大帝，下可陪卑田院乞儿，眼前见天下无不是好人。"用林语堂的话说："世上只有一个苏东坡，却不能有第二个。我可以说苏东坡是一个不可救药的乐天派，一个伟大的人道主义者，一个百姓的朋友，一个大文豪，大书法家，创新的画家，造酒试验家，一个工程师，一个憎恨清教徒主义的人，一位瑜伽修行者，佛教徒，巨儒政治家，一个皇帝的秘书，酒仙，厚道的法官，一位在政治上专唱反调的人，一个诗人，一个小丑……苏东坡的人品，具有一个多才多艺的天才的深厚、广博、诙谐，有高度的智力，有天真烂漫的赤子之心——正如耶稣所说具有蟒蛇的智慧，兼有鸽子的温柔敦厚。"我读东坡文字，觉得东坡一生在努力营造一个"有情世界"：纯情大自然、亲情深厚、友情明朗、人情平和、我情飞扬、文情潇洒，是一个彻底的"性情中人"。

苏轼(1037~1101)，字子瞻，号东坡居士，眉州眉山(今属四川)人。嘉祐进士。因反对王安石新法而外放杭州通判，知密州、徐州、湖州。后以作诗"谤讪朝廷"罪贬黄州。哲宗时任翰林学士，曾出知杭州、颍州等，官至礼部尚书。后又贬谪惠州，再贬儋州(海南岛)。北还后第二年病死常州，遗言诸子："吾生无恶，死必不坠，慎无哭泣。"(《东坡七集·墓志铭》)东坡在诗、词、文、书、画诸多方面皆独树一帜，开一代风气。文章汪洋恣肆，明白畅达，为"唐宋八大家"之一；诗作清新豪健，开"议论入诗"风气；填词开豪放一派；擅长行书、楷书，用笔丰腴跌宕，有天真烂漫之趣，与蔡襄、黄庭坚、米芾并称"宋四家"；能画竹，也喜作枯木怪石，论画主张"神似"，钦慕"诗中有画，画中有诗"的艺术境界。

一、读陶诗

余闻江州东林寺，有陶渊明诗集，方欲遣人求之，而李江州①忽送一部遗予，字大纸厚，甚可喜

听说江州东林寺里，有陶渊明的诗集，正准备打发人去找。恰好在江州做官的李君派人给我送来一部，忙接过来，翻开一看，字

---

① 江州：今江西九江。

也，每体中不佳，辄取读，不过一篇。惟恐读尽后无以自遣耳。

大而悦目，纸张又厚实，不禁满心欢喜。

自从得到了这部诗集，我就一直没有离开过它。每当身心感到不舒服，便拿它来读一首——绝不超过一首。生怕把它读完，以后的日子更加无法排遣了。

二、青灯有味

岁行尽矣，风雨凄然，纸窗竹屋，灯火青荧，时于此间，得少佳趣。无由持献，独享为愧，想当一笑也。

年将尽时，天气越来越冷，加上刮风下雨，蛰伏在家中，即使没什么特别不顺心的事，也不免会无端地觉得凄凉。

只有到深夜人静时，在糊着纸的窗户下面，点上一盏油灯，让那青荧的灯光照亮摊开的书卷，随意读几行自己喜欢的文字，心情才会开朗起来，慢慢便觉得寂居的生活也有了它的趣味。只可惜无人与共，只能由我独享了。

你知道了，也会为我开颜一笑吧。

三、过滩

将至曲江①，船上滩欹侧。撑者百指，篙声石声荦然。四顾皆涛濑。士无人色，而吾作字不少衰。何也？吾更变亦多矣。置笔而起，终不能一事，孰与且作字乎。

快到曲江了，要过滩。这条逆水而行的船，被激流冲得歪歪斜斜的，全靠上十个船夫用竹篙撑着往上走。上十支篙的铁尖不断地戳在江石上，发出硬碰硬的声音。从舱中看出去，只见汹涌的江水和飞溅的浪沫。

船上的几个乘客脸色都变了，我却一直坐着写我的字，不管四周如何喧闹嘈杂，写字的兴致还是一样的高。

我一生经历的风浪还少吗？变动也经历得够多了。本来在写字，此刻就是放下笔，驾船的事也插不上手，又能够做什么呢？恐怕还不如继续写我的字好吧。

四、月下闲人

元丰六年十一月十二日夜②，

十二日的晚上，已经准备脱衣上床了，只

东坡肉

---

① 曲江：今广东韶关，位于北江上游。

② 元丰六年：苏轼四十八岁，贬黄州已四年。

解衣欲睡。月色入户，欣然起行。念无与为乐者，遂至承天寺寻张怀民[①]。怀民亦未寝，相与步于中庭。庭下如积水空明，水中藻荇交横，盖竹柏影也。何夜无月？何处无竹柏？但少闲人如吾两人者耳。

见进屋来的月光特别明亮，知道外边的夜色一定很好，便想出门走走。

叫谁和我一同去走呢？只有到附近的承天寺找张怀民。正好怀民也不想睡，两人便在寺里的空坪中散起步来。

此时已是深夜，月正当头。月光洒在空地上，发出清冷的光，恰似一汪积水。水面上像水草纵横交互的，原来是旁边竹林投下的影子。

哪个无云的夜晚没有皎洁的月光？哪处住人的地方没有高大的竹树？不过不一定有怀民和我这样半夜出门看夜色的闲人罢了。

五、脱钩

余尝寓居惠州嘉祐寺[②]，纵步松风亭下，足力疲乏，思欲就林止息。仰望亭宇，尚在木末，意谓如何得到。良久忽曰：此间有甚么歇不得处？由是心若挂钩之鱼，忽得解脱。若人悟此，虽两阵相接，鼓声如雷霆，进则死敌，退则死法，当恁么时，也不妨熟歇。

我在惠州，曾寄居嘉祐寺，送风亭就在寺旁，而位置颇高。由此忽然想上去看看，也许因为开头脚步太快，没走得多远腿脚就累了。只想快些到阴凉处歇息。抬头一看，亭台还在树尖上哩，天呀，还要多久才走得到啊！

腿脚越累越觉得路长，越觉得路长腿脚就越累。又勉强走了一会儿，忽然大彻大悟：为什么一定要走到亭子里才能歇息，难道在路边就不能歇么？于是一屁股坐了下来。刚才还像上了钩的鱼，不知如何是好；这一下就像脱开了钩，立刻轻松愉快了。

我们一生都在走着，身子在走，心灵也在走，走得很累很累。看来，不能不歇的时候还是得歇一歇。无论在多么严重的情况下，多么危急的情况中，即使身子不允许歇息，人的心灵也无妨暂时脱开一下钩子，享受一点自由。

东坡肉

295

---

① 承天：寺名，在黄州（今湖北黄州市）。

② 惠州：今广东惠阳，苏轼五十九岁起，谪居于此三年。

六、知惭愧

东坡居士酒醉饭饱，倚于几上。白云左绕，清江右洄，重门洞开，林峦坌入①。当是时，若有思而无所思，以受万物之备，惭愧惭愧。

吃饱了，喝足了，往临皋亭的凳子上一靠。从左边窗子里，看得到高天上缭绕的白云。从右边望下去，是从这里宛转流过的江水。把前边的门户统统打开，对面一幅青翠欲滴的山景，又涌现在我眼前。

我为这里景色之美深深地陶醉了。这时候，我的思想好像格外的敏感，却又格外的单纯，单纯到只剩下对创造出美的大自然的感激，和对自己很少参加创造只知充分享受的惭愧。

七、何必回乡

临皋亭下②，不数十步，便是大江。其半是峨嵋雪水，吾饮食沐浴皆取焉，何必归乡哉？江山风月，本无常主，闲者便是主人。问范子丰新第园池③，与此孰胜？所不如者，上无两税及助役钱耳。

从我住的临皋亭往下走，只几十步，便到了长江边。日夜奔腾的江水，至少有一半是从我们四川雪山上融化流下来的。我烧茶煮饭、洗脸洗脚用的全是它，时时刻刻都在亲近故乡的山水，何必还要想着回乡呢？

江中的水，眼中的山，天上的风云，世间的景色，本来属于所有的人。无论是谁，无论在什么地方，只要有闲适的心情，便可以享受这一切，做它们的主人，不是吗？

范子丰君：住在你新置的花园住宅中，感觉不知比我们在此地何如？你做着京官，总不至于春秋两季要完税，更不会要交什么役钱，这我就无论如何也比不上了。

东坡肉

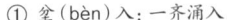

① 坌（bèn）入：一齐涌入。

② 临皋亭：在黄州。苏轼贬黄州后不久即居临皋亭下。

③ 范子丰：苏轼之友，苏轼被祸曾托其"为一言于诸公间"，又曾因儿女婚嫁事请他垫钱买珠饰。可见交情之深。

八、田家乐

某启：仆居东坡，作陂种稻。有田五十亩，身耕妻蚕，聊以卒岁。昨日一牛病几死，牛医不识其状，而老妻识之，曰："此牛发痘斑疮也，法当以青蒿粥啖之。"用其言而效。勿谓仆谪居之后，一向便作村舍翁。老妻犹解接黑牡丹也[1]。言此，发公千里一笑。

我在东陂上挖了水塘，开了五十亩水稻田。自己参加耕作，家眷便种桑养蚕，生活马马虎虎，总算过得下去。

前几天有条耕牛发病，快要死了。叫牛医来诊，搞不清楚是什么病。老妻过去一瞧，说是发"痘斑"，用青蒿熬成粥灌它便能救治。照她所说的做，果然将它治好了。

请老友放心吧！不要以为我苏轼下放到了黄州，就只做个老农夫——我太太还有雅兴侍弄"黑牡丹"，安逸着呢！

老远地写信讲这些，你一定会觉得好笑，不是吗？

297

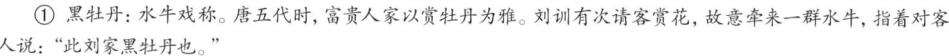

---

① 黑牡丹：水牛戏称。唐五代时，富贵人家以赏牡丹为雅。刘训有次请客赏花，故意牵来一群水牛，指着对客人说："此刘家黑牡丹也。"

【宋】苏东坡

后赤壁赋

元丰二年（1079）八月，苏轼因"乌台诗案"，以诽谤朝廷的罪名下狱。在狱中一百多天，受审十余次，惨遭肉体折磨。后经多方营救，于当年十二月释放，贬为黄州团练副使，但"不得签署公事，不得擅去安置所"。元丰三年二月，苏轼由开封"流放"到了黄州，直到元丰七年四月才离开。四十出头的年纪，正是英雄用武之时，却跌落人生的低谷。仕途失意，行动上也没有自由，一向意气风发的东坡，这回面临人生的重大转折关头。在黄州的四年，日子清苦恬淡，东坡与和尚为友，同渔樵杂处，置地耕田，种桑养牛，一副乐天知命的架势。前后《赤壁赋》写于元丰五年的七月和十月，就是这个重要关头的心情记录。在《前赤壁赋》中，东坡夜游赤壁，饮酒作歌，心中的矛盾一分为二：借"客人"的身份表达"寄蜉蝣于天地，渺沧海之一粟"的人生虚无、生命渺小的悲哀；又用自己的回答劝说自己：将自身托于天地造化，人生就可以无穷无尽，清风明月就是任我享用的"造物主之无尽藏也"。无论语言还是内容，都有点故意作文以自我劝告的意味。相比之下，《后赤壁赋》更为真切自然。

秋末初冬的一个月明之夜，与友人散步郊外，忽然感叹："有客无酒，有酒无肴，月白风清，如此良夜何？"东坡酒量很小，却喜欢看人喝酒，其实是喜欢酒中畅谈的和美情谊。月下举杯，也是人生快意之事。客人中有一位是渔夫，正好刚刚捕捞得鱼。于是回家问夫人要酒，东坡夫人王氏贤德聪慧，她的回答真叫人开心："我有斗酒，藏之久矣，以待子不时之需。"于是，友客、酒肴、明月、渔船、长江、好心情，万事俱备，再次夜游赤壁之下。几个写景名句脱口而出："山高月小，水落石出。"乘着酒兴，众人弃岸登山，东坡抛下客人，独自攀上黑暗危险的悬崖，面对月下朦胧的山野、滔滔不尽的江水，一声长啸，"草木震动，山鸣谷应，风起水涌，"像古代的隐士啸吟，像阮籍穷途悲哭，万千委屈，一腔幽怨，一股悲情，悄然而来。人前压抑强欢的东坡，此刻流露出深藏的悲苦。独立苍茫，周身清寒，恐惧袭来，返身回船。水流船漂，四顾寂寥，突然，一只白鹤长鸣掠过……夜间做梦，东坡看见白鹤化身的道士前来问讯。文章怪异的结尾，用意不凡：羽化登仙，并非人间实在的追求，却可以

东坡肉

是超越苦难的精神飞升，给自己开辟一个广阔的心灵空间。东坡似乎想告诉读者：我们知道人生是有限制的，但抱着希望生活是明智的。

是岁十月之望，步自雪堂，将归于临皋①。二客从予过黄泥之坂②。霜露既降，木叶尽脱。人影在地，仰见明月，顾而乐之，行歌相答③。

已而叹曰："有客无酒，有酒无肴，月白风清，如此良夜何？"客曰："今者薄暮④，举网得鱼，巨口细鳞，状如松江之鲈⑤。顾安所得酒乎⑥？"归而谋诸妇⑦。妇曰："我有斗酒，藏之久矣，以待子不时之需⑧。"

于是携酒与鱼，复游于赤壁之下。江流有声，断岸千尺⑨；山高月小，水落石出。曾日月之几何，而江山不可复识矣⑩。予乃摄衣而上，履巉岩，披蒙茸，踞虎豹，登虬龙，攀栖鹘之危巢，俯冯夷之

这年的十月十五日，从雪堂出发，将要回到临皋亭去。二位客人跟随我过了黄泥坂。时值初冬，天已经下霜下露，树叶全落光了。人影在地，明月在天，环视四周，清静可爱，我们一边走着，一边高歌对唱。

过了一会儿，我叹息道："有客人没有酒，有酒没菜，月光如此皎洁，清风如此凉爽，这么美好的夜晚，我们怎么消受呢？"客人说："今天傍晚，我撒网捕到了鱼，大大的嘴巴，细细的鳞片，它的样子像是吴淞江的鲈鱼。可是上哪去弄酒呢？"我回到家，和妻子商量，妻子说："我有一斗酒，储藏好久了，为了应付你突然的需要。"

于是带上酒和鱼，再次到赤壁下游览。长江水流淌有声，陡峭的崖岸高高耸立，远处的山峰高峻，山尖上的一轮明月显得很小，江水退潮了，露出了许多礁石。这才过了几天，而江山的面貌却认不出了！于是我提起衣襟登上江岸，踏着又高又陡的岩石而上，

---

① 是岁：这年。承《前赤壁赋》而言，指宋神宗元丰五年（1082）。雪堂：作者谪居黄州时所建的住所。位于赤壁的东坡旁，共五间，因在大雪中落成，四壁又绘有雪景图，故名。临皋（gāo）：即临皋馆，又名临皋亭。在黄州南长江边，离雪堂不远。苏轼初到黄州，寓居定惠院，后迁居临皋亭。

② 黄泥之坂：即黄泥坂。是从雪堂到临皋的必经之路。坂，斜坡。

③ 行歌：边走边唱。

④ 薄暮：傍晚。薄，迫，近。

⑤ 松江之鲈：松江，即今吴淞江，下游为苏州河，流经江苏省和上海市一带。盛产四鳃鲈鱼，长仅五六寸，味道十分鲜美。

⑥ 顾：但是。

⑦ 诸："之于"的合音。

⑧ 不时之需：临时的、意外的需要。

⑨ 断岸：陡峭的江岸。

⑩ 几何：多少。这两句应结合作者七月赤壁之游来理解。

幽宫①。盖二客不能从焉。划然长啸②，草木震动，山鸣谷应，风起水涌。予亦悄然而悲，肃然而恐，凛乎其不可留也③。反而登舟，放乎中流，听其所止而休焉④。

时夜将半，四顾寂寥。适有孤鹤，横江东来。翅如车轮，玄裳缟衣，戛然长鸣，掠予舟而西也⑤。

须臾客去，予亦就睡。梦一道士，羽衣蹁跹⑥，过临皋之下，揖予而言曰："赤壁之游乐乎？"问其姓名，俯而不答。"呜呼噫嘻！我知之矣。畴昔之夜⑦，飞鸣而过我者，非子也耶？"道士顾笑，予亦惊寤⑧。开户视之，不见其处。

——《四部丛刊》本《经进东坡文集事略》

用手分开纷乱的野草，有时蹲踞在形如虎豹的巨石上，有时爬上像龙一样屈曲的树木，攀上猛禽做巢的悬崖，俯瞰江神的深宫。二位客人已经跟不上了。我凛然一声长啸，草木受到震动，山谷传来回响，风为之发作，水为之奔涌。啸声过后，一切归于沉寂，我忽然感到几分忧伤和悲哀，又觉得这里让人恐惧不安，不可久留。返回船上，把船划到中流，听任它漂流到哪里，就止息在哪里。

将到夜半时分，四下里一片寂寥。恰有一只孤鹤，从东方横越江面飞来，翅膀有车轮那么大，黑色的尾羽像黑裙，身上的白羽像白衫，嘎嘎地长声鸣叫，掠过我的小船向西飞去。

一会儿，客人离去了，我也就入睡了。梦见一位道士，身穿羽毛编成的衣裳，轻盈盈地向我走来，从临皋亭下经过，向我拱拱手说道："赤壁之游快乐吧？"我问他姓名，他低下头不回答。"哎呀呀！我知道你是谁了。昨天夜晚，一边叫一边飞，从我身边飞过的，不就是你吗？"道士回过头去笑了起来，我心下一惊，忽然醒来。打开门一看，却看不见他在哪里。

----

① 揭衣：撩起衣裳的前襟。巉（chán）岩：险峻的山岩。蒙茸：杂乱的样子。踞：蹲。虎豹：指虎豹形状的山。虬（qiú）：传说中一种有角的龙。此指枝干弯曲，形状像虬龙一般的树木。鹘（hú）：又名隼，一种凶猛的鸟。危：高。冯（píng）夷：古代传说中的水神名，即河伯。幽宫：深宫。

② 划然：形容长啸声。

③ 悄然：忧伤的样子。肃然：这里指害怕的样子。凛乎：畏惧的样子。

④ 反：同"返"。

⑤ 玄裳缟衣：黑色的裙子，白色的上衣。这里形容身上纯白、羽尾黑色的丹顶鹤。缟：白色的丝织品。戛（jiá）然：象声词。

⑥ 羽衣：《汉书·郊祀志上》颜师古注："羽衣，以鸟羽为衣，取其神仙飞翔之意。"后世称道士为羽士，道士的衣服为羽衣。

⑦ 畴昔之夜：昨夜。

⑧ 惊寤：惊醒。寤：睡醒。

东坡肉

【宋】李清照

金石录后序

　　中国古典文化长河中那些杰出的女性，大多只是闪过片帆孤影，令人玄想。南宋女词人李清照，可能是留下文字资料最多的一位，但她的最终身世依然是一桩悬案。李清照（1084～约1151），齐州章丘（今属山东）人。父亲李格非是著名学者，丈夫赵明诚是金石考据家。李清照兰质蕙心，才智卓越，诗、词、散文都出手不凡，兼工书画，通晓音律，尤以词名家，被后世推许为婉约之宗。李清照早期生活优裕，养成她自信的心态，十八岁嫁给赵明诚，伉俪情深，共同致力于书画金石的搜集整理。金兵入据中原，流寓南方，明诚病死，境遇孤苦，不知所终。李清照与一般的才女、贤妻有所不同，虽然作为封建时代的女性，她的社会地位无法与男性抗衡，但是，在心智上，李清照却采取完全与男性平视、乃至俯视的态度，这是她的特殊之处：作为女才子，她像男人一样给自己取号，自号易安居士。丈夫与她比赛填词，结果输得一塌糊涂。她写作《词论》，提出词"别是一家"，放胆点评词坛名家，批评晏殊、欧阳修、东坡等人的词"皆句读不葺之诗尔，又往往不协音律"，认为东坡的词不过是参差不齐的诗句而已。河山沦落，她写诗讽刺南宋统治者的软弱无能："生当作人杰，死亦为鬼雄。至今思项羽，不肯过江东。"（《夏日绝句》）。

　　一篇《金石录后序》，让后人看见一个中国的大家闺秀的家庭生活画面。赵明诚撰《金石录》三十卷，李清照是合作者。"金石录"，金指钟鼎之类，石指碑碣之类，录就是研究、校勘钟鼎碑碣上的文字，编撰成书，以考订文字源流，纠正史书的讹缺，这是一项非常艰深的兼有考古学、文献学、文字学、史学的学问。他们利用各种方式收集钟鼎铭文、碑铭石刻，夫妇两人一同共同校勘、整理。文中两个细节很是动人：没钱的时候，典当衣服买碑文，回家后一边吃着水果，一边展玩碑帖，自称是上古时代快乐自由的人；有钱的时候，坐拥书城，夜静烛明，清茶两盏，夫妇相对而坐，每晚的工作时间以点完一支蜡烛为准，有时候也变工作为娱乐，猜书赌茶——这时节，往往是狡慧的清照获胜居多，看她欢喜得把茶杯都碰翻了，"甘心老是乡矣！"李清照觉得，沉浸在书乡、智慧之乡，比沉浸在温柔乡更为快乐、也更为长久。这是一个传统的女

易安居士

302

性知识分子的亲身体会。写《金石录后序》时，李清照52岁，丈夫赵明诚已去世五六年。本文节选了序的前半部分。在序的后半部分，欢乐急转为悲哀，由于河山易色，作者仓皇流离，藏书与国土一般，丧失殆尽，令人不忍卒读。

余建中辛巳[1]，始归赵氏。时先君作礼部员外郎[2]，丞相作吏部侍郎[3]。侯年二十一[4]，在太学作学生[5]。赵、李族寒，素贫俭。每朔望谒告出[6]，质衣取半千钱，步入相国寺，市碑文、果实归，相对展玩咀嚼，自谓葛天氏之民也[7]。后二年，出仕宦，便有饭蔬衣练[8]，穷遐方绝域，尽天下古文奇字之志。日就月将[9]，渐益堆积。丞相居政府，亲旧或在馆阁[10]，多有亡诗逸史、鲁壁汲冢所未见之书[11]，遂尽力传写，浸觉有味[12]，不能自已。后或见古今名人书画，一代奇器，亦复脱衣市易。尝记崇宁间[13]，有人持徐熙《牡丹图》[14]，求钱二十万。当时虽贵家子弟，求钱二十万，岂

徽宗建中靖国元年，我才嫁到赵家。我已故的父亲当时任礼部员外郎，丈夫赵明诚的父亲赵丞相当时做吏部侍郎。明诚二十一岁，在太学做太学生。赵家、李家都是寒微的家族，平素清贫节俭。每逢初一、十五，明诚请假出校，典当衣物拿到半千钱，走进相国寺，买碑文、果品回家，我俩相对展玩咀嚼品味，自以为是葛天氏治下的百姓。之后两年，他出仕做官，就抱定了吃蔬菜穿粗衣，把天下绝域的古文奇字全都搜尽的志向。一天天，一月月，日积月累，收集的书成了堆。丞相身居政府要职，亲友中有人在皇家图书馆工作，那里收藏着许多失传的诗歌、散佚的史书，都是极其珍秘的版本，即使从孔宅墙壁里、从汲县魏襄王墓里发掘出来的书中，都不曾见过如此珍稀的古籍，于是就全力抄写，渐渐地感到饶有趣味，以至停不下手来。后

---

① 建中辛巳：宋徽宗建中靖国元年（1101）。

② 先君：称已死去的父亲，指李格非，北宋著名学者。礼部员外郎：隶属礼部的曹司助理官。

③ 丞相：指赵挺之，赵明诚的父亲。曾任尚书右仆射兼中书侍郎，职位相当于古代的丞相。吏部侍郎：吏部副长官。

④ 侯：古时对州郡地方长官的称呼。赵明诚做过几任地方官，故作者以"侯"称呼他。

⑤ 太学：古代贵族子弟读书的处所，即国学。汉武帝元朔五年，始置太学，立五经博士。宋兼置国子、太学。

⑥ 朔望：阴历每月初一、十五。谒告：请假。

⑦ 葛天氏：古代传说中的远古帝王，以为当时人民生活简朴而安定。

⑧ 饭蔬衣练（shù）：吃蔬菜穿粗布衣，谓过俭朴生活。练，粗布。

⑨ 日就月将：日积月累。就，成就。将，进行。语出《诗经·周颂·敬之》。

⑩ 馆阁：皇家藏书的地方。

⑪ 亡诗：《诗经》之外的侠诗。逸史：散失了的史书。鲁壁：指汉武帝时，鲁恭王从孔子住宅墙壁中发现的书，如《古文尚书》等。汲冢：指晋武帝时，涿郡（今河南涿县西南）人发掘魏襄王墓得到竹简小篆古书。

⑫ 浸：渐渐地。

⑬ 崇宁：宋徽宗年号（1102~1106）。

⑭ 徐熙：南唐有名的画家，善画花竹树木虫草。

易得耶? 留信宿①, 计无所出而还之, 夫妇相向惋怅者数日。

后屏居乡里十年②, 仰取俯拾③, 衣食有余。连守两郡④, 竭其俸入以事铅椠⑤。每获一书, 即同共勘校, 整集签题⑥。得书、画、彝、鼎⑦, 亦摩玩舒卷, 指摘疵病, 夜尽一烛为率⑧。故能纸札精致, 字画完整, 冠诸收书家。余性偶强记, 每饭罢, 坐归来堂⑨, 烹茶, 指堆积书史, 言某事在某书某卷第几页第几行, 以中否角胜负⑩, 为饮茶先后。中即举杯大笑, 至茶倾覆怀中, 反不得饮而起。甘心老是乡矣。故虽处忧患困穷而志不屈。收书既成, 归来堂起书库大橱, 簿甲乙⑪, 置书册。如要讲读, 即请钥上簿, 关出卷帙⑫。或少损污, 必

来, 有时发现古今名人书画, 某个时代珍奇的器物, 也是脱衣去换。曾记得崇宁年间, 有人拿来徐熙所画《牡丹图》, 要价二十万。当时即使是富贵人家子弟, 二十万钱, 岂是容易筹到的? 那牡丹图在家中留了两天两夜, 估计买不起还是还了回去, 夫妻二人面对面地惋惜怅叹了许多天。

之后, 明诚辞官退居乡里十年, 千方百计地谋生, 所赚的钱穿衣吃饭花不完。接着他又连续出任了两任地方官, 用尽他的官俸从事图书校订工作。每当他得到一本书, 就跟我一起校勘, 整理, 做上标记, 题写书名。得到书、画、彝、鼎, 也要抚摩、把玩、展开、卷起, 爱不释手, 品评指摘其中的缺点, 每夜都以燃尽一支蜡烛作为标准。所以才能做到纸张精美, 字和画完整无缺, 比所有收藏家做得都好。我的记忆力强, 每当饭后, 坐在归来堂中, 沏上茶, 指着成堆的文史书籍, 一人说出某事, 让另一人说出这件事记在哪本书哪一卷的第几页第几行, 用说中与否赌输赢, 作为饮茶先后的次序。说中了的就端起大杯茶笑, 笑到茶都泼洒在怀里, 反而饮不成而站起身。心甘情愿一生过这样的日子。所以就

303

---

① 信宿: 连宿两夜。如《左传·庄公三年》:"凡师一宿为舍, 再宿为信, 过信为次。"

② 屏居乡里: 退职后隐居家乡。据宋·徐自明《宋宰辅编年录》卷十一载, 宋徽宗大观元年(1107)赵挺之罢相, 不久卒于京师。是年起, 赵明诚与李清照长期屏居青州(今山东益都)乡里。

③ 仰取俯拾: 从上下各方面取得生活费用。仰, 头向上。俯, 头向下。

④ 连守两郡: 指赵明诚连续出任莱州(今山东掖县), 淄州(今山东淄博)两个州的长官。

⑤ 铅椠(qiàn): 指校订工作。铅, 指铅粉笔, 用以修改误字。椠, 书写的木板。

⑥ 整集签题: 整理收齐, 加上书签, 写上书名。

⑦ 彝: 古代宗庙用的祭器。

⑧ 夜尽一烛为率: 每晚以点完一支蜡烛的时间为标准。

⑨ 归来堂: 赵明诚在青州宅中的堂名。

⑩ 以中否角胜负: 以猜中是否准确较量胜败。角, 竞争。

⑪ 簿甲乙: 编订目录。簿, 动词, 登记于簿册。甲乙, 排定次序。

⑫ "请钥"二句: 领钥匙, (然后)登记在簿册上, 检出书本。上簿, 登记。关出, 检出。卷帙(zhì), 指书本。

易安居士

304

惩责揩完涂改，不复向时之坦夷也①。是欲求适意而反取愯栗②。余性不耐，始谋食去重肉，衣去重采③，首无明珠翠羽之饰，室无涂金刺绣之具。遇书史百家，字不刓缺④，本不讹谬者，辄市之，储作副本。自来家传《周易》《左氏传》，故两家者流⑤，文字最备。于是几案罗列，枕席枕藉⑥，意会心谋，目往神授，乐在声色狗马之上⑦。

——《李清照集》

是处在忧患贫困中，志向也不改变。收集图书取得成绩后，在归来堂里建起书库大书橱，编订目录，按次序存放图书。如要阅读，就领钥匙登记，取出书本。有时如果谁稍微把书弄坏弄脏，就一定要惩罚他揩干净再涂上铅粉盖住污迹，不再像从前那么平和不在意了。这样为了爱书反而惹得心情不安了。我受不了这种不安，开始策划过清苦的日子，一餐饭不吃两样以上的肉菜，不穿有两种花色的衣服，头上不戴明珠翡翠的首饰，屋里不摆设涂金刺绣的器具。遇到文史百家的著作书籍，只要是文字不残缺，本子不错误，就把它买下来，储备起来当作副本。《周易》《左氏传》原本是家传的，所以两种书注疏的本子，最为完备。于是这些书堆得满桌都是，意念里想的是书，心中谋划的也是书，眼光和书交往，精神和书交往，那种快乐，远在沉溺于声色犬马的快乐之上。

---

① 坦夷：平易，这里意思是不在意。

② 愯栗（liáo lì）：心情不安的样子。

③ "食去"二句：吃饭去掉两个以上的肉类菜，穿衣去掉两种以上花色绸缎衣服，意谓节衣缩食，过俭朴生活。

④ 刓（wán）缺：残缺。

⑤ 两家者流：指有关《周易》和《左氏传》的注疏的书。

⑥ 枕藉：重叠堆积。

⑦ "意会"三句：意谓人与书籍在精神上感情相通，这种乐趣在玩歌舞、女色、养狗、跑马之上。

【宋】李清照

声声慢·寻寻觅觅①

易安居士

305

　　青年的李清照，充分享受过生活的幸福，"蹴罢秋千，起来慵整纤纤手"的女孩儿娇羞、"绿肥红瘦"的少妇情怀、"被翻红浪"的夫妻恩爱、"一种相思，两处闲愁"的甜蜜思念、"沉醉不知归路"的酣畅闲情、"险韵诗成，扶头酒醒"的心智满足、"东篱把酒黄昏后"的才女自矜、"学诗谩有惊人句"的创作喜悦，她都有过深厚的体味。南渡之后，她同样深刻地感受过"物是人非事事休，欲语泪先流"的凄凉无助，以至于自我封闭，"谢他酒朋诗侣"，菩萨低眉一变成为金刚怒目，"欲将血泪寄山河，去洒东山一抔土。"可是一名女子，失去丈夫，流落飘零，居无定所，家国破碎，她又能怎样呢？"可怜春似人将老"，易安居士不易安，在这种心境中，诞生了悲情杰作《声声慢》。

　　十四个叠字的开篇，将一种空无所依的绝望情绪笼罩全篇。寻寻觅觅的结果，是冷冷清清，冷冷清清到极点，不免愁苦塞满心胸，凄凄惨惨戚戚。淡酒压不住身外与心底的寒气，归雁捎不来故乡的什么好消息。人生如黄花憔悴，再也无人欣赏。孤独的人，怎能消磨得了这样的黄昏，况且后面还紧跟着漫长无边的夜？黄昏雨，偏偏点点滴滴（照应开篇的叠字）一刻不停地敲打着梧桐树叶，令人心乱如麻。这种时候呀，天不得黑，人不得安，心中千转柔肠，不是一个愁字了得。

　　李清照词风婉约，擅长造境抒情，强烈的感情熔铸进和谐的艺术形象，从描绘一段情节、传达一个曲折的念头，营造出感人的意境。造语自然而又新奇瑰丽，善于运用口语，词句明白如家常，语言魅力远胜一般作家。词的音节和谐，流转如珠，富有音乐美。

---

　　① 声声慢：清·毛先舒《填词名解》："词以慢名者，慢曲也。拖音袅娜，不欲辄尽。""声声"是叠字，李清照这首词共用十八个叠字，大概也是切合词调本意。

易
安
居
士

　　寻寻觅觅，冷冷清清，凄凄惨惨戚戚①。乍暖还寒时候，最难将息②。三杯两盏淡酒，怎敌他，晚来风急③。雁过也，正伤心，却是旧时相识。

　　满地黄花堆积，憔悴损，如今有谁堪摘④？守着窗儿，独自怎生得黑⑤。梧桐更兼细雨，到黄昏、点点滴滴⑥。这次第，怎一个愁字了得⑦。

---

　　① 寻寻觅觅：这里想说的不是在寻找什么，而是不知道可以寻找什么，描写生活在没有希望、没有未来的状态中的茫然彷徨的心境。冷冷清清：家居冷清，无人来访，也无人可探访，孤单单无所依傍。凄凄惨惨戚戚：同义重复，强化了心情的凄苦和生存状态的悲凉。开篇七对叠字，大胆独创的艺术手法，前无古人，后人恐怕也学不像。全词九十七字，用舌声十六字，齿声四十一字，舌齿音多达五十七字，另有多处双声叠韵字交错，如此大珠小珠落玉盘的华丽精巧，恰当地传达出词人喃喃自语、字字叮咛的口吻。

　　② 本想饮几杯薄酒压惊驱寒，奈何无效，原来冷暖不定的不是身体，而是心情。

　　③ 北雁南飞，旧相识带不来故乡的好消息，徒然而起对往事的回忆，更添伤感。

　　④ 菊花凋落一地，当年自矜于"人比黄花瘦"的人儿已身心俱损，不堪回首。

　　⑤ 守着窗儿，是无目的凄惶守望、空洞寻觅。怎生得黑：白天太漫长，心绪太缠绵，或许，到了晚上，黑夜可以掩盖这一切迷离忧伤？

　　⑥ 可是，黑夜也不让人安宁，雨滴梧桐，一声声叩响在耳边，让人眼睁睁失眠，一直到天亮。

　　⑦ 这次第：这光景，这情形。上天啊，读者啊，这个样子，岂是一个"愁"字说得明白？

【元】关汉卿

南吕·一枝花①·不伏老

中国的无名氏文人，集中在元朝一代。元曲作者大多生平隐没，生卒不详，经历不详，唯有作品默证文心。元蒙实行种姓制度，民族矛盾空前尖锐，南人为末，秀才为下，汉族读书人没有出路，大多混迹市井，诗酒自娱。中国文学历经唐诗的博大丰富、宋词的妩媚细腻，元代的书生另辟新境，创造了贴近市民生活的粗犷、质朴、口语化的元曲。用曲叙事、讲故事，就是杂剧；用曲抒情写意，就是散曲。

关汉卿，号已斋，亦作一斋，字汉卿。河北祁州人，一说河东南路解州（今属山西运城市）人。大约生于金代末年（约1229~1241），卒于元成宗大德初年（约1300年前后）。元杂剧大家。元·贾仲明《录鬼簿》称他为"驱梨园领袖，总编修师首，捻杂剧班头"，可见他是当时戏剧界的领袖。有杂剧67部，现存18部，代表作《窦娥冤》《救风尘》《单刀会》等。关汉卿的杂剧着力表现市民生活，而且多是控诉的戏剧，深刻再现"动不动挑人眼，剔人骨，剥人皮"的血淋淋的社会现实，诉说着社会民众的困苦与无奈。又将一腔悲悯的情怀，倾洒在被污辱的女性身上，童养媳窦娥、妓女赵盼儿、杜蕊娘、少女王瑞兰、寡妇谭记儿、婢女燕燕等，大多出身微贱，蒙受种种凌辱和迫害，然而具有强烈的反抗意志。《窦娥冤》中窦娥的控诉惊天动地："有日月朝暮悬，有鬼神掌着生死权。天地也只合把清浊分辨，可怎生糊涂了盗跖、颜渊！为善的，受贫穷更命短；造恶的，享富贵又寿延。天地也做得个怕硬欺软，却原来也这般顺水推船。地也，你不分好歹何为地！天也，你错勘贤愚枉做天！"慷慨悲歌，乐观奋争，构成关汉卿剧作的基调。这样一位文心侠骨的大作家，却自称"普天下郎君领袖，盖世界浪子班头"，极力宣扬自己在风月场中风流无敌的手段，而且有不见棺材不落泪的勇猛和顽强。这是为什么？由于现实压抑，关汉卿长期混迹勾栏妓院，与歌妓戏子为伍，这是事实。本曲就是赠给女演员珠帘秀的作品。但如此大张旗鼓地吹嘘自己眠花宿柳的手段，有些怪异，有一种别样的

---

① 南吕·一枝花：这是南吕宫常用的套数。通常由"一枝花"、"梁州第七"和"尾声"三曲组成。如果意犹未尽，需多写几支曲子，那就把"尾声"改成"隔尾"。本套即是如此处理的。

滋味潜藏在放荡不羁的词句后面。这是作者写于中年时期的作品，曲题是"不伏老"。"人到中年万事休，我怎肯虚度了春秋。"你真以为他将人生的乐趣寄托在花街柳巷？又怎么理解他超人勤奋地写作？所谓"烟花路"云云，不过想说自己还能做一个男人，没有老到丧失基本的功能，变成中性人，还有活泼生趣和活力。如果怪罪作者喜欢逛窑子，甚至以为作者是为自己的性能力做广告，那就糊涂得该打了。"不伏老"！这是旺盛的生命力的赞歌，在玩世不恭的背面，隐藏着内心世界的冷峻悲凉，反射出热烈乐观的反抗现实、反抗命运、反抗时间的强悍精神。关汉卿的硬骨头，他自己说得非常形象："蒸不烂、煮不熟、捶不扁、炒不爆、响当当一粒铜豌豆"。由此，套曲《南吕·一枝花》，实在是一首用游戏之笔调侃可恶世道的佳作。

【一枝花】 攀出墙朵朵花①，折临路枝枝柳②。花攀红蕊嫩，柳折翠条柔。浪子风流。凭着我折柳攀花手，直熬到花残柳败休。半生来折柳攀花，一世里眠花卧柳。

【梁州第七】 我是个普天下郎君领袖，盖世界浪子班头。愿朱颜不改常依旧，花中消遣，酒内忘忧。分茶攧竹③，打马藏阄④，通五音六律滑熟⑤，甚闲愁到我心头。伴的是银筝女，银台前理银筝笑倚银屏；伴的是玉天仙，携玉手并玉肩同登玉楼；伴的是金钗客，歌金缕捧金樽满泛金瓯。你道我老也暂休，占排场风月功名首，更玲珑又别透。我是个锦阵花营都帅头，曾玩府游州。

【隔尾】 子弟每是个茅草岗沙土窝初生的兔羔儿乍向围场上走⑥，我是个经笼罩受索网苍翎毛老野鸡蹅踏的阵马儿熟⑦。经了些窝弓冷箭镬枪头⑧，不曾落人后。恰不道"人到中年万事休"，我怎肯虚度了春秋。

---

① 攀出墙朵朵花：宋·陆游《马上作》："杨柳不遮春色断，一枝红杏出墙头。"宋·叶绍翁《游园不值》："春色满园关不住，一枝红杏出墙来。"后人以"出墙花"作为妓女的代称。

② 折临路枝枝柳：《敦煌曲子词·望江南》："莫攀我，攀我太心偏。我是曲江临池柳，这人折了那人攀。恩爱一时间。"后人以"临路柳"代指妓女。

③ 分茶：宋元时煎茶之法。注汤后用筷子搅动，使汤水波纹变幻成种种形状。攧（diān）竹：博戏名。颠动竹筒使筒中某支签首先跌出，视签上标志以决胜负。

④ 打马：古代博戏名。宋·李清照《〈打马图经〉序》："打马，世有二种：一种一将十马，谓之关西马；一种无将，二十四马，谓之依经马。流传既久，各有图经。"藏阄：古代宴饮时的一种游戏。游戏设阄，探得的饮酒。司马光《夫人阁》词之二："藏阄新过蜡，习舞竞裁衣。"

⑤ 五音：即宫、商、角、徵、羽。六律：即黄钟、太簇、姑洗、蕤宾、夷则、无射。都是音乐方面的术语，或指音阶，或指音律。

⑥ 子弟每：一般指嫖客们。每，犹现代汉语中的"们"。兔羔儿：兔崽子，喻未经世故的青年。围场：猎场，此指妓院。

⑦ 阵马儿熟：烂熟的狩猎技术，此指狎妓的经验。

⑧ 窝弓：猎人用以捕兽的隐藏着的用机械发射的弓箭。冷箭：乘人不备暗中射出的箭。镬枪头：喻好看不中用。

【尾】 我是个蒸不烂煮不熟捶不扁炒不爆响当当一粒铜豌豆，恁子弟每谁教你钻入他锄不断斫不下解不开顿不脱慢腾腾千层锦套头①。我玩的是梁园月②，饮的是东京酒，赏的是洛阳花③，攀的是章台柳④。我也会吟诗，会篆籀；会弹丝，会品竹；我也会唱鹧鸪，舞垂手⑤；会打围，会蹴踘⑥；会围棋，会双陆⑦。你便是落了我牙，歪了我口，瘸了我腿，折了我手，天赐与我这几般儿歹症候，尚兀自不肯休⑧。则除是阎王亲自唤取，神鬼自来勾，三魂归地府，七魄丧冥幽⑨，天哪，那其间才不向烟花儿道上走⑩

——《元曲集》

---

① 锦套头：锦绳结成的套头。喻妓女笼络客人的伎俩。

② 梁园月：汉代梁孝王所经营的兔园。此指汴京。

③ 洛阳花：牡丹的别名。牡丹是洛阳的名产，因称为"洛阳花"。宋·欧阳修《洛阳牡丹记》："牡丹……出洛阳者，今为天下第一。"

④ 章台柳：诗人韩翃爱姬柳氏，在"安史之乱"中奔散，柳出家为尼。后来韩在平卢节度使幕下任书记，使人寄以书云："章台柳，章台柳，昔日青青今在否？纵使长条似旧垂，也应攀折他人手。"后人以"章台柳"喻妓女。

⑤ 唱鹧鸪：唱《瑞鹧鸪》《鹧鸪天》等词曲。舞垂手：跳大垂手、小垂手的舞蹈。此皆当时流行的歌舞。

⑥ 打围：打猎。打猎时要合围，所以叫"打围"。蹴踘：踢球。

⑦ 双陆：古代一种赌博的游戏。《续事始》："陈思王曹子建制双陆，置投子二。"后来逐渐加至六，其法今已失传。

⑧ 尚兀自：尚自，还自。元曲中常见的方言。《雍熙乐府》十三《半鹌鹑》套："尚兀自留恋当初枕边话。"亦作"尚古子"、"犹兀自"、"兀自"。

⑨ 冥幽：阴间，地府。

⑩ 烟花儿道：指勾栏妓院。

五、明清天真 做一个真我

在苍茫的天空下
还有一个广大的民间
民间的活力喷薄而出
文化的种子倔强存活
市民、世故，世俗情浓
真情、真性，求得真我

【明】李贽

答邓石阳^①

    当儒家学说成为官方的统治思想，其中人性化的内容被不断蒸馏，到了南宋，程朱理学彻底将儒家学说榨取成一具干尸。朱熹提出"存天理，灭人欲"。为了空洞的"理"，"人"被消灭了。人欲不存，天理何在？朱熹注释的《四书》，在明代成为科举考试的必读书。中国学界、思想界长期弥漫着这股僵尸的气息。终于有人起来反抗了，王阳明的良知说认为人人心中有良知有仲尼，人人可以通过自己的体悟认识真理，打破了圣贤对真理的垄断。其后的泰州学派致力于人性的启蒙，创始人王艮认为"满街都是圣人"，提出"身为天下国家之本"的思想，给个体人格以崇高的地位。针对被严重神化的圣人之道，王艮提出"百姓日用即道"的原理。他认为"道"说的应该是百姓日用之事，坚持百姓日用的是正道，离开百姓日用的便是异端。或者说，百姓日常生活中自然而然，不知不觉动用着的至善的天理或良知才是道。李贽将这个原理发展为"穿衣吃饭即是人伦物理"，也就是将道等同于百姓穿衣吃饭这样的日常生活问题。将旧儒所说的存在于天上的、神秘的、只有圣人才能掌握的道，拉回人间，成为人欲的别名。由此引出的宣扬个性解放、尊重个人独立、倡导人生平等观念、进行平民教育实验等等，对中国人的思想松绑有非常积极的影响。

    李贽（1527~1602），明代思想家、文学评论家。原名载贽，号卓吾、宏甫、温陵居士等。泉州晋江（今属福建）人。回族。出身航海世家，祖上多与异域交往，通外语。26岁乡试中举，曾任南京刑部员外郎、云南姚安知府等职。54岁时辞官，后来剃发出家，著书立说，倡导"异端"的新生活。他把自己的一部著作名为《焚书》，意思是早晚必将付之一炬；另一部著作题为《藏书》，意思是藏之名山，等待适当的时机再行传播。可是李贽的著作既没有"焚"，也没有"藏"，当时就成为"畅销书"：时人"全不读四书本经，而李氏《藏书》《焚书》，人挟一册，以为奇货"。"咳唾间非卓吾不欢；几案间非卓吾不适"。他一生屡遭迫害而始终顽强不屈，最后以"敢倡乱道、惑世诬民"罪名系狱，自刎身死。他是中国历史上著名的"思想罪犯"，反对封建专制的启蒙先驱之一。

---

① 邓石阳：一个与李贽同时的理学家。

穿衣吃饭，即是人伦物理①。除却穿衣吃饭，无伦物矣②。世间种种皆衣与饭类耳，故举衣与饭而世间种种自然在其中，非衣饭之外更有所谓种种绝与百姓不相同者也。

——《焚书》

穿衣吃饭，就是社会道德准则和万物的规律。除去穿衣吃饭两件事，就再没有什么另外的道德准则和万物的规律。世上的一切，都和穿衣吃饭是同类的事，因此整个穿衣吃饭，把世间上的一切事情都涵盖在其中了。也没有什么人在穿衣吃饭之外和百姓存在种种不同之处。

---

① 人伦物理：我国古代的哲学术语，指社会的道理准则和万物的规律。

② 伦物：人伦物理的简称。

【明】李贽

童心说

童心就是本心、真心、赤子之心，是每个人原本具备的自然真情、天然个性。有真心、有个性的人才是真正的人。一个人在成长过程中，会接受各种因素的影响。如果身处一个僵化、专制的社会，那么，人的童心会被社会修理得面目全非，他长大了就会成为一个假人。如果身处一个开放的、自由的社会，他可以享受自由的教育，可以自由选择人生道路，那么，人的童心就有机会保留，允许你做个真人。如何在专制的社会中不失童心，做一个真人，是李贽作文的用意所在。他从读书对人的影响入手，兼论读书与作文的关系，论证童心的得失。专制不喜欢个性，天然地厌恶童心。它用僵死的教条喂养你，用虚伪的道学义理蒙蔽你，最终让你失去真我，不敢说真话，不能写真情文章，不懂得有自己的思想。当社会流行"假人"，你甚至不会感觉到不能做真人的痛苦。所以，人们要小心自己所读的书，审视自己所接受的教育，不要让书本蒙蔽了童心，淹没了真我，最后成为书本的奴隶，而不是自己的主人。历史上的好书、好文章，无一例外是作者童心的流露。比如司马迁、李白、苏轼的诗文，比如《西厢记》《拜月记》《水浒传》这样的戏剧、小说，皆为童心之作。就连孔子、孟子，他们最初的一些话，原本也是出自童心的，可是后人将这些话胡乱收集起来，要用它疗救天下百病，用它代替天下人的童心，它就变成毒药了。

龙洞山农叙《西厢》末语云①："知者勿谓我尚有童心可也②。"夫童心者，真心也。若以童心为不可，是以真心为不可也。夫童心者，绝假纯真③，最初一念之

龙洞山农先生在讲述《西厢记》结束的时候说："了解我的人，不要说我还有童心就可以了。"童心，就是真心。如果认为童心不可有，那是认为真心不可有。童心，没有丝毫的假，而是纯粹真实的，它是人类最初一念的本

---

① 龙洞山农：疑即颜钧，字山农。泰州学派代表人物之一。在下层社会中讲学，因得罪当道而遭迫害下狱。一说疑为李贽别号。当以后说为更确实、合理。

② "知者"句：反语。实肯定自己尚有童心。

③ 绝假纯真：没有一丝假而是纯粹的真。绝假，绝于假。

本心也。若失却童心，便失却真心；失去真心，便失却真人。人而非真，全不复有初矣。

童子者，人之初也；童心者，心之初也。夫心之初曷可失也①！然童心胡然而遽失也②？盖方其始也，有闻见从耳目而入，而以为主于其内而童心失③。其长也，有道理从闻见而入，而以为主于其内而童心失。其久也，道理闻见日以益多，则所知所觉日以益广。于是焉又知美名之可好也，而务欲以扬之而童心失。知不美之名之可丑也，而务欲以掩之而童心失。夫道理闻见，皆自多读书识义理而来也④。古之圣人，曷尝不读书哉！然纵不读书，童心固自在也，纵多读书，亦以护此童心而使之勿失焉耳，非若学者反以多读书识义理而反障之也。夫学者既以多读书识义理障其童心矣，圣人又何用多著书立言以障学人为耶？童心既障，于是发而为言语，则言语不由衷；见而为政事，则政事无根柢⑤。著而为文辞，则文辞不能达⑥。非内含于章美也，非笃实生辉光也⑦，欲求一句有德之言⑧，卒不可

真之心。如果失去童心，就失去了纯真的心；失去了真心的人，也就不再是纯真的人。做一个不纯真的人，完全不再具有人最初的本性了。

孩童，是人生的开端；童心，是人心的本原，人心的本原怎么可以失去呢！可是童心，为什么在一些人那里，很快就消失了呢？大概是因为开始的时候，他的所见所闻从眼耳传入内心，并在心中占了主导的地位，而童心就失去了。时间长了，对于道理耳闻目睹日益增多，认识也更加宽广。于是知道了美名是可追求的，一定要发扬这个美名，而童心也由此失去。他又知道了不好的声名是可耻的，而就一定想要掩饰它，而童心也就失去了。道理和见闻，都是由多读书知义理而来的。古代圣人，何尝不读书呢？可纵使他们不读书，童心当然本来就在的，纵使他们读很多书，也是用书中的道理保护自己的童心而使它不丧失，不像后世的所谓学者反过来用读的许多书，了解的很多道理蒙蔽住他们的童心，那么圣人们又为什么用多著书立说来蒙蔽后世的学者呢？童心既已被蒙，于是说出话来，则言语不是发出真心。表现在从政上，则政事就没有根底。写成文章，言辞不通情理。不是内含的美德彰明而显现出美好，也不是内心的真诚放出光辉，想找到一句有德之论，终归还是找不到。造成这种情况的原因是什么？就是因为他们的童心已经被蒙蔽，而把从外部

---

① 曷（hé）：何，怎么。

② 胡然：为什么这样。遽：迅速。

③ 内：内心。

④ 义理：旧指研究求经义和辨名析理之学，宋以后指道学，即程朱理学。

⑤ 根柢：坚实基础，此指制定政策的依据。柢，本义为树根。

⑥ 达：表达真情实感。

⑦ "非内"句：不是出于内心有真情实感而文采优美，也不是由于深切动心的真诚而发出光辉。章，文采。

⑧ 有德之言：有真实内容，有独到见解的话。德，好处，此取引申义。

得。所以者何？以童心既障，而以从外入者闻见道理为之心也。

夫既以闻见道理为心矣，则所言者皆闻见道理之言，非童心自出之言也。言虽工，于我何与①，岂非以假人言假言，而事假事文假文乎？盖其人既假，则无所不假矣。由是而以假言与假人言，则假人喜；以假事与假人道，则假人喜；以假文与假人谈，则假人喜。无所不假则无所不喜。满场是假，矮人何辩②？然则虽有天下之至文，其湮灭于假人而不尽见于后世者，又岂少哉③！何也？天下之至文，未有不出于童心焉者也。苟童心常存，则道理不行，闻见不立，无时不文，无人不文，无一样创制体格文字而非文者④。诗何必古选，文何必先秦⑤。降而为六朝，变而为近体，又变而为传奇，变而为院本，为杂剧，为《西厢曲》，为《水浒传》，为今之举子业⑥，皆古今至

接受来的见闻和道理当作自己的心了。

既然后世学者把从外界接受来的见闻道理当作自己的心了，那么他们所说的话都是那些见闻和道理之类的言辞，不是从童心发出的言辞。这种言辞虽然漂亮，可对我们来说，又会有什么益处，那岂不是虚假的人在说假话，在做假事，在写假文章吗？既然人是虚假的人，那么他所做出的一切就没什么不是假的了。所以，拿假话去和虚假的人说，虚假的人就会高兴；拿假事去对虚假的人说，虚假的人就会高兴；用假文章去跟虚假的人谈经论道，虚假的人就会高兴。和虚假的人打交道，只要你所用的没什么不是假的，那么虚假的人就会没什么不高兴。整个的人间大剧场都是假的，那些小个子的人什么也看不见，又怎能辨别真假是非呢？如此说来，即使天下有最好的文章，终被虚假的人埋没而不能流传于后世，这种情况难道还会少吗？这是为什么呢？就是因为天下最好的文章，没有不是发自童心的。假如人的童心常存，那么那些虚假的道理就不会流行，虚假的见闻就不能

315

---

① 何与：有什么好处。与，帮助，好处。

② "满场"句：意思是社会上到处都充斥着虚伪，见识不广的人又怎能辨得出真伪呢？场，本指戏场，此喻社会。"矮子"喻见识少的人。《朱子语类》："如矮子看戏相似，见人道好他道好。"辩：通"辨"。

③ "然则"句：意思是不少上好文章被假人所埋没而不能流传（因为上好文章定是表达真情实感，而假人则喜欢谎言）。

④ "苟童心"句：意思是如果能坚持保有一颗童心（真心），那么各种虚伪的道理闻见就不能发挥作用，只要表达的是真情实感，不管何时、何人、何种体裁的文章，都是好文章。

⑤ "诗何必"句：针对明前后七子复古主张所发。诗之古选指六朝梁代萧统《文选》所选之两汉魏晋诗歌，又称"选体"诗，是我国诗歌最早之选本，为拟古派所注重。

⑥ 降：指历史之演进，由上古而中古至近古。六朝：指晋、宋、齐、梁、陈、隋六朝之文体，尚骈丽，重声韵，不同于汉魏文。近体：指唐代形成的律诗与绝句，亦称"今体诗"，与较为自由的古体诗相对而言。传奇：指唐宋的文言短篇小说。院本：指宋代至元杂剧成熟前之戏剧作品。杂剧：指元杂剧。举子业：科举时代应试的文体，明代为八股文，亦称"举业"。

文，不可得而时势先后论也^①。故吾因是而有感于童心者之自文也，更说什么《六经》，更说什么《语》《孟》乎^②？

夫《六经》《语》《孟》，非其史官过为褒崇之词，则其巨子极为赞美之语。又不然，则其迂阔门徒^③，懵懂弟子^④，记忆师说，有头无尾，得后遗前，随其所见，笔之于书。后学不察，便谓出自圣人之口也，决定目之为经矣，孰知其大半非圣人之言乎？纵出自圣人，要亦有为而发^⑤，不过因病发药，随时处方，以救此一等懵懂弟子，迂阔门徒云耳。药医假病，方难定执，是岂可遽以为万世之至论

立足，那么人便时时能够作文，并且没有人不可以作文，没一样创新的体裁、形式、文字而不是好文章。诗歌又为什么一定要古代的选本，文章又为什么非得以先秦为法式不可呢？上古先秦的诗歌文章，后来发展为六朝的样式，再发展变化为近代体格律诗，又发展演变为传奇，演变为院本，演变为杂剧，演变为《西厢曲》，演变为《水浒传》，演变为现在举子所必修的八股文，这些都是古今最好的文章，不可以用时代先后作为标准加以评论。所以我觉得文章好坏不是由时代先后决定的，而那些发自童心的，自然创作出来的文章就是好文章，又何必非得说什么《六经》，非得说什么《论语》《孟子》呢？

《六经》《论语》《孟子》，不是史官过分褒奖的言辞，就是那些臣子们极力赞美之语。要不然，就是那些迂阔的门徒，糊里糊涂的弟子，对老师讲的话，记住了头，记不住尾，得了尾，又忘了头，依据自己所见到的事情，记到了书上。后学之人体察不到这种情况，就称作是出自圣人之口，就决定把它看做是经典著作，哪知其中的多半并不是圣人之言呢？纵然真的是出自圣人之口，也总是要有针对性的，不过是对症下药，按着具体情况随即配方，用以救治一些糊涂的弟子和迂阔的门徒罢了。用什么药治疗要依病情而定，

李贽的童心

316

---

① "不可"句：不能以各种文体所产生的时代先后论文。作者认为，自古以来的各种文体都有出于童心之至文。

② "故吾"句：所以我由历代这些绝妙文章而对真情自成至文有所感慨，何必非说及什么儒家的六部经典，又何必非说及什么《论语》《孟子》呢？

③ 迂阔：迂远而不切实际。

④ 懵（měng）懂：糊涂。

⑤ 要：总起来，总之。

乎①? 然则《六经》《语》《孟》，乃道学之口实②，假人之渊薮也③，断断乎其不可以语于童心之言明矣④。呜乎! 吾又安得真正大圣人童心未曾失者而与之一言文哉!

——《焚书》

处方也难以一成不变，而这些书难道就可以成为万世不变的真理吗? 然而《六经》《论语》《孟子》，却成了道学家的借口，成了虚假之人聚集的场所，确实不可以把它们和发自童心的话相提并论，这一点是明明白白的。唉，我又怎么能够寻得一位没有失去童心的大圣人，并跟他交谈关于文章的事呢?

---

① "药医"句：治病的药物和方法要根据病情，药方难以固定不变，《六经》《论语》《孟子》之类的著作怎可就断定是万代不变的最高明的论述(真理)呢? 假，借，根据。方，药方。

② 口实：此指口头上标榜、炫耀自己的资料。

③ 渊薮：原指鱼和兽类聚居之处，以喻人或物聚居的住所。此指儒家经典是培养假人和假人贩卖所谓道学的大本营。

④ "断断乎"句：儒家经典绝对不能用来表达真情实感是明白无疑的。

【明】徐渭

书《草玄堂稿》后①

明清两朝，专制酷烈，礼教空洞，文化的活力下移民间。民间思想家呵护着民间的文化种子，民间百姓创造了繁荣的民间文学。明清两代的市民社会空前发达，一派世俗浓情。文人屈身民间，仕途的得失不再是唯一的选择。他们可以有滋有味享受民间生活的乐趣，写惯奏章和八股文的笔墨开始用来书写闲情，明清小品文因而真气淋漓。

初学写作的人，为了显露才华，喜欢把文字弄得花里胡哨，让人惊艳目眩；阅历深了，不再玩文字游戏，返璞归真，文章朴素而又丰腴。就像杜甫，年轻时追求"语不惊人死不休"，历尽沧桑之后，才悟出"诗到平淡方为真"。对于这两种写作状态，徐渭以过来人的身份，大肆调侃，通篇以女子为喻，写人神似，比喻自然精彩。敢以真面目示人，需要足够的勇气和自信，无论作文还是做人，都是同理。徐渭的文字也是一种现身说法：朴素的文字未必等于干枯，老到的文章也可以不失灵动。就像女子虽老，却风韵入骨沉淀为气质。

徐渭（1521~1593），字文长，号山阴布衣、青藤道士等，山阴（今浙江绍兴）人。平民书生，才华卓著的画家、书法家、戏剧家、诗人。一生贫病落魄，数度疯癫。是中国文化史上一颗耀眼的流星。

始女子之来嫁于婿家也，朱之粉之，倩之颦之②，步不敢越裙，语不敢见齿，不如是则目之为非女子之态也。迨数十年，长子孙而近妪姥，于是黜朱粉，罢倩颦，横步之所加，莫非问耕织于奴婢。横口之所语，莫非呼鸡豕于圈槽，甚至龋齿而笑，蓬首而搔，盖回视

女子初嫁夫家施粉涂朱，口角溢笑，娥眉清颦。脚步不敢超越衣裙，说话不敢露出皓齿，不这样娇柔做作便被视为不符合女子的仪态。等到过了几十年，养育子孙已大而自己也近于老太婆，于是不再施粉涂朱、装模作样。走路大步横跨，无不是去向奴婢过问耕织之事。张嘴脱口而嚷，无不是在圈槽之间呼鸡唤猪，甚至露出破烂大虫牙咧嘴大

---

① 《草玄堂稿》：徐渭的郦姓朋友的诗集名字。

② 倩之颦（pín）之：指装模作样，以显示自己的姣美。倩，口角含笑的样子。颦，皱眉头很好看的样子。

向之所谓态者，真赧然以为妆缀取怜[①]、矫真饰伪之物。而娣妣者犹望其婉婉娈娈也[②]，可叹也哉！

渭之学为诗也，矜于昔而颓且放于今也[③]，颇有类于是；其为娣妣哂也多矣[④]。今校郦君之诗而悦然契[⑤]，肃然敛容焉，盖真得先我而老之娣妣矣[⑥]。

——《徐渭集》

笑，搔抓蓬乱如麻的头发。大概再回顾从前所谓的仪态，那不过是令人羞赧难当，用装模作样向人邀取怜爱，扭曲真实、装扮假象的东西。而那些亲近的女友，还巴望着她依然装作从前那种漂亮温柔的样子，真是可叹之极！

我学习做诗，从前拘谨做作，现在却不拘泥陈规，豪放不羁，和这颇相似。那么被我的"女友"们所嘲笑自然就很厉害。现在我校刊郦君的诗而觉得高兴，心中与之契合，于是恭敬严肃地收敛笑容，原来他是先我而老的"姐妹"（原来他是作诗早进入不事修饰、淳朴自然境界的朋友）呀！

① 赧（nǎn）然：因羞愧而脸红的样子。

② 娣妣：泛指亲近的女朋友。婉婉：十分和顺温柔的样子。娈娈（luán）：十分美好漂亮的样子。

③ 矜：拘谨，做态。颓：精神委靡不振。这里指不拘守陈规，不落俗套。放：豪放。

④ 其：语助词。为：作为。哂（shěn）：笑话，讥讽。

⑤ 悦然：很高兴。契：心中称赞，契合。

⑥ "真得"句：真正是少年老成的知心娣妹啊。老：指作诗所达到的境地。这句有风趣的话，是回应前文，意思是说郦君的诗，真正是先我到达洒脱境界的佳作。

【明】袁宏道

丘长孺①

做官或许需要"特殊天赋"。一个追求"性灵"的干净文人，恐怕不适合待在官场。古代中国的官员多是文人充当，可想而知，有多少人与袁宏道一样，被一袭官袍折磨得心理憔悴，也就不难理解历代总有一些人辞官归隐。官场的空气养不活文人，田园的空气可以大口呼吸。

袁宏道（1568~1610），字中郎、无学，号石公。公安（今属湖北）人。与兄宗道、弟中道并称"公安三袁"。明代"性灵"文学的领军人物，散文小品卓然成家。袁宏道多次出入官场，就像一个不愿按指定角色上场的别扭演员。他20岁中举人。次年入京赴考未中，返乡后曾问学李贽，成为李贽的思想弟子。24岁中进士，不仕，与兄弟遍游楚中。27岁选为吴县令，饶有政绩。不久解官去，游览江南名胜。后又授顺天教授，两年后又辞官返里，卜居柳浪湖畔，作庐山、桃源之游。38岁入京补仪曹主事，不久又辞去。两年后再入京，擢吏部主事，后迁稽勋郎中，赴秦中典试。事毕请假归里，定居沙市，再也经不起瞎折腾了，不久去世，年仅42岁。作文反对盲目拟古，提倡抒写性灵，用"童子之心"写出文章的"趣"和"韵"，并推崇民间通俗文学是"真声"。

闻长孺病甚，念念。若长孺死，东南风雅尽矣②，能无念耶？弟作令，备极丑态，不可名状，大约遇上官则奴，候过客则妓，治钱谷则仓老人③，谕百姓则保山婆④，一日之间，百暖百寒，乍阴乍阳，人间恶趣，令一身尝尽矣，苦

听说邱长孺病得厉害，很挂念。如果长孺死了，东南一带有高尚文化修养和生活情趣的人就没有了，怎能不让我挂念呢？我当着县令，丑态百出，那情形说都没法说。大约是遇到长官就是奴才，侍候过客就像妓女，管理钱粮就是仓库老管理员，说服百姓就是老媒婆。一天之中，暖暖寒寒，忽阴忽晴，人

① 丘长（zhǎng）孺：即丘坦，字坦之，号长孺。湖北麻城人。万历三十四年（1606）举武乡试第一，官至海州参将。善诗、工书，喜游历。宏道此书作于吴县。

② 风雅：风流儒雅，此处指有高尚文化修养和生活情趣的人。

③ 钱谷：指钱粮赋税。仓老人：看守库房的老人。

④ 谕：告诉。此处有说服之意。保山婆：旧称为人作证或做媒的妇人为保山婆。

哉！毒哉！家弟秋间欲过吴，亦只好冷坐衙斋看诗读书①，不得如往时携侯子登虎丘山故事也②。

近日游兴发否？茂苑主人虽无钱可赠客子③，然尚有酒可醉，茶可饮，太湖一勺水可游，洞庭一块石可登，不大落莫也④。

——《袁宏道集笺校》

间的恶浊之味，让我这一身尝尽了。苦哇！毒哇！我弟弟秋天想来这里，也只好坐在清冷的官衙里看诗读书，不再有像以前的时候，拉着"猴子"陶望龄游虎丘山那样的旧事了。

近来游兴旺盛吗？我虽没钱赠送客人，可是还有酒可以醉人，有茶可以品尝，还有太湖一勺水可以游玩，有洞庭的一块石可以攀登，也不很冷落。

① 家弟：指袁中道。吴：指吴县。衙斋：衙门中的签押房。

② 侯子：即猴子，陶望龄的外号。陶望龄（1562～1609），明朝大学者，与袁宏道交谊笃厚。

③ 茂苑主人：苏州别称茂苑，吴县县治位于城西，故作者以茂苑主人自称。一说茂苑主人兼指作者及其好友长洲（治所在苏州城东）县令江盈科。

④ 落莫：同"落寞"，冷落。

【明】袁宏道

山居斗鸡记①

一个斗鸡的小故事，由于一个小孩的参与，变得有趣起来；再由于作者在一旁津津有味地观看，并且把他看到的写下来给大家看，这件小事就变得不仅有趣，而且有味了。小孩子帮助小鸡斗大鸡，对比世间读书人一旦做官就与豪强勾结欺压百姓，小孩也算得上"锄强扶弱"的好汉了。作者为这小小的"豪侠之举"可以快活一整天，逢人就说，并且又说又笑又跳，堪称"童心未泯"——这是洗尽铅华的中年人的真情真趣。故事中的小孩可爱，说故事的人不也可爱得紧？

余向在山居，南邻一姓金氏，隐于掾②，爱畜美鸡。一姓蒋氏，隐于商③，从燕地归，得一巨鸡。燕地种原巨，而此巨特甚。足高尺许，粗毛厉嘴，行迟迟，有野鸡状。婆娑可人④。群鸡见之，辄避去。独掾隐家一鸡，纵步饮啄如常，玉羽、金冠，娟然更又可人⑤。然其体状，较之巨鸡，止可五之一⑥。巨鸡遇之，侮其小，随意加啅⑦。美鸡体状虽小，气不肯下，便跃起斗。巨鸡张翅雄视，时欲

我从前在家乡居住，南面有一位姓金的邻居，隐藏在官府当属官，喜欢蓄养漂亮的鸡。有一位姓蒋的人，隐身在商贾中，他从河北归来，带回一只巨大的鸡。河北鸡的品种本来就大，而这只鸡又大得特别厉害。鸡腿高一尺左右，羽毛粗，嘴也凶，走起路来慢条斯理，有野鸡的长相。徘徊在人前，惹人喜欢。群鸡一见到它，就躲避逃开。唯独属官家的一只鸡，行走、喝水、啄食和普通的鸡没有什么不同，白白的羽毛，黄金鸡冠，漂亮的样子又更惹人喜欢。可是它的体格太小，和巨鸡相比，只有它五分之一那么大。巨鸡遇到它，欺

---

① 山居：栋宇居山曰山居（南朝·谢灵运《山居赋序》）。文中指居于故乡公安县。

② 掾（yuàn）：属官，下属官吏。

③ 商：指经商。

④ 婆娑：徘徊的样子。可人：使人满意。

⑤ 娟然：姿态美好的样子。

⑥ 止：仅仅。

⑦ 啅（zhuó）：同"啄"。

即下；美鸡惟凝意抵防①，不敢重发。于是各张武勇，且前且后，两两相持，每费余刻②。

巨鸡或逞雄一下，美鸡自分不能当，即乘来势，从匿巨鸡胯下，避其冲甚巧。巨鸡一时不知美鸡置身何所，美鸡从巨鸡尾后腾起，乘其不意，亦得一加于巨鸡。巨鸡才一受毒，便怒张扑来，美鸡巧不及避，乃大受荼毒③。余自初观斗至此，大抵见美鸡或得一捷，则大生欢喜，且睁睁盼美鸡或再捷，而卒不可得，而亦终不想及为之所。

美鸡将不堪，余正在烦恼间，有童子从东来，停足凝眸，既而抱不平，乃手搏巨鸡，容美鸡恣意数啄，复大挥巨鸡几掌。巨鸡失势遁去，美鸡乘势蹑其后，直抵其家。须臾，巨鸡复还追美鸡至斗所，童子仍前如是。

如是再四，适两书生过，见童子谆谆用意为此④，乃笑曰："我未见人而乃与畜类相搏以为事也。"童子曰："较之读书带乌纱与豪家横族共搏小民，不犹愈

侮它小，随意地啄它。漂亮的小鸡体骼虽小，气愤难平，就跳起来与巨鸡争斗。巨鸡张开翅膀虎视眈眈地盯着它，随时想攻击它。漂亮的小鸡只能一心防御抵抗，不敢贸然扑上去。于是两鸡各自振奋武勇，又向前逼进又向后退避，两者相持，每每要相持一刻多钟。

巨鸡有时逞一下威风，漂亮的小鸡估计抵挡不住，就趁巨鸡扑来之势，藏进巨鸡的胯下，躲避巨鸡冲击，十分灵巧。巨鸡一时之间不知漂亮的小鸡躲到什么地方，漂亮的小鸡从巨鸡尾后腾跃而起，趁巨鸡没料到，也得以攻击一下巨鸡。巨鸡刚一受到侵害，就大怒张翅扑来，漂亮小鸡来不及巧避，于是大受巨鸡残害。我从观斗开始到现在，大抵看到漂亮小鸡偶尔得手，就非常高兴。并且眼睁睁地盼望漂亮小鸡或许再取胜一回，可是最终也不能，而且也想不出它有什么制胜的办法。

漂亮小鸡将要招架不住，我正在烦恼之间，有个小男孩从东而来，停下脚凝视一阵，接着就打抱不平，就用手抓住巨鸡，让漂亮小鸡尽情地屡啄巨鸡，又猛击巨鸡几巴掌。巨鸡失去有利之势逃走了，漂亮的小鸡乘势跟在它后面追，一直追到它的家里。不久，巨鸡又返身追漂亮的小鸡到原来相斗之处，小男孩仍然像刚才那样对付巨鸡。

像这样斗了几个回合，正好两个书生从此路过，见小男孩专心致志做这事，就笑笑说："我从没见过有人竟然把和畜类相斗当成营生的。"小男孩说："这跟读书戴官帽与豪横大族勾结一起共同斗小老百姓相比，不

---

① 凝意：心意专注。
② 余刻：一刻有余。古人以漏壶计时，将一昼一夜分为一百刻。
③ 荼（tú）毒：残害、毒害。
④ 谆谆：忠厚谨慎的样子。

耶？"两书生愧去。

余久病末尝出里许，此间锄强扶弱豪行快举，了不得见；见以此为奇，逢便说说。而人笑余亦笑，人不笑余亦笑，笑而跳，竟以此了一日也。

——《袁宏道集笺校》

更好一些吗？"两个书生羞愧离去。

好长时间有病不曾走出一里路程，这里锄强扶弱的英雄行为和大快人心之义举，一点点也见不到，等见到这个场面觉得很新奇，逢人就讲讲。而人家笑我也笑，人家不笑我也笑，又笑又跳，竟用这件事消遣一天。

【明】冯梦龙

《笑府》序

为了给自己编的一部笑话集做广告，把整个世界说成一个笑料场，把世间的人都当作笑料，说经书子史是鬼话，诗赋文章是淡话，这是否有点过分？冯梦龙是个嬉皮士吗？且慢，这世界那么多人模狗样的家伙，弄一些假作正经的玩意，自己假模假样地活着，还迫使别人跟他一样装模作样地生活。许多貌似神圣的东西，一旦戳穿，不过是一堆垃圾，而多少人的生命，成了这些垃圾的殉葬品！作者夸张的滑稽，不过是掩饰了一个缩小的悲哀，对伪善的世道人心的悲哀。

冯梦龙（1574~1646），字犹龙，别署龙子犹、姑苏词奴、顾曲散人、墨憨斋主人等，吴县长洲（今江苏苏州）人。57岁时才补为贡生，60岁任寿宁知县，四年后便退职回家。清兵渡江，参加抗清活动，不久忧愤而死。他的一生主要还是一个平民书生，一个江南才子民间身。他是明代最出色的发掘民间通俗文学的作家，编撰白话小说集《喻世明言》《警世通言》《醒世恒言》，世称"三言"；收集活泼泼的民歌集《挂枝儿》《儿歌》，编辑另类读本《情史》《智囊》《笑府》《古今谈概》《太平广记钞》等。

古今来莫非话，话莫非笑也。两仪之混沌开辟[①]，列圣之揖让征诛，见者其谁耶？夫亦话之而已耳。后之话今，亦犹今之话昔。话之而疑之，可笑也；话之而信之，尤可笑也。经书子史，鬼话也，而争传焉；诗赋文章，淡话也，而争工焉。褒讥伸抑[②]，乱话也，而争趋避焉。或笑人，或笑于人，笑人

从古而今，天下万事，无非是话，话无非是笑。天地混沌开辟，列位圣人互相谦逊揖让、征讨诛伐的情景，哪个人曾经见过？也只不过是说说罢了。后世谈现今，也就和现今谈过去一样。谈着谈着又疑惑了，可笑；谈着谈着就信了，那更为可笑。经书、诸子、史书不过是鬼话，而人们争着相传。诗赋文章，只是一些闲话，而人们争相作得工巧；褒奖、讥讽、发扬、贬抑世事，是一堆乱语，而人们争

① 两仪：天地。《易·系辞上》："是故易有太极，是生两仪。"
② 伸：引申，发挥，发扬。

者亦复笑于人，笑于人者亦复笑人，人之相笑宁有已时？

《笑府》，集笑话也，十三编犹云薄乎云尔。或阅之而喜，请勿喜；或阅之而嗔，请勿嗔。古今世界一大笑府，我与若皆在其中供话柄。不话不成人，不笑不成话，不笑不话不成世界。布袋和尚，吾师乎！吾师乎！墨憨斋主人题。

——《笑府》

着趋附或躲避它。或者笑别人，或者被别人笑，笑别人的人又被别人笑，被别人笑的人又可以笑别人，人们你笑他，他笑我，哪有一个完结的时候？

《笑府》收集的是笑话，只可惜仅十三篇，还是嫌薄了一点。有人读了它会欢喜，请你不要欢喜；有人读了会嗔怪，请你不要嗔怪。古往今来的世界就是一个大游乐场，我和你生活在其中都是在给别人提供笑料。不说话就不能长进成人，不笑就无话可说，不笑不谈不能构成世界。布袋和尚，你是我的老师，你真是我的老师呀！墨憨斋主人题。

活泼泼灵动文心

【明】王思任

谑庵自赞①

人总是爱照镜子的,照的结果总是要找出一点自己可爱的地方来,这是自爱。画像、照相、写自传,都是照镜子一类。王思任性格诙谐,在自己的画像上题词,免不了自嘲一番。无可奈何的,是衰老将至的悲哀;半叹半赞的,是高洁人生的追求;自信自负的,是不肯随俗的生活态度。

王思任(1575~1646),字季重,号谑庵,山阴(今浙江绍兴)人。二十岁中进士,一生三仕三黜。曾三次出任知县,担任过刑部及工部主事、礼部尚书等职。顺治三年,绍兴城破,绝食而死。文章落笔灵异,格调高贵,独树一帜。有《王季重十种》。

（绳父孙丈独妙虎头之技②,貌予清晖阁中。时予年四十有八,儿童见之,尽皆跳笑。予自对不觉愀然,德业无成,老冉冉其将至也!）

遂初服③,四十五,发见白,齿见龋。兴还高,人不腐。舌如风,笑一肚。要读书,恨愚鲁。半通今,半博古。友子瞻,师杜甫④。性喜客,肯作主。酒不让,棋堪赌。爱山水,怕官府。奉高堂,居乐土。迟起床,早闭户。任天公,皆有数。不告贫,不诉苦。

——《王季重十种》

绳父孙老先生画技绝妙。在清晖阁中给我画像。当时,我四十八岁,儿童见到给我画像又跳又笑。我对着我的画像,情不自禁有些忧伤,道德学业无所成就,衰老却将慢慢到来了。

重穿布衣旧服,年龄四十有五,头发已经花白,牙齿渐渐松龋。只是兴致还高,所幸人未朽腐。生就快舌如风,谑笑依然满肚。一心想要读书,只恨自己愚鲁。到头来只落得,半通今半博古。梦想子瞻为友,心念师从杜甫。性情本就好客,又愿做东为主。饮酒当仁不让,下棋可堪一赌。喜爱游山玩水,胆小怕见官府。尽心侍奉父母,怡然安居乐土。清晨迟迟才起,夜晚早早闭户。任你天公老子,心中全应有数。从不向人告贫,也未对人诉苦。

---

① 谑庵:王思任的号。

② 虎头之技:指绘画。东晋著名画家顾恺之,小字虎头。

③ 遂初服:指辞去官职,重新穿上当初(出仕前)的衣服。

④ 子瞻:苏轼,字子瞻。

【明】王思任

脚板赞

要赞美自己，也得找个好话头。王思任找到脚板上去了，真是别出心裁。
如果你也想赞美自己，不妨眉毛胡子什么的咏叹一下，只是，要让自赞立得住，
不至变成游戏文字，需要一些阅历，需要一点风骨。

曾入帝王之门，曾踏万峰之顶，曾到齐晋云间欺官之署，曾走狭邪非礼亡赖之处，而不曾投刺于东林、魏党①，乞食墦间②，沽名井上。所以然者，脚底有文，脚心有骨。

——《王季重十种》

（脚板）曾经跨入过帝王的门槛，曾经踏过群山的顶巅，曾经到过齐、晋、云间混迹官场衙门，曾走过花街柳巷非礼无赖之地，而不曾投名帖给东林、阉党巴结前程，也不曾去墓地里乞食，更不曾在市井中沽名钓誉。之所以能这样，就因为脚板上有纹，脚心上有骨。

① 投刺：递名帖求见。东林：东林党，明万历间反对阉党的知识分子集团。魏党：即以宦官魏忠贤为首的阉党。

② 乞食墦（fán）间：《孟子·离娄下》，齐国有一人每日酒足饭饱而归，对其妻妾说与贵人一起吃饭。其妻暗中跟踪窥视，方知齐人到城外坟地中间向祭礼者讨剩余祭品而食。墦，坟墓。

【明】张岱

自题小像

张岱的《自题小像》简直是一份人生检讨书呢:一生功名利禄全落空;想做忠臣殉国却又怕砍头太痛;躬耕田园做隐士吧,却感觉锄头太重;写了二十年的书,也只配用来盖米酒泡菜的坛子……只有自负的人才敢于如此彻底的自嘲。

张岱 (1597~1685),字宗子、石公,号陶庵、蝶庵居士,明末清初山阴(今浙江绍兴)人,祖籍四川绵竹。生于贵族之家、书香门第,早年生活奢华。50岁时国破家亡,他当时的心态是:"然余之不死,非不能死也,以死而为无益之死,故不死也。以死为无益而不死,则是不能死,而窃欲自附于能死之中;能不死,而更欲出于不能死之上。"(《石匮书·义人列传》)于是,披发入山,专事著述,用三十年时间完成明史《石匮书》。流传于世的小品文集《陶庵梦忆》《西湖梦寻》等,堪称汉语文学的瑰宝。

功名耶落空,富贵耶如梦。忠臣耶怕痛,锄头耶怕重,著书二十年耶,而仅堪覆瓮①。之人耶,有用没用?

——《琅嬛文集》

理想呢,早就无影无踪。
事业呢,成了逝去的风。
为国捐躯最好,却怕打冲锋。
也想下田种地,扛锄头怕重。
写书写了二十年,盖酱缸可用。
就是这样一个人,大家看呀,中不中?

活泼泼灵动文心

329

---

① 覆瓮:比喻著作毫无价值,只可以作盖酱缸用,多用为谦词。原作覆瓿。语出《汉书·扬雄传·赞》。据载刘歆看了扬雄的《太玄经》《法言》后,对他说:"空自苦!今学者有禄利,然尚不能明《易》,又如《玄》何?吾恐后人用覆瓿也。"

【清】郑燮

六十自寿联

六十大寿，郑板桥赠给自己一副妙联：人生不过是做客，不要说什么寿比南山、万岁万岁万万岁。只要有点闲钱、衣食无忧，任我在纸上纵横潇洒，身上五官灵动胜过朝中千官富贵。凡人想成仙，不过是自寻烦恼。我只求眼前没有俗物，心中没有俗事，清闲散淡过日子就是活神仙。

郑燮（1693～1765），字克柔，号板桥，江苏兴化人。幼年家贫，丧母，赖乳母教养，并随其父学画，早年在扬州以卖画为生，生活窘困。后由朋友资助，才得到读书机会，并应科举而为康熙秀才、雍正举人、乾隆进士。49岁出任山东范县、潍县的知县，做了12年亲民之官。"衙斋卧听萧萧竹，疑是民间疾苦声；些小吾曹州县吏，一枝一叶总关情。"（《潍县署中画竹呈年伯包大丞括》）这首题画小诗，是郑燮关心百姓疾苦并将这种关心化为艺术的写照。后"以岁饥为民请赈，忤大吏，遂乞病归。"重返扬州，以卖画为生，是"扬州八怪"之一。郑板桥擅画兰、竹等；自创"六分半书"，以真、隶为主，糅合真、草、隶、篆各体，融入兰竹笔意，人有"乱石铺街"之喻；诗文真挚风趣，为民众喜诵。人称"诗书画三绝"，三绝中又有三真：真气、真诀、真趣。有《郑板桥集》。

常如作客①，何问康宁。但使囊有余钱，瓮有余酿，釜有余粮②。取数页赏心旧纸③，放浪吟哦。兴要阔，皮要顽④，五官灵动胜千官，过到六旬犹少。

定欲成仙，空生烦恼。只令耳无俗声，眼无俗物，胸无俗事。将几枝随意新花，纵横穿插。睡得迟，起得早，一日清闲似两日，算来百岁已多。

——《中国名联辞典》

---

① 常如作客：人生如过客，漂泊不定。

② 酿：酒。釜：锅。

③ 旧纸：指古书。

④ 兴要阔：兴致要高。皮要顽：情趣要活。

活泼泼灵动文心

【清】郑燮

板桥小品（3则）

郑板桥做官前后，都是靠卖画为生。给自己的画作定个价格，明码实价张贴出来，省得讨价还价。这是诚实的经营手法。"扬州八怪"是中国最早的职业画家群体，他们靠手中的笔谋求生存之道，开风气之先。当时的艺术品有了市场，艺术不再只是皇宫贵族的收藏品，也可以是百姓的消费品。考虑到艺术创作毕竟不是母鸡下蛋，郑板桥的开价其实非常低廉。而他爱艺术又多过爱银子，不以贫寒以画谋利，作画绝不"有求必应"，更不懂"求善价而沽之"。他说到自己画竹的感觉：眼中之竹、胸中之竹、手中之竹、纸上之竹各不相同，让观众和读者眼见到一种创作的微妙境界。他写诗作画，除了谋生、自娱、艺术求索之外，还有一个更大的心愿："慰天下之劳人，非以供天下之安享人也。"艺术不是给闲人锦上添花，而是给生活辛苦的人们一些美感、快感与安慰。郑板桥是有所坚持的骨气凛凛的人，就像他的《竹石》诗所言："咬定青山不放松，立根原在破岩中。千磨万击还坚劲，任尔东西南北风。"

笔榜①

大幅六两，中幅四两，小幅二两。书条对联一两。扇子斗方五钱。凡送礼物食物，总不如白银为妙。公之所送，未必弟之所好也。送现银则中心喜乐，书画均佳。礼物既属纠缠，赊欠尤为赖账。年老神倦，不能陪诸君子作无益语言也。

宽幅的画，一幅六两纹银，中幅的画，一幅四两纹银，小幅的画，一幅二两纹银。条幅、对联一两纹银，扇面斗方五钱纹银。凡送礼物食品，总是不如送白银为好。因为你所送的礼物食品，未必是我所喜欢的。要是送白银，我在心里就又欢喜又踏实，画的画也好写的字也好。送礼物食品纯属纠缠骚扰，赊账拖欠更是赖账。我年老精神不济，没用的闲话最好不说，恕不奉陪。

活泼泼灵动文心

---

① 笔榜：书画家所定的润格（报酬标准）。传世文本见自题画竹，并有诗"画竹多于买竹钱，纸长六尺价三千，任渠话旧论交接，只当秋风过耳边"。末署"拙公和上（尚）属，板桥郑燮"。这些显然都是在为拙公和尚作画时加题上去的。

再题画竹

江馆清秋，晨起看竹，烟光日影露气，皆浮动于疏枝密叶之间，胸中勃勃遂有画意，其实胸中之竹，并不是眼中之竹也。因而磨墨展纸，落笔倏作变相。手中之竹，又不是胸中之竹也。总之，意在笔先者，定则也，趣在法外者，化机也，独画云乎哉！

清秋时节，住在江边，早晨起来看竹。朝日照着竹林，夜露化作轻烟，尽在竹的疏枝密叶间漂浮缭绕，我心里便勃发起一股画竹的冲动。其实我胸中竹子的影像又不是眼前所见的样子。于是回到屋里磨墨铺纸，立刻就落墨追摹竹子的变化。画出的竹子又不是我胸中的竹了。总之，意念在下笔之先，是作画的定则。意趣不受技法的拘束，是变化的奥妙。难道只是作画如此吗？

靳秋田索画

终日作字作画，不得休息，便要骂人。三日不动笔，又想一幅纸来，以舒其沉闷之气，此亦吾曹之贱相也。今日晨起无事，扫地焚香烹茶洗碗，而故人之纸忽至。欣然命笔，作数箭兰、数竿竹、数块石，颇有洒然清脱之趣。其得时得笔之候乎！索我画偏不画，不索我画偏要画。极是不可解处，然解人于此但笑而听之。慰天下之劳人，非以供天下之安享人也。

——《郑板桥集》

终日写字画画，不得休息，就心烦得想骂人。三天不动笔，又想铺开一张纸，用作画写字来宣泄一下胸中的沉闷之气，这就是我们这类作书作画的人的贱脾气。今天早晨起来没事，扫地净房、焚香、煮茶、清洗茶盅茶碗，而老朋友忽然到了。高高兴兴提起笔来，画了几株箭兰，几株竹，几块石，很有些清新洒脱的情趣。这是捕捉到了作画的契机和用笔随心所欲的时刻了吧！向我来要画我偏不画，不向我来要画我偏要画，真不明白这是怎么回事，于是能弄明白这是怎么回事的人，在此只需会心一笑，随便听听。书画这样的艺术，应该是慰劳天下劳苦的人的，而不是用来供奉天下安居享乐的人的。

【清】金圣叹

快 说

生活就是美，人生就是快乐，活着就是幸福——这样的人生才值得一活。用一种欣赏的眼光看世界，人间有多少值得欢笑、值得歌唱、值得珍存的事物？金圣叹是个有大忧伤的人，然而他却能从微小的生活细节中感受到大快乐。《快说》三十三则，列举的全是出人意料的一些琐事，这些琐事是人人可以遇见，却并非人人可以从中获得快乐的。感受快乐，也是一种才能、一种艺术，首先要调适自己的心境，在寻常的日子里，拒绝叹息、拒绝遗憾、拒绝悔恨、拒绝恐惧，让自己的心变得轻盈、柔软、芬芳，柔情千转地拥抱这个大千世界、拥抱每个人只能活一次的人生。吾生有涯，欲海无边，人生不是匆匆奔向某一个目标，人生是每一天实实在在地在生活，是用我们的手、眼和心，去悦纳迎面而来的美、幸福和快乐，写出我们每一个人自己的《快说》。让自己的生活艺术化，让自己感受一点美好的"诗生活"，给自己一点机会，让自己有时可以脱口而出：不亦快哉——好不痛快！

金圣叹（1608~1661），名采，字若采，明亡后改名人瑞，字圣叹。吴县（今属江苏）人。平民书生。明末清初文学批评家。以哭庙案被杀。传说，临刑前，金圣叹对儿子口占诗句："莲子心内苦，梨儿腹中酸。"并留下遗书，说的居然是："花生米与豆腐干同嚼，有火腿味。"不亦快哉！

夏七月，赤日停天，亦无风，亦无云。前后庭赫然如洪炉，无一鸟敢飞来。汗出遍身，纵横成渠，置饭于前，不可得吃。呼簟欲卧地上①，则地湿如膏，苍蝇又来缘颈附鼻，驱之不去。正莫可如何，忽然大黑，车轴疾澍②，澎湃之声如

夏季七月，红日高挂天穹，也没有风，也没有云。前庭后院红彤彤一片如一座洪炉。天空中没有一只鸟敢飞来。满身臭汗，纵横交流如渠，饭放在面前，不能吃。招呼拿席子来想躺在地上，地潮得就像油膏涂拭过似的，苍蝇又来沿着脖颈附在鼻子上爬，轰都轰赶不走。正无可奈何时，天忽然漆黑，巨大的雨

---

① 簟（dàn）：竹席。

② 车轴：此形容雨点大。《法苑珠林》："注大洪雨，其滴甚粗，或如车轴。"澍：及时雨。

数百万金鼓，檐溜浩于瀑布。身汗顿收，地燥如扫，苍蝇尽去，饭便得吃，不亦快哉！

十年别友，抵暮忽至。开门一揖，不及问其船来陆来，并不及命其坐床坐榻，便自疾趋入内，卑辞叩内子①："君岂有斗酒如东坡妇乎②？"内子欣然拔金簪相付，计之可作三日供也，不亦快哉！

空斋独坐，正思夜来床头鼠耗可恼，不知其戛戛者损我何器，嗤嗤者是裂我何书，中心回惑，其理莫措。忽见一狻猫③，注目摇尾，似有所睹。敛声屏息，少复待之。则疾趋如风，撞然一声④，而此物竟去矣，不亦快哉！

于书斋前，拔出垂丝海棠、紫荆等树，多种芭蕉一二十本，不亦快哉！

春夜与诸豪士快饮至半醉，住本难住，进则难进。旁一解意童子，忽送大纸炮可十余枚，便自起身出席，取火放之。硫磺之香自鼻入脑，通身怡然，不亦快哉！

街行见两措大执争一理⑤，既

点迅疾而落，流水相激之声如同数百面金鼓齐鸣，屋檐水像瀑布一样倾泻。身上的汗立刻消去，地面干燥之气一扫而空，苍蝇都无影无踪，饭也能吃下了，好不痛快！

分别十年的朋友，天晚时分忽然到来，开门拱手一揖，来不及问他是从水路来还是从陆路来，并且来不及让他坐床还是坐榻，就赶紧跑向里屋，低声下气地问妻子："莫非你也像东坡妻子那样，有斗酒之蓄吗？"妻子高高兴兴地拔下金簪交给我，算了算足可供三日之饮，好不痛快！

一人独坐空房之中，正寻思着夜间床头的老鼠恼人，它咬得戛戛地响，也不知在损坏我什么器件；咬得嗤嗤地响，是不是在撕我的哪本书？心里萦回着疑惑，想不出个办法来。忽然见到一头壮猫，眼睛凝视，尾尖摇摇，好像见到什么，收敛声响屏住呼吸，稍微又等了一会儿，就迅奔如风，呼的一声，而那家伙竟然逃掉了，好不痛快！

在书斋前小圃中，拔去垂丝海棠，紫荆树等，多种上一二十株芭蕉，好不痛快！

春天的夜晚和几位雄豪之士畅饮到半醉，住呢本来也难以住下，回家却也难回。旁边一个善解人意的小仆人，忽然间送来十多枚大纸炮，我就站起身来走出席间，拿来火燃放了它们，硫黄药香气从鼻入脑，周身松爽，好不痛快！

走在街上见到两位穷酸书生争执一个道

---

① 内子：妻子。

② 语出苏轼《后赤壁赋》："客曰'……顾安所得酒乎？'归而谋诸妇。妇曰'我有斗酒，藏之久矣，以待子不时之需。'"

③ 狻（suān）猫：狻，指狻猊，即狮子。此处狻猫，指形体大而壮的猫。

④ 撞（zhì）然：形容老鼠被咬着时的叫声。

⑤ 措大：对读书人的轻蔑称呼，指贫寒失意的书生。

皆目裂颈赤，如不戴天，而又高拱手，低曲腰，满口仍旧"者也之乎"等字，其语刺刺，势将连年不休。忽有壮夫掉臂行来，振威从中一喝而解，不亦快哉！

子弟背诵书烂熟，如瓶中泻水，不亦快哉！

饭后无事，入市闲行，见有小物，戏复买之，买亦已成矣，所差者至鲜，而市儿苦争，必不相饶。便掏袖中一物，其轻重与前直相上下者，掷而与之，市儿忽改笑容，拱手连称"不敢"，不亦快哉！

饭后无事，翻倒敝箧，则见新旧逋欠文契，不下数十百通。其人或存或亡，总之无有还理。背人取火，拉杂烧净，仰看高天，萧然无云，不亦快哉！

夏月科头赤足①，自持凉伞遮日，看壮夫唱吴歌，踏桔槔②，水一时坌涌而上③，譬如翻银滚雪，不亦快哉！

朝眠初觉，似闻家人叹息之声，言某人夜来已死。急呼而讯之，正是一城中第一绝有心计人，不亦快哉！

夏月早起，看人于松棚下锯大竹作筒用，不亦快哉！

理，已然都气得眼眶瞪裂，脖颈通红，如同不共戴天，可是又各自高高抱拳，弯腰曲背，满口仍旧是"者也之乎"等字，他们的话荒谬不堪，那情势将要无休无止。忽然一位壮士大摇大摆走来，威风凛凛从中大吼一声，隔开了双方，好不痛快！

子弟把书背得烂熟，好像瓶水倾泻，好不痛快！

饭后无事，去市场闲逛，见到有一个小东西，说笑着把它买下来，买卖已经成交了，差极小一点钱，可是小贩苦苦争价，一定不肯宽容。我就从袖中掏出一个东西，它的轻重和已付的钱价值相当，抛给他，小贩忽然改作一副笑脸，拱起双手连连说："不敢，不敢！"好不痛快！

饭后无事，翻箱倒柜，见到了新旧拖欠的借据，一共不下数十百张，那些债户有的活着，有的死了，总之不可能偿还。背过人去拿过火来，稀里哗啦把它烧光，抬头看天，空旷无云，如此高远，好不痛快！

夏季之中，光头赤脚，自己撑把伞遮太阳，看一位壮汉唱着吴歌，脚踏水车，水流一时喷涌而上，好像银翻雪滚，好不痛快！

早晨刚刚睡醒，仿佛听见家人叹息，说是因为某人昨夜死去。赶紧招呼家人一问，原来正是城里那个心计多得可以排行第一的人，好不痛快！

夏天早晨起来，看到人在松棚下面锯大竹做筒用，好不痛快！

---

① 科头：光着头，不戴帽子。

② 桔槔(jié gāo)：汲水用具，此指水车。

③ 坌(bèn)：涌出的样子。

重阴匝月，如醉如病。朝眠不起，忽闻众鸟毕作弄晴之声，急引手搴帷①，推窗视之，日光晶荧，林木如洗，不亦快哉！

夜来似闻某人素心②，明日试往看之。入其门，窥其闺，见所谓某人方据案面南看一文书，顾客入来，默然一揖，便拉袖命坐，曰："君既来，可亦试看此书。"相与欢笑。日影尽去，既已自饥，徐问客曰："君亦饥耶？"不亦快哉！

本不欲造屋，偶得闲钱，试造一屋。自此日为始，需木，需石，需砖，需灰，需钉，无晨无夕不来聒于两耳，乃至罗雀掘鼠③，无非为屋校计，而又都不得屋住。既已安之如命矣，忽然一日，屋竟落成。刷墙扫地，糊窗挂画。一切匠作出门毕去，同人乃来，分榻列坐，不亦快哉！

冬夜饮酒，转复寒甚。推窗试看，雪大如手，已积三四寸矣，不亦快哉！

夏日，于朱红盘中，自拔快刀切绿沉西瓜，不亦快哉！

久欲为比丘④，苦不得公然吃肉。若许为比丘，又得公然吃肉，则夏月以热汤快刀净刮头发，不亦快哉！

天阴沉沉地经月不晴，难过得我如醉如病，早晨睡在床上懒得起来，忽然听到群鸟都在啼晴，急忙伸手撩起帷幔，推窗而望，日光晶莹，林中树木像洗涤过一样，好不痛快！

昨夜好像听说某人心地纯洁，第二天试着想看看他，进了他家门，窥视内屋，看到这位正伏在桌上脸朝南看一本书，见到有客人进屋，不声不响地一拱手，就拉着客人衣袖让坐下，说："既然你来了，也可以试着看看这本书。"两人一起欢欢笑笑。日影全隐去了，他自己已经饿了，慢慢地问客人说："你也饿了吧？"好不痛快！

本来不想盖房，偶然间得到一笔闲钱，试着盖所房子。从这天开始，需木料、需石料、需砖、需灰、需钉，无早无晚吵得两耳不得清静，乃至于千方百计筹措建材，无不为造屋打算，可是又都得不到屋子住。既已听天由命安然如常之时，忽然那么一天屋竟然落成。刷墙扫地，糊窗挂画。所有工匠都出门走了，于是朋友就上门了，分榻列坐，好不痛快！

冬天夜里喝酒，越喝越感觉冷得厉害。推窗一看，原来雪花飘舞，像手掌那么大一片，落在地上已经积了三四寸厚，好不痛快！

夏天，在朱红漆盘中，自己拔出雪亮快刀切暗绿色的西瓜，好不痛快！

长久以来想当和尚，苦于当了和尚就不准吃肉。假如答应我当和尚，又允许公开吃肉，那么到了暑夏用热水快刀把头刮个光光溜溜，好不痛快！

---

① 搴（qiān）：提起，撩起。

② 素心：心地纯洁。陶渊明《移居》诗有"闻多素心人，乐与数晨夕"。

③ 罗雀掘鼠：张网捕雀，挖洞捕鼠，典出《新唐书·张巡传》，此指尽力筹集物资。

④ 比丘：和尚。

活泼泼灵动文心

存得三四癞疮于私处，时呼热汤，关门澡之，不亦快哉！

箧中无意忽捡得故人手迹，不亦快哉！

寒士来借银，谓不可启齿，于是唯唯，亦说他事。我窥见其苦意，拉向无人处，问所需多少；急趋入内，如数给与。然后问其必当速归料理是事耶？为尚得少留共饮酒耶？不亦快哉！

坐小船，遇利风，苦不得张帆一快其心。忽逢艑舸，疾行如风。试伸挽钩，聊复挽之，不意挽之便着，因取缆，缆向其尾，口中高吟老杜"青惜峰峦，黄知橘柚"之句，极大笑乐，不亦快哉！

久欲觅别居与友人共住，而苦无善地。忽一人传来云："有屋不多，可十余间，而门临大河，嘉树葱然。"便与此人共吃饭毕，试走看之，都未知屋如何，入门先见空地一片，大可六七亩许，异日瓜菜不足复虑，不亦快哉！

久客得归，望见郭门，两岸童妇皆作故乡之声，不亦快哉！

佳瓷既损，必无完理，反复多看，徒乱人意。因宣付厨人作杂器充用，永不更令到眼，不亦快哉！

身非圣人，安能无过，夜来不觉私作一事，早起怦怦，实不自安。忽然想得佛家有布萨之法[1]，

不好见人的地方长着三四处癞疮，经常唤来热水，关上门好好烫洗一番，好不痛快！

在书箱中无意捡出老朋友的手迹，好不痛快！

一位穷读书人来向我借钱，觉得难以张口，于是应答中唯唯诺诺，只讲别的事情。我窥见了他的苦心，把他拉到无人的地方，问他需要多少钱，赶紧跑进里屋，如数给了他。然后问他是必须马上赶回家料理这个事呢，还是可以稍留片刻共饮一杯酒呢？好不痛快！

坐在小船上，遇到了疾风，苦于不能张帆开心一下。忽然遇见一艘大船，行驶得飞快如风，试着伸出挽钩，姑且搭上一钩，没想到一搭便搭上，于是取出缆绳，拴在大船船尾，嘴里高声吟唱老杜"青惜峰峦，黄知橘柚"之句，大笑大乐，好不痛快！

很久以来就想另寻一所房子和朋友同住，而苦于没有好地方。忽然一个人传来消息说："有屋不多，约十余间，房门面对着大河，好树葱葱郁郁。"我就和这人一起吃完了饭，跑去看房，房子怎么样还全然不知，进了大门先看到一片空地，大约六七亩，以后过日子瓜菜不必担心了，好不痛快！

长久外出得以归来，望见城郭大门，护城河两岸童子妇人都操故乡口音，好不痛快！

绝好的瓷器已经损坏，必然没办法复原，反复多看，白白让人烦恼。因此吩咐厨子当作杂器使用，永远不让它出现在眼前，落个清闲，好不痛快！

自身本不是圣人，怎能不犯错。昨夜稀里糊涂地私下做了一件事，早晨想起还怦然心跳，实在弄得我难以安宁。忽然想到佛教

---

[1] 布萨之法：一种佛教仪式。即每月十五日及三十日，聚集人僧说戒经，信徒则向大众忏悔所犯罪过。

不自覆藏，便成忏悔。因明对生熟众客，快然自陈其失，不亦快哉！

看人作擘窠①大书，不亦快哉！

推纸窗放蜂出去，不亦快哉！

做县官，每日打鼓退堂时，不亦快哉！

看人风筝断，不亦快哉！

看野烧，不亦快哉！

还债毕，不亦快哉！

读《虬髯客传》②，不亦快哉！

——《金圣叹集》

有忏悔之法，我便不再藏着盖着，就做了忏悔。于是，明对着生熟众客，爽快地述说自己的过失，好不痛快！

看着人家写大字书法，好不痛快！

推开纸窗，放飞蜜蜂，好不痛快！

当县官，每天打退堂鼓时，好不痛快！

看人家风筝断了线，好不痛快！

看焚烧原野宿草之火，好不痛快！

旧债还清，好不痛快！

读《虬髯客传》，好不痛快！

---

① 擘（bò）窠：大字。

② 《虬髯客传》：唐杜光庭所撰传奇小说，描写隋末唐初风尘三侠的故事。

珍藏本后记

关于《青春读书课》

　　《青春读书课》缘起于我在深圳市育才中学开设的一门选修课。时值1999年，当时可能是中国内地中学开设的第一个成系列的语文选修课。原本定位于人文精英课程，由于得到众多学子的喜爱，于是校方慷慨决定印制教材。开课的同时，教材陆续印制出来，并且不胫而走，成为一套民间流传的人文读本，引发了网友和媒体的新奇关注。2003年，百年老店商务印书馆出版了这套教材，《青春读书课》遂成为公共话题。有教育学者认为"青春读书课"这几个字就有很高的时代价值；香港媒体称之为中华人民共和国成立后"第一部私人编著的语文教材"；联合国教科文组织的有关人员表示要向海外推广；中国关心下一代工作委员会、中央电视台、深圳读书月等机构将此套书列为推荐书目；中语会专设"课外语文"课题组持续研究推广相关理念；国内上百所中学选择其作为语文课校本教材正式开课；更多的学校推荐为学生常备课外阅读书籍；甚至有一些大学和小学分别选用其中的某卷作为教材。

　　关于读本的编辑理念，早已向芸芸媒体告白，不再饶舌。

　　《青春读书课》人文读本，一套七卷十四册，近五百万字，导读文字就有四十多万字。十年磨一剑，"上穷碧落下黄泉，动手动脚找东西"。在这段漫长而快乐的岁月中，仿佛与自己心仪的古今中外的人杰约会了一遍。有的匆匆而过，有的侃侃而谈，有的悄声细语……我遥望他们远去的背影，期待着以后的再次约会；我记住了其中一些深情凝注的眼神，一些万语千言的叮咛，一些柔肠寸断的长叹，一些热血沸腾的激情……这些高贵的灵魂，将继续滋养我的生命，因为有了他们，我的人生才不虚此行，并且幸运的是，通过我，给中国孩子们的健康成长，传递着巨大的柔情。

　　孩子们的反馈是对我的最大激励。深圳南山外国语学校初一学生丁梦琪给我来信："严老师：我是你的书的新的读者，我今天读了你的《成长的岁月》，真是激动得想跳楼。真是太好看了！！"我回信："非常理解你阅读时的欣喜之情，老师编读本的目的，就是让大家好好活。"深圳大学一位学生偶然读到《白话的中国》，其中尖锐的思想刺激得他彻夜难眠，第二天跑来自费购买十余册，说是要送给他的同学好友，让朋友们能够在一个共同的精神层面对话。我的学生赵真、高藏等留学国外，在超重的行囊里，依然塞着读本，一份关爱伴随游子走四方。

　　学生的评价是最本真、最重要的。请允许我引用几句他们的感言：

　　杨建梁：青春读书课，可以说是一门给你自由，教你自由的课。

程羽博：原来精神也有家园，也需要归宿。于是，我也开始寻找并构筑属于自己的精神家园。这一切从《白话的中国》开始。

于乐实：每次上完读书课，都会有一种海阔天空的感觉……

谢予：在读书课上，我肯定了许多问题的价值，文学的价值，思考的价值，想象的价值，而在以前，我都是有所怀疑，或是轻视的。

南昌外国语学校是最早引进《青春读书课》教材开设选修课的学校之一，听听这些可爱的声音：

唐嘉辰：年轻的心是躁动的，本以为没有任何事物可以制服它，遇到了"青春读书课"，它却出乎意料地平静了下来，滤去一切繁杂。我们真的沐浴在中国文化的精髓中，我甚至站在了前人文化的高峰上看中国的文化遗产……

钟鸣：这里没有陈词滥调的教化，没有任何强制接受的压迫，毫不经意之中，实现了思想的交流、沟通和碰撞。站在此处再回首，蓦然发现思想真的可以如苍鹰般展翅飞翔。而《青春读书课》就是将我们送上天空的风。当我们的灵魂一次一次地经受洗礼与升华之后，我看见了自己稚气未脱的脸庞上那无比坚毅与坚定的目光。

肖旭：《青春读书课》是对我青春生命的救赎。

因为《青春读书课》，听到许多志同道合的声援，体会到"道不孤，必有邻"。早在读本正式出版之前，蛇口工业区的创始人袁庚先生，看到读本后约我见面，并流利地背诵韩翰咏叹张志新的短诗："她把带血的头颅，放在生命的天平上，让所有的苟活者，都失去了——重量。"听说，他向许多人推荐这个读本，于是很长一段时间，都有人慕名找到学校来。数年之后，年近九旬的袁老，在我再次拜访他时，竟然向我这个编者推荐我编的读本——他已经不认得我了，但还惦记着这个读本，并关心它的出版。广东省语文教研员冯善亮在听课后肯定："以往我们总说语文课脱离时代，严凌君老师的读书课就贴近了时代脉搏，把枯燥乏味的语文课变得博大精深。"珠海市语文教研员容理成多次带领珠海的老师不下百人前来听课研讨。四川的李镇西老师在K12教育网站率先推荐："从这本教材中感到了中国语文教育的一点点希望！"山东的王泽钊老师在联系出版自己的教材时，从中青社某编辑手上获得《白话的中国》，自言"如获至宝"，并千里迢迢前来深圳会晤。国编《语文》教材主编顾之川先生告诉我："人教社新编《语文》教材，从《青春读书课》读本中吸收了不少东西。"并邀请我参与人教社高中《语文》的编写。《读写月报》副主编漆羽舟引着编辑部全体成员来到育才中学召开第一次"读本研讨会"，随后亲自在南昌外国语学校操鞭执教。善良诚挚的摩罗先生积极为我联系出版，并建议增补"小说"一卷，这就是后来的《世界的影像》；远在美国留学的梁讯，欣然加盟《世界的影像》一卷的编写。还有那么多我的同仁，在全国各处发出呼应：新疆的冯远理老师撰文支持；北京的赵谦祥老师将读本引进清华附中作选修课教材……我从老一辈教师身上感受到庄重大气的品格。师心淳厚的钱理群先生闭户半月，为读本欣然挥笔写下2万多字热情洋溢的长序；虚怀若谷、鹤发童心的商友敬先生甚至说："你编的读本后来居上。"这两位前辈都是《新语文读本》的编者。在徐州参加"中国青年教师论坛"，初识《那一代》的几位作者蔡少阳等人，他们正在热烈聚谈，一见我，立即没头没脑地嚷道："严老师，你说你说。"那些热血纯真的年轻面孔，让我感受到万象更新的"五四"氛围……这些相互感应的人们，还有那些素昧平生的使用读本的老师们，他们都是我的同道、我的族人，也是像我一样为书本所蛊惑、为理想而痴迷、为教育而揪心的书痴吧？

我怀着温情在这里记下三位素昧平生的朋友：两位青年和一名工人。

2004年2月，《南方周末》发表记者徐楠对我的采访——《严凌君：还语文教师以尊严》。全国各地问询的、支持的电话不断，有学生家长，有记者，也有教师。一天，我的办公室来了一位青年，先拿出学生证给我看，证明他是贵州警校法律系学生，然后拿着本子，上面写着一些问题，非常认真地一一提问，话题集中在"青年的精神家园"。不是采访，是他心中的困惑。交谈中蹦出一句："老师就像当年的鲁迅先生一样。"让我突然感到巨大的悲哀！21世纪了，我们的青年多么需要真实的精神资源，他们一旦看见好东西，就如此轻易地矮化自己，我们的社会没让他有机会成为自立的人。我惶恐辞谢，转告他鲁迅先生的话："不要寻什么'乌烟瘴气的鸟导师'，自己从荆棘中闯出一条路来。"

有一天，一位瘦高的青年来找我买书。自我介绍是山东潍坊人，大学园林专业毕业生，在深圳工作。因为是独子，要离开深圳回老家了。说是在走之前要"带回去一点能够代表深圳的精神和文化的东西"，浏览深圳的报纸和网站，知道了《青春读书课》这套书，就来了，说是要送一套给他在老家当老师的女朋友，要我签名题字，还说自己的学生时代没有这样的书、这样的老师，希望女朋友拥有这样的书，当这样的老师。临别，我伸手与他握别，他突然后退一步，给我一个毕恭毕敬的九十度的鞠躬，让我惶惑不安。

2004年3月的《南方周末》，载文反驳我的一些观点，说语文就是技术，不同意我的"尸检说"。这是在意料之中的：这恐怕是目前中国教育界的"主流声音"，一些一线教师正在成为教育变革的第一阻力。6日子夜，接到一通电话，来电者自称是黑龙江佳木斯市的一位下岗工人，他声音激动地表示要著文反驳，并说："你给中国教育带来了曙光……"这样的期许，让我惭愧难当。其后，又接到他的深夜来电，表示自己水平不够，已经请当地一位教授代为撰文。

这三位特殊的友人，我至今连他们的名字都不知道，那位工人甚至说："你不需要知道我的名字，我只是一个支持你的中国人。"是啊，只要是关爱中国的中国人，这就够了。

关于修订本

《青春读书课》初版至今15年，此前作为校本教材使用至今已经20年。这些年，读本在教学实验和公众阅读中，得到众多师生及各界读者的积极反馈，他们为读本的修订提供了诸多智慧的建议。我也在一边教学一边进行修订，于是就有了这个修订本。

与初版比较，修订版共删除文本56篇，新增文本89篇。删除的基本原因：用更合适的文本替代，使主题更为结实有力。增补的一般理由：发现更佳或更新的文本，对诠释主题更有代表性。修订版较之初版，全套书更为经典和新鲜。

下面逐卷简介修订情况，重点提示一些"欣喜的发现"。

《成长的岁月》卷，删去6篇诗文，新增文本10篇。增加了两本可爱的童书：《当世界年纪还小的时候》和《芒果街上的小屋》。还增加了联合国前秘书长安南《致全世界儿童的一封信》。小说《受戒》用全本替代了节本，《小王子》则增加了章节，新增《小毕的故事》，补充了男孩成长的主题。

《心灵的日出》卷，原《悲壮的两小时》一文，经读者提醒并查实，是一篇虚构的航天故事，删除。增加了几篇精品文字：台湾作家张大春的《小说稗类》一篇，大陆文字高手阿城的短篇小说《遍地风流》三篇，另有诗人海子的散文以及关于时间妙想的一本奇书《爱因斯坦的梦》。

《世界的影像》卷，根据教学实践，对多个栏目做了重组。删除了7篇小说；增加了《有人弄乱了玫瑰花》一章，集合马尔克斯、博尔赫斯等后现代文风的作品，让学子亲近当代大师，一窥新小说风光。新增王朔的《我的千岁寒》，鼓励一种有活力的汉语书写探索；而《肖申克的救赎》，是小说电影俱佳的作品，喜欢该电影的读者再读原著，或有鸳梦重温之快。巴别尔是重新出土的俄国文学大师，尤瑟纳尔是罕见的智慧型女作家，都有新作入选。

《古典的中国》卷，是我私心最爱的一卷，导读就写了13万字。除保留余冠英和萧兵二先生的《诗经》《楚辞》译注之外，对全书译注做了全新修订。散文的译注力求准确生动，诗词曲的注释新鲜发散，倾情展示中国文学中韵文强项的独特魅力，以注释而论，几乎是一本新书。本书散文部分，为适合学生阅读，特别邀请刘曦耕先生注释并白话翻译，对老友的智力支援，不敢言谢。感谢钟叔河先生慷慨提供多篇笔记小品译文，这种不同于传统直译的串读式译述，本身是别具情味的小品文风；感谢台北"中央研究院"的华玮教授提供清代才女吴藻的《乔影》一文，为《书生意气》一章补充了女性题材和女性视角，使被漫长历史遮蔽的另一半书生有机会崭露头角；感谢素昧平生的热心读者冯良遵先生提供的校对建议，使本书更为完善。得与素心人谈诗论文，不亦快哉。

342

《世界的影像》与《古典的中国》两卷，初版的疏漏较多，修订版改用原稿重新排版；两卷都补上了受读者喜爱的彩页插图，保持全套书体例统一。

《白话的中国》卷，删除25篇，增补38篇，是全套书中文本调整最大的一卷。多个栏目面目一新，重新认定了各位作家的代表作，以求更全面地反映当代白话文的成就和华语文学的新收获。"启蒙者鲁迅"主题，用陈丹青先生的《笑谈大先生》替换了王晓明先生的学术文章，便于学生读者亲近鲁迅。"诠释中国"主题，在李欤解剖国民性的犀利之外，扩大阵容，增添对书生风骨的温情回顾，于是有了魏晋风度和苏东坡的话题。原"文化随笔"改名"重读古典"，文本大幅增删，确定为对中国诗史的全面扫描，入选的都是妙不可言的名家名篇。《当代诗抄》与《海外中文诗》两章，重新增补了当代华语诗人的代表作，替换较大。其中雷平阳《杀狗的过程》，是我近几年读诗最震撼的发现。而木心先生的"横空出世"，为当代白话文增添了高雅的文化含量，我通读其全集寻章摘句，收拾起一地碎金，编辑成一个语录体文本以飨读者。

《人类的声音》卷，与其他各卷以放为主不同，这一卷主要是收，删去了不够经典的篇目，长文压缩节选，让青少年读者容易进入文本。较好地表现在"话说中国"主题，新增一篇传播（《中国：发明与发现的国度》）、一篇吸收（《唐代的外来文明·胡风》），呈现中外文化双向交流的面貌。

《人间的诗意》卷，删8首，增24首，增补较多。这要感谢河北教育出版社等近年来致力于引介外国诗歌的出版机构，使多语种的外文诗进入中文读者视野，也让我们的新选本更为精粹，主题更为丰厚。比如《我是谁》一章，扩展了自我探寻的精神领域；《亲爱的母亲》一章更名为《我的父亲母亲》，让诗歌中较为少见的父亲主题得以出现。另外在多个主题补入了上佳的诗作，连我自己也愿意不时重温一下。

关于海天版

移民深圳二十余年，我从不讳言自己喜欢这座城市。一座移民新城要成为故乡，至少需要三代人的时间。而今天的深圳人，正在酝酿着家园的感觉。我在20世纪90年代涂抹了一本批评深圳的城市文化观察类的文字《深圳城市病》，当时胡洪侠先生主编的《深圳商报·文化广场》用专栏形式连载，而《天涯》杂志以《来自深圳的报告》专刊发表后，《深圳青年》杂志的编辑不无遗憾地对我说："为什么不先给我们发表？"当《青春读书课》还未正式出版的时候，《深圳周刊》的王绍培先生就曲折寻来，发表《在人文的历史长河上摆渡——与严凌君对话》，这是读本见诸媒体的第一篇深度报道。我知道，这些人都是真爱这座城市的。

海天出版社是深圳特区的出版机构，与我供职的深圳市育才中学结缘较早，我校学生的长篇小说《花季·雨季》就是当年由海天推出的新时期青春文学代表作品。2007年，海天出版社与深圳发行集团合并成立深圳出版发行集团。集团是誉满天下的"深圳读书月"的承办单位，我多年忝列读书委员会专家之列。集团副总何春华先生数年来一直关注着读本的再版，在得知有多家大型出版社正在与我商谈修订版事宜之后，他一再叮嘱我把书留在"海天"，最触动我的一句话是："为了深圳！"2011年，尹昌龙先生履新集团总经理，又以多年文友的身份刺激我作为一个特区公民的文化情怀："这是深圳人创造的文化成果，一定要让深圳人首先分享。"如此，《青春读书课》回到这片她诞生的土地，花落"海天"，水到渠成。

彼此守望，青眼相许，相互砥砺，携手玉成，正是我喜欢的深圳人的风格。

愿《青春读书课》与海天出版社的结缘，成为深圳无数个好故事之中的一个。

关于珍藏本

这个珍藏本，有幸邀请到"中国最美图书"获奖者、著名设计师韩湛宁先生操刀，全面更新设计，完美地呈现出优雅隽永、丰盈高洁的中国书生的青春容颜，令我有爱不释手的感觉，相信读者也会喜爱。内容方面，全套书基本定型，比较理想地表达了我目前对青春学子的阅读期许和指引，大的更新尚须等待时局的演进。此次除了更精细的校对，篇目基本未作变动。这样的面目出现在你面前的一套书，应该值得书香家庭珍藏。

愿天下素心人因好书结缘，如果你是青春期学子，我对你的唯一期许是：打开这本书，读下去，读出一个全新的自己。

严凌君
2017年重阳于深圳市育才中学春韵网站